资助说明：

本书得到全国教育科学"十二五"规划国家社科基金一般项目资助。

小学品德课新课改的回顾与展望

基于生活德育的视角

唐汉卫 程伟 著

中国社会科学出版社

图书在版编目(CIP)数据

小学品德课新课改的回顾与展望：基于生活德育的视角/唐汉卫，程伟著. —北京：中国社会科学出版社，2019.6
ISBN 978-7-5203-4411-1

Ⅰ.①小… Ⅱ.①唐…②程… Ⅲ.①思想品德课—课程改革—研究—小学 Ⅳ.①G623.152

中国版本图书馆 CIP 数据核字(2019)第 087236 号

出 版 人	赵剑英
责任编辑	刘 艳
责任校对	陈 晨
责任印制	戴 宽

出　　版	中国社会科学出版社
社　　址	北京鼓楼西大街甲 158 号
邮　　编	100720
网　　址	http://www.csspw.cn
发 行 部	010-84083685
门 市 部	010-84029450
经　　销	新华书店及其他书店
印　　刷	北京明恒达印务有限公司
装　　订	廊坊市广阳区广增装订厂
版　　次	2019 年 6 月第 1 版
印　　次	2019 年 6 月第 1 次印刷
开　　本	710×1000　1/16
印　　张	23
插　　页	2
字　　数	321 千字
定　　价	99.00 元

凡购买中国社会科学出版社图书，如有质量问题请与本社营销中心联系调换
电话：010-84083683
版权所有　侵权必究

目 录

第一章 绪论 …………………………………………………… (1)
  第一节 本书的缘起 ………………………………………… (1)
  第二节 核心概念 …………………………………………… (3)
    一 品德新课程 ………………………………………… (3)
    二 课程实施 …………………………………………… (3)
    三 生活德育 …………………………………………… (4)
  第三节 研究综述 …………………………………………… (8)
    一 关于生活德育的研究 ……………………………… (8)
    二 关于课程实施的研究 ……………………………… (14)
    三 关于品德课程实施的研究 ………………………… (20)
  第四节 研究目标、研究思路和研究方法 ………………… (24)
    一 研究目标 …………………………………………… (24)
    二 研究思路 …………………………………………… (24)
    三 研究方法 …………………………………………… (25)
    四 对学校个案研究的说明 …………………………… (25)
  第五节 本书的创新点和不足 ……………………………… (43)
    一 主要创新点和不足 ………………………………… (43)
    二 研究展望 …………………………………………… (44)

第二章 梳理与反思：历史的回顾 …………………………… (46)
  第一节 品德课新课改的历程与进展 ……………………… (46)
    一 品德课新课改的政策变革 ………………………… (46)

二　品德课新课改的实践动态 …………………………… (67)
　　三　品德课新课改的理论基础 …………………………… (91)
　第二节　生活德育的历史与文化意蕴 ……………………… (114)

第三章　分析与透视：现实的考察 …………………………… (119)
　第一节　谁的生活：儿童或成人 …………………………… (119)
　　一　儿童生活的"显"与"隐" …………………………… (121)
　　二　成人对儿童学校生活的干预和影响 ………………… (143)
　　三　小结 …………………………………………………… (149)
　第二节　什么内容的生活：真实或虚拟 …………………… (151)
　　一　"童眼看世界"：生活内容之真实 …………………… (152)
　　二　"离孩子太远"：真实中不乏虚拟 …………………… (159)
　　三　小结 …………………………………………………… (179)
　第三节　什么空间的生活：封闭或开放 …………………… (180)
　　一　生活空间的开放程度在不断增加 …………………… (181)
　　二　生活空间开放的不足 ………………………………… (184)
　　三　小结 …………………………………………………… (191)
　第四节　什么性质的生活：积极或消极 …………………… (192)
　　一　以正面教育为主的学校教育 ………………………… (193)
　　二　学校生活的消极因素 ………………………………… (199)
　　三　小结 …………………………………………………… (220)

第四章　困惑与澄明：理论的探讨 …………………………… (222)
　第一节　适应与超越 ………………………………………… (222)
　第二节　一元与多元 ………………………………………… (227)
　第三节　知识与行为 ………………………………………… (230)
　第四节　分离与整合 ………………………………………… (232)
　第五节　个人与社会 ………………………………………… (236)

第五章 建议与策略：实践的选择 (238)

第一节 道德的教育：品德课程有效实施的首要之选 (239)
- 一 道德的教育目标 (242)
- 二 道德的教育内容 (243)
- 三 道德的教育方式 (244)
- 四 道德的教育评价 (245)

第二节 儿童本位：回归儿童生活的品德课程 (246)
- 一 树立现代儿童观是品德课程回归儿童生活的根本前提 (246)
- 二 做好学情分析是品德课程回归儿童生活的基础 (250)
- 三 统整课程资源是品德课程回归儿童生活的重要保障 (252)
- 四 增强儿童的主体性是品德课程回归儿童生活的最终依据 (257)

第三节 殊途同归：制定学校品德课程方案 (258)
- 一 做好品德课程顶层设计是基础 (260)
- 二 推进品德课程整合是关键 (261)
- 三 改进德育管理体制是保障 (268)

第四节 公民的诞生：学校生活的重构 (271)
- 一 重新认识公民生活的内容、增强文化自觉 (273)
- 二 公民生活在时间上的连续性和在空间上的整体性 (276)

第六章 总结与展望 (281)

第一节 文化自觉 (281)
- 一 文化自觉的必要性 (281)
- 二 文化自觉应该注意的几个方面 (283)
- 三 文化"特色"的误区 (289)

第二节 重建社会 (297)
- 一 为何要重建社会 (297)

二　建设什么样的公民社会 …………………………………（300）

第三节　培养公民 ………………………………………………（302）
　　一　公民社会的迅速发展使公民道德教育成为学校
　　　　道德教育的当务之急、首要之先 …………………………（303）
　　二　合作型的公民社会取向要求培养公民的合作
　　　　意识、协商和对话精神 …………………………………（306）
　　三　我国公民社会的文化传统为公民道德教育提供了
　　　　重要的"内容选项" ………………………………………（307）
　　四　我国公民社会的初始性、差异性决定了我国公民
　　　　道德教育的开放性、实践性品格 …………………………（310）

第四节　保持定力 ………………………………………………（314）
　　一　基本的边界和限度意识 …………………………………（316）
　　二　文化方向的选择和价值反思意识 ………………………（318）
　　三　现实的校情和学情意识 …………………………………（320）
　　四　专业的路径和方案意识 …………………………………（322）
　　五　坚定的使命感和责任意识 ………………………………（323）

附　录 ……………………………………………………………（327）

参考文献 ………………………………………………………（331）

后　记 ……………………………………………………………（361）

第一章 绪论

过什么生活便是受什么教育；过康健的生活便是受康健的教育；过科学的生活便是受科学的教育；过劳动的生活便是受劳动的教育；过艺术的生活便是受艺术的教育；过社会革命的生活便是受社会革命的教育。从此类推，我们可以说：好生活是好教育；坏生活就是坏教育；高尚的生活是高尚的教育；下流的生活是下流的教育；合理的生活是合理的教育；不合理的生活是不合理的教育；有目的的生活是有目的的教育；无目的的生活是无目的的教育。[1]

——陶行知

第一节 本书的缘起

以品德课新课标的颁布和实施（2002年）为标志[2]，小学品德课新课改迄今已有十余年，如果把十年作为一个周期（2012年课题申报时正好十年），那么，品德课新课改在很大程度上也到了该总结也值得总结的时候。毕竟，此次课改较之以往的任何一次课程改革都可以说是力度空前的，变化也是最大的。从2012年至今，又过去了几年时间。在这几年里，时代背景、德育和课程相关政策、教材、课程实施等方面又有了一些新的进展和变化。站在新的

---

[1] 胡晓风等编：《陶行知教育文集》，四川教育出版社2005年版，第279页。
[2] 教育部2002年5月28日颁布《全日制义务教育品德与生活课程标准（实验稿）》和《全日制义务教育品德与社会课程标准（实验稿）》。

历史起点上，反而更有利于回望新课改以来的变化。总之，无论是站在立德树人、全面深化教育改革的高度，还是从进一步推进品德课新课改、落实生活德育理念的角度来看，对十余年来的品德课新课改予以梳理、回顾和总结，对学校中的实施情况进行检讨和分析，对新课改和生活德育的未来进行展望都尤为必要，也十分迫切。这也是本课题研究的初衷。

新课改涉及方方面面，需要梳理、总结和研究的内容很多，面面俱到往往难以深入；另外，对新课改的透视，可以选取的视角也有很多种，从不同的角度去看，研究的方向和内容也是不一样的。鉴于以上情况，本课题主要立足于生活德育的视角，对小学品德（现为道德与法治）新课程实施进行历史的、现实的、逻辑的把握和探讨，特别是针对课程实施层面存在的一些问题进行分析并指出努力的方向。之所以选择生活德育的视角来透视新课改，是出于以下考虑：一方面，生活德育是品德课新课改的基本精神和理念，是理解新课标的基本线索，也是把握和总结品德课新课改的一个重要视角；另一方面，从生活德育的视角来把握新课改、把握道德教育，还意味着更为广阔、宏大的历史和文化意蕴，即生活德育不仅是理念上的，或技术和方法层面上的转变，而更意味着从教育之外、从更为宽广的社会历史生活的视野看待道德和道德教育的变革，具有重要的本体意义、鲜明的时代气息和文化蕴意，必然孕育着文化自觉、社会重建、培育公民这些重大的具有鲜明历史意义的主题。因此，从生活德育的角度检视品德课新课改就显得意义非凡。

基于以上设想，本课题研究历经五年，课题组成员分工协作，从生活德育的视角，主要从以下五个维度对小学品德课新课改进行了研究：一是从历史的宏观角度对十余年来的品德课新课改进行回顾和梳理；二是从现实的微观角度对学校层面的课程实施状况予以揭示；三是从理论上澄清和回答在课程实施过程中呈现出来的一些不可回避的问题；四是在实践层面针对现实中的问题提出可供选择的建议和意见；五是总结与展望，对新课改、对学校道德教育的未来提出自己的设想。

第二节　核心概念

一　品德新课程

"课程"是一个在教育领域广泛使用、人们再熟悉不过的词语，但是对"课程"的理解却是意见纷呈、莫衷一是。在这其中，对课程的认识具有代表性的有以下几种观点：课程即教学科目、课程即有计划的教学活动、课程即预期的学习结果、课程即学习经验、课程即社会文化的再生产、课程即社会改造。[1] 本书在广义上使用"课程"这一概念，"即把一切对学生身心发展产生影响的因素或一切有教育意义、教育作用的因素统称为课程"[2]。如此，品德课程就是对学生品德发展具有教育意义的因素的统称。品德课程的实施途径或方式主要包括品德课堂教学（一、二年级的《品德与生活》，三至六年级的《品德与社会》）、德育活动（校内外德育实践活动）、隐性课程（班级日常管理、校园文化、儿童一日生活等）。品德新课程是指在新课改背景下的品德课程，新课改即 2001 年开始的基础教育课程改革，以《基础教育课程改革纲要（试行）》的颁布为标志。品德课新课改以《全日制义务教育品德与生活课程标准（实验稿）》和《全日制义务教育品德与社会课程标准（实验稿）》的颁布为起始点。2016 年，品德新课程名称改为《道德与法治》。

二　课程实施

一般认为，课程实施就是课程计划或课程方案付诸实践的过程，施良方教授认为，课程实施有两种基本方式——变革与教学，

---

[1] 施良方：《课程理论：课程的基础、原理与问题》，教育科学出版社 1996 年版，第 3—7 页。

[2] 戚万学、杜时忠：《现代德育论》，山东教育出版社 1997 年版，第 289 页。

其中，教学是课程实施的主要途径，占据着课程实施的核心地位①。实际上，课程实施包含的内容比较宽泛，对于课程实施有两种理解。一种是宏观意义上的课程实施，将其理解为课程政策的实施，它更加关注的是课程作为一项政策是如何自上而下推行的以及课程政策在推行过程中受到哪些因素的影响等问题，比如：有学者从新制度主义的视角研究课程政策的实施，它更加关注课时是否得到保证、课程安排在什么时间、教学过程是否实实在在等问题②；也有学者以两个城市为例，分析了某一课程的实施情况，主要从实施策略、教育行政力量对实施的干预、教师对课程的认同等方面展开③。另一种将其理解为课程的实施，侧重点在课程上，课程实施也就局限在学校范围之内，本书正是在此意义上理解课程实施的。

由于本书是在新课改的背景下进行的，所以我们也将课程实施视为课程计划或课程方案付诸实践的过程，课程实施是课程变革的重要组成部分。但是，由于课程计划或课程方案难以以文本呈现，在某种意义上削弱了对实践的指导意义，所以本书将课程实施理解为课程标准的实施情况。这是因为课程标准是课程改革的主要依据，是实实在在存在的，对于课程改革具有最直接的指导价值。本书将课程实施界定在学校之中，之所以如此界定，一方面是因为学校是课程实施中最为重要的一环，也可以更为集中、真实地表现课程在实践中的实施情况；另一方面，将课程实施界定在学校范围可以为本书提供便利的条件，便于后续的实证研究。

三　生活德育

生活德育是对原有的德育知识化、成人化、理想化的批判，倡

---

① 施良方：《课程理论：课程的基础、原理与问题》，教育科学出版社1996年版，第128—142页。

② 柯政：《理解困境：课程改革实施行为的新制度主义分析》，教育科学出版社2011年版。

③ 张二庆：《初中科学课程实施的个案研究——新课改中科学课程实施的特征与影响因素》，博士学位论文，东北师范大学，2014年。

导在生活中培养儿童的品德，具体而言，生活德育是指：生活的主体应当是儿童；生活的内容应当源于儿童生活实际、具有教育意义且合乎儿童身心发展阶段；生活的空间应当是开放的，家庭、学校、社会形成合力；生活的性质应当是积极的、是合乎现代性价值观的。简言之，生活德育指儿童的生活、真实的生活、完整的生活、公民的生活，其中儿童的生活、真实的生活、完整的生活在已有研究中已经涉及并予以探讨。之所以提出公民的生活，是因为随着我国市场经济的逐步成熟和政治民主化的稳步推进，我国公民社会已经呈现出蓬勃发展的态势，培养公民已经成为学校德育必须承担的责任。因此，在理念上，儿童应该在学校中过公民的生活。下面是对生活德育的具体内涵进行的分析。

儿童的生活。道德教育回归谁的生活是生活德育必须回答的首要问题。毋庸置疑，这里的生活是儿童的生活而非成人的生活，在杜威（Dewey, J.）看来，是否从儿童出发是传统教育与现代教育的根本区别。不仅如此，这也是对以往学校德育成人化的批判。坚持品德课程回归儿童的生活就是要尊重儿童生活经验的价值。儿童时期是人的成长过程中的必经阶段，由于身心的不成熟，儿童有着认识世界的独特方式。他们用与成人不同的特有方式了解和认识这个世界，这种方式对儿童的成长而言具有特殊的意义和价值，"儿童需要一个世界，不仅从中获得关于世界的观念和经验，也用于表达和舒展其身心的感知。生活世界是无序的，不具备一个庞杂而精确的学科逻辑，儿童可以在自己的世界中建立秩序，成为自身成长与发展的主人"[1]。生活经验对于儿童的道德发展更为重要，正如鲁洁先生所言，"生活经验既是一幅绚丽多彩的图景，德育课程就要努力地把这幅多彩的图景展示在学生面前，使他们从多种形态、较为完整的生活经验中去真正领悟生活，体验生活中的道德"[2]。为此，成人不要以自己的立场来认识和看待儿童，而要设身处地地

---

[1] 潘跃玲：《儿童教育误区的反思及其重构》，《中国教育学刊》2015 年第 7 期。
[2] 鲁洁：《德育课程的生活论转向——小学德育课程在观念上的变革》，《华东师范大学学报》（教育科学版）2005 年第 3 期。

从儿童出发，了解并尊重儿童的生活经验，从而使儿童过有意义的道德生活。

真实的生活。如果说儿童的生活是对生活的主体的回答，那么真实的生活则是对生活的内容的回答。真实的生活包含三层含义。一是生活的内容是在身边实实在在发生的、儿童正在进行的生活，而不是一些脱离儿童当下正在过的生活去创设的虚拟生活。只有真实的道德生活才能触发儿童真实的道德冲突，从而促进儿童的道德成长。如学者所言，"长期以来，造成我国道德教育实效差的原因虽然是多方面的，但普遍利用虚拟道德教育情境进行道德教育，而不能引发学生真实的道德冲突是最重要的原因。……道德教育中的主体性和实效性也只能在这类教育（真实道德教育情境中的道德教育）中才能真正体现出来"[①]。二是生活的内容应当经过教育学的审视。儿童当下的生活既有着对儿童道德成长有促进作用的"真善美"，也充斥着对儿童发展不利的"假恶丑"，这些都是儿童生活的内容。真实的生活除了选择源于儿童生活实际的内容之外，还要对生活的内容进行价值判断并作出价值引导，帮助儿童正确看待生活中的"假恶丑"。否则，学校教育也就与日常生活无异，学校也就丧失了存在的意义和价值。这是生活德育应极力避免之处。三是由于不同年龄阶段的儿童在认知发展、情感体验方面发展水平的不同，相同的内容对于不同年龄阶段的儿童应该采用不同的教育方式或教育机制，如此才能更有助于儿童的消化和吸收。

完整的生活。这一方面是指课堂生活与课外生活的完整性，即儿童品德发展的完整性。儿童的品德发展是知、情、意、行协调统一的结果，缺一不可。这就要求学校处理好课堂生活与课外生活的关系，使儿童的学校生活成为一个统一的整体，共同为儿童的健康成长服务。另一方面是指校内生活与校外生活的完整性，即密切学校、家庭、社会之间的联系。

公民的生活。上述三点在以往对生活德育的研究中都或多或少

---

① 傅维利：《真实的道德冲突与学生的道德成长》，《教育研究》2005年第3期。

地有所涉及，而在生活的性质方面，以往研究关注不够。生活的性质关系到学校德育究竟培养什么样的人的问题，这是任何德育理论都无法绕过的问题。针对以往学校德育存在的问题，结合我国当前社会发展状况——政治民主化进程加快和市场经济的持续推进，特别是社会主义核心价值观要求建设一个自由、平等、公正、法治的社会，培养适应未来社会发展的公民成为学校德育不可回避的时代责任和历史使命。著名教育家陶行知在百余年前就曾提出："今日的学生，就是将来的公民，将来所需要的公民，即今日所应当养成的学生。"① 以公民为培养目标要求学校进行整体改造，从而使学生过公民生活。这是因为当前中国的公民社会发育尚未成熟，学校生活无法实现与社会生活同步，因此，"学校生活应当改造成为'公民生活'……让整个学校生活具有公民生活和公民教育的性质"②。由此，通过教育推动公民社会的日趋完善。公民生活体现在学校教育的点点滴滴中，学校管理、课堂教学、课外活动等方面都有所展现。为此，学校应该在发展过程中始终贯彻自由、民主、平等的理念，从培养公民的角度审视学校的所作所为，比如：尊重差异、平等地对待每一位学生，推进校长开放日活动、积极吸纳学生参与学校管理、让学生为学校发展建言献策，推行学生自我管理、自我教育，彰显学生的主体性，等等。

从生活德育的视角看待品德课程，应当在品德课程实施中坚持儿童的主体地位；选择源于儿童生活实际、具有教育意义且体现儿童发展的阶段性和差异性的内容教育学生；密切家庭、学生、社会的关系，坚持生活空间的开放性；为学生创造积极的——合乎现代性价值观的学校生活。从某种意义上说，品德课程实施的过程就是品德课程回归生活的过程。

---

① 陶行知：《中国教育改造》，商务印书馆2014年版，第23页。
② 檀传宝：《当前公民教育应当关切的三个重要命题》，《人民教育》2007年第15—16期。

第三节　研究综述

　　本课题主要从生活德育的视角来审视品德课新课改，特别是新课程实施中存在的问题以及可能的出路和方向，涉及几个关键词：生活德育、课程实施、品德课程实施。这一部分依次围绕这几个关键词进行文献分析。在资料来源方面，课题组主要从国家图书馆、中国学术期刊网（CNKI）、百度中文搜索、谷歌学术引擎、EBSCO等获取文献资源。

一　关于生活德育的研究

　　生活德育自古就有，并非新生事物。从东西方两大文明的源头来看，古希腊与中国先秦时期均蕴含着丰富的生活德育思想。正如有学者所言，"重视道德、道德教育与生活间的密切联系，是古希腊伦理和教育思想的一个重要特征"[1]。在记录孔子与其学生交往对话的《论语》中也充满了生活德育的思想。然而，随着人类社会的发展，道德教育逐渐成为一个独立的领域从生活中脱离出来，并且越走越远。一直到20世纪初，道德教育才重新回到生活中来，道德教育完成了"正反合"的艰难的历程，这既是道德教育的"否定之否定"[2]，又是道德教育理性的回归。21世纪以来，伴随着我国新课改的进行，生活德育以崭新的面貌登上了历史舞台，甫一提出就在理论界和实践界引起了强烈的反响，甚至成为一种潮流。在理论界，生活德育成为探讨最多的话题之一；在实践界，生活德育作为品德课新课改的核心理念对学校产生了非常广泛的影响。对于21世纪之前的生活德育思想以往研究已经进行了较为详细的梳理，本书主要对21世纪以来对生活德育的研究进行综述。

---

[1] 唐汉卫：《古希腊的"生活道德教育"思想探微》，《山东师范大学学报》（人文社会科学版）2003年第3期。

[2] 唐汉卫：《生活道德教育的回归与重建》，《教育发展研究》2013年第20期。

21世纪以来生活德育的提出是建立在对我国原有学校德育课程理念、教学方式、评价方式的批判基础上的。在新课改中，生活德育作为核心理念出现在课程标准之中，从对品德课程的定位就可以清晰地看出这一点："品德与生活课程是一门以小学低年级儿童的生活为基础，以培养具有良好品德与行为习惯、乐于探究、热爱生活的儿童为目标的活动型综合课程。"[1]"品德与社会课程是在小学中高年级开设的一门以学生生活为基础、以学生良好品德形成为核心、促进学生社会性发展的综合课程。"[2] 本书从生活德育为什么（生活德育提出的原因）、生活德育是什么（内涵与外延）、生活德育怎么做（操作实施）、生活德育怎么样（反思）四个层面对生活德育的已有研究做出综述。

（一）关于生活德育的提出

生活德育的提出一是受到西方哲学思潮中"生活世界"思想的影响，二是源于20世纪以来道德教育与生活世界的脱离，三是源于生活与道德、道德教育的天然的、本质性的关联。20世纪以来，回归生活世界成为哲学的重要转向，如学者所言，"在20世纪一些不同流派的重要哲学家那里，还以自觉的或不自觉的方式发生着一个很普遍性的哲学转向，即人类理性向'生活世界'的回归"[3]。其中，以胡塞尔和维特根斯坦为代表的积极取向的生活世界理论与以海德格尔为代表的消极取向的生活世界理论构成了生活世界的两种倾向。生活世界理论更新了人们的思维方式，促使人们探寻生活的意义世界。不仅如此，20世纪的道德教育与生活世界是分离的，这一方面表现在"美德袋"模式消弭了生活世界的主观性，另一方面表现在"决策模式"抛弃了生活世界积极的文化内容。因此，道

---

[1] 教育部：《义务教育品德与生活课程标准（2011年版）》，北京师范大学出版社2012年版，第1页。

[2] 教育部：《义务教育品德与社会课程标准（2011年版）》，北京师范大学出版社2012年版，第1页。

[3] 衣俊卿：《理性向生活世界的回归——20世纪哲学的一个重要转向》，《中国社会科学》1994年第2期。

德教育重返生活世界就要不断找寻失落的主体意识。① 有学者从现实、历史与哲学基础三个层面分析了生活德育提出的缘由。从现实来看，道德教育的科学化和理想化是其脱离生活的主要表现。从历史来看，西方道德教育从古罗马时期就开始了与生活的分化，到中世纪道德教育与生活完全脱离，近代以来道德教育则经历了与生活回归、分离的交织。中国的道德教育从先秦以来就出现了与生活脱离的趋向。从哲学基础来看，西方社会二元论传统与中国传统社会的道德本体论和人性论思想是造成道德教育与生活脱离的根源。② 也有学者谈到，生活德育的提出主要是批判知性德育。③ 还有学者从生活与道德、道德教育内在关联探析这一问题，生活是道德存在的依据也是道德存在的基本形态，只有在生活中道德才会展现出来，整体性、生成性、实践性是生活世界道德教育的主要特征，生活德育要走进方方面面的生活，走进生活的方方面面。④ 不仅如此，生活德育的提出也是植根于中国社会的土壤之中，力图解决我国学校德育长期存在的政治化、知识化与边缘化的弊端，生活德育的提出恰恰是为了解决我国学校德育在历史发展过程中所暴露出来的问题。⑤

（二）关于生活德育内涵的研究

有学者认为，生活德育就是"让学生在热爱生活、了解生活、亲自去生活的过程中培养德性，学会过一种道德的生活"。生活德育应当是以儿童的生活为基础、对儿童具有教育意义的真实生活。⑥ 也有学者认为，"作为生活形态的道德，它既包含了外在的道德规范，也存在着内在的道德精神和心灵；它既涵盖了道德知识，又统摄了道德行为、情感、信仰等等，它既具理论表达的形式，更主要

---

① 张华：《论道德教育向生活世界的回归》，《华东师范大学学报》（教育科学版）1998年第1期。
② 唐汉卫：《生活道德教育论》，教育科学出版社2005年版。
③ 高德胜：《生活德育论》，人民出版社2005年版。
④ 鲁洁：《生活·道德·道德教育》，《教育研究》2006年第10期。
⑤ 杜时忠：《生活德育论的贡献与局限》，《教育研究与实验》2012年第3期。
⑥ 唐汉卫：《生活道德教育论》，教育科学出版社2005年版，第126—128页。

的是表现为生活中的道德实践"①。还有学者认为，生活德育的内涵主要包括以下几点：（1）道德是生活的构成性要素，无法与生活相剥离；（2）道德固然重要，但与生活相比，道德仍然是第二位的；（3）通过生活来学习生活和道德。②

由此可见，生活德育的主体是学生，是儿童，生活德育的内容既包括外在的道德规范，也涵盖内在的道德精神，生活德育的目的在于引导学生建构意义世界，逐渐形成具有道德意蕴的生活方式，生活德育的途径是儿童的生活，是道德实践。

（三）关于生活德育实施路径的研究

有学者构建了生活德育的基本框架，生活德育在性质上凸显生活性，在目的上实践道德生活，在内容上取材于现实生活，在方式上通过实际的生活，在师生关系上强调主体间的对话。③也有学者探讨了品德课程回归生活的路径。作者认为，品德课程回归儿童的生活世界包含两方面的内容：一方面是课程、教材的制定与编写应当从儿童的生活世界出发，不能脱离儿童的生活；另一方面，课程、教材、教学还要以儿童的生活世界为归宿，也就是要将儿童在课程中学到的应用到自身的生活中，改变儿童的生活，提升生活的品质。具体来讲，这既需要课堂生活化也需要不断扩展儿童的生活空间，将课程延伸到儿童的整个生活之中。还有学者探究了学校德育走向生活的三条路径：一是德育课程从学科知识逻辑转变到学生生活的逻辑；二是德育教师要走向生活，承认童年，了解生活，引导生活；三是校园文化走向生活，建设生活化、人性化的校园，使学校成为学生成长的乐园。④

（四）关于生活德育反思的研究

在品德课新课改十年后，理论界也开始了对"生活德育"的反

---

① 鲁洁：《德育课程的生活论转向——小学德育课程在观念上的变革》，《华东师范大学学报》（教育科学版）2005 年第 9 期。
② 高德胜：《生活德育与德育课程创新》，《中小学德育》2011 年第 2 期。
③ 唐汉卫：《生活道德教育论》，教育科学出版社 2005 年版，第 129—154 页。
④ 杜时忠：《论德育走向》，《教育研究》2012 年第 2 期。

思，比如有学者就认为，"从哲学的角度看，生活德育论的提法从一个极端跳到另一个极端，因而具有浓重的形而上学色彩；从教育学的角度看，生活德育论否定学校教育在青少年品德形成与发展过程中所起的主导作用，因而严重违背教育规律和青少年品德形成发展规律；从德育社会学的角度看，生活德育论企图在幻想中摆脱社会对德育的政治影响和价值引领，因而是一种非理性的德育主张"①。也有学者认为，"生活德育"无论在理论上还是在现实中都存在诸多问题：在德育本质上，"生活德育"可能会使德育放弃对生活的超越；在德育方式上，"生活德育"低估了德育知识的价值；在德育心理上，"生活德育"与高阶段道德心理发展水平适应度不高；在德育实践上，生活德育可能会导致德育内容简单化、过程形式化、价值模糊化等问题②。不可否认，"生活德育"在经历了十多年的发展之后，在理论上和实践中都遭遇了一些问题，针对这些问题，南京师范大学道德教育研究所在 2012 年 4 月召开了"生活德育高层论坛"，邀请国内从事道德教育研究的知名学者对生活德育进行了反思，会议的成果收录在《道德教育评论 2012：生活德育论的反思与展望》之中。关于生活德育的反思主要集中在以下几个方面：一是需要进一步厘定生活、生活德育的内涵。有学者认为："生活逻辑的具体内涵不甚清晰，有待深入探索，并在德育实践中经受检验……"③ 也有学者认为，"生活德育的概念尚需厘定"④。二是澄清生活与道德的关系。有学者认为，生活德育未能建立生活与道德的双向本质性联系，一方面要确证生活内在地需要道德，另一方面也需澄清道德是为了更好地生活⑤。三是生活德育的空间问题。有学者谈到，生活德育应该注意不同生活空间的价

---

① 冯文全：《关于"生活德育"的反思与重构》，《教育研究》2009 年第 11 期。
② 杨金华：《生活德育论的理论隐忧与现实困境——对近年来"生活德育热"的冷思考》，《高等教育研究》2015 年第 8 期。
③ 杜时忠：《生活德育论的贡献与局限》，《教育研究与实验》2012 年第 3 期。
④ 张忠华、李明睿：《生活德育：我们研究了什么》，《现代大学教育》2009 年第 4 期。
⑤ 杜时忠：《生活德育论的贡献与局限》，《教育研究与实验》2012 年第 3 期。

第一章 绪论

值多元问题。① 还有学者认为，应对生活的特质和范围进行确定②。四是生活德育的社会支持或生活德育的未来走向问题。有学者认为："生活德育论并没有告诉我们，其所追求的教育的本真或本真教育，究竟存在于什么样的社会，或者需要什么样的社会支持。直言之，生活德育论为我们揭示了理想的教育，却没有告诉我们理想的社会是怎样的，理想的社会从何而来？"③ 不过，有学者对这一问题，分析了生活德育未来究竟应当走向何处，作者认为生活德育的未来是走向文化自觉与社会重建④。

也有研究指出，生活德育忽视对人的意义世界的关注，容易滑入简单化、随意化、技能化的泥潭之中，意义的遮蔽使得回归生活的德育面临着缺乏深度、学生对生活欠缺必要的反思和批判意识的危险。⑤

从上述已有研究来看，学者们对生活德育的必要性、重要性作出了深入的研究，生活德育的提出不仅来自西方哲学思潮的影响，更离不开中国社会特有的历史背景和内在的文化、思想逻辑。生活德育几乎成为理论界的共识，正如有学者所言，"它理所当然地成为我国德育改革实践的指导思想，成为凝聚教育改革共识的'一面旗帜'"⑥。在对生活德育内涵的认识上，已有研究认识到生活德育的主体是儿童，生活德育的内容既包含外在的道德规范，又涵盖内在的对道德规范所蕴含的上位的道德理念的理解，生活德育的目的在于帮助儿童建构自己的意义世界。但是，以往研究也存在一些不足，比如对生活德育的时代内涵、价值取向、组织依托、生存土壤、未来走向等问题研究较少，生活德育是如何在现实中影响教育

---

① 郑富兴：《学校生活德育的空间问题》，载高德胜《道德教育评论2012：生活德育论的反思与展望》，教育科学出版社2013年版，第137页。
② 张忠华、李明睿：《生活德育：我们研究了什么》，《现代大学教育》2009年第4期。
③ 杜时忠：《生活德育论的贡献与局限》，《教育研究与实验》2012年第3期。
④ 唐汉卫：《生活道德教育的回归与重建》，《教育发展研究》2013年第20期。
⑤ 李菲：《学校德育的意义关怀研究》，教育科学出版社2009年版，第46—55页。
⑥ 杜时忠：《生活德育论的贡献与局限》，《教育研究与实验》2012年第3期。

实践的，对学校、教师、学生产生了哪些影响，生活德育在教育实践中遇到了哪些深层次的困惑，如何解决这些困惑，等等，这些问题都值得进一步深入研究。

二 关于课程实施的研究

本书要分析品德课新课改在实践中的问题，因此，梳理与总结课程实施的相关文献是非常必要的。在很长一段时间内，课程实施并未引起人们的强烈关注，大家理所当然地认为只要课程计划设计良好，课程实施就是自然而然、水到渠成的，因此无须对课程实施进行研究。正如富兰（Michael Fullan）所言："在20世纪60年代，我们天真地把大笔的钱财投入全国范围的课程建设、开放式学校以及个别化教学等方面。当时预期会产生某种结果，尽管并没有明确的计划。当我们期待的结果与实施的现实相去甚远时，我们简直大失所望。实际上'实施'一语在60年代甚至还没有被使用，也没有作为一个问题来考虑。"[1] 20世纪六七十年代，伴随着研究者对美国"学科结构运动"的反思，课程实施越来越受到重视，因为很多精心设计的课程在实践中没有取得预想的效果就是因为缺少了对课程实施的关注。经过几十年的发展，对课程实施的研究主要集中在以下几个方面：

（一）关于课程实施界定的研究

关于课程实施，一种观点认为，课程实施就是教学，课程实施的过程就是教学的过程[2]，或者为了更好地把握课程实施而将课程实施限定在教学范畴进行探讨[3]。与之不同，更多的学者认为课程实施是将课程计划、方案付诸实践的一种过程（富兰，1991）。还

---

[1] ［加］富兰：《变革的力量：透视教育改革》，中央教育科学研究所、加拿大多伦多国际学院组织翻译，教育科学出版社2004年版，第6页。
[2] 黄甫全：《大课程论初探——兼论课程（论）与教学（论）的关系》，《课程·教材·教法》2000年第5期。
[3] 崔允漷：《课程实施的新取向：基于课程标准的教学》，《教育研究》2009年第1期。

有一种观点从现象学和批判理论的视角出发,提出了课程实施是教师"情境的实践"[①]。这种观点认为,课程实施是师生依据教育情境共同诠释课程的意义的过程。

有学者梳理并总结了关于教师课程实施的几种有代表性的观点:教师的课程实施就是教学;教师的课程实施是教师将革新性课程方案付诸实践的过程;教师的课程实施是课程的创生过程。[②]这种观点一方面将课程实施等同于教师课程实施,另一方面,这一研究也确定了教师课程实施的本质是教师在与课程互动中产生设计课程并创生课程的过程。这在事实上丰富并深化了课程实施的内涵。

对于将课程实施视为课程计划、方案付诸实践的过程而言,它之所以得到较为广泛的认可,一方面源于它把课程实施视为一种动态的过程,另一方面则在于它不局限在教学甚至学校层面,研究范围更广。但是,一事物的优点从另一个视角看就可能成为缺点。这一界定也使得课程实施在整个课程变革过程中欠缺明确的、清晰的边界和范围,在现实中缺乏可操作性。正如有学者谈到的,"课程实施研究范畴不明,基本问题有待厘清……由于理论归属的不确定,研究出发点的差异,造成课程实施概念外延不明内涵不清,以至于无限扩大外延或缩小内涵"[③]。

对于课程实施是教师"情境的实践"或将教师课程实施视为课程创生的过程而言,二者都在某种意义上将课程实施的主体限制在教师甚至将课程实施默认为教师课程实施。此外,这两种观点实际上已经在探讨课程实施的取向问题了。

以上是对课程实施概念的基本划定,接下来面临的一个问题就是课程实施在课程改革中处于何种阶段,也就是课程实施始于何

[①] 欧用生:《课程实施的叙说研究》,《全球教育展望》2006年第10期。
[②] 崔允漷、夏雪梅:《论互动视野下的教师课程实施:基于40年文献的建构》,《全球教育展望》2013年第10期。
[③] 李定仁、徐继存:《课程论研究二十年》,人民教育出版社2004年版,第113—114页。

时、终于何时,这就要从课程变革的阶段或形态谈起。在富兰看来,课程改革一般有三个阶段,即发起或启动阶段、实施或最初使用阶段、常规化和制度化阶段,而课程实施是在启动之后、制度化之前的阶段[①]。

美国课程论专家古德莱得(Goodlad, J.I.)提出了五个层次的课程理论:理想(ideal)的课程、正式(formal)的课程、感知(perceived)的课程、运作(operational)的课程、经验(experiential)的课程。理想的课程是课程专家、设计者理想的课程形态;正式的课程是教育行政部门公布的官方课程,所以也称文件课程;感知的课程是地方官员、家长、教师等所理解的课程;运作的课程是最终在课堂中发生的课程;经验的课程是课程的终极形态,是学生最终学到的课程[②]。以此观点来看,课程实施主要包括感知课程与运作课程。

国内学者将课程改革看作由课程计划、课程采用、课程实施、课程评价构成的一项综合性的系统工程[③]。也有学者认为,课程实施既包括将课程方案付诸实践的过程,还包括将新课程制度化、推行课程计划的过程[④]。

接下来不可回避的问题是课程实施究竟要解决哪些问题,这对于进一步厘清课程实施的边界范围会有所帮助。富兰认为,课程实施的焦点是实践中发生改革的程度和影响改革程度的那些因素。有学者认为,课程实施关注课程计划在实际中实施的程度以及影响课程实施的因素[⑤]。也有学者认为,课程实施应当研究以下问题:课

[①] 尹弘飚:《课程实施中的教师情绪:中国大陆高中课程改革个案研究》,博士学位论文,香港中文大学,2006年,第14页。

[②] Goodlad, J.I., et al., *Curriculum Inquiry*, 1979, pp. 60 – 64,转引自施良方《课程理论:课程的基础、原理与问题》,教育科学出版社1996年版,第9页。

[③] 张华:《课程与教学论》,上海教育出版社2000年版,第331页。

[④] 杨明全:《课程实施的学理分析:内涵、本质与取向》,《全球教育展望》2001年第1期。

[⑤] 施良方:《课程理论:课程的基础、原理与问题》,教育科学出版社1996年版,第128页。

程实施到了什么程度，哪些因素影响了课程实施，这些因素是如何影响课程实施的，如何调适课程以更好地适应具体的课程环境，等等。因此，课程实施主要关注的是课程计划在实践中实施的程度问题、因素问题。

（二）关于课程实施取向的研究

课程实施取向是对课程实施过程与课程计划或课程方案关系的不同认识。关于课程实施取向的研究有两条线索，一是关注课程实施的取向，二是关注课程实施研究的取向。

关于课程实施的价值取向，国内最为盛行的是辛德尔（Snyder, J.）等人提出的忠实（fidelity）取向、相互调适（mutual adaptation）取向和创生（curriculum enactment）取向。这种取向产生了广泛的影响力，在实践中具有很强的应用性与解释力。

有学者探讨了三种取向的课程实施观的本质，忠实取向的课程实施观受"技术理性"支配，其本质是"知识传承"；相互调适取向的课程实施观受"实践理性"的支配，其本质是"文化适应"；创生取向的课程实施观受解放理性的支配，其本质是"经验创生"[1]。实际上，从忠实取向到相互调适取向再到创生取向是课程改革不断演化的过程，也标志着课程改革更加强调、侧重课程实施的直接参与者——教师和学生的作用。

也有学者关注课程实施研究的取向。侯斯（House, E.）则建议从技术的、政治的和文化的三种视角出发探讨课程实施取向。技术观将课程实施视为一种技术，只需按照原定的课程计划执行即可，以达成目标的程度作为衡量课程实施成效的标准。政治观认为，课程在实施过程中面临着不同的群体，而这些不同的群体在利益上是有矛盾的甚至是冲突的，课程实施就成为协调不同群体利益关系的过程。文化观将课程实施视为文化再生的过程，课程实施的目的在于促使学校成员重新思考课程、教学以及学校教育的本质和目的[2]。

---

[1] 金玉梅、靳玉乐：《论缔造取向的课程实施》，《天津市教科院学报》2005 年第 4 期。

[2] 尹弘飚、李子建：《再论课程实施取向》，《高等教育研究》2005 年第 1 期。

事实上，这两种不同的分类出发点不同，前者更聚焦于课程内部，后者则借助其他学科视角探讨课程实施。两种不同分类下的取向具有一些相似性，忠实观与技术观、相互调适与政治观、课程缔造（创生）与文化观之间具有很多共通之处，表现在基本假设、研究重点、实施策略、研究方法论等方面，而这些恰恰是课程实施取向的实质性内容[①]。

有学者提出了基于实践取向的课程实施，主张课程实施应当从教育现场出发，依据教育现场中出现的问题，教师与课程设计者开展对话、沟通、交流，在此基础上达成共识并不断修改与完善课程实施的一种过程[②]。实际上，这种取向的课程实施采用的是"自下而上"的模式，在取向上与相互调适取向、创生取向比较接近，甚至可以说是将二者结合了起来。也有学者从解释学的视角看课程实施，将课程实施视为"师生和课程设计者视界融合的过程，师生与文本的对话和课程意义的创造与生成的过程，师生精神相遇、经验共享的过程"[③]。实际上，这种课程实施与课程创生在某种意义上具有很大的相似性。

有学者从我国的传统与现实出发提出了更具本土特色的课程实施取向分类：基于教师经验的课程实施、基于教科书的课程实施、基于课程标准的教学。其中，基于课程标准的教学应当是课程实施的新取向[④]。应当说，由于利益、编写者的主观性等原因，不同地区在教科书的选择与使用上存在较大的差异，而且，从课程标准到教科书的转化又有可能存在或多或少的隔阂，因此，基于课程标准的课程实施应当成为课程实施的新取向。

还有学者从德育角度看待课程实施，提出了课程实施的关怀取

[①] 尹弘飚、李子建：《再论课程实施取向》，《高等教育研究》2005年第1期。
[②] 姜勇：《实践取向的课程实施刍议》，《比较教育研究》2002年第6期。
[③] 张增田、靳玉乐：《论解释学视域中的课程实施》，《比较教育研究》2004年第6期。
[④] 崔允漷：《课程实施的新取向：基于课程标准的教学》，《教育研究》2009年第1期。

向。这种取向认为，课程实施是师生相互关心的过程①，实际上，这是将诺丁斯（Nel Noddings）的关怀教育理论应用到了师生关系的处理中。

（三）关于课程实施的策略与模式的研究

在钦和本恩（Chin, R. & Benne, K. D.）看来，课程实施策略有三种基本类型：实证—理性策略、权力—强制策略、规范—再教育策略。由于这种策略分类更多的是基于哲学、政治学的视角而比较抽象，在教育情境中应用较少。麦克尼尔（McNeil, J. D.）根据课程改革发起者的不同，将课程实施策略分为三类，即自上而下的策略、自下而上的策略、自中而上的策略，分别对应的发起者是国家或地方级的教育机构、教师、学校②。

关于课程实施模式，有三种代表性的观点："研究—开发—传播"模式、兰德课程变革模式（Rand Change Model）、情境模式③。

有学者探讨了发展中国家的课程实施模式——罗根课程实施模式（Rogans Curriculum Implementation Model）。这一模式涵盖实施简况（课堂互动、科学实践活动、社会中的科学、评估）、革新能力（物质资源、教师因素、学生因素、学校风气和管理）、外部支持（物质资源、专业发展、变革力度、监控、对学习者的支持）三个维度，这三个因素之间是互动关系。这一模式提示我们不能忽视外部因素对课程实施的影响，不要仅仅局限于学校内部④。

从上述几种策略与模式可以看出以下几点：第一，不同的课程实施取向对应着不同的课程实施策略，同样，不同的策略也就衍生出不同的模式，也就是说每一种模式背后都有一种主导性的课程实施取向，取向—策略—模式是一以贯之的。比如，"研究—开发—传播"模式体现的是忠实取向，兰德变革模式体现的是相互调适取

---

① 李明铭：《关怀取向：课程实施的一种新视角》，《教育理论与实践》2012 年第 25 期。
② 尹弘飚、靳玉乐：《课程实施的策略与模式》，《比较教育研究》2003 年第 10 期。
③ 张华：《课程与教学论》，上海教育出版社 2000 年版，第 347—352 页。
④ 雷浩：《罗根课程实施模式及其启示》，《全球教育展望》2014 年第 1 期。

向，课程变革的情境模式体现的是创生取向。因此，应当根据课程实施取向来选择策略与模式。第二，课程实施模式更多地关注学校、教师层面。第三，就我们目前的新课改而言，一方面，新课改与"研究—开发—推广"模式非常相似，因为新课改是在教育部的领导下开展的，这也为新课改的推行提供了强力支持；另一方面也必须认识到由上而下的课程实施模式本身所具有的局限性，为了避免课程计划与教育实践的脱离，除了采纳课程研制专家的意见外，更要广泛征求学校、一线教师以及社会人士的意见，打通"上""下"之间的隔阂，使课程计划更接地气。

三 关于品德课程实施的研究

在中国知网上，以"品德课程实施"为篇名的文章并不多见，更多的关于品德课程实施的文章在探讨品德课教师、课堂教学、课程资源开发等课程实施过程中的问题。本书从课程实施的主体（谁来实施）、课程实施的内容（实施什么）、课程实施的方式（如何实施）三个层面对已有研究进行综述。

（一）关于品德课程实施主体的研究

课程实施的主体是回答谁来实施课程的问题。从宏观层面来看，课程实施的主体是学校；从微观层面来看，课程实施的主体是品德课程的主要参与者，包括学校管理层、教研员、品德课教师、班主任。以往关于品德课程实施主体的研究主要关注品德课教师。

有研究在探讨品德课教师的职业状态或在学校中的生存境遇[1]。研究指出，小学品德教师面临着比较尴尬的职业状况，对于新课程措手不及、准备不足，更多教师是兼职也使得教师的专业发展后劲不足[2]，教师还面临着新课改中的内容综合化与自身知识结构单一的矛盾[3]，也有学者甚至将小学品德课教师称为"隐形人""角

---

① 颜莹：《校园中角色模糊的边缘人（一）——小学品德课程教师专业发展现状调查》，《思想理论教育》2008年第1期。
② 李敏：《积聚小学品德课教师专业发展的力量》，《中国教育学刊》2012年第8期。
③ 池昌斌：《品德课改怎样走得更稳更远》，《中国教育报》2011年7月15日第006版。

色模糊的边缘人"①，等等。由此可见，小学品德课教师的职业状况不容乐观。

更多的研究在探讨品德课教师的专业发展问题，分析了阻碍品德课教师发展的因素，并从专业精神、教育理念、知识基础、教学技能、专业实践智慧等方面确立了品德课教师专业发展目标②，也有学者从生活取向的两个层面探讨了增强教师专业执行力的举措③。

（二）关于品德课程实施内容的研究

课程实施内容是课堂教学内容、班会主题的选择、课程资源开发的内容、活动课程主题的选择等方面。已有研究更多地关注教科书。有学者对六个不同版本的品德课教科书进行了比较分析，并关涉了教科书内容的比较，作者认为，课程标准六个方面的内容在各个版本教科书层次的分布有所不同，教科书内容体现出综合交叉、螺旋上升的特点，教学内容体现地域特点、贴近儿童的生活实际。④有学者指出了品德课教科书在内容上存在的问题，"许多版本在'源于生活'方面下足了功夫，但在高于生活、指导生活上，还显得力道不够，有进一步修改、完善的空间"⑤。

（三）关于品德课程实施方式或路径的研究

关于品德课程实施路径，以往研究主要从课堂教学和课程资源开发两方面探讨，而对品德课程实施方式则在课堂教学中进行分析。

第一，关于品德课堂教学的研究。有学者探讨了课堂教学建构的几个核心问题：课堂教学生活的重建、教学范式的自主、学生生

---

① 颜莹：《校园中角色模糊的边缘人（一）——小学品德课程教师专业发展现状调查》，《思想理论教育》2008年第1期。

② 颜莹：《谁来教品德课程——小学品德课程教师专业发展目标探析》，《思想理论教育》2007年第11期。

③ 李敏：《积聚小学品德课教师专业发展的力量》，《中国教育学刊》2012年第8期。

④ 张茂聪：《〈品德与社会〉教科书比较分析及思考》，《教育科学研究》2012年第7期。

⑤ 李莉：《〈品德与生活〉教科书的特征分析与问题研究》，《课程·教材·教法》2011年第8期。

命的和谐发展、课程资源的创生、教学评价的多元。[①] 也有学者阐述了品德课堂教学需要转变五个观念：教学目标由"方向性的大目标"向"针对性的小目标"转变，教材处理由"死教教材"向"学生的现实生活"转变，教学活动由"教师掌控教学"向"学生自主学习"转变，课程资源由"单一课程资源"向"多元课程资源"转变，教学评价由"单一的纸笔测试评价"向"综合性评价"转变。[②] 还有学者认为，品德课堂教学方式应当从问答走向对话，并提出了建构对话式教学关系的路径：教师淡化角色意识，在教学中营造儿童文化，以儿童自身的经验、体验以及与儿童生活相关的因素作为教学的出发点[③]。也有学者分析了提升品德课堂对话教学的策略：自主建构、适切反馈、意义生成、价值引导等等。[④]

第二，关于课程资源开发的研究。有学者阐释了品德课程资源开发和利用的原则、途径[⑤]，也有学者分析了品德课程资源开发应当注重真实性，以学生真实的道德生活为根基，选择并运用真确的道德事件来诱发学生的道德冲突，促使学生对不同的价值选择做出判断，以此促进学生的道德成长。[⑥] 还有学者就生活德育资源开发的主体、内容、原则等进行了研究。[⑦]

（四）对品德课程实施的总结与反思

有学者探究了品德课面临的几个困惑：学科正常教学与教育功利倾向，回归儿童生活遭遇价值灰色地带，单一知识结构与综合课程

---

① 张茂聪：《品德与社会课堂教学建构的几个核心问题》，《课程·教材·教法》2007年第7期。

② 程振禄：《品德与社会课堂教学需要转变的五个理念》，《课程·教材·教法》2013年第6期。

③ 高德胜：《从问答走向对话——突破"品德与社会"教学改革的新困境》，《思想理论教育》2004年第4期。

④ 陈光全：《提升对话教学的策略施用艺术》，《新课程研究》2013年第4期。

⑤ 张茂聪：《品德与社会课程资源的开发和利用》，《课程·教材·教法》2006年第3期。

⑥ 唐爱民：《真实的道德生活与德育课程生活资源的开发》，《课程·教材·教法》2007年第5期。

⑦ 程伟、唐汉卫：《关于生活德育资源开发的思考》，《当代教育科学》2012年第10期。

要求的矛盾，活动探索与理性分析体验的关系①。有学者系统总结了品德课改十年的成就并梳理了存在的问题，品德课新课改使生活德育理念深入人心，促进了教师专业发展，改变了学生道德学习的方式，从整体上改变了学校德育面貌。但是在品德课改中也存在着教学目标虚化、教学设计偏颇、教材使用迷失、忽视农村学生生活等问题②。有学者总结了小学品德课程实施中面临的四个问题：品德教师专业化程度不高，品德课时得不到保证，品德课仍然存在重认知、轻实践，品德活动盲目追求形式、忽略内涵③。也有学者从更加上位的文化视角（价值观层面）对品德课程进行了反思，在作者看来，"中小学德育课程所遭遇的一系列问题实质上也是深层次的文化问题"，我国品德课程目标应体现以"刚健自强、厚德载物"为核心的民族精神，课程内容要反映以"仁义礼智信"为代表的中国传统文化的核心价值，并结合时代特点进行创造性转化④，这一研究提示我们在品德课程实施过程中应当关注并处理好传统与现代、东西文化之间的关系。还有学者反思了品德课程内容中的知识教学与活动教学的关系问题，通过实证研究揭示了品德课程内容改革中存在着活动性内容设置偏多、对知识性内容"妖魔化"、部分内容层次水平过低、内容设置逻辑系统性不足等一系列问题⑤。知识化的道德教育是传统品德课遭人诟病之处，于是品德课新课改倡导在活动中、在情境中、在道德体验中促进学生道德发展，却在实践中走向了极端，忽视甚至放弃了道德知识的作用，带有强烈的矫枉过正的味道。这一研究提醒品德课教学应该合理把握知识教学与活动教学的"度"的问题，恰当地处理好二者之间的关系，不能顾此失彼。

---

① 池昌斌：《品德课改怎样走得更稳更远》，《中国教育报》2011年7月15日第006版。
② 陈光全、杜时忠：《德育课程改革十年：反思与前瞻》，《课程·教材·教法》2012年第5期。
③ 翟楠、薛晓阳：《小学思想品德课程60年：1949—2009》，江苏大学出版社2011年版，第230—235页。
④ 韩华球：《文化视域下我国德育课程改革反思》，《教育学报》2014年第2期。
⑤ 郑敬斌、王立仁：《德育课程内容改革误区及匡正》，《中国教育学刊》2013年第12期。

综上所述，在课程实施主体方面，以往研究主要关注品德课教师，对教研员、班主任的研究比较少见。在课程实施内容方面，集中在教科书的研究，对班会课、学校主题活动、课程资源开发的主题研究较少。在课程实施方式或途径方面，比较多地关注课堂教学、课程资源开发，对学校其他类型的品德课程类型少有研究。可以说，以往研究更多地聚焦在狭义上的品德课程，主要关注课程设置中正式的《品德与生活》《品德与社会》课程，相对忽视了另外两种类型的品德课程——活动课程、隐性课程。在对品德课新课改反思中，以往研究更多地在探讨浅层次的问题，比如课程设置问题、教师兼职问题、课程资源开发不力等问题，而对品德课程在实施过程中面临的深层次的困惑与矛盾的研究非常少见。

第四节 研究目标、研究思路和研究方法

一 研究目标

本课题旨在以品德课新课改的基本精神和理念"生活德育"为切入点、为主线，或者作为价值判断的一个基本尺度，通过对品德课新课改实施状况的研究（包括新课改的历程、学校层面的实施状况、存在的问题等），来探讨和澄清品德课新课改中呈现出的一些不可回避的理论和实践问题，最终为品德课新课改、为道德教育的未来提供可供选择的精神路向和实施策略。

二 研究思路

第一，从纵向的历史的角度，分政策、理念、实践三个方面，对品德课新课改以来的历程进行回顾，并对生活德育这个分析视角，从更宏观的角度来分析其具有的历史和文化意蕴。第二，从现实的角度深入分析品德课实施的现状和问题。第三，对新课程实施过程中出现的一些理论问题予以分析和解答。第四，基于现实的分析和理论上的探讨，针对实践中的困惑提出策略和建议。最后，展望未来，指出品德课新课改的精神路向、价值选择等。

三 研究方法

在研究视角上,本书大致采用理论分析和质性研究相结合、历史研究和现实分析相结合、个案研究和整体把握相结合的方式,从多个不同的视角来分析品德课新课改在实施过程中向生活回归的情况,是否充分体现了生活德育的基本理念和基本要求。

在具体方式方法上,本书综合采用文献研究、思辨研究、质性研究、个案研究、现场观察与访谈等方法。此处不再做具体说明。

四 对学校个案研究的说明

除了宏观的历史的透视,还需要从现实的角度对品德课程具体实施情况进行考察。自2012年至今,课题负责人和课题组成员以山东为主,同时,也利用各种机会到上海、北京、广东、江苏、河北、河南、浙江、黑龙江等省市的学校进行专项或附带的调研和考察,了解到全国各地的一些实践动态。鉴于时间、精力和研究经费限制等原因,也是为了保证研究的专业性、深入性,课题组听从开题时专家的建议,重点选择一所具有代表性的小学就品德课程实施情况进行深度的分析与考察,以便达到进行深入剖析、给人以启示和借鉴的目的。当然,个案也有其自身的局限和不足。但利弊相权,本课题只能择其一,舍弃笼统而全面的做法。况且,对全国的小学品德课程改革、实施状况,或哪怕是大规模抽样来做出清晰的实然状态描述,并不是本课题的研究初衷。本书只是想从生活德育视角来看品德课新课改在微观的学校层面的进展和存在的问题,案例多少并不重要,只要是典型的代表性的案例,能够说明问题就可以了。出于以上考虑,本部分以一所学校作为个案而进行考察。

(一)个案研究目标、要解决的问题及研究假设

教育学家佐藤学教授曾经用三种比喻来形容教育研究的视角,在他看来:"教育研究如同是用眼睛来观察世界,不同的研究就代表了不同的研究视角,最基本的三种视角是'飞鸟之眼''蜻蜓之眼'和'蚂蚁之眼'……飞鸟之眼:高瞻远瞩却浮光掠影;蜻蜓

之眼：视角下移却蜻蜓点水；蚂蚁之眼：所见有限却精确细致。"① 这句话提示我们，教育研究不仅要有大的视野，更要贴近教育现实，走进教育现场。叶澜先生认为："教育研究要'上天入地'，'上天'就是要提高它自己的理论认识水平和能力；同时又需要'入地'，就是把我们的研究扎扎实实地扎到中国这块热土之中，扎到我们中国的教育教学实践之中。"② 因此，教育理论应当与中国的教育实践紧密结合起来，本书正是以此为出发点，力图以"飞鸟之眼"审视教育世界，以"蚂蚁之眼"观察学校生活。所谓"飞鸟之眼"即对"生活德育"的理论把握——培养现代人（公民），所谓"蚂蚁之眼"即对学校生活细致入微的观察。

研究目标：以一所学校作为个案，以生活德育作为研究视角，运用质性研究方法，主要采用访谈，辅之观察、实物分析，通过对该校品德课程实施状况的深层考察和解读，即了解新课改以来品德课程在实施中的进展、问题，对教师和学生产生的影响，展现品德课程改革的真实面貌。在此基础上，揭示品德课程在实施过程中遭遇的深层次的矛盾与困惑、挣扎与无奈，展现背后的教育之困、学校之困、教师之困，从而为品德课程改革的顺利有效持续进行提供理论参照与实践策略。

要解决的问题：本书主要从生活德育的视角探讨品德课程实施的进展与问题，具体来看，主要解决以下几个问题：

（1）品德课程在实施过程中是如何回归生活的？

（2）品德课程在实施过程中遇到哪些问题与困惑？

（3）应当如何从理论上看待这些问题？

（4）在实践中品德课程应当如何更有效地实施？

研究假设：

（1）从生活德育的视角来看，新课程在实施中有了很大的进展。

（2）新课程实施仍然存在一定的问题。

---

① 陈静静等：《跟随佐藤学做教育》，华东师范大学出版社2015年版，第10—12页。
② 叶澜：《当代中国教育学研究"学科立场"的寻问与探究》，载丁钢《聆听新知：2008全国教育学研究生暑期学校经典演讲》，华东师范大学出版社2010年版，第36页。

(二) 研究方法的选择

研究问题决定研究方法。研究方法并无好坏之分，只有适合与不适合之别，正如有学者所言，"研究方法的选取应出于对哪种方式能回答某项问题的考虑，而不是技术性的考虑"[①]。本书主要探讨课程实施问题，带有非常强烈的实践色彩，因此，本书拟选择质性研究作为主要的研究方法。"研究方法常被概括为由大到小的三个层次：由哲学取向主导方法论层面，一般的研究取向、研究视角与概念，具体的研究技术。"[②] 下面分别从这三个方面对研究方法予以介绍。

1. 质性研究

首先，本书主要探讨品德课程在实施过程中是如何回归生活的，遇到了哪些困惑或矛盾，揭示这些矛盾或困惑背后的深层原因。这就需要通过实证研究深入教育一线，理解课程实施的主要参与者的所思所想，并分析其所作所为，这与质性研究的旨趣不期而遇。根据陈向明教授的界定，"质的研究是以研究者本人作为研究工具，在自然情境下采用多种资料收集方法对社会现象进行整体性探究，使用归纳法分析资料和形成理论，通过与研究对象互动对其行为和意义建构获得解释性理解的一种活动"[③]。在一次学术报告中，陈向明教授提到了质性研究的三个目的：描述、解释、分析。质性研究需要观察并呈现行动者的社会惯常行动，倾听并理解他们对自己行动的解释，分析这类行动之所以产生的社会结构和历史文化脉络，将个人困扰放置于社会和历史的交接处。[④] 上述内容揭示了质性研究的五个特点：第一，自然主义。质性研究是在自然状态下对人或事物的研究，因此，质性研究非

---

① 张侨平、丁锐、黄毅英：《教育研究方法中的几个误区》，《教育科学研究》2015年第4期。
② 刘云杉：《学校生活社会学》，南京师范大学出版社2000年版，第23页。
③ 陈向明：《质的研究方法与社会科学研究》，教育科学出版社2000年版，第12页。
④ 陈向明教授在"第二届教育学术研究与出版大会：什么是好的教育研究"（2015年8月22—23日）主题报告内容。

常强调研究的情境性,只有将事物置于特定的情境之中才能更好地理解它。第二,描述性的数据。质性研究收集的数据是话语、图片而非数字,包括访谈记录、田野笔记、录像带、其他文本材料等等。第三,关注过程。质性研究更加关注过程而不是结果,关注人们是如何对意义形成一致看法的。第四,归纳法。质性研究采用的是自下而上的路线,质性研究并非将研究收集的数据拼凑成图片而是建构一幅图片。第五,关注意义。质性研究更加关注的是不同的人是如何理解自身生活意义的。① 通过上述对质性研究性质与特点的分析可以发现,质性研究尤为强调对被研究者行为的理解与解释,探究现象背后的意义世界,从而形成理论。本书也拟采用这一研究思路,通过对品德课程改革参与者所思所想、所作所为的理解,分析背后的深层动因,并归纳、提炼品德课新课改遭遇的尖锐矛盾。

其次,以往相关研究提供了经验参照。与课程实施相关的博士论文大都采用质性研究,柯政的《中国大陆课程政策实施研究:以制度理论视角探讨"研究性学习"政策在 A 市的实施状况》(博士学位论文,香港中文大学,2008 年)、李水霞的《新课程下小学科学课程实施个案研究》(博士学位论文,东北师范大学,2014 年)、贾晓琳的《普通高中选修课程实施的个案研究》(博士学位论文,东北师范大学,2014 年)、解月光的《普通高中技术课程实施个案研究——学校水平的特征与归因》(博士学位论文,东北师范大学,2007 年)、张二庆的《初中科学课程实施的个案研究——新课改中科学课程实施的特征与影响因素》(博士学位论文,东北师范大学,2014 年),等等。可见,质性研究是探讨课程实施问题最为常用的研究方法。因此,以往关于课程实施研究的相关论文为本书方法的选择提供了借鉴。

2. 教育民族志

在研究策略(类型)方面,本书主要运用教育民族志的分析展

---

① [美]罗伯特·C. 波格丹、萨莉·诺普·比克伦:《教育研究方法:定性研究的视角》(第四版),钟周等译,中国人民大学出版社 2008 年版,第 4—6 页。

开论述。教育民族志是民族志在教育领域的应用和扩展,我们通常称其为"蹲点",是指研究者长期深入区域并与当地人一起生活、工作、学习,全程参与他们的活动,通过访谈、观察、实物收集等获取研究数据的方法。与其他研究方法相比,"民族志方法特别适用于对学校或课堂这样相对局限的系统做经验研究,而且也适用于研究家庭、社会组织和少数民族社区在教育中的作用"①。本书以品德课程实施为研究对象,包含品德课、德育活动以及隐性课程,只有深入学校之中进行长期的调查,全程参与学校的生活才能真正有所发现,如学者所言:"教育民族志使教育研究者更加贴近他们的研究对象,更加清晰地去明了什么问题真正存在?什么问题亟须解决?什么是教师或者学生最关注的?"②基于研究内容,本书选取教育民族志为主要的研究类型。

3. 个案研究

个案研究是质性研究常用的研究方式。"质化研究的深度和详尽特征,典型地源于小数目的个案研究……个案被选择来做研究,乃因其在研究目的之下具有特别的意义。"③ 这就不可避免地会引发个案的代表性问题。个案研究是否具有代表性,是否能够反映出普遍性的问题是个案研究遭人诟病之处。不过,也有学者提出,"衡量个案研究的价值,并不在于要以个案来寻求对于社会之代表性和普遍性的理解,而是要以个案来展示影响一定社会内部之运动变化的因素、张力、机制与逻辑,通过偶然性的揭示来展示被科学——实证化研究所轻易遮蔽和排除掉的随机性对事件——过程的影响"④。研究个案在自然情境下的状态从而展现人们对这一事物

---

① 中央教育科学研究所比较教育研究室编译:《简明国际教育百科全书》,教育科学出版社1990年版,第126页。

② 同上。

③ Patton, M., *Qualitative Evaluation and Research Methods*, London: Sage, 1990, pp. 53 - 54,转引自李水霞《新课程下小学科学课程实施个案研究》,博士学位论文,东北师范大学,2014年,第35页。

④ 吴毅:《何以个案 为何叙述——对经典农村研究方法质疑的反思》,《探索与争鸣》2007年第4期。

状态的理解是个案研究的价值所在。不仅如此,"在研究的结论上,质的研究不做普适性的追求,认为不存在一个放之四海而皆准的普遍真理,真理都是具体的。因此,它的独特价值就在于对具体事物的具体分析中"①。对于此,陈向明教授也谈道,"质的研究中的抽样与其说是一个'规则'的问题,不如说是一个'关系'的问题。不论我们的研究范围有多大(或多小)、不论我们的研究问题有多么宏观(或微观),抽样必须考虑到研究的目的、研究者多具备的条件、样本与研究者之间的关系等这类关系性问题。从根本上说,质的研究是一种关于'关系'的研究,任何选择或衡量标准都必须放到一定的关系中加以考量"②。因此,质性研究并非如量化研究那样,通过大的样本得出具有推论性的结论,其中比较有代表性的是美国学者沃尔科特(Wolcott, H. F.)的《校长办公室的那个人:一项民族志研究》,就以一个校长为个案分析了校长的日常生活,成为民族志研究的经典③。

即使如此,个案研究也能在一定条件下实现特殊性与普遍性的结合。"研究的结果属于地方性知识,只局限在样本本身,不企求推论到抽样总体。但是,如果读者在阅读研究报告时得到了思想上的共鸣,那就是一种认同性的推论(或称思想上的启发或启示);而如果本书建立的理论具有一定的诠释性,也可能起到理论性推论(或称理论的影响或辐射)的作用。"④

(三)个案的选取与介绍

本书采用个案研究,选取一所全程参与新课改的学校作为研究对象,深入教育实践把握品德课新课改的现实遭遇,分析品德课新课改面临的深层困境。在研究个案的选择上主要考虑三点:一是该学校较早地参与了新课改,这将为本书提供必要的条件支持;二是

---

① 齐学红:《质的研究与生活世界的重建》,《滨州职业学院学报》2004年第1期。
② 陈向明:《质的研究方法与社会科学研究》,教育科学出版社2000年版,第116页。
③ [美]哈里·F.沃尔科特:《校长办公室的那个人:一项民族志研究》,杨海燕译,重庆大学出版社2009年版。
④ 陈向明:《质的研究方法与社会科学研究》,教育科学出版社2000年版,第101页。

该学校对学校之外的研究者持开放、包容的态度，至少不会排斥研究者的介入，这会为本书提供进入现场的可能性；三是考虑到研究的便利性，最好与研究者距离较近，这也能为研究提供一定的便利。综合考虑上述因素，本书采用目的性抽样方式，最终选择了 A 小学作为研究对象。

A 小学位于山东省济南市，是全国未成年人生态道德教育示范学校、山东省规范化学校、山东省教学示范校、山东省中小学素质教育工作先进单位等等。

从整体上看，A 小学对品德课程相对比较重视，德育活动丰富多彩、有声有色，校园文化建设有一定特色，《品德与生活》《品德与社会》能够足时足量开设，这些都为实地调研打下了良好的基础。具体来看，A 小学较早参与了新课改，及时选用了按照课程标准出版的教科书。在师资方面，A 小学为了保证《品德与生活》《品德与社会》的课时不被班主任或其他任课教师挤占，制定出台了班主任交叉兼任品德课教师的方案，即班主任不能兼任本班品德课教师，这在一定程度上保证了《品德与生活》《品德与社会》的教学时间。在教师培训方面，每学期开学之初 A 小学全体《品德与生活》《品德与社会》教师都会参与全区统一组织安排的新学期教师培训活动，除此之外，每学期还会有几次市级或区级的骨干教师培训活动。总体上看，《品德与生活》《品德与社会》的任课教师以兼职为主，班主任、学校中层干部是主要的任课教师，但是，近几年，学校也有了三位专职教师，她们由于身体原因不适合担任班主任而转任《品德与生活》《品德与社会》专职教师。

此外，A 小学非常重视学校德育工作。首先，重视班主任队伍建设。通过名班主任工作室引领班主任队伍专业成长，以年级组为单位开展每月一次的德育研究工作，集中对本年级的教育问题，与个别学生、家长的沟通问题以及重大活动的策划和安排进行研究。其次，注重校园文化和班级文化建设。开设丰富多彩的学生社团活动。最后，拓宽德育课程。在德育中贯彻分层次培养目标，即低年级的重点是行为习惯养成教育，中年级的重点是情感教育，高年级开始人生观、价值观的教育。学校还结合不同年级的特点，制订了不同的教育内容，比如一年级的入学教育课程、六年级的毕业教育课程等。这些都为研究的顺利开展提供了有利的条件。

（四）资料收集的方法与过程

1. 进入现场

在做好上述准备工作后，接下来就要进入现场收集资料。在进入现场之前，有一些问题必须要认真考虑："我应该如何进入研究现场？我可以如何与被研究者取得联系？我应该如何向对方介绍自己的研究？我为什么要这样谈？他们会如何看我？他们会对我的研究有什么反应？他们为什么会有这些反应？如果在他们之上还有'守门人'，是否应该获得这些人的同意？到达实地以后我应该如何与各类人员协商关系？在研究的过程中我如何与被研究者始终保持良好的关系？"[1] 对于进入研究现场而言，可以有两种不同的方式：研究者与被研究者取得联系，征求对方是否愿意参加研究；研究者个人置身于研究现场，在与当地人一起共同生活和劳动的同时与对方协调从事研究的可能性[2]。根据本课题的研究问题，我们选择了第一种方式进入研究现场。

我们来到学校后，受到了校长热情的接待，校长耐心地询问我们所要研究的问题，甚至想让我们提供一份纸质材料以说明想要研究的内容，这就足以说明学校对研究者的开放与包容。之后，校长向我们介绍了学校分管德育工作的副校长和教育处主任，后面的工作要在她们二位的协助下开展。但是，随后发生的事情证明了进入现场远非我们想象的那么容易。由于本书主要从生活德育的视角研究品德课程实施问题，通过品德课、德育活动、隐性课程展开分析，这三块内容都要涉及。在学校中，这些工作分别由不同的部门负责。对于德育活动而言，由于之前已经跟分管校长进行了联系，所以可以很好地参与其中，负责少先队工作的辅导员也为我们提供

---

[1] 陈向明：《质的研究方法与社会科学研究》，教育科学出版社2000年版，第94页。
[2] 同上。

了非常多的帮助。但是，当我们试图进入品德课堂教学的现场时却遭遇了重重阻碍。在进入学校之后，我们就通过德育副校长的联系找到了教学副校长，试图跟品德课教师进行交流。令人出乎意料的是，在第二天，负责品德课的中层领导就组织了几位品德课教师进行教研活动，主要目的就是与我们交流，这着实令人受宠若惊。在交流过程中，我们发现，对于我们这些"陌生人"，她们是有防备心理的，表现之一就是在访谈、交流过程中不允许我们录音；表现之二是她们对我们所要了解的问题有所顾虑，不能完全地将她们内心真实的想法表达出来。而且，品德课在学校中的地位也对进入研究现场产生着影响，毕竟谁都想把自己好的一面展现出来，而对于不好的一面则会避之不及。事后，我们也才真正意识到"关系"在质性研究中的重要性。"马克斯威尔（Maxwell, J.）提出了协商研究关系中的'4C'原则：1）关系；2）交流；3）礼貌；4）合作。'关系'与我上面讨论的通过自己的朋友或同事寻找被研究者的途径类似，即通过一定的人际关系与被研究者建立信任和友好的关系；'交流'指的是研究者应该心胸坦荡，愿意与被研究者交流自己的意见和感受；'礼貌'指的是研究者应该尊重被研究者的风俗习惯，对他们彬彬有礼，注意倾听他们的心声；'合作'指的是在被研究者需要帮助的时候研究者应该主动为他们排忧解难，使研究成为一种互相受益的行为。我认为以上这些原则都非常重要，但是最最重要的是获得被研究者的信任。如果被研究者对研究者产生了信任，其他一切问题便都可以迎刃而解了。而要获得被研究者的信任，研究者自己必须做到坦率、真诚、信任对方。"① 在意识到这一问题之后，我们不再急切地希望从她们那里获得资料，而是开始尝试与她们建立关系，取得她们的信任。在这其中，"跑腿"就成了研究者密切与被研究者关系的主要方式。经过一段时间的接触之后，原有的隔阂逐渐消失，这时才算真正进入了研究现场。

---

① 陈向明：《质的研究方法与社会科学研究》，教育科学出版社2000年版，第149页。

2. 资料收集的过程

在2015年上半年，本研究集中进行了五个多月系统的田野调查，加上在此前和之后陆续不断地到该校进行的观察和访谈，总共持续了三四年时间。

第一，听课。《品德与生活》《品德与社会》是学校品德课程的主渠道，我们有选择地听取了小学各年级的品德课程，并持续观察了二、三年级的课堂教学（因为这两个年级的品德课老师是专职老师）。

第二，参与德育活动。德育活动是学校品德课程须臾不可分离的重要组成部分，我们在大队辅导员的帮助下，相继参与了学校一系列的德育活动，比如每周一的升旗仪式、每周一的校会、清明扫墓活动、少先队入队仪式等等。

第三，访谈老师。有针对性地选取了部分品德课老师、班主任进行了访谈，特别访谈了三位专职品德课老师。

第四，收集实物资料。在调研过程中，有针对性收集了A小学出台的一系列文件，比如学校发展规划、学期工作计划、学期工作要点，还有班级的班会活动记录、小队活动记录，以及通过拍照等方式记录班级文化建设、校园文化建设的相关材料。

对上述材料进行了一段时间的整理后，发现调研材料还有待补充，我们又于2015年、2016年、2017年数次进行补充调研。主要访谈了班主任、少先队辅导员，还有德育副校长，进一步丰富了研究资料。

3. 资料收集方法

如上所述，本书主要采用个案研究，分析学校层面的小学品德新课程实施问题。结合品德课程的三种不同实施途径来分析品德课程是如何回归生活、彰显生活德育理念的。在资料收集方法上，本书主要结合深度访谈、观察、实物收集三种方式。

第一，访谈。访谈是研究者通过与被研究者谈话的方式从被研究者那里收集第一手研究资料的方法，访谈是质性研究中最常用的也是最重要的收集数据的方法。访谈具有独特的功能，通过访谈可以了解被研究者的所思所想、情绪反应，他们生活中发生的事情，以及他们的行为所蕴含的意义，通过访谈可以深入被研究者的内心

第一章 绪论

世界，探寻他们深层的心理活动或思想观念。[①] 本书选取了个案中的学校管理层（分管校长、教研组长）、品德课教师、班主任等作为访谈对象（表1-1），了解学校课程实施的主要参与者是如何理解生活德育理念的，在现实中是如何做的，为什么这样做，在做的过程中遇到了哪些问题或困惑，等等。在具体的访谈类型上，本书主要采用正式访谈（半开放式访谈）与非正式访谈。在正式访谈之前，我们会设计访谈提纲，根据研究问题对被研究者进行提问，在访谈结束后，会根据被研究者的回答情况不断调整访谈提纲。除此之外，本书还结合了集体访谈和个人访谈。在调研之初，综合学科组组长曾召集了五位品德课教师，我们对其进行了集体访谈，之后的访谈则是个人访谈。此外，我们还借助各种与家长、学生接触的机会，对他们进行了非正式访谈，了解他们对学校品德课程的认识（表1-2、表1-3）。在对他们进行访谈的时候，我们并没有详细的访谈提纲，只是在偶然的机会以聊天的方式随机提问的。在访谈之初遇到的一个问题是，研究者与被研究者之间使用的是两种"话语系统"，二者相互不能理解：一方面研究者提问的问题过于抽象、脱离教育实践导致被研究者不能理解研究者的真实表达，另一方面被研究者回答的问题并非研究者真正所需要的，这是在访谈之初令我们棘手的问题。随着调研的进展，我们对教育实践愈发熟悉，逐渐贴近一线教师的"话语系统"，这一问题也逐渐得到解决。

表1-1　　　　　　　　主要访谈教师名单

序号	性别	负责工作
T1	女	三年级品德课教师（负责档案馆相关工作）
T2	女	六年级品德课教师（负责图书馆相关工作）
T3	女	曾任品德课教研员

[①] 陈向明：《质的研究方法与社会科学研究》，教育科学出版社2000年版，第165—170页。

续表

序号	性别	负责工作
T4	女	综合学科办公室主任
C	女	大队辅导员
H1	女	二年级某班班主任兼语文老师
HT1	女	一年级某班班主任、语文教师、品德课教师
T5	女	二年级品德课教师、兼任六年级美术课教师
H2	女	五年级某班班主任和语文老师
HT2	女	一年级某班班主任、语文教师、品德课教师
MP	女	德育副校长

表1-2　　　　　　　访谈家长名单

序号	性别	年级
P1	女	一年级
P2	女	三年级
P3	男	五年级

表1-3　　　　　　　访谈学生名单

序号	性别	年级
S1	女	二年级
S2	男	二年级
S3	女	四年级
S4	女	五年级
S5	女	六年级

第二，观察。如果说访谈是了解被研究者的所思所想的话，那么观察则是把握被研究者的所作所为。"质的研究中的实地观察可

以进一步分成参与型观察与非参与型观察两种形式。在参与型观察中，观察者和被观察者一起生活、工作，在密切的相互接触和直接体验中倾听和观看他们的言行。……与参与型观察不同的是，非参与型观察不要求研究者直接进入被研究者的日常活动。观察者通常置身于被观察的世界之外，作为旁观者了解事情的发展动态。"①在本书中，两种观察形式都得到了应用。针对品德课堂教学，我们采用的是非参与式观察，在课堂教学过程中，我们是作为一个旁观者去分析品德课的实施情况（表1-4）。而在德育活动中，我们采用的是参与式观察，借助各种机会，参与到德育活动之中，既作为德育活动的参加者又作为德育活动的研究者。

表1-4　　　　　　　　课堂观察情况

序号	时间	班级	节次
1	2015年4月7日	四年级《品德与社会》	上午第四节
2	2015年4月7日	二年级《品德与生活》	下午第二节
3	2015年4月8日	三年级《品德与社会》	下午第一节
4	2015年4月13日	二年级《品德与生活》	下午第一节
5	2015年4月14日	四年级《品德与社会》	上午第四节
6	2015年4月17日	六年级《品德与社会》	下午第二节
7	2015年4月21日	二年级《品德与生活》	下午第二节
8	2015年4月21日	一年级《品德与生活》	下午第一节
9	2015年4月21日	一年级《品德与生活》	上午第四节
10	2015年4月22日	一年级《品德与生活》	下午第一节
11	2015年4月23日	一年级《品德与生活》	上午第四节
12	2015年4月24日	六年级《品德与社会》	下午第二节
13	2015年4月28日	二年级《品德与生活》	下午第二节
14	2015年4月29日	三年级《品德与社会》	下午第一节

---

① 陈向明：《质的研究方法与社会科学研究》，教育科学出版社2000年版，第228—229页。

◇ 小学品德课新课改的回顾与展望 ◇

续表

序号	时间	班级	节次
15	2015年5月6日	二年级《品德与生活》	上午第四节
16	2015年5月6日	三年级《品德与社会》	下午第一节
17	2015年5月8日	二年级《品德与生活》	上午第二节
18	2015年5月11日	一年级《品德与生活》	下午第一节

表1-5　　　　　　　　参与教研活动记录

序号	时间	地点	教研内容	参加者
1	2015年3月31日	A小学	学校内部品德课教研	A小学部分品德课教师
2	2015年6月2日	E小学	翻转理念引领下的技术与教学的深度融合研究	品德课骨干教师
3	2015年6月16日	Y小学	社会主义核心价值观教育	品德课骨干教师
4	2015年8月28日	S小学	暑期网络培训	全体品德课教师

第三，实物收集。实物收集也是质性研究常用的数据收集方法，"这些资料可以说是历史文献（如传记、史料），也可以是现时的记录（如信件、作息时间表、学生作业）；可以是文字资料（如文件、教科书、学生成绩单、课表、日记），也可以是影像资料（如照片、录像、录音、电影、广告）；可以是平面的资料（如书面材料），也可以是立体的物品（如陶瓷、植物、路标）"[①]。在进入现场后，校长在学校办公室为我们安排了一张办公桌，这也为实物的收集带来了便利。课题主要收集个案的学校发展规划、德育计划、总结、活动安排、班会设计等研究资料，通过分析学校在品德课程实施中的具体做法，研究品德课程的实施情况。

---

① 陈向明：《质的研究方法与社会科学研究》，教育科学出版社2000年版，第257页。

如上所述，本书主要通过访谈、观察、实物收集的方式获取研究资料，其中访谈是最为主要的方式。本书在写作过程中将通过观察、实物收集获取的资料进行特殊说明，并标明资料来源。此外，本书中出现的大量的实证材料都是我们对相关人员的访谈材料。其中，T代表品德课教师，H代表班主任，HT代表既是班主任又兼任品德课教师，P代表家长，S代表学生，MP代表德育校长，C代表辅导员，字母后面的数字代表访谈的先后顺序，比如T1就是代表第一位接受访谈的品德课教师。数字后面的字母则表示是否是现场录音转录后的数据。在访谈中，绝大多数被访谈者是同意录音的，本书中引用的相关资料都是根据录音逐字逐句转录而来的，这部分内容用Y表示。有些访谈是非正式访谈或者被访谈者不同意录音，我们只能在访谈结束后根据当时的即兴记录回忆整理访谈内容，这部分内容用N表示。有些被访谈者接受了两次访谈，则在表示数据是否来自录音的字母后以（1）或（2）的方式表示出来，如果没有（1）或（2）则表示只访谈了一次。举例来说：

T-1-Y（2）表示对第一位接受访谈的品德课教师进行的第二次访谈的内容，资料来源于现场录音。

HT-1-Y表示第一位班主任的访谈内容，资料来源于现场录音，而且只对这位班主任访谈了一次。

（五）资料的整理和分析

资料收集完成之后，接下来面临的问题就是如何整理和分析这些资料，这才是关键。与整理和分析相比，资料收集只是基础性工作。

首先，资料的转化。我们首先将收集的录音资料转化为文字材料，然后将这些录音材料与之前收集的观察资料、文本分析资料结合起来。之后，通览所有文字材料，在阅读资料的过程中，将与研究内容相关的资料重点标记，并将当时的阅读感受记录在文字旁边，便于之后对资料的分析。

其次，资料的分析。"资料分析的基本思路是按照一定的标准将原始资料进行浓缩,通过各种不同的分析手段,将资料整理为一个有一定结构、条理和内在联系的意义系统。"① 资料分析是将收集到的质性研究资料归类,寻找主题并建立各主题之间关系的过程。论文采取"类属分析"的方式进行数据分析,"类属分析指的是在资料中寻找反复出现的现象以及可以解释这些现象的重要概念的一个过程"②。论文将按照"码号—类属—核心类属"的顺序逐步提炼、归纳主题。码号是资料分析中的最小单位,类属则是建立在对码号归纳基础上形成的更高级单位,核心归属则是建立在对类属之间关系基础上的最高单位。③

实际上,我们是带着研究视角进入现场的,这也就决定了在资料分析之初本书就具有一个思路。但是,这个思路是在调研过程中使用的,行文并非如此。在资料的分析过程中,我们是将这个思路抛之脑后,向资料"投降"。"在阅读原始资料的时候,研究者应该采取一种主动'投降'的态度。这意味着研究者把自己有关的前设和价值判断暂时悬置起来,让资料自己说话。研究者只有彻底敞开自己的胸怀,腾出一定的空间,才能让资料进到自己的心中。"④ 正是以这样的态度,我们反复阅读收集到的资料,具体来看,主要通过以下三个步骤分析资料。第一步,登录并寻找码号。根据本书的研究问题,选择与本书密切相关的资料,其他资料暂时搁置。根据在初步阅读资料过程中关键语句、词语的标注,寻找码号。最初的码号非常零散,在此基础上对码号不断归纳,比如将"生活常识""生活中的小例子""生活中的点点滴滴""童眼看世界"等归纳为"源于儿童实际的内容",反之,将"高深的、拗口的概念""太基础、太简单""远远落后于孩子的认知"等归纳为"脱离儿童现实生活的内容"。之后,将这些码号再次进行归纳,形成"类属",就形成了"真实与虚拟"。除此

---

① 陈向明:《质的研究方法与社会科学研究》,教育科学出版社2000年版,第273页。
② 同上书,第290页。
③ 同上书,第290—291页。
④ 同上书,第277页。

之外，以此类推，还有自由和束缚、个性与共性、个人与集体、部分与整体、封闭与开放、形式与内容、儿童与成人、传统与现代、公与私、权利与义务。第二步，寻找类属之间的关联。在形成上述几对范畴之后，对其进行再次编码并寻找它们之间的联系，最终确立了儿童与成人（部分与整体纳入其中）、真实与虚拟（传统与现代纳入其中）、封闭与开放、积极与消极（自由与束缚、个性与共性、个人与集体、公与私、权利与义务纳入其中）四对范畴作为关键类属。第三步，确定核心类属。这一步要选择统领全文的"核心类属"，它应将上述"关键类属"纳入其中。我们最终确定以"学校生活"为核心类属，围绕生活的主体（儿童与成人）、生活的内容（真实或虚拟）、生活的空间（封闭或开放）、生活的性质（积极或消极）展开全文。

本书是按照"生活"为主题展开的，这就涉及一个问题——如何与"品德课程实施"结合起来，这里需要作出解释与说明。实际上，"品德课程实施"和"品德课程回归生活"是一个问题的两种不同表述，因为"回归生活"是品德课程改革的指导思想，品德课程实施也就是将"回归生活"这一理念付诸实践的过程。除此之外，本书展开的思路与课程实施研究的问题也有着内在的关联，"课程实施的研究所关注的焦点是课程计划在实际上所发生的情况，以及影响课程实施的种种因素"[1]。对学校实践层面的研究分别从生活的主体、生活的内容、生活的空间、生活的性质方面探讨了品德课程在实践中的进展与不足，这实际上就是对课程实施研究所关注的第一个问题——课程计划在实际上所发生的情况的回答。在此后的章节，我们分析了阻碍品德课程有效实施的因素，实际上就是对第二个问题——影响课程实施的种种因素的回答。因此，本书的逻辑安排是紧密围绕课程实施展开的，二者具有内在的、密切的关联。

---

[1] 施良方：《课程理论：课程的基础、原理与问题》，教育科学出版社1996年版，第128页。

（六）研究效度和研究伦理

1. 研究效度

信度和效度是实证研究的两个评判标准，效度检测研究结果的真实性，信度检测研究结果的可重复性。与量化研究的要求不同，质性研究往往不去探讨信度问题，"目前大部分质的研究者都认为'信度'这个概念在质的研究中不适用"[①]。所以，此处主要对研究的效度进行说明。

本书主要采用三角互证法来保证研究的效度。"'相关检验法'（又称'三角检验法'）指的是：将同一结论用不同的方法、在不同的情境和时间里，对样本中不同的人进行检验，目的是通过尽可能多的渠道对目前已经建立的结论进行检验，以求获得结论的最大真实度。"[②] 一方面，资料收集的三种不同方式访谈、观察、实物收集本身就是对研究结果的检验，特别是访谈和观察可以相互验证，从而不仅要"听其言"，更要"观其行"。另一方面，对于同一问题，不同被研究者的回答也可以作为验证真实性的依据。

2. 研究伦理

有学者认为，质性研究的伦理可以从四个方面进行探讨：自愿和不隐蔽原则、尊重个人隐私和保密原则、公平合理原则、公平回报原则。[③] 本书会严格按照研究伦理的规范进行。第一，进入现场后，在访谈或观察之前会提前征得被研究者的同意，并在研究者同意的情况下进行录音。第二，对研究资料绝对保密。访谈资料、收集的实物、观察资料仅供本书使用，不外泄。在论文中均以隐匿的方式使用研究资料，不会出现学校、教师等被研究者的相关信息。第三，在调研过程中，我们也竭尽全力为学校做一些工作。比如，由于学校人手不够而参与到学校活动的组织、安排，多次"跑腿"送材料等。除此之外，在每次访谈或观察结束后会送给被研究者小礼物以示感谢。

[①] 陈向明：《质的研究方法与社会科学研究》，教育科学出版社2000年版，第100页。
[②] 同上书，第402页。
[③] 同上书，第426页。

第五节 本书的创新点和不足

一 主要创新点和不足

（一）主要创新点

在研究内容上：基于生活德育的视角，对品德课新课改从历史、现状、问题、策略、未来展望等方面进行了系统的分析和检视，较之以往的关于品德课新课改的研究、从生活德育切入的各种研究有一定的超越。

在主要观点上：提出了品德课程实施中存在的主要问题，提炼了品德课程实施的内在张力（像适应与超越、一元与多元、知识与行为、分离与整合、个人与社会等），指出了改进品德课程实施的具体策略，从更宽广更深入的角度提出了生活德育也是未来品德课课改的出路（文化自觉、重建社会、培养公民、保持定力等），具有一定的新意。

在研究视角和方法上：本书以生活德育为主线，从历史与逻辑相结合、整体分析和个案研究相结合、理论研究和实地考察相结合的视角和方法对品德课新课改进行了研究，较之以往相对单一的、零散的考察，本课题在该领域的研究上综合运用多种视角和方法，有利于纠正和弥补单一视角和方法的不足，从而使本书从研究视角和方法的角度看也富有新意。

（二）不足之处

在研究内容上：在宏观的历史梳理部分，主要对品德课新课改以来的政策、理论和实践进行了分析，但对百年以来，或者说 20 世纪以来中国教育、德育走向现代化的过程中"生活德育"理念在教育中的影响，对如何从百年来社会历史变革的视角审视生活德育，我们虽然进行了阐述，但无论从深度、广度还是从对历史文献、历史事件和史实的使用和挖掘量上来讲都还有进一步丰富和深化研究的余地。

在研究方法上：在现实的分析部分，我们虽然进行了大量调研和观察，但根据开题专家的建议和本课题设计的初衷——不是对全国的小学品德课程改革、实施状况做出清晰的实然状态描述，只是想从生活德育视角来看在微观的学校层面课程实施进展和存在的问题，案例多少并不重要，只要是典型的代表性的案例，能够说明问题就可以了。这样做的优点是节省精力和时间，同时也具有了深度和系统性，但缺点也是明显的：样本较小，只能描述和分析典型的、具有代表性的问题，不能描述全国范围内品德课程实施存在的所有问题、不能展示不同区域和不同类型学校存在的差异等等。

在研究视角上，本书专一于从生活德育的视角来透视品德课程改革，必然忽视和淡化从其他角度和视角来对品德课新课改进行分析，这也使得本书具有一定的局限性。

二 研究展望

针对本书存在的不足，我们今后将在以下几个方面进行深入研究：

第一，深化对百年来生活教育、生活德育的历史研究，从思想、政策和实践等几个层面进一步展示生活之于道德、之于教育、之于道德教育的意义和价值，展示不同历史阶段、历史时期人们对生活、对道德和道德教育的理解，更重要的是展示它们之间的关系，通过对它们之间复杂曲折的互动关系的揭示，从更高位、更广阔的视野透视生活教育、生活德育的历史和文化意义，感受百年来的国人对现代化、现代教育、现代人格的理解和追求，以帮助我们站在更高的历史阶段，以更加反思的态度和立场、以更清醒的历史意识和历史方位感来对待今天的教育和道德教育的改革。

第二，在实践研究部分，尽可能地扩大研究对象的范围，选择不同类型的学校，选择不同类型的教师，增加研究样本，去探讨更大范围内的具有普遍性、规律性、共同性的问题，提出更具有普遍、普适意义的观点或结论，以增强研究结论的推广价值和普遍应用价值。另外，生活德育理念作为小学阶段德育课程改革的基本理念，这一点无论是从德育本体论意义上还是从当前社会生活变革的德育适应性意义上来讲,在当前乃至未来很长一段时间内都不会有太大的变化。因此,就有必要做长期的跟踪研究,进行持续深入的研究。比如:跟踪和了解随着社会生活的变化和生活范围的扩展,同一代学生的价值观发生了什么样的变化、如何产生这种变化,以及如何看待和引导这种变化;同时也要跟踪、了解和比较随着社会生活的变化,不同代际的学生在同一年龄段和学段的价值观有什么不同,德育又应该如何回归生活;等等。

第三,拓宽研究视角,从不同的角度和视野来透视品德课新课改的成绩、经验、问题乃至教训,比如如何从立德树人、德育一体化的政策角度来看待新课改存在的问题和努力的方向,如何从课程整合的角度来看待新课程改革,如何从国家课程校本化的角度看待课程改革、如何从培育和践行社会主义核心价值观的角度看待新课程改革等一系列问题都是值得探讨的,这也提供了不同的分析视角。

第二章　梳理与反思：历史的回顾

从历史的角度来看，和百年前20世纪初的生活教育相比，作为课改基本理念的生活德育可以视为在新的、更高的历史阶段，中国教育、道德教育的又一次自我确认和选择，其意义当然也超出了教育、道德教育自身的范畴，具有更大程度的解放思想、尊重现实、回归本体、启示未来，进而推动现代化进程的价值。

第一节　品德课新课改的历程与进展

从2002年至今，品德课新课改已经历了十多年的改革历程。在这十多年里，品德课程经历了政策、理论和实践等多层面的演进和发展。从政策层面来看，为了更好地实现立德树人的目的，根据国内外形势的变化和教育改革、课程改革的进展，品德课新课改的相关政策也在逐步调整，每次政策变革不仅是在前一阶段基础上的深化和推进，也是道德教育理论的进一步丰富、落实和向新生活、变化了的时代生活的进一步靠拢。十多年的品德新课改大致可分为课程改革的启动、发展、调整和深化四个时期。从实践层面来看，随着政策变化，在教材开发、教学革新、师资培训、环境创设、评价创新等方面的具体工作也取得了诸多的成效。

一　品德课新课改的政策变革

2001年，伴随着《基础教育课程改革纲要（试行）》的颁布，我国第八次基础教育课程改革吹响了号角。在新课改中，《品德与生活》《品德与社会》取代了以往的《思想品德》，并融合了《自然》与《社会》的部分内容，以崭新的面貌出现在小学课堂中，成为新课改的一处亮点。从最初的《思想品德》，到新课改之后的《品德与生活》《品德与社会》，新中国成立以来的小学品德课程发生了翻天覆地的变化，在课程名称、课程理念、课程设置、教材编写等方面都与以往的品德课有很大的不同。品德课程改革成为新课改中引人注目之处。

从2002年至今，品德课新课改已走过了十余个年头，在这十多年的探索中，品德课程政策的变革表现出了显著的阶段性特征，基于政策要点的不同规定和期待，在此，将品德课新课改划分为启动、发展、调整和深化四个时期，通过对每个时期改革要点的总结，理清品德课程改革的基本历程。

（一）课程改革的启动期（2001—2003年）

2001年11月19日，教育部印发了《义务教育课程设置实验方案》，规定了义务教育阶段品德课的课时比例应当占到九年课时总比例的7%—9%。2002年5月，教育部颁布了《全日制义务教育品德与生活课程标准（实验稿）》和《全日制义务教育品德与社会课程标准（实验稿）》。此后，先后有多个版本的品德课教材通过全国中小学教材审定委员会审查并进入实验区，品德新课程开始真正大范围地在教育实践中产生影响。课程标准在经历了近十年的实施后，2011年重新对品德课程标准进行了修订，修改了原有课程标准的一些问题，形成了《义务教育品德与生活课程标准（2011版）》和《义务教育品德与社会课程标准（2011版）》，使得课程标准更加完善、细致，更具有可操作性。因此，从总体上看，品德课程在设计上不断趋于成熟和完善。

在政策上，2001年，《基础教育课程改革纲要（试行）》（教基〔2001〕17号）的颁布，标志着课程改革的正式启动。对于小学品德课程的改革，此阶段最明显的特征是品德课新课标确立了生活德育理念在品德课课改中的指导地位——"回归生活"成为德育课程改革的主导性理念，最突出、最鲜明的就是强调一切为了学生

◆ 小学品德课新课改的回顾与展望 ◆

的发展,将学生作为具有生命意义的个体,在生活世界中实现对学生的培育,这对于小学德育具有转型性的改革意义。具体而言,这一时期,品德课程在德育理念、课程标准、课程设置等方面发生了明显的变化。

1. 生活德育理念的提出

课程改革工作是一项关系重大、意义深远的系统工程。新课程改革是相对于旧课程、传统教学所做的改革,是为了适应社会进步和教育发展而实施的,是课程本身及教材理念的根本性变革。第八次课程改革其根本指向是促进人基于生活的发展,尤其在品德教育方面更是强调德育要源于生活、回归生活。

纵观历史上的改革,每个阶段的改革都有其发生的时代背景及改革方向。而这七次课程改革,虽然在德育工作上取得了一些成就,但仍存在一些问题。长期以来,政治化倾向一直影响并伴随着我们的学校德育工作,导致小学德育不可避免地染上了政治色彩。特别是"文革"时期,德育成为传播政治意识和口号的工具,更是偏离了现实生活的根基,忽略了人的本质需求。在课程具体目标的定位上虽然着眼于促进学生的全面发展,注重学生科学文化素质的培养,但是在具体教学实践中仍注重考查学生对各个专门知识点的掌握。

在这样的背景之下,新中国成立以来的第八次全国基础教育课程改革拉开了帷幕,经过几年的调研、酝酿、论证,2001年《基础教育课程改革纲要(试行)》的颁布,标志着一个符合素质教育要求的基础教育的新课程体系诞生了。20世纪90年代,受哲学界的生活转向思想以及教育界的回归生活的双重影响,我国的德育界通过批判和反思我国传统学校德育脱离学生现实生活的现状,提出"德育回归生活"的理念。进入21世纪以来,在这一理念的基础上继而提出了"生活德育"的思想,并在新一轮义务教育阶段的品德课程改革中得以贯彻。[①] 2002年5月,教育部颁布了《全日制义务

[①] 冯建军:《"道德与生活"关系之再思考——兼论"德育就是生活德育"》,《华中师范大学学报》(人文社会科学版)2012年第7期。

教育品德与生活课程标准（实验稿）》和《全日制义务教育品德与社会课程标准（实验稿）》。《全日制义务教育品德与生活课程标准（实验稿）》中提出"引导儿童学会生活，形成良好的公民道德素质和勇于探究、创新的科学精神"，指出本课程应具有"生活性、开放性、活动性"的基本特征。《全日制义务教育品德与社会课程标准（实验稿）》也提出要以儿童社会生活为基础，促进学生良好品德形成和社会性发展。两门课程标准都强调了学生的生活性，以儿童生活为主线，让儿童通过自己的探索，丰富和发展自己的经验、情感、能力、技能等，可见第八次课程改革的指导理念是教育要回归生活，突出而又鲜明地强调在生活世界中加强对学生的培育。

2. 品德课教学大纲向课程标准的转变

自1986年开始，小学思想品德教育进入了一个新的发展阶段，思想品德课的开设以及教学大纲的相继颁布，使得人们对小学生的品德教育有了全新的认识。[①] 1997年3月，国家教委中小学教材审定委员会审议通过了《九年义务教育小学思想品德课和初中思想政治课课程标准（试行）》（教基〔1997〕7号），以"课程标准"代替以前所提的"教学大纲"，恢复了这个1912年在《普通教育暂行课程标准》中就曾使用的概念[②]。2001年，教育部印发了《基础教育课程改革纲要（试行）》的通知（教基〔2001〕17号），提出制定国家课程标准。2002年5月，教育部颁布了《全日制义务教育品德与生活课程标准（实验稿）》和《全日制义务教育品德与社会课程标准（实验稿）》。可见，这一阶段品德课程改革最显著的变化是教学大纲向课程标准的转变。这一转变不只是一个简单词语的转换，"而是教育部门力图通过制定课程标准的形式，使之成为

[①] 翟楠、薛晓阳：《小学思想品德课程60年：1949—2009》，江苏大学出版社2011年版，第174页。

[②] 吴刚：《奔走在迷津中的课程改革》，《北京大学教育评论》2013年第4期。

◆ 小学品德课新课改的回顾与展望 ◆

国家管理和评价课程的基础,教材编写、教学评估和考试命题的依据"①。德育课程标准的相继颁布,在我国德育发展史上具有重大的历史意义,课程标准的颁布,赋予了德育改革新的活力。品德课程标准相较于以前教学大纲来说,具有以下几个方面的不同。

(1)品德课程性质由泛政治化走向人本化、生活化

课程作为基础教育的核心工程,是教育制度和教育思想的具体表现,是保证教育质量的重要措施,是实现教育目标的基本途径。②而品德课程作为一门着重提高学生道德认识和判断力、培养道德情感、指导学生行为的课程,对学生的基本素质的和谐发展有重要作用。与前几次改革相比,在第八次课程改革中,品德课程发生了很大变化,主要表现在由教学大纲向课程标准的转变,最直接的变化表现为课程性质的变化。

1982年颁布的《全日制五年制小学思想品德课教学大纲(试行草案)》对小学思想品德课程性质进行了说明:"思想品德课是建设社会主义精神文明,全面贯彻党的教育方针,用共产主义思想向小学生进行思想品德教育的一门重要课程。"其目的是要"使小学生初步具有共产主义道德品质和良好的行为习惯,立志做有理想、有道德、有文化、守纪律的劳动者,为把他们培养成为共产主义事业的接班人打下思想基础"③。这样的表述就将小学德育课程作为"实现革命理想和标识国家性质的重要方式,使得小学思想品德课程承载了超出道德教育范畴的社会政治意义"④,具有浓厚的政治色彩。2002年5月,教育部颁布了《全日制义务教育品德与生活课程标准(实验稿)》和《全日制义务教育品德与社会课程标

---

① 胡洁:《改革开放以来我国义务教育课程政策发展的研究》,硕士学位论文,西南大学,2011年,第18页。

② 裴娣娜:《学校教育创新视野下中国基础教育课程改革的实践探索》,《课程·教材·教法》2011年第2期。

③ 课程教材研究所:《20世纪中国中小学课程标准·教学大纲汇编:思想政治卷》,人民教育出版社2001年版,第49页。

④ 翟楠、薛晓阳:《小学思想品德课程60年:1949—2009》,江苏大学出版社2011年版,第200页。

准（实验稿）》。随着素质教育的凸显及深化，德育理念在课程的价值导向上有显著的变化，品德教育逐渐摆脱了以往的泛政治化倾向，转向关注儿童的道德生活，《全日制义务教育品德与生活课程标准（实验稿）》提出品德与生活是以儿童的生活为基础，以培养品德良好、乐于探究、热爱生活的儿童为目标的活动型综合课程；《全日制义务教育品德与社会课程标准（实验稿）》提出品德与社会课程是在小学高年级开设的一门以儿童社会生活为基础，促进学生良好品德形成和社会性发展的综合活动课程。这一界定赋予了小学品德课程新的含义，《品德与生活》《品德与社会》并非传统意义上的《思想品德》，而是一门综合、开放性的课程，具有浓厚的生活化、开放化、活动化的特征。小学生的品德教育建立在儿童真实生活经验基础之上，融于儿童喜闻乐见的活动之中，满足学生的需要，帮助他们更好地参与社会生活，促进思想品德的发展。

（2）品德课程内容由社会道德规范教育走向生活教育

1982年颁布的《全日制五年制小学思想品德课教学大纲（试行草案）》提出思想品德课的内容包括："五爱"教育——爱祖国、爱人民、爱劳动、爱科学、爱社会主义；爱党教育；集体主义教育；遵纪守法教育；等等。1998年《中小学德育工作规程》中提出了社会公德教育。不论是"五爱"教育还是后来的社会公德教育，都是一种自上而下的社会道德强制，是基于国家需要、社会规范的需要而站在成人的立场对儿童道德提出的要求，这就超越了儿童自身生活的需要，忽略了儿童意志。与这种抽象的社会规范教育相比，2002年《全日制义务教育品德与生活课程标准（实验稿）》和《全日制义务教育品德与社会课程标准（实验稿）》，从课程性质、基本理念、课程目标、内容标准、实施建议等几方面做出了明确的指示。《全日制义务教育品德与生活课程标准（实验稿）》中将"生活性"作为课程性质之一，在回归生活的课程理念指导下，"课程遵循儿童生活的逻辑，以儿童的现实生活为课程内容的主要源泉，以密切联系儿童生活的主题活动或游戏为载体，以正确的价值观引导儿童在生活中发展，在发展中生活"。《全日制义务教育

◇ 小学品德课新课改的回顾与展望 ◇

品德与社会课程标准（实验稿）》强调《品德与社会》课程以儿童的社会生活为基础，从个体、家庭、学校、家乡（社区）、祖国、世界等生活领域，综合考虑社会环境、社会活动、社会关系等几个主要因素来建构《品德与社会》课程结构。依据新课标的内容要求，教材划分为"我在成长""我与家庭""我与学校""我与家乡社区""我是中国人""走进世界"六大板块。课程的设计体现了生活德育的理念，以儿童生活为基础，但并不是儿童生活的简单翻版，课程的教育意义在于对儿童生活的引导，用经过生活锤炼的有意义的课程内容教育儿童。虽然，其他相关政策文件中并没有像"品德课程标准"那样具体阐述生活之于德育的意义，但也都尤其强调德育要回归学生的生活世界。

（3）品德课程"教学实施建议"由宏观走向具体

品德课程在由教学大纲向课程标准的转变中，在教学实施建议上也有明显的不同，体现出由宏观的教学建议向具体、可操作性的教学建议的转变。1997年3月，国家教委中小学教材审定委员会审议通过的《九年义务教育小学思想品德课和初中思想政治课课程标准（试行）》（教基〔1997〕7号）对品德课教师的教学原则和教学方法提出建议："要坚持方向性、科学性、理论联系实际、正面教育、启发性教学、知行统一的原则，教学方法应该为达到教学目标、完成教学任务服务，针对不同的教学内容和不同年级学生的实际情况，采用不同的教学方法，加强对学生学法的研究，课堂知识教学要与课外的实践活动结合进行"。在1997年的课程标准（试行）中，对教师的教学建议只是提出了教学原则和教学方法的把握，缺少可操作性的建议。2002年《全日制义务教育品德与生活课程标准（实验稿）》和《全日制义务教育品德与社会课程标准（实验稿）》中对教师教学提供了全面、可操作化的建议。如《全日制义务教育品德与社会课程标准（实验稿）》中提出"全面把握课程目标、丰富学生的生活经验、引导学生自主学习、充实教学内容、拓展教学空间"并进行了相应的阐释，《全日制义务教育品德与生活课程标准（实验稿）》更是提出了本课程常用的教学活动形式"讨论、资料调查、现场调查、情景模拟与角色扮演、教学游戏"等,还对教师应如何对课程资源进行开发和利用提出建议,让教师更加清楚教学内容如何实施。

(4) 品德课程评价方式由单一走向多元

1997年3月,国家教委中小学教材审定委员会审议通过了《九年义务教育小学思想品德课和初中思想政治课课程标准(试行)》(教基〔1997〕7号),提到"小学思想品德课学习评价分为认知能力评价和行为能力评价。学习评价可以采用书面测验(含开卷与闭卷)与日常观察相结合的方式进行"。2001年《基础教育课程改革纲要(试行)》指出,改变课程评价过分强调甄别与选拔的功能,发挥评价促进学生发展、教师提高和改进教学实践的功能。同时提出要建立促进学生全面发展的评价体系,包括学生学业及其发展中的评价、教师评价体系、课程评价体系。随着2002年《全日制义务教育品德与生活课程标准(实验稿)》和《全日制义务教育品德与社会课程标准(实验稿)》的颁布,课程评价更加精确化、科学化、体系化。突出"以人为本"的理念,重视学生主体性的发挥;改变了以往注重结果的评价,在评价中过程性评价和结果性评价并举。如《全日制义务教育品德与生活课程标准(实验稿)》中提出"本课程评价目的是激励儿童的发展、促进课程的发展、促进教师的自我成长。评价要注重过程化、多样化、质性评价。本课程评价主要采用的方法有观察、访谈、问卷、成长资料袋评价、作品分析等"。从政策的演变上可以看出,在品德课程评价标准上确立了"立足过程、促进发展"的课程评价理念,更加强调评价的目的性、内容的综合性、主体的交互性、方式的多样性。评价方式的科学化探索,评价体系的建立,推动了基础教育课程改革。

3. 品德课学科结构由分科走向综合

20世纪80年代以来,世界课程改革的一个重要而普遍的趋势是课程的综合化。顺应趋势,我国在20世纪末对课程结构进行优化,调整了课程门类,其中品德课程有了明显变化,其课程设置也由分科走向了综合。分科课程是一种单学科的课程组织模式,它强调不同学科门类之间的相对独立性，注重一门学科逻辑体系的完整性。综合课程则是一种双学科或多学科的课程组织模式，它强调学科之间的内在联系性，强调不同学科之间的相互整合。2000年国家课程改革方案正式将《综合实践活动》确定为基础教育阶段的一门新课程，其中小学1—2年级的《综合实践活动》命名为《综合实践活动·生活》，该课程标准的研制工作于2000年7月正式启动。2001年7月，教育部制定了《基础教育课程改革纲要（试行）》，提出"整体设置九年一贯的义务教育课程。其中小学阶段以综合课程为主，小学低年级开设品德与生活等课程，小学中高年级开设品德与社会、综合实践活动等课程。从小学至高中设置综合实践活动，并作为必修课程"[1]。而后国家课程改革方案将《综合实践活动·生活》与小学3—6年级的《社会》改为《品德与生活》《品德与社会》，从而实现了对原有相关课程的改选与整合。2001年7月，《品德与生活》《品德与社会》课程研制工作组成立，课程标准研制工作开始启动。2002年6月，《品德与生活》《品德与社会》的实验稿研制完成，向社会公布。2002年7月，一批《品德与生活》《品德与社会》的实验教科书通过国家审查，进入了新课程实验区实验。值得提出的是，《品德与生活》《品德与社会》并非传统意义上的《思想品德》，其中《品德与生活》课程兼具品德教育、科学教育、社会教育和生活教育等多重价值，《品德与社会》课程则兼有品德教育和社会教育的双重价值。至此，品德课程设置正式实现了由分科课程向综合课程的转变。

（二）课程改革的发展期（2003—2010年）

2003年，课程改革的工作进入了全面推广阶段。在政策上，2003—2010年间出台了一系列政策促使课程改革的步伐进一步加快。2001年8月30日，在新华社刊发的《我国义务教育课程改革实验今秋启动》一文中指出，教育部对义务教育课程改革实验做了

---

[1] 教育部：《基础教育课程改革纲要（试行）》，2001年6月8日，教育部门户网站（http：//old.moe.gov.cn/publicfiles/business/htmlfiles/moe/moe_309/200412/4672.html）。

◈ 第二章 梳理与反思：历史的回顾 ◈

具体的工作步骤安排，计划2004年秋季，认真总结国家和省两级实验区的经验，在对实验区工作进行全面评估和广泛交流的基础上，课程改革的工作将进入全面推广阶段。2004年在全国范围内起始年级启用新课程的学生已达到同年级学生的65%—70%。这意味着课程改革进入了全面发展期。此阶段改革中，德育生活化在德育政策中进一步表现，学校德育也在课程内容、教学方法、课程评价等环节进行改革，力求目标更加贴近生活、内容更加源于生活、实践更加融入生活、评价更要回归生活。因此，此阶段主要变革在于德育生活化理念的渗透及由此引发的德育目标和内容的变革。

1. 德育生活化理念的渗透

2004年中共中央、国务院发布的《关于进一步加强和改进未成年人思想道德建设的若干意见》（中发〔2004〕8号）中强调："德育内容应来源于生活，必须更贴近社会生活的实际，更贴近未成年人思想生活的实际，更贴近我国思想道德建设的最新发展实际。"[①] 它的颁布加深了我国德育回归生活的探索之旅，将德育生活化理念进一步引入学校德育课堂之中，强调德育课程要以生活化的课堂为阵地，通过儿童活动、实践探究的形式实施，可以说颠覆了原有的传统式的小学德育课堂授课模式。新课改的理念是素质教育、以人为本、回归生活、全面发展。随着新课标的制定，围绕其核心"回归生活"的小学德育课程也以《品德与生活》《品德与社会》这两门综合性的德育课程为主要的改革举措，提倡小学德育教学回归生活，教育教学要生活化。

2004年中共中央宣传部及教育部联合印发的《中小学开展弘扬和培育民族精神教育实施纲要》（教基〔2004〕7号）中提出要在各学科中有机渗透民族精神教育，把弘扬和培育民族精神教育纳入小学教育全过程，贯穿在学校教育教学的各个环节、各个方面，小学德育课程和语文、历史等人文社会科学课程，要充分体现民族

---

① 中共中央、国务院：《关于进一步加强和改进未成年人思想道德建设的若干意见》，2004年2月，教育部门户网站（http://old.moe.gov.cn/publicfiles/business/htmlfiles/moe/moe_1201/200703/20055.html）。

◆ 小学品德课新课改的回顾与展望 ◆

精神的丰富内涵。① 文件还指明了要开展主题教育活动，积极开展社会实践活动，加强校园文化环境建设，这些都强调了在生活中培养学生的民族精神。

2. 德育课程的变革

此阶段主要是课改的发展期，全国各地区、学校处于不断探索尝试中，此阶段的德育也不仅仅只是体现于品德课程之中，跳出品德课程转向更大的德育课程，对学生的素质提出更高要求。

第一，德育课程目标的体系化。为贯彻十六大精神，2004年中共中央、国务院发布的《关于进一步加强和改进未成年人思想道德建设的若干意见》（中发〔2004〕8号）中对未成年人的思想道德素质提出了目标要求，重点是弘扬和培育民族精神，但落脚点最终定位于"培养有理想、有道德、有文化、有纪律的，德、智、体、美全面发展的中国特色社会主义事业建设者和接班人"。这既是我们国家长期以来的德育指导思想，也是新时期对未成年人思想道德建设提出的新要求。2005年颁布的《关于整体规划大中小学德育体系的意见》（教社政〔2005〕11号）指出要规范各教育阶段的德育目标，其中小学教育阶段德育目标为"教育帮助小学生初步培养起爱祖国、爱人民、爱劳动、爱科学、爱社会主义的情感；树立基本的是非观念、法律意识和集体意识；初步养成孝敬父母、团结同学、讲究卫生、勤俭节约、遵守纪律、文明礼貌的良好行为习惯，逐步培养起良好的意志品格和乐观向上的性格"②。此时期的德育目标是以"五爱"为基础，在社会层面要帮助学生有法律意识和集体意识，在生活中要注重品质的养成，个人层面要培养坚强的意志等，相比2004年的德育目标来说，从不同层面对学生德育提出要求，使目标更加丰富。2010年12月，为大力推进中小学文

---

① 中共中央宣传部、教育部：《关于印发〈中小学开展弘扬和培育民族精神教育实施纲要〉的通知》，2004年3月，教育部门户网站（http://www.moe.gov.cn/srcsite/A06/s3325/200403/t20040330_81930.html）。

② 教育部：《关于整体规划大中小学德育体系的意见》，2005年，教育部门户网站（http://www.moe.edu.cn/s78/A12/s7060/201007/t20100719_179051.html）。

◇ 第二章 梳理与反思：历史的回顾 ◇

明礼仪教育工作，教育部印发了《中小学文明礼仪教育指导纲要》（教基一〔2010〕7号），指出"中小学开展文明礼仪教育，要深入贯彻落实科学发展观，切实把社会主义核心价值体系融入学校教育全过程，弘扬中华民族优秀传统美德和社会主义道德，吸收借鉴世界有益文明成果，遵循中小学教育教学规律和学生身心发展规律，全面提高青少年学生的思想道德素质和文明礼仪修养，为他们文明生活、幸福成长奠定基础"[1]。提出小学教育目标"重在培养学生良好文明习惯。让学生掌握基本的礼貌、礼节规范，在学习、生活实践中初步养成讲文明、讲卫生、讲秩序、讲公德的良好习惯"。纵观这几年德育目标的变化，不难看出我国德育目标逐渐体系化，在体现基础性的前提下，体现学生的主体性，并对不同年级学生的德育提出不同层次的要求。

第二，德育课程内容的丰富化。与系统的德育课程目标相对应，德育课程内容更加丰富。2004年中共中央、国务院发布的《关于进一步加强和改进未成年人思想道德建设的若干意见》（中发〔2004〕8号）中对未成年人思想道德建设的主要任务提出要求："从增强爱国情感做起，弘扬和培育以爱国主义为核心的伟大民族精神；从确立远大志向做起，树立和培育正确的理想信念；从规范行为习惯做起，培养良好道德品质和文明行为；从提高基本素质做起，促进未成年人的全面发展。"从任务中可以看出其培养内容包括爱国主义教育、革命传统教育、中华传统美德教育、共产主义的理想信念教育。

2005年颁布的《关于整体规划大中小学德育体系的意见》（教社政〔2005〕11号）指出，"小学教育阶段德育主要内容是：开展热爱学习、立志成才教育，开展孝亲敬长、爱集体、爱家乡教育，开展做人做事基本道理和文明行为习惯养成教育，开展热爱劳动和爱护环境教育，开展尊重国旗、国徽，热爱祖国文化的爱祖国教

---

[1] 教育部：《关于印发〈中小学文明礼仪教育指导纲要〉的通知》，2010年，教育部门户网站（http://old.moe.gov.cn/publicfiles/business/htmlfiles/moe/s3325/201101/114631.html）。

育，开展社会生活基本常识和安全教育"，"小学开设以公民基本道德素质教育为基本内容的品德与生活、品德与社会类课程。小学1—2年级的品德与生活课着重引领小学生健康安全、愉快积极、负责任有爱心、动脑筋有创意地生活，逐步养成良好的生活习惯。小学3—6年级的品德与社会课着重讲解个人成长，讲解家庭、学校、家乡（社区）、祖国、世界，引领小学生逐步认识自我、认识社会，为形成良好的品德奠定基础"[①]。从德育内容要求上可以看出，这些要求都来源于生活、存在于生活、应用于生活，要做到这些，需在实际生活中从养成习惯做起，一步步地积累。从而"逐步培养起青少年的良好意志品格和乐观向上的性格"。此时的德育内容更加注重生活，同时也更加丰富、细化，相对于前几年的内容来说新增加了意志品格和性格的培养，体现了更加贴近学生、贴近生活，为学生服务的特点。

2010年2月国务院颁布的《国家中长期教育改革和发展规划纲要（2010—2020年）》提出了未来十年的战略目标和战略主题，提出要注重义务教育阶段学生的品行培养，激发学习兴趣，培育健康体魄，养成良好习惯；同时要深化课程与教学方法改革。2010年12月，教育部印发《中小学文明礼仪教育指导纲要》（教基一〔2010〕7号），特别强调"坚持贴近实际、贴近生活、贴近学生""坚持知行统一""坚持学校教育与家庭教育、社会教育相结合"的实施原则，分目标、分学段、分内容地对学生进行礼仪教育，主要内容包括"基本的谈吐、举止、服饰等个人礼仪，以及在家庭、校园、公共场所等社会生活领域的交往礼仪"。小学品德教育离不开生活的支持，都必须在学生富有意义的生活中进行。基于生活提出的道德教育内容在不断地丰富，对新时期的德育变革影响深远。

（三）课程改革的调整期（2010—2013年）

基于近十年课改实践的经验总结，对品德课新课标的修订和调

[①] 教育部：《关于整体规划大中小学德育体系的意见》，2005年，教育部门户网站（http://www.moe.edu.cn/s78/A12/s7060/201007/t20100719_179051.html）。

整，在政策上，2011年12月，修订后的新版义务教育19个学科课程标准正式颁布，学科课程标准经过十年实践探索和七年跟踪调研，充分吸收了改革成果，成为新中国成立以来第一次正式颁布的关于学科的国家教学文件。[①]此阶段以《义务教育品德与生活课程标准（2011年版）》《义务教育品德与社会课程标准（2011年版）》的颁布为转折，主要是回顾过去十年间的课程改革历程，在总结前十年课程改革经验的基础上，针对品德课改在实践中存在的主要问题进行分析，力求进一步提高德育的实效性。

1. 课程标准的修订

2011年，教育部基础教育二司巡视员、基础教育课程教材发展中心主任朱慕菊在接受采访时对这十年课改进行了高度评价："新课程从顶层设计到实施推动都体现了我国中小学课程从学科本位、知识本位向关注每一个学生发展的历史性转变。成千上万教育工作者以高度的历史责任感和极大的改革热情投身到这场改革潮流中，课改这10年，过程就是一种收获。"[②] 2011年《义务教育品德与社会课程标准（2011年版）》以及《义务教育品德与生活课程标准（2011年版）》的颁布，更明确了《品德与生活》《品德与社会》课程的性质、理念、目标、结构、内容和实施要求，介绍两个课程标准一以贯之的理念、目标和价值追求，以问题为指引，案例为依托，具体阐述了改了什么、为什么改等，指出了修订背景、依据、思路和具体内容。《义务教育品德与生活课程标准（2011年版）》《义务教育品德与社会课程标准（2011年版）》是在《全日制义务教育品德与生活课程标准（实验稿）》《全日制义务教育品德与社会课程标准（实验稿）》的基础上进行的微调整，更加注重各个学龄阶段间教学内容的连贯性以及层次性，避免过多的交叉，并且始终坚持着德育要回归生活这一基本理念。"立足于生活"是品德课程的灵魂和支

---

① 余慧娟：《基础教育课改的中国探索——党的十六大以来教育改革发展成就述评之六》，《中国教育报》2012年10月31日第01版。

② 高峡：《义务教育品德与社会课程标准（2011年版）解读》，高等教育出版社2012年版，第17页。

点，其内涵主要包括三个方面：其一，道德存在于儿童生活中；其二，良好品德的培养必须在儿童的生活中进行；其三，品德课程特别要注重引领学生过更好、更有意义、更有价值的生活。此次修订，肯定了过去十年品德课新课改的生活化方向，继续推动品德课程生活化，联系社会变迁、科技发展、青少年成长需求，综合相关知识领域，选择并形成教学内容。强调教和学的过程是学生学习综合应用知识以处理生活经验与生命成长中问题的过程。

2. 社会主义核心价值观融入品德教育

为进一步加强和改进德育工作，教育部公布了《教育部2012年工作要点》（教政法〔2012〕2号），提出将社会主义核心价值体系融入国民教育全过程，发挥国民教育在文化传承与创新中的基础性作用，加强学校文化建设与实践育人；贯彻落实《社会主义核心价值体系融入中小学教育指导纲要》；修订《中小学心理健康教育指导纲要》[1]。2012年1月12日，教育部基础教育一司发布了《教育部基础教育一司2012年工作要点》（教基一司函〔2012〕1号），其中也提到"按照中央颁布的《社会主义核心价值体系建设实施纲要》的总体要求，贯彻落实全国中小学德育工作经验交流会的部署，实施《社会主义核心价值体系融入中小学教育全过程指导纲要》，抓住'融入'这一关键，突出'全过程'的要求，引导各地各校把社会主义核心价值体系融入课堂教学、社会实践、校园文化、班主任工作、学校管理等各个环节和各个方面"[2]。这充分体现了国家在国民教育，尤其是在品德课中深入贯彻党的十七届六中全会精神的决心，将社会主义核心价值观融入品德教育，其推动了德育工作的进一步发展。

3. 品德课程教材建设立足于生活

（1）品德课程分目标的表述方式由注重"结果性目标"走向注

---

[1] 教育部：《教育部2012年工作要点》，2012年，教育部门户网站（http://www.moe.edu.cn/jyb_xwfb/moe_164/201202/t20120202_129875.html）。

[2] 教育部：《教育部基础教育一司2012年工作要点》，2012年，教育部门户网站（http://old.moe.gov.cn/publicfiles/business/htmlfiles/moe/A06_ndgzyd/201406/xxgk_170640.html）。

重"体验性目标"。课程分目标是在总目标之下设立的，分为情感·态度·价值观，能力与方法，知识。比较2002年《全日制义务教育品德与社会课程标准（实验稿）》《全日制义务教育品德与生活课程标准（实验稿）》和2011年颁布的《义务教育品德与社会课程标准（2011年版）》《义务教育品德与生活课程标准（2011年版）》发现，在课程分目标上两者之间有些微变化，由注重"结果性目标"走向以"体验性目标"为主，"结果性目标"为辅。

如《全日制义务教育品德与社会课程标准（实验稿）》中，"情感·态度·价值观"第四条为"热爱祖国，珍视祖国的历史、文化传统。尊重不同国家和人民的文化差异，初步具有开放的国际意识"，第五条为"关爱自然，感激大自然对人类的哺育，初步形成保护生态环境的意识"。《义务教育品德与社会课程标准（2011年版）》第四条表述为"热爱家乡，珍视祖国的历史与文化，具有中华民族的归属感和自豪感，尊重不同国家和民族的文化差异，初步形成开放的国际视野"，第五条为"具有关爱自然的情感，逐步形成保护生态环境的意识"。在"能力与方法"中，《全日制义务教育品德与社会课程标准（实验稿）》多采用"能够、学习、运用简单的、民主参与"等词汇，在表述的时候侧重结果性的表达，而《义务教育品德与社会课程标准（2011年版）》中采用"初步掌握、选用恰当、积极参与"等体验性的词语。2011年修订后的课程标准在课程分目标的表述方式上更加注重学生的心理感受，注重学生的体验，这既体现了以人为本的理念，也利于课程相关者对课程建设和实施的把握。

（2）品德课程"教学建议"更加注重可操作性。与《全日制义务教育品德与社会课程标准（实验稿）》相比，《义务教育品德与社会课程标准（2011年版）》在教学建议上进行了较大的调整，如2002年版的《全日制义务教育品德与社会课程标准（实验稿）》中提到"教学建议"是"全面把握课程目标；丰富学生的生活经验；引导学生自主学习；充实教学内容；拓展教学空间"。《义务教育品德与社会课程标准（2011年版）》在教学建议上修改为"整体把握课程目标和教学目标的关系；通过创设多样化情境丰富和提升学生的生活经验；引导学生自主学习和独立思考；因地制宜地拓展教学时空；有效组织适宜的教学活动"。这样的变化更加细化了教师在教学中对内容的把握，能够进一步指出教师在教学中应达到的要求，并能够给教师指明教学的操作要点。

改革开放以来，我国小学品德课教科书一直处在变化发展中。从2002年《全日制义务教育品德与生活课程标准（实验稿）》《全日制义务教育品德与社会课程标准（实验稿）》的颁布，到2011年《义务教育品德与生活课程标准（2011年版）》《义务教育品德与社会课程标准（2011年版）》的公布，在教材建设上进行了微调。但从政策的变化上可以看出我国教科书的管理体系逐渐完善，监督机制也更加健全，教材建设更加注重从全局考虑问题，增加了对农村地区的关注。

2011年教育部颁布了《义务教育品德与社会课程标准（2011年版）》以及《义务教育品德与生活课程标准（2011年版）》。在教材建设上，《义务教育品德与社会课程标准（2011年版）》与《全日制义务教育品德与社会课程标准（实验稿）》在"教材编写建议"上稍有不同，即将实验稿中的"教材应体现地区特点，适合儿童的需要"改写为"教材编写应考虑不同地区，尤其是农村的特点和学生的需要"，同时在《义务教育品德与社会课程标准（2011年版）》中对内容编排方式进行了说明："课程内容的条目、顺序与教科书内容不是一一对应的关系，内容编排可采用集中和分散相结合的方式，螺旋上升。"伴随着《义务教育品德与生活课程标准（2011年版）》《义务教育品德与社会课程标准（2011年版）》的颁布与实施，各地区小学品德教材也陆续进行了修订和完善，乃至重新编写。2011年修订后的课程标准与2002年版的相比，增加了对农村地区的关注，注重对农村资源的开发和利用，从全局考虑问题，兼顾了教育公平问题。

（四）课程改革的深化期（2013年至今）

2013年，新修订的品德课课标进入全面实施阶段，再加上十

◇ 第二章 梳理与反思：历史的回顾 ◇

八大的召开，标志着课程改革进入深化期。在政策上，2013年11月12日，中国共产党第十八届中央委员会第三次全体会议通过了《中共中央关于全面深化改革若干重大问题的决定》，提出深化教育领域综合改革，要坚持"全面贯彻党的教育方针，坚持立德树人，加强社会主义核心价值体系教育，完善中华优秀传统文化教育，形成爱学习、爱劳动、爱祖国活动的有效形式和长效机制，增强学生社会责任感、创新精神、实践能力。强化体育课和课外锻炼，促进青少年身心健康、体魄强健。改进美育教学，提高学生审美和人文素养"[①]。这里，关于全面深化课程改革，统筹各种资源，落实立德树人目标，加强社会主义核心价值体系教育的相关决议，意味着国家正进一步加大对课程改革的力度。2014年3月30日，教育部印发《关于全面深化课程改革 落实立德树人根本任务的意见》（教基二〔2014〕4号），提出了学科之间的整合，注重学科育人，并提出要研制学生发展核心素养体系。具体而言，课程改革深化期主要表现在深化社会主义核心价值观的品德教育和法治教育，朝向学生核心素养的学科之间的整合等方面。

1. 深化社会主义核心价值观教育

2014年3月30日，教育部印发了《关于全面深化课程改革 落实立德树人根本任务的意见》（教基二〔2014〕4号），其明确指出在编写修订中小学相关学科教材时，要将社会主义核心价值观的基本内容写入德育等相关学科教材中，渗透到其他学科教材中。[②]同年4月3日，中华人民共和国教育部发布了《关于培育和践行社会主义核心价值观 进一步加强中小学德育工作的意见》（教基一〔2014〕4号），提出要准确把握规律性，改进小学德育的关键载体，主要是改进课程育人、改进实践育人、改进文化育人、改进管

---

① 《中共中央关于全面深化改革若干重大问题的决定》（2013年11月12日中国共产党第十八届中央委员会第三次全体会议通过），《人民日报》2013年11月16日第001版。

② 教育部：《关于全面深化课程改革 落实立德树人根本任务的意见》，2014年4月，教育部门户网站（http://old.moe.gov.cn/publicfiles/business/htmlfiles/moe/s7054/201404/xxgk_167226.html）。

理育人。在改进课程育人上,文件提出要"将社会主义核心价值观的内容和要求细化落实到各学科课程的德育目标之中,加强品德与生活、品德与社会课程的教育教学;推动学科统筹,特别是加强德育、语文、历史、体育、艺术等课程教学的管理和评价,提升综合育人效果;开发有效的地方课程和学校课程,丰富学校德育资源;开展学科德育精品课程展示活动,引导各学科教师依据课程标准和学生实际情况,设计相应的教学活动"[①]。可见,这一时期,社会主义核心价值观融入品德课迈向了更系统、更深入的阶段。

2. 朝向学生核心素养的学科之间的整合

2014年《关于全面深化课程改革 落实立德树人根本任务的意见》（教基二〔2014〕4号）,提出全面深化课程改革,整合利用各种资源,统筹各个学科,发挥学科育人的功能,实现全科育人、全程育人、全员育人的目标;聚焦课程改革的关键领域和主要环节,针对制约课程改革的机制体制障碍,集中攻关,重点推进;此次《意见》的提出,主要是在未来的时间里聚焦到课程改革的关键领域和主要环节中,解决阻碍课程改革的体制机制障碍,同时还提出着力推进改革的十大关键领域和主要环节:"一、研制修订学生发展核心素养体系和学业标准,主要是明确学生应具备的适应终身发展和社会发展需要的必备品格和关键能力。二、修订课程方案和课程标准,依据学生发展核心素养体系,进一步明确各学段、各学科的育人目标和任务,完善小学课程教学有关标准。三、编写、修订高校及中小学相关学科教材,加强相关学科课标教材纵向和横向配合。四、改进学科教学的育人功能,推动跨学段整体育人、跨学科综合育人。五、加强考试招生和评价的育人导向。六、强化教师育人能力培养。七、完善各方参与的育人机制。八、实施研究基地建设计划。九、整合和利用优质教育教学资源。十、加强课程实

[①] 教育部:《关于培育和践行社会主义核心价值观 进一步加强中小学德育工作的意见》,2014年4月,教育部门户网站（http://old.moe.gov.cn/publicfiles/business/htmlfiles/moe/s3325/201404/xxgk_167213.html）。

施管理。"①

2015年国务院办公厅发布了《关于全面加强和改进学校美育工作的意见》，提出强化美育育人功能，推进学校美育改革发展，并构建了科学的美育课程体系。自此美育与德育课程相辅相成、相互促进。2016年9月中国学生发展六大核心素养敲定，这是一套经过系统设计的以育人为目标的框架，它以科学性、时代性、民族性为基本原则，以培养"全面发展"的人为核心，分为文化基础、自主发展、社会参与三个方面，三个方面下各延伸出两个素养，构成六大核心素养，即人文底蕴、科学精神、学会学习、健康生活、责任担当、实践创新。六大核心素养将成为课程设计的依据和出发点，引领并促进教师的专业发展，为学生指明未来的发展方向。同时作为检验和评价教育质量的重要依据，核心素养也将会为明确不同学段、不同年级、不同学科学习内容所应达到的程度而努力。

3. 立足学生生活的法治教育被提上日程

2014年10月23日，中国共产党第十八届中央委员会第四次全体会议召开，全会从建设社会主义法治国家的战略高度，对青少年法治教育的目标定位、形式内容等都提出了新的目标和要求。2016年4月17日，中共中央、国务院转发了《中央宣传部、司法部关于在公民中开展法治宣传教育的第七个五年规划（2016—2020年）》，并发出通知要求各地区各部门结合实际认真贯彻执行。通知中指出，全民普法和守法是依法治国的长期基础性工作，深入开展法治宣传教育，是贯彻落实党的十八大和十八届三中、四中、五中全会精神的重要任务，是实施"十三五"规划、全面建成小康社会的重要保障。"坚持从青少年抓起。切实把法治教育纳入国民教育体系，制定和实施青少年法治教育大纲，在中小学设立法治知识课程，确保在校学生都能得到基本法治知识教育。完善中小学法治课教材体系，编写法治教育教材、读本，地方可将其纳入地方课程

---

① 教育部：《关于全面深化课程改革 落实立德树人根本任务的意见》，2014年4月，教育部门户网站（http://old.moe.gov.cn/publicfiles/business/htmlfiles/moe/s7054/201404/xxgk_167226.html）。

义务教育免费教科书范围，在小学普及宪法基本常识，在中、高考中增加法治知识内容，使青少年从小树立宪法意识和国家意识……充分利用第二课堂和社会实践活动开展青少年法治教育，在开学第一课、毕业仪式中有机融入法治教育内容。加强对高等院校学生的法治教育，增强其法治观念和参与法治实践的能力。强化学校、家庭、社会'三位一体'的青少年法治教育格局，加强青少年法治教育实践基地建设和网络建设。"[1] 该文件不仅确立了青少年法治教育的地位，指出了青少年法治意识培养的方式方法，并且对法治课程、教材建设提出了要求。

2016年4月29日，教育部办公厅发出《关于2016年中小学教学用书有关事项的通知》（教基二厅函〔2016〕12号），通知中提出：为贯彻落实党的十八届四中全会关于在小学设立法治知识课程的要求，从2016年开始，将义务教育小学和初中起始年级的《品德与生活》《思想品德》教材名称统一更改为《道德与法治》，这预示着法治教育将成为品德课教师面临的重要课题，学校教育开始了道德教育与法治教育相结合、创新教学方式的探索之旅。2016年7月4日，为贯彻落实党的十八大和十八届三中、四中、五中全会精神，推动法治教育纳入国民教育体系，提高法治教育的系统化、科学化水平，教育部、司法部以及全国普法办印发了《青少年法治教育大纲》（教政法〔2016〕13号）的通知，通知中提出：以社会主义核心价值观为主线，法治教育要与道德教育相结合；以宪法教育为核心，以权利义务教育为主线，法治教育要覆盖各教育阶段，形成层次递进、结构合理、螺旋上升的法治教育体系；以贴近青少年实际、提高教育效果为目的，法治教育要遵循青少年身心发展规律，贴近青少年生活实际，科学安排教学内容，合理确定教学重点和方法，注重知行统一；以构建系统完整的法治教育体系为途径，法治教育要从小抓起，贯穿学校教育的各个阶段，发挥课堂

---

[1] 中央宣传部、司法部：《关于在公民中开展法治宣传教育的第七个五年规划（2016—2020年）》，2016年4月，司法部门户网站（http://www.moj.gov.cn/index/content/2016-04/18/content_7090062_2.htm）。

◈ 第二章 梳理与反思：历史的回顾 ◈

教学的主渠道作用，深入挖掘各门学科蕴含的法治教育内涵，注重发挥课外活动、社会实践和网络文化的重要作用，加强政府部门、学校、社会、家庭之间的协调配合，形成校内校外、课内课外、网上网下相结合的教育合力。① 文件中对小学低年级（1—2年级）、小学中高年级（3—6年级）提出了法治教育的教学目标、内容及要求，强调要以基础性的行为规则和法律常识为主，侧重法治意识、遵法守法行为习惯的养成教育。要拓宽青少年法治教育的实施途径，充分发挥学校主导作用，与家庭、社会密切配合，创新教育方法，实现全员、全程、全方位育人。2016年9月14日，教育部等七部门印发了《关于加强青少年法治教育实践基地建设的意见》（教政法〔2016〕16号），文件中提出了建设青少年法治教育实践基地的目标及要求。加强青少年法治教育实践基地建设，是适应青少年法治教育目标要求变化，创新、完善青少年法治教育体制机制、方式方法的重要举措；是整合社会法治教育资源，推进法治教育与法治实践相结合，构建学校、社会、家庭三位一体的青少年法治教育体系的重要途径和有效载体。② 该文件的提出不仅创新和丰富了青少年法治教育的形式，而且提高了法治教育的质量和实效。

二 品德课新课改的实践动态

在人类的发展过程中，道德是维持社会正常运转的一条准绳，它无形而有形，柔弱而强大。新中国成立后，我国高度重视品德教育，根据发展需要和政治要求，形成了以马克思主义为指导思想，包括教材编著、教师配备、成绩考核等为内容的德育机制。可以说，在很长一段时期内，这套德育机制在倡导社会新风、培养学生

---

① 教育部、司法部、全国普法办：《关于印发〈青少年法治教育大纲〉的通知》，教育部门户网站（http：//www.moe.edu.cn/srcsite/A02/s5913/s5933/201607/t20160718_272115.html）。

② 教育部等七部门：《关于加强青少年法治教育实践基地建设的意见》，2016年9月，教育部门户网站（http：//www.moe.edu.cn/srcsite/A02/s5913/s5933/201609/t20160928_282529.html）。

的社会品德等方面发挥了积极作用，但是随着社会主义市场经济的建立与发展，随着教育理念的更新和个人意识的觉醒，原有的德育机制已经不适应当前实际形势，其弊端也日益明显。目前德育存在的问题，主要表现在以下几个方面：德育目标的泛政治化和理想化，德育内容的知识化和学科化，德育评价的绝对化和单一化等。进入 21 世纪，在课程改革的强力推动下，在学者们的强烈呼吁下，生活世界的理念明确地进入到德育改革和实践之中。

（一）课程改革的启动期（2001—2003 年）

课程改革的启动期也正是品德课新课改的开局阶段，在这一时期，进行了多方面的改革实践，如试验区的实践、教研培训、教材的编撰等，而这一时期的实践动态也主要是实验和尝试。

1. 基于课标的新教材的开发与使用

生活德育是新一轮德育课程改革的核心理念。新课程所倡导的是回归生活的品德发展、社会性发展的教育；新课程所反对的是脱离、背离生活的道德规范教育、社会知识的教育。自 2002 年新课标颁布后，教育部以教材编写立项的形式面向全国各个出版社进行招标，并规定只要通过教育部审核认定的出版社都有权编写教科书。据统计，2003 年通过全国中小学教材审查委员会审查的《品德与社会》教材共计 6 套。新教材的编写不仅丰富了教材的种类，更促进了教材的意义转变，新教材打破了原有教材浓重的道德知识取向，转向更多地立足于学生生活、追求对学生思想的启迪和情感的激发，体现了对道德知识、过程、价值、情感的多维关心。同时各地区教材的编订遵循着本土性、层次性、发展性的原则，充分考虑了本地区的风土人情，注重了东、中、西部的差异，依照儿童的身心发展规律及年龄特点进行编订。

典型案例：人教版《义务教育课程标准实验教科书·品德与生活》是根据《义务教育品德与生活课程标准》编写的。截至 2003 年已全部编出并通过教育部全国中小学教材审定委员会初审在国家级和省级试验区实验。在教材的设计理念中，从目标上看，教材关注情感与态度、行为与习惯、知识与技能、过程与方法等多重目标。从内容上看，将思想品德、生活常识、社会常识、手工劳动、综合实践活动等多项教育内容在生活的基础上加以整合。教材呈现出的是学生熟悉的一个个生活场景并在注重理性生活、审美生活和道德生活结合的基础上，努力实现各项教育内容和多重教育目标的整合。

2. 品德课堂教学逐渐"回归生活"

2002年9月1日，教育部启动了国家级基础教育课程改革实验区工作，新课程在27个省38个国家试验区的小学开始实验。同时，品德新课程正式进入实验阶段。实验范围为全国第一批进入品德与生活课程实验的34个区县。由于实验工作刚刚启动，各实验区积极探索课程管理的新路子。

在品德课新课改的前三年，全国各地特别是试验区的学校纷纷通过创新教学方式以及开展丰富多彩的活动使原本"沉静"的课堂变得"热闹"起来。在品德课教学的多样化探索中，各地区都在努力探索更为有效的品德课堂教学，在实践中主要体现在以下方面：在教学目标上，学校纷纷从拘泥"文本"、偏重道德认知条目向旨在让学生更好地"过道德生活"的多维目标转变；在教学模式上，包括活动型教学、实践体验型教学、综合学习型教学等在各学校开始被采用；在课程内容上，以校本教材为参照，从生活中、活动中选取更多具有趣味性、生活化、新颖性的内容；在教学方法上，为了激发学生的学习兴趣，采用情景导入、活动导入、质问导入等策略导入课堂，采用音像配合、讲故事、图文并茂，结合分组讨论、汇报式学习等方式呈现新内容等。

这一阶段，在生活德育理念的引领下，品德课堂开始改变原有的机械性、灌输性的课堂教学模式，转而关注儿童自身的生活经验，使他们进行有意义的学习并经历有意义的教育生活。品德课堂成为学生生活的一个驿站，学生带着各自的生活经验来到课堂，在教师的引导下发现生活中普遍存在而又甚少被注意的问题，通过同学之间回顾、分享、讨论、思考，澄清基本价值问题，增加生活智慧以及对日常生活的道德敏感性，从而使课堂逐渐起到引导生活的作用。

典型案例：自新课改开始实施以来，北京市丰台区新宫小学积极探索德育工作的新途径，利用家庭、学校、社会三个渠道，建立社会化的体验教育运行机制，取得显著效果。新宫小学开展的体验教育其基本内容是通过开展符合少年儿童身心发展规律的具有少年儿童情趣和时代气息的实践活动，帮助学生从家庭、学校、社会等各方面去体验生活、感受生活，从而提高自己的素质。

新宫小学通过三条途径开展体验教育活动。第一，引导学生在家庭生活中体验，把为家庭服务作为体验的"岗位"，从中获得家庭生活的真实感受，养成热爱劳动的品质。第二，引导学生在学校生活中体验。把为教师、同学服务作为体验的"岗位"，从中获得为人师表的真实感受，学会自主学习和自我管理的本领。第三，引导学生在社会生活中体验。把当一天工人、售票员、交警等作为扮演的角色，获得服务他人、服务社会、实现价值的真实感受。

3. 基于新课标的教师培训逐步开展

随着 2002 年 5 月《全日制义务教育品德与生活课程标准（实验稿）》《全日制义务教育品德与社会课程标准（实验稿）》的发布，在这种新课程改革背景下，教育部对各小学的教研工作提出了新的要求。因为只有加强教师培训工作，让教师明晰课标，才能确保新课程改革的有效实施。《基础教育课程改革纲要（试行）》（教基〔2001〕17 号）中明确指出："各小学教研机构要把基础教育课程改革作为中心，充分发挥教学研究、指导和服务等作用，并与基础教育课程研究中心建立联系，发挥各自的优势，共同推进基础教育课程改革。"[①] 2002 年 8 月 12 日，教育部基础教育司在北京举办了《品德与生活》课程标准培训会议，全国 27 个省的 34 个实验区的有关行政领导、教研员和教师等参加了会议。之后，各实验区组织力量陆续对当地教师进行了《全日制义务教育品德与生活课程标准（实验稿）》《全日制义务教育品德与社会课程标准（实验稿）》

---

① 教育部：《基础教育课程改革纲要（试行）》，2001 年 6 月 8 日，教育部门户网站（http://old.moe.gov.cn/publicfiles/business/htmlfiles/moe/moe_309/200412/4672.html）。

◆ 第二章 梳理与反思：历史的回顾 ◆

培训，并在开学前完成了教材培训工作。同时在新课程的培训工作方面，国家还加大了对各级负责人的培训。据统计，2002年教育部组织了国家实验区和地市级教育行政和教研部门负责人的一级培训，累计培训人数将近4000人，各省教育行政部门和实验区也组织了二级、三级培训，提出实施新课程要求教师"不培训，不上岗"的原则，培训人数达50余万。①

同时，在新课改实验初期，为了保证新课改工作的科学性和有效性，教育部还以公开招标的方式，成立了37个专题项目组，这些项目组主要是各学科课程标准组、"综合实践活动"、"评价考试改革"、"校本课程"、"地方课程"等。② 这些项目组深入课程改革的前线，参与到各地区教师培训、教学研讨等工作中，通过调研、座谈、研讨等方式与各地实验区师生一起共同推进新课程的实施。此外，教育部还要求各地区成立课程改革实验领导小组，以此统筹当地课程改革实验工作。通过相应的教师培训，能够帮助教师准确理解和把握课程标准所提出的理念、目标、内容以及实施建议，并有利于促进教师教学观念、教学方式的转变，提升教师根据课程标准创意性编写和选择课程内容、创造性实施新课程的能力和水平。

典型案例：北京地区特别重视"在常规形态下提高教研水平和质量，分层级进行全员培训，在抓学科业务骨干，培养新秀方面形成了自己的特色"。大连市实验区教研部门"围绕学校和教师在课程实施中发生、体验到的实际问题，进行调查研究，提出对策建议，组织形式多样的教研和教师培训活动，协助学校建立自下而上的教学研究制度，积极参与评价制度的改革等"③。通过教师培训，

---

① 《教学与课程改革》，2006年1月，中国教育网（http：//www.edu.cn/edu/jiao_yu_zi_xun/nian_jian/nj2003/list6/200603/t20060323_158331.shtml）。

② 付宜红、李健：《义务教育课程改革实验全面铺开》，《基础教育课程》2005年第9期。

③ 赵亚夫、胡玲、张鹏：《〈义务教育品德与生活课程标准（2011年版）〉、〈义务教育品德与社会课程标准（2011年版）〉修订的背景、过程及总体要求》，2013年3月，江西教师网（http：//www.jxteacher.com/360425000000040013/column50265/539d3b5d-fe48-48e5-90b1-dcfa55753aea.html）。

以期达到不仅要理解课程标准,还要在教学中达到课程标准的目的和要求。

4. 对德育活动育人的初步探索

随着新课改的逐渐推进,各地区、各学校纷纷进行品德课教学的改进,而采用什么模式、使用何种教学方法、选用何种教学内容,真正让课堂活起来,成为教师与学生互动的场所,都是打造有效课堂的关键。如各种教学模式的尝试,包括活动型教学、实践体验型教学、综合学习型教学等在各学校普遍被采用;教学方法上,为了激发学生的学习兴趣,采用情景导入、活动导入、质问导入等策略导入课堂,采用音像配合、讲故事、图文并茂,结合分组讨论、汇报式学习等方式呈现新内容;课程内容的选取以校本教材为参照,从生活中、活动中选取更具有趣味性、生活化、新颖性的内容;有些学校还组织教师进行思想品德优质课观摩活动。通过创新灵活的教学方式和方法以及丰富多彩的活动,使原本"沉静"的课堂变得"热闹"起来。在品德课教学的多样化探索中,各地区都在努力寻求更为有效的教学模式。

(二)课程改革的发展期(2003—2010年)

2003年,在认真总结国家和省两级实验区的经验,对实验区工作进行全面评估和广泛交流的基础上,同年9月,课程改革的工作进入了全面推广阶段。按照基础教育课程改革实验推广规划正式颁布义务教育阶段课程设置方案等文件,全国范围内起始年级启用新课程的学生将要达到同年级学生的65%—70%左右。2005年秋季,小学阶段起始年级的学生全部进入新课程,这意味着2005年秋所有的学校都进行课程改革实验。截至2010年,品德课新课改进入全面推广与发展阶段,生活德育理念进一步渗透课堂教学、师资培训、德育活动、校园文化等领域并对传统品德课形成了全方位的冲击和改写,在学校德育的实施中逐渐重视学科育人、文化育人、管理育人和活动育人形成德育合力,促进学生的品德发展。

1. 教材编制更加贴近生活

在此阶段,小学品德课教材建设取得了丰硕成果。就小学品德课程而言，截至 2006 年，通过其审查的《品德与社会》教材达到了 15 套。[①] 含人民教育出版社、北师大出版社、教科版、苏教版、河北版、浙教版、鲁教版等版本。不同版本的教材都是根据各个地区的实际特点所编写，联系学生的生活经验，体现出了各自的风格与特色。总的来说，在这个阶段，无论哪个版本的教材，都是在新课程理念的指导下编写而成的，都围绕着生活德育理念进行并集中体现出了较大的共性特征。

（1）以学生为本，彰显"我"的主体意识

《品德与生活》《品德与社会》作为小学品德新课程教材，是在总结和吸取多年的思想品德教材的经验及教训的基础上，根据新的课程标准编制而成的。它们摒弃了以往的思想品德教材所具有的成人化、政治化、学科化等痼疾，以一种"以儿童为本"的基本理念呈现在学生面前。在教材编写上从学生的思想品德发展需要、认知水平和生活实际出发，打破了传统学科知识与生活分割的界限，符合学生"生活的逻辑"，在内容选择上，力图形象、生动，以成长中的"我"为核心，以一种独特新颖的方式引导学生体会生活、感悟生命的意义。

以苏教版和人教版教材为例，课文标题中出现"我（们）"的就有 40 多篇。有些课文标题虽然没有出现"我"，但其内容都是以学生自己的口吻在探讨一个道德规则的问题，其他版本的教材也都体现出这一特点。事实上，这不仅仅是人称的变化，而是最直接地体现了以人为本、以学生为本的教材设计理念，以及德育人性化观念的确立。"德育人性化的根本精神就是以道德主体的德性发展为本，是主体性的德育、发展性的德育……这是现代德育改革的根本指导思想。是德育深层次改革的需要，是德育改革的最高境界。"[②]

---

① 高峡：《义务教育品德与社会课程标准（2011 年版）解读》，高等教育出版社 2012 年版，第 18 页。

② 班华、薛晓阳等：《学校道德生活教育模式的探寻与思考》，江苏大学出版社 2010 年版，第 14 页。

(2) 贴近学生生活，体现地方特色

倡导德育的生活性是德育新课程改革的基本理念，这一理念在品德新教材中体现得淋漓尽致。新教材的设计以学生不断扩展的生活经验为背景，注重学生已有的生活体验，关注儿童成长过程中的品德养成，解决学生生活中遇到的道德及社会常识问题。教材立足于儿童生活，取材于儿童生活，力求突出本地区的社会生活特点，整合地方性课程资源，选择学生熟悉的、贴近当地生活的素材，体现本地区的乡土特色。

以未来出版社编写的教材为例，"教材凸显北方和中西部教育特色，强调校本开发"，"追求学生活动学习的地域特色和校本化，充分体现课程标准要求前提下的北方和中西部地域特色，力图将儿童的学习活动与地域资源有机结合，最大限度地凸显本课程的育人功能和实效性"。[①] 对学生所生活的场域的关注以及对地方特色的体现，充分说明了"一纲多本"的必要性。

(3) 强调学科综合，注重探究学习

新教材突破了"按学科体系构建的传统模式，统整各相关学科的知识内容，通过设置若干学习主题，展现不同的学习视角和问题视角，使之有利于学生形成认识社会的整体视角，促进学生的情感、态度、能力、知识在相互联系中得到和谐发展"。新教材注重学科的综合性，既有道德方面的内容，也融合了社会、地理、历史等方面的知识；既有品德方面的内容，也有心理、法律、自然、世界等方面的内容。

在围绕这些内容的设计中都体现了探究学习在品德形成中的重要性。以北师大版的教材为例，教材突出了各种活动形式，如体验型活动、游戏、讨论、交流、欣赏、联系、参观访问、操作实践、调查研究等探究性活动、体验性活动、交往性活动和操作性活动等。通过学生的探究性参与、对实践活动的体悟以及对实践问题的

---

① 教育部基础教育教材审定工作办公室：《义务教育课程标准实验教科书概览（小学篇）》，人民教育出版社 2007 年版，第 17 页。

解决，培养学生从整体上去看待和解决问题的能力。

（4）注重自主建构，突出价值引导

新教材充分考虑了学生作为学习主体的自主性，同时也注意强调对学生的价值原则与道德规范，教师则是学生学习活动的价值引导者。与此同时，教材通过设问、留白以及让学生参与，为其提供了自由想象和自主思考的空间，培养了学生对道德问题的自主建构意识。

以教育科学出版社的《品德与社会》三年级上册为例，在第一单元《夸夸我自己》中，通过学生对自己的认识、别人对自己的评价等方式，让学生了解真正的自己。仅在这一个单元中，就有11处留白，让学生充分表达对自己的认识。而这一特点在其他版本的品德教材中均有体现。

2. 课堂教学更加以人为本

2004年中共中央、国务院发布的《关于进一步加强和改进未成年人思想道德建设的若干意见》（中发〔2004〕8号）中强调："德育内容应来源于生活，必须更贴近社会生活的实际，更贴近未成年人思想生活的实际，更贴近我国思想道德建设的最新发展实际。"它的颁布加深了我国德育回归生活的探索之旅，将德育生活化理念进一步引入学校德育课堂之中，强调德育课程要以生活化的课堂为阵地，通过儿童活动、实践探究的形式实施，颠覆了原有的传统式的小学德育课堂授课模式。新课改的理念是素质教育、以人为本、回归生活、全面发展。随着新课标的制定，围绕其核心"回归生活"的小学德育课程也以《品德与生活》《品德与社会》这两门综合性的德育课程为主要的改革举措，提倡小学德育教学回归生活，教育教学要生活化。

（1）探索品德课堂"回归生活"的新形式

纵观这一时期对品德课堂教学生活化的探索，许多学校结合新课程标准后的教材、教学实际，尝试摸索并建立"小学品德课堂教学生活化"的教学模式。在教学过程中以学生为中心，以社会为大课堂，把课堂、书本、学校延伸到大社会、大自然中去，也把大社会、大自然引进学校和课堂中来。

　　学校德育实践中遵循教学活动客观规律，以生为本，紧扣品德课程生活性、活动性、开放性三大基本特征，精心设计课堂教学，课堂教学活动既关心学生的未来生活，也关心学生的现实生活。强调学生对知识的主动探索、主动发现和对所学知识意义的主动建构，而并非像传统教学那样，只是把知识从教师头脑中传送到学生的笔记本上。课堂组织活动，创建儿童生活及社会生活的情景可以让学生达到最大限度的主动探索，完成"主动建构"。小学品德新课程倡导多元化的教学模式，主张创设学生乐于接受的各种情境，灵活多样地开展教学。无论在教学方式上还是在学习方式上都发生了变革，学生参与、师生共同融入教学的方式代替了以教师单纯讲授为主的教学方式，以活动教学为核心的一系列教学方式纷纷登场，促进了小学品德课堂教学方式的多元化。小学品德课堂教学常用的教学方式有讨论与回答、情景模拟与角色扮演、教学游戏、参观访问等。

　　典型案例：2007年，北京市朝阳区安贞里第二小学思品课中进行了"网络主题单元型"教学模式的尝试与探索。学生采用独立探究、合作探究、群体探究等多种形式进行学习，学生在选择中独立，在独立中创造。在课堂教学中，教师根据学生需求，确立学习主题组建知识库（或主题知识网站），教师需要围绕主题设计教学过程并灵活地选择各种方法和技术创设游戏情境作为启发儿童主动参与学习的主要环节和步骤，使学生感到品德课是帮助他们思考问题完成社会化的重要学科，从而激发出学生不断探究知识的兴趣。

　　（2）生活德育理念渗透学科德育实践

　　学校德育实践逐渐探索发挥其他渠道和各学科课程的协同育人作用，各个学科的教师都参与到德育工作中，而不是把德育工作视为德育课或者德育教师的专属任务。在品德课新课改发展期的实践阶段，各地学校探索了语文、历史、音乐、美术等多学科渗透品德教育的方式、方法，进而充分挖掘各门课程所蕴含的德育资源，力图增强德育工作的实效性。学校根据实际情况开发了跨学科德育校本课程，使不同学科的教师能够结合相应的知识点，形成育人合力，取得了教学和教育双赢的效果。

典型案例：上海闵行区浦江第一小学进行了跨学科德育的实践探索。按照相应的目标体系和育人要点，对现行基础型、拓展型和探究型课程教材中的相关内容进行整合，开发了跨学科德育校本课程"小小神龙"，在应知应行、故事导航、名言诵读、超级链接、实践体验五大方面进行跨学科德育整合，使不同学科教师形成育人合力。在教学实施中，通过课时保障、学科融合、团队合作，实现跨学科德育的深度融合。实践中，学校要求相应学科的任课教师在教授本学科内容时，要意识到相应目标点的基本要求，对该章节中的学科德育内容有清晰的认识，并将其有机地融入教学全过程，由浅入深、循序渐进地在学科教学中对学生进行德育渗透。[1]

3. 德育活动更加丰富多样

新课程实施以来，小学德育改变了以往在课堂中道德说教的教育方式，从德育方式和德育内容上进行突破。课程设置从单纯的思想品德教育过渡到了品德与生活、品德与社会，必然要求增强德育教学内容的实践性、活动性和多样性，与生活、与社会密切关联。在此课程理念下，各地小学品德教育开展了丰富多彩的德育实践活动。各地学校德育活动实施在范围上以校内活动和校外活动为主，在内容上包括公民教育活动、文明礼貌教育活动、安全教育活动、生态教育活动等方面。

在校内活动中，第一，学校重视常规德育，以抓好日、周、月三个常规活动为载体，以主题开展系列的德育活动；第二，以节日活动为载体，将学校的所有德育活动以一个"大主题"全部贯穿起来，以班级为单位，教师与学生共同参与，通过书画展、手抄报、主题演讲、歌唱舞蹈和文艺表演等形式，构建德育主题环环相扣，

---

[1] 张蕊：《"小小神龙"："舞动"跨学科德育的精彩》，《中小学管理》2010 年第 4 期。

覆盖课上、课下和课外的德育活动体系；第三，发挥班会的德育作用，每个年级根据育人目标开展主题班会，主题要有明确的目的性、较强的针对性。

在校外活动中，依托特色活动的开展，开展综合性社会实践活动，创造条件开展社区活动、假期实践，让学生亲近社会、走进生活，用人文精神助学生的德性成长。校外活动注重回归生活。要直面真实的生活，密切结合儿童的生活世界和生活经验，关注儿童现实生活中的问题，倡导自主、探索性学习和发现，采用学生喜闻乐见的形式，从儿童生活中经常遇到的问题来生成教育主题活动。

典型案例：江苏省积极探索小学德育活动的新模式。2005 年 7 月，江苏省调研室与美国公民教育中心正式签署了开展公民教育实践的项目协议。在江苏省教研室的组织和领导下，全省在小学公民教育实践上进行了探索，采取学校主题活动和调查研究的方式，使德育活动的创设更加贴近公民生活。[①]

公共交通类：南京市力学小学"关于公交站牌指示不清的调研与研究"，南京市北京东路小学"关于南京市公交空调车不开空调时收费问题的调查"。

环境保护类：连云港墟沟小学"连云区湿地鸟类保护的对策研究"，盐都树人外语学校"关于废旧电池回收问题的研究"。

社区管理建设类：常熟市辛庄小学"农村公共电力设备建设与维修研究"，武进邹区中心小学"设置灯城标志，彰显灯城文化研究"等。

其中，南京市力学小学的公民教育活动已颇具规模，成为学校特色。力学小学的公民教育实践活动从最初的 5 个实验班的 10 个子课题的重点研究，发展到 3—5 年级 26 个班级的全程实践，全校 49 个班级共同参与。至 2010 年，力学小学已成为江苏省和南京市

---

① 杜文艳：《开展公民教育实践活动，开辟校内外德育通道——江苏省公民教育实践活动综述》，《小学德育》2010 年第 6 期。

公民教育实践基地学校,学校经历了从"活动化"到"课程化""校本化"的转变,成立了"公民教育项目研究中心",并编写了《小学生公民教育实践手册》[1],将公民教育与学校德育实践活动联系起来,让学生走进社会生活,形成道德体验。

4. 校园文化更加注重内涵

2006年4月25日教育部印发的《关于大力加强中小学校园文化建设的通知》中明确指出:"校园文化是学校教育的重要组成部分,是全面育人不可或缺的重要环节,是展现校长教育理念、学校特色的重要平台,是规范办学的重要体现,也是德育体系中亟待加强的重要方面。中小学校园文化要通过校风教风学风、多种形式的校园文化活动、人文和自然的校园环境等给学生潜移默化而深刻的影响。"[2] 在相关政策的指导下,全国各地学校逐渐重视校园文化建设,实践体现在学校物质文化、精神文化和制度文化等方面。

第一,在学校物质文化方面,重视校园绿化、美化和人文环境建设。各地学校大多从本地自然环境和条件出发,有条件的学校在校园内栽花种草,绿化、美化校园,不具备绿化条件的学校也加强校园环境建设,使整个校园干净、整洁、美观、有序。对校园人文环境进行精心设计,充分发挥学生的主体性,鼓励学生积极参与校园环境的设计、维护和创造等。

第二,在学校精神文化方面,各地学校全面开展校风、教风、学风建设。

第三,在学校制度文化方面,主要加强对学生的教育和引导,落实好《中小学生守则》和《中(小)学生日常行为规范》,并根据学校实际情况制定相应的制度以规范师生的行为。

典型案例:以上海市观澜小学为例,2006年初,该校从加强校园文化设施建设,构建民族风韵与时代气息相和谐的物质环境,

---

[1] 张生:《南京市中小学德育创新案例集锦》,江苏教育出版社2010年版,第39页。
[2] 教育部:《关于大力加强中小学校园文化建设的通知》,2006年4月,教育部门户网站(http://www.moe.edu.cn/publicfiles/business/htmlfiles/moe/moe_ 1237/200608/17004.html)。

营造环境育人的氛围做起，启动"校园文化统整工程"，规划修建了以"纪念·励志"为主题的观澜小学四区二十景；在构建制度文化方面，不仅制订了观澜小学教师职业道德标准，从仪表、语言、办公、学习、上课以及身先垂范等六大类 25 个小项来对观澜小学教师职业道德进行考核，而且在学生发展方面，学校精心研究如何以观澜小学学校文化精神助学生"成人"，制定了体现"八字精神"的学生行为规范准则，描绘了具有观澜精神特征的观澜学子形象；在精神文化层面，学校文化精神与学校的办学理念、育人目标、校训、校风、教风以及学风之间具有逻辑的一致性。观澜人赋予观澜精神新的价值：引领学校发展，激励师生"成人"，期望通过观澜小学学校精神的弘扬，为师生明示"为人之理"，以此指导师生践行，获得品性、技艺、能力的全面健康发展。①

（三）课程改革的调整期（2010—2013 年）

2001 年，国家启动了 21 世纪基础教育课程改革。经过十年的实践探索，课程改革取得显著成效，构建了具有中国特色、反映时代精神、体现素质教育理念的基础教育课程体系，各学科课程标准得到中小学教师的广泛认同。品德课新课改经过多年的理论与实践探索也取得了显著成效。《全日制义务教育品德与生活课程标准（实验稿）》《全日制义务教育品德与社会课程标准（实验稿）》也得到广大一线教师的广泛理解与应用。但作为实验稿的品德与社会课程标准，在实施过程中，也出现了一些需要调适的内容与要求，如有些要求比较笼统，操作性较弱，课程定位不够清晰，内容与学生身心特点结合不够紧密等问题。

根据时代和形势的变化，在 2010 年颁布的《国家中长期教育改革和发展规划纲要（2010—2020）》的指导下，在充分反思和总结品德课新课改十年宝贵经验和实施问题的基础上，《义务教育品德与生活课程标准（2011 年版）》《义务教育品德与社会课程标准

---

① 陈瑞生、徐安鸿：《学校文化精神的内涵与实践——以上海市观澜小学为例》，《中国教育学刊》2010 年第 2 期。

（2011年版）》对原有的课程标准进行了与时俱进的修订与完善，新版课标在经济社会取得新发展的背景下融入了最新的德育理论成果，回应了一线品德课教师的困惑与期待，它紧跟时代发展的步伐，坚持以人为本的理念，确立全球化的视野，强调公民教育，注重情感发展对学生良好品德养成的重要性。

《义务教育品德与生活课程标准（2011年版）》以及《义务教育品德与社会课程标准（2011年版）》的颁布更加明确了《品德与生活》《品德与社会》课程的性质、理念、目标、结构、内容和实施要求，进一步突出课程的生活性、开放性和活动性。2012年秋季，各地区的小学开始全面启用"新课标"。

1. 教材内容注重与时俱进

在2011年版课程标准的指导下，根据修订后印发的各学科课程标准，组织教科书的修订和审查工作。新教材内容与呈现方式应有利于学生采用体验、探究和交流讨论等多种方式主动参与、自主学习，为学生的尝试、体验和实践活动留有空间。其中增加或是侧重突出了"安全教育""民族教育""全球问题""社会化""活动""家乡""互联网"等内容，反映了新时代的新要求。教材编写考虑到了不同地区，尤其是农村的特点和学生的需要，适当拓展相关内容，选择贴近当地生活的素材，增加了"热爱家乡，关注农村孩子"的内容以及内容主题跨学段的要求，这些改变均反映了课程标准尊重学生的身心发展特点而做的恰当调整。

典型案例：以北师大版《品德与社会》三年级第六单元《看看我们周围的商店》为例，该单元第一个主题以"乐乐"和"小文"的家庭购物记录为切入点，将具有示范方法作用的三幅范例性图画呈现给学生，向学生呈现出不同的统计方法，目的在于让学生懂得统计方法是多样的，能够激发学生创作自己的购物记录的兴趣，从而帮助学生自己去思考创新。拓展视野类的图片如古代的集市、泰国的水上市场、土耳其的地毯商店等，目的在于扩展学生视野，激发学生探索更多不同的商店的欲望。

2. 课程资源的开发与利用

在 2011 年新课程标准的指导下，各地学校充分开发、有效利用课程资源，力求丰富品德与社会课程内容，增强课程的开放性、生成性和教学活力。

典型案例：2011 年开始，吴忠市朝阳小学致力于办好家长学校，增进家校联系。学校坚持定期召开家长会，通过听讲座、随堂听课、亲子活动等形式，丰富家长学校活动，积极争取学生家长关心和支持学校教育工作。学校利用寒暑假，发放《告家长一封信》，重点组织开展"五个一"亲子道德实践活动，即亲子同读一本历史书，亲子同唱一支好歌，亲子共同参加一次社会道德教育活动，亲子说一次知心话，亲子同为社区（他人）做一件好事。以此达到"五小"育人目标。让学生置身社会，增强教育的开放性，广泛吸收家长对学校和教师的有益建议，反馈子女在家情况，真正形成家庭和学校之间的互动教育，从而达到学校与家庭教育的相互协调。

（四）课程改革的深化期（2013 年至今）

2013 年 11 月 12 日，中国共产党第十八届中央委员会第三次全体会议通过了《中共中央关于全面深化改革若干重大问题的决定》，提出深化教育领域综合改革。2014 年 3 月 30 日，教育部印发了《关于全面深化课程改革　落实立德树人根本任务的意见》，明确提出全面深化课程改革的三项新措施，"一是研制学生发展核心素养体系，主要是明确学生应具备的适应终身发展和社会发展需要的必备品格和关键能力；二是研制学业质量标准，完善现行课程标准，增强对教学和考试评价的指导性；三是加强相关学科课标教材纵向和横向配合，推动跨学段整体育人、跨学科综合育人"，这意味着这一时期课程改革的实践要围绕发展学生的核心素养，进行课程整合的探索。各地区的实践主要是以实现全科育人、全程育人、全员育人为目标，采取各种方式统筹各个学科，发挥学科育人的功能，开始了基于核心素养的课程整合的实践活动。

◈ 第二章 梳理与反思：历史的回顾 ◈

1. 规划并实施德育综合改革

我国教育改革已经步入"深水区"，教育发展的内外部环境更加复杂，教育决策的制定和改革举措实施的难度不断增加。推进教育综合改革和协同创新是平稳涉过教育改革"深水区"的必然选择。2013年颁布的《中共中央关于全面深化改革若干重大问题的决定》以及《教育部关于2013年深化教育领域综合改革的意见》中对全面深化改革的重要领域和关键环节做出了重大部署，特别是围绕党的十八大报告提出的"深化教育领域综合改革"总体要求，明确了教育改革的攻坚方向和重点举措。然而，教育综合改革涉及教育领域的方方面面，其中最让人关心的是德育领域。德育综合改革是新时期应对教育领域新变化的重要举措，德育综合改革重视顶层设计，强调内部协调，是加强和改进学生德育工作，促进学生健康成长的重要途径，也是教育发展的必然要求。对此，各省市相继出台了德育综合改革行动计划，全国各地中小学也积极设计学校德育综合改革实施方案。

典型案例：山东省在2015年出台了《山东省中小学生德育综合改革行动计划（2015—2020年）》，计划用五年左右的时间，通过构建德育课程体系、完善德育实践活动体系，建立德育工作监测和公告制度，各级财政设立德育工作专项资金，推行班主任职级制、推动提高班主任津贴标准等，形成全员育人、全程育人、全方位育人的德育工作新格局，全面提高中小学生的道德素养。

近年来，山东突出抓好德育课程改革，建立学段衔接的德育课程体系，完善德育实践活动体系，强化文化育人功能，健全德育评价体系，改进德育评价方式，完善德育工作评价机制，形成全方位、立体化、开放化的德育工作网络。建立德育工作监测和公告制度，将社区、校外实践基地的德育工作纳入评价范围。[1] 此外，山东各级教育财政还将设立学生德育工作专项资金，不断加大德育工作经费投入，支持各类德育资源建设。

---

[1] 张兴华：《山东启动高校德育综合改革》，《中国教育报》2016年8月17日第01版。

◈　小学品德课新课改的回顾与展望　◈

另外，上海市普陀区积极开展2017年德育综合改革"研学旅行"项目，各试点校基于"四个立足"开展工作。即立足"育人"根本点，将研学工作纳入学校课程体系，实现校内和校外教育体系有机融合；立足"全体"学生，让每个孩子都能参与到研学活动中，有经历、有收获；立足"共性和个性"，学校要进行开放性的课程设计，给予学生更多选择，真正做到让学生有事情做、有兴趣做、有收获地做；立足"成果提炼"，注重学生成果和作品的宣传，注重学校经验的提炼和提升，做到每所试点校就是样板校，真正发挥引领和辐射功能，推动普陀德育工作深入开展。[①]

2. 构建大中小学整体德育体系

各地学校以发展创新为基本原则，以德育目标、德育内容、德育途径、德育方法、德育管理、德育评价等要素系统为纬，以小学德育、初中德育、高中德育（中职德育）、大学德育（高职德育）等层次系统为经，进行横向贯通，纵向衔接，分层递进上升。

教育部在德育课程内容安排上，充分考虑学生不同年龄阶段特点，进行整体规划，强调与学生生活密切联系，加强学生实践体验，注重循序渐进，引导学生通过学习形成行为自觉。小学1—2年级开设《品德与生活》，3—6年级开设《品德与社会》，重在品德启蒙教育和行为养成教育，从多角度、多层面引导小学生逐步认识自我、他人和社会，为培养有爱心、责任感、良好行为习惯和个性品质的公民奠定基础。初中开设思想品德课，重在进行良好品德教育、健康人格教育和公民意识教育，引导学生初步认识个人与他人、个人与集体、国家和社会的关系，突出思想性、人文性、实践性与综合性；大学开设思想政治理论课，教育引导大学生加强自身道德修养，具备良好的心理素质和艰苦奋斗、开拓进取的精神。由此，基本形成由浅入深、循环上升、有机统一的大中小学德育课程体系。

---

① 刘峻、周敏：《普陀区召开2017年德育综合改革"研学旅行"项目推进会》，2017年4月，上海教育新闻网（http://www.shedunews.com/zixun/shanghai/quxian/putuoqu/2017/04/21/2079717.html）。

典型案例：2013 年以来，吉林省在大中小学德育一体化方面积累了宝贵经验，省政府领导高度重视大中小学德育一体化，并且在"十二五"规划中明确提出了关于实现吉林省大中小学德育一体化的建议和意见。全省高度重视大中小学德育一体化工作，组织试点、开展调研，净化社会大环境，为吉林省大中小学德育一体化的实现打下了坚实的基础。吉林省建设完善有效的德育领导机构，深化教育制度改革，建立完备的道德水平评价机制。构建科学的大中小学德育一体化目标体系；健全完善德育一体化内容体系，形成符合学生成长规律和认知特点、大中小学有机衔接的德育内容体系；构建家庭、社会、学校共同参与的德育一体化模式；打造一支能够胜任德育一体化工作的专业队伍；等等。

3. 《道德与法治》新教材的开发与使用

《教育部办公厅关于 2016 年中小学教学用书有关事项的通知》中明确指出，从 2016 年起，将义务教育小学和初中起始年级《品德与生活》《思想品德》教材名称统一更改为《道德与法治》。

小学道德与法治教材依据与儿童生活的紧密程度，按照自我—家庭—学校—社区（家乡—国家—世界的顺序），由近及远地设计了我的健康成长、我的家庭生活、我们的学校生活、我们的社区与公共生活、我们的国家生活、我们共同的世界六大领域。新教材重视社会主义核心价值观和中华优秀传统文化教育，合理布局，整体安排，在开发教育资源、丰富德育内涵、改进道德与法治融入方式等方面做了有益探索。所采用的"内隐"与"外显"相结合的融入方式，真实自然。另外，教材力图进一步改变以往学科教学偏于知识传递和记诵、应考的积弊，根据学习内容尽可能设计安排有具体方法技能的学习指导，通过设计开放性的教学过程，引领道德与法治学习方式方法的革新，更多采用调查研究、参观访问、角色扮演、讨论辨析、反思探究等方法，让学生在生成性的活动中，积极表达、善于思考、习得方法、努力践行。每一课内容的展开都包含着一条引领生活经验的线索：从"运用你的经验"开始，把学生的个体经验作为学习的起点；随后的"探究与分享"等活动设计引导学生个体生活经验得以表达、分享，进而促进个体对自身经验的反思，通过师生经验、生生经验的碰撞、共认等促进学生个体经验的调整、扩展，力图使教学从课堂延伸到学生更广阔的生活领域。

4. 开展基于新教材的师资培训

2017年5月，国家统编义务教育道德与法治教材国家级培训班在国家教育行政学院开班。培训分为国家级、地市级和县级培训。国家级培训按学科分年级、分5个班次进行，培训对象包括各省教育厅（教委）分管负责同志和省级教研室主要负责同志、省市两级学科教研员与原教材出版社相关教材编写人员，共计2800人，于2017年5月结束。省级和地市级培训于6月结束，县级培训于7月结束。

5. 进行德育课程一体化建设

为了深入贯彻党的十八大，十八届三中、四中、五中全会以及习近平总书记的系列重要讲话精神，落实《教育部关于培育和践行社会主义核心价值观 进一步加强中小学德育工作的意见》（教基一〔2014〕4号）、《教育部关于全面深化课程改革 落实立德树人根本任务的意见》（教基二〔2014〕4号），各地纷纷进行德育课程一体化建设，以构建各学段纵向衔接、各学科横向贯通、课内外深度融合、符合学生认知规律的德育课程实施体系。

典型案例：2016年山东省教育厅组织研制了《山东省中小学德育课程一体化实施指导纲要（试行）》，为各个小学德育课程一体化的建设提供政策上的支持和引领，提出要建立"德育课程、学科课程、传统文化课程、实践课程"四位一体的中小学德育实施体系。而后为响应《山东省教育厅关于开展中小学德育课程一体化实施试点工作的通知》（鲁教基函〔2016〕16号）文件的要求，山东省各市区全面开展小学德育课程一体化实施试点工作。山东省试点期分两个阶段进行：2016年9月—2017年7月，在区县、学校先行先试基础上总结试点经验，形成阶段性试点成果；2017年8月—2018年7月，全面推广第一阶段试点成果、经验成果，对不成熟的试点任务继续进行探索，并最终完成所有试点任务，进入全面推广阶段。山东淄博、聊城、威海、青岛、日照、临沂等作为试点，在德育课程一体化建设上都做了有益的探索。例如：山东省临沂市河东区"四举措"推进小学德育课程一体化；威海乳山市也创新举措，抢抓落实，大力加强小学德育一体化建设；莒县小学为构建小学德育一体化的工作体系，提高德育工作的针对性和实效性，加强和改进小学德育工作，实施了德育序列化、课程化、生活化改革；高青县教育局立足培育践行社会主义核心价值观的深入实施，以"五体系"构建为切入点，着力推进中小学德育课程一体化。

2015年上海也在各小学开展德育课程一体化研究和试点，如奉贤区主动参与教育综合改革，以"一体化、课程化、生活化、贤文化"为导向研制区域小学德育课程体系，为德育课程一体化的进行提供制度保障，并建设了具有"贤文化"特色的"人文蕴育"的德育工程。为了加强中华优秀传统文化教育，各级教育部门及小学在为引导学生增强民族文化自信和价值观自信方面也做了一些努力及尝试，如举办小学时事课堂展示活动、诵读经典等。

6. 基于核心素养的课程整合与德育教学改革

随着2016年9月中国学生发展六大核心素养的敲定，它作为评价的"风向标"，是时下教育领域最热门的话题，受到教育界的广泛关注。各地学校围绕核心素养开展了课程改革的相关实践。

典型案例：山东省淄博市晏婴小学聚焦学生核心素养，深入推进以核心素养为主题的学科课程整合。在课程改革进程中，该校以国家课程标准为起点，探索基于课程标准的教学设计、课程纲要编制、学段整体方案设计，构建了一个校本化的目标体系和质量标准体系，并打通了课标、教材、教学之间的联系，同时进行了学科内整合、多学科整合、跨学科整合、超学科整合，不断改进课程形态，通过开放课堂、调整课时、研发课程等一系列举措促进了学校课程结构的优化，教师专业化的发展，以及学生个性化的成长。山东省济南市历城区实验小学在国家课程总目标及学校"和乐教育"理念下，进行了主题课程的设计与实践，其主题课程突出学生核心素养的培养，彰显对"人的成长"的关注，突出"全人"的培养，历城区实验小学将国家课程《科学》《品德与社会》《综合实践活动》以及地方课程《环境教育》《安全教育》《传统文化》六门课程内容打碎后重新糅合，在保证课程目标及课时量的前提下，通过删减、增补、融合、重组形成全新的 A、B 主题课程。清华附属小学基于核心素养进行了"1＋X"的课程整合探索与实践，并归纳出三种核心素养导向的整合实践途径，即学科内渗透式整合，学科间融合式整合、超学科消弭式整合。

另外，伴随着基于核心素养的课程整合进行的还有基于学科核心素养的课堂教学实践。

典型案例：重庆市巴蜀小学基于品德学科核心素养提出品德课堂教学策略，即研制品德课堂"守规则"的核心素养图谱，研制律动课堂评价量规，研究典型课例落实核心素养。上海嘉定外国语学校基于学科核心素养进行了"触点变革"，根据文献资料及教师研讨，梳理出各学科的核心素养，如《品德与社会》课程的核心素养是公民意识、辨识力、社会适应力。打造出了基于学科核心素养的"精彩课堂"，开展了基于学科核心素养的"精彩教研"，探索了基于学科核心素养的"精彩评价"，构建了基于学科核心素养的"精彩课程"。

山东临淄区实验小学基于学科核心素养的校本教材的开发，让课程变得"好吃又有营养"，解决了教师评价方式单一、教学思维"割裂"、学生学科素养不高等现实问题。核心素养作为新课标的来源，是确保课程改革万变不离其宗的"DNA"。各学校基于学科核心素养的课程实践使学校在育人目标上更加注重培养学生的信念和素质，课堂教学更加关注课程的综合化，学生的学习更加注重体验、实践、探索、创新。

（五）实践中存在的问题

在新课改的推动下，我国开始实施《品德与生活》《品德与社会》的课程教学，这是对知性德育割裂生活与德育血肉联系的批判与超越，寻求回归儿童生活经验、社会生活的可行路径。在新课程

◈ 第二章　梳理与反思：历史的回顾 ◈

标准的指引下，各地积极倡导生活化的德育指导思想，在建构个性化的德育模式，建构丰富性的德育内容体系，创建开放性、互动性的道德教育方式，加强师资培训，鼓励教师之间的交流研习等方面取得了可喜的成绩。十年课改，是什么为品德课堂带来巨大变化？深入思考就会发现，并不是因为有了一本课程标准或是某套教材，而是由于有了课程顶层设计的课标、教材乃至课堂教学构成的课程体系中的一线教师的觉悟与变革，只有他们理解掌握了新的德育理论，才能真正迎来品德课程的春天。

纵观十余年来品德课课改的历史可见，生活德育理念始终作为课改的指导思想和价值诉求。生活德育要求"回归真实的生活世界"，按照生活需要组织课程内容，强调"重建德育的生活基础"，突出德育方式合乎生活逻辑。在德育的改革热潮中，不少教育工作者不断扩大德育的生活主题，尽可能地增加德育的生活内容，让学生最大限度地感悟体验生活。但是，德育的效果并未达到预期的设想，既存在着"穿新鞋走老路"的现象，又呈现出德育内容简单化、德育过程形式化和德育价值模糊化等新问题。

1. 德育内容的简单化

为贯彻"以生活为中心"的德育新理念，部分教育工作者积极开发利用带有生活元素的道德教育资源，力图将生活化贯穿于德育全过程。为了增强德育的生活基础，彰显德育与生活的关联，有些教师挖空心思设计德育内容和德育方式的生活味道，比如组织开展"我是小小交通员""体验劳动者的艰辛"等德育活动。形象逼真的道德场景，精心选择的道德冲突，显而易见的德育目标，大家都朝着最"道德"的方向努力，不可避免地打上"游戏"的性质或"娱乐"的烙印。但在实际德育过程中，许多教师由于对课程标准解读不到位，导致他们对新课程的理念和有效教学策略的理解与把握不够准确；有些教师由于缺乏自身的理解和感悟，机械地模仿别人的教学案例，导致课堂的呆板、无趣；有些教师依然按照原来的路子进行品德课程的教学，呈现出一种"穿新鞋走旧路"的状态。

2. 德育过程的形式化

为了加强道德教育与日常生活的联系,"生活化"变成时髦外衣或者说流行时尚,"为了生活化而设置生活情境"的现象更是频频出现。不少德育课堂罔顾基本的教学规范,追求功利化、形式化的生活德育,对道德认知、道德情感和道德人格进行"贴标签"式的教育。但是在新课程改革进行中,当下仍有不少教师在教学实践中偏离了品德课程的育人功能,过于偏重知识,忽略了品德课程的思想性、价值性,为了迎合课程改革,让学生动起来、课堂活起来,许多教师在品德课堂教学中采用各种形式的活动,其中却存在着过于注重活动,为了活动而活动,活动开展得过于多样等问题,这些问题遮蔽了教学内容的思想性和价值性,导致品德课程内涵不足,学生缺乏理性思考;甚至有些学校过分追求活动形式,课程内容脱离了儿童的实际生活,比如我们调研的 A 小学中发现,"'自上而下'的活动安排引发德育主题活动内容与儿童实际生活脱离"①;而且为了活动而活动的方式并没有很好地落实"知识与技能、过程与方法、情感态度与价值观"的三维目标,课堂上的形式主义也随处可见。形式化的德育过程,其教育效果往往是"有活动没体验、有情境无反思、有形式没内容",最后导致道德教育水平的浅层化,教学内容的连贯性和系统性缺失。

3. 德育价值的模糊化

与德育内容的简单化和德育过程的形式化相比,德育价值的模糊化问题更值得关注。生活德育提出的初衷在于克服泛政治化、知识化的德育,强调道德教育的生活基础,让德育教育回归学生的日常生活世界。然而,在生活德育实施的过程中,部分教师打着"生活"的旗号,将任意的教育资源都冠以"生活"名义引入德育课堂变成德育主题。这样,在泛化的生活主题的充斥中,生活的外延也不断扩张和膨胀,道德教育的边界变得模糊,德育的核心主题渐

---

① 程伟、唐汉卫:《小学德育课程改革实践:困境与出路——基于生活德育的视角》,《东亚教育研究》2016 年第 1 期。

行渐远。过于注重活动情景的创设和愉悦氛围的营建，忽略了德育的主旨，遗忘了德育的目标，德育的引领价值被削弱了，德育本身失去了自身的规定性。

长期以来，小学德育存在着实效性差的问题，德育实践中"两张皮"，学生道德认知与道德行为脱节的现象时有发生，这是学校德育突出的困境。针对这一困境，生活德育理念应运而生。随着近十几年的改革的进行，"德育生活化"已经成为教师教学必然的选择，学生培养德性的途径。现如今，生活德育已渗透在日常教育过程中，也深入到学校的教育教学事件中，这对走出传统德育成人化、理想化、泛政治化等"德育的非生活化"困境有着重要作用。

然而，回顾新课改以来的德育实践，品德课程在回归生活上存在一些误区和偏差，造成了生活德育在实践中呈现出简单化、形式化、随意化、庸俗化、实用化等问题。因此，基于对十余年德育实践动态的回顾，我们依然有必要对以下问题进行思考：教育与生活到底是种什么样的关系，德育要回归何种生活世界，回归谁的生活世界，应该采取何种更加有效的方式回归生活世界等。这也是本课题力图解决的问题。

三 品德课新课改的理论基础

自 20 世纪末 21 世纪初以来，我国德育研究中就涌现出了多种理论，它们为新世纪的品德课程改革提供了直接的理论依据，并通过各种形式对新时期的德育实践和改革产生了重要而积极的影响。此处对一些代表性的德育理论或理念进行介绍和回顾，对十个道德教育主要理论进行概括性总结和评析；另一方面，对品德课课改中的重要理论"生活德育理论"十五年来的进展进行全面、系统的回顾和反思。

（一）相关德育理论

在十多年的品德课新课改历程中，虽然不断明确了生活德育理论的道德哲学立场，但德育研究者们基于道德教育的不同立场和视角，提出并坚持着道德教育理论的不同诉求。总体来看，这一时期我国德育理论研究表现出了明显的多元与争鸣的特征。[1] 具体而言，包括下列十种主要的相关道德教育理论。

第一，主体性德育。受杜威的经验论、科尔伯格的道德认知发展理论、路易斯·拉思斯（Louis E. Raths）等的价值澄清理论、马斯洛等的人本主义心理学的影响，传统的道德灌输教育，把活生生的人简单化、机械化和客体化，受到广泛的批判，而强调并重视学生在道德教育过程中的主体地位的"主体性德育"引发广泛的思考。20世纪我国著名的教育家蔡元培、陶行知等人的德育思想中就蕴含着深刻的主体性德育理念。如蔡元培认为道德教育应从受教育者的本体上着想，陶行知认为教育要在学生的生活实践中进行。21世纪，主体性德育正是在对道德灌输的批判中，以及各类"以人为本"的德育思想的影响下形成。主体性德育一方面坚持道德认知的重要地位，另一方面，强调道德教育过程的主动性，认为"道德行为本质上是一种自主、自觉、自愿、自律的行为"[2]。其强调以学生为德育的主体，学生德性的形成是多种道德素质协调发展的结果，学生德性是主体的自主建构。[3] 只有通过主体性道德教育，培养出来的学生才可能具有独立人格，而"无视学生个体主体性的道德教育培养出来的人大多数都表现为缺乏独立性、主动性和创造性"[4]。我国主体性德育的代表性著作有肖川教授的《论教学与交往》（《教育研究》1999年第2期）和《主体性道德人格教育》（北京师范大学出版社2002年版），王如才的《主体体验：创新教育的德育原理》（山东教育出版社2005年版）等。主体性德育强调学生在德育过程中的主体地位，有利于打破传统德育中被动的学生观，使道德教育成为主动的过程；但是主体性德育仍然坚持着

---

[1] 叶飞、檀传宝：《改革开放30年德育理论发展脉络探析》，《教育研究》2009年第1期。

[2] 王如才：《主体体验：创新教育的德育原理》，山东教育出版社2005年版，第80页。

[3] 龚鹰：《对主体性德育理论与实践的思考》，《中国特色社会主义研究》2005年第5期。

[4] 肖川：《主体性道德人格教育》，北京师范大学出版社2002年版，第37页。

◇ 第二章 梳理与反思：历史的回顾 ◇

"主—客"二分的德育观，学生主体的确认，一定程度上弱化了教师在德育中的地位和作用，在师生关系上，与"教师主体"的翻版无异，其还是难以有效处理师生之间的德育关系，正因为这样，而受到其他德育理论的驳斥。

第二，主体间性德育。21世纪，主体间性德育是在对"主—客"二分的主体性道德教育的批判中发展起来，其批判主体性德育"未能走出个性主义的窠臼，把学生看成单子式个体，忽略了'共识'、'主体间性'的本体论意义"[①]。其主要建立在胡塞尔、海德格尔等学者主体间性思想的基础上，胡塞尔的现象学理论中最初提到了"主体间性"一词，他认为主体性就是表示"自我"，主体间性则表示"我们"，每个"自我"都是通过"共观""统觉""移情"等方式来过渡到主体间性的；海德格尔从本体论角度对主体间性进行阐述，他认为每个自我与他我都是共同存在于这个世界中的，每个自我和他我在这个世界上都是存在联系的，每个个体都是某个具体环境中的"此在"，而在这个环境中，每个个体的"此在"与他人形成的"共在"就是主体间性[②]；马丁·布伯认为"我—你"关系才是自我与他人的本质关系，即他人相对于自我来说不再是对象性的存在，而是一种如自我一样存在的主体性存在。主体间性德育认为在学校道德教育中，就不能单纯地将教师或学生作为主体，道德教育所体现的应当是"关系"主体，尤其是师生之间的关系。正如鲁洁教授在道德教育的人学观中指出，"人就其本质而言是一种关系性的存在，在人的诸种关系中最重要的是人与人之间的关系"[③]。主体间性德育就是建立在关系思维中的德育，它强调教师和学生之间的相互作用、相互影响，注重师生间的理解和对话，是主体—主体间的双向建构过程，是动态性、生成性的发展，

---

① 彭未名：《交往德育论》，山西教育出版社2005年版，第43页。
② 颜红：《道德教育从主体性向主体间性的转向研究》，硕士学位论文，长沙理工大学，2013年，第25页。
③ 鲁洁：《关系中的人：当代道德教育的一种人学探寻》，《教育研究》2002年第1期。

以实现教师和学生对人的生存意义和人生价值的领悟。[①] 主体间性德育的代表性著作主要有鲁洁教授的《人对人的理解：道德教育的基础——道德教育当代转型的思考》（《教育研究》2000 年第 7 期）和《关系中的人：当代道德教育的一种人学探寻》（《教育研究》2002 年第 1 期），彭未名教授的《交往德育论》（山西教育出版社 2005 年版）等。主体间性德育发现"关系"在德育过程中的重要意义，在世纪之初引起了较为广泛的关注，但是"关系"本身又有着复杂的境遇，关系既受外部环境因素的制约，也受内部心理、情感等机制的影响，且德育实践中何种"关系"是合理的，如何有效地践行和准确地检测这种"关系"，都为主体间性德育的实践提出了挑战。

第三，情感德育理论。情感德育理论源于情感主义思想，情感主义兴起于 17、18 世纪的英国，休谟是情感主义的先驱，罗素、维特根斯坦等人是 20 世纪情感主义的代表，其关涉的主要是价值与事实、道德与情感的关系问题。罗素认为，"当我们断言这个或那个具有'价值'时，我们是在表达我们各自的感情，而不是在表达一个即使我们个人的情感各不相同但却仍然是可靠的事实"[②]。情感主义认为价值判断源自人的情感，道德上的善或恶取决于其所引起的人的情感上的苦与乐。受情感主义的影响，结合对知性德育的反思与批判，情感德育论指出当代德育实效性低下的一个重要原因就是没有将道德情感的培养作为道德教育的核心目标，道德教育缺乏情感性。[③] 其主张学校德育应以培养学生的道德情感为出发点，通过情感陶冶、情感关怀、情感体验等方式来进行道德教育，促进学生道德品质的生成和发展。我国情感德育论的代表性著作有朱小蔓教授的《情感德育论》（人民教育出版社 2005 年版）与《育德是教育的灵魂，动情是德育的关键》（《教育研究》2000 年第 4 期）

---

① 刘忠孝、孙相娜：《主体间性德育的基本内涵及价值取向》，《思想政治教育研究》2009 年第 6 期。

② [英] 罗素：《宗教与科学》，徐奕春译，商务印书馆 1982 年版，第 123 页。

③ 朱小蔓：《育德是教育的灵魂，动情是德育的关键》，《教育研究》2000 年第 4 期。

等。情感德育论强调学生道德情感的触动和升华,强调学生道德品质的生成和发展,有利于深化道德教育的作用和意义;但是,情感主义认为道德判断只是基于情感的主观判断,不具备客观的事实基础,这就容易导致主观主义倾向,易导致价值上的相对主义,而把情感作为道德教育的核心内容,又容易陷于偏激取向。[1]

第四,制度德育理论。21世纪,制度德育是针对我国社会道德中的各种问题,针对道德教育效率低下等问题而提出的。制度德育研究者认为学校道德教育建设、发展中首先应进行制度改革和制度建设,制度德性比个体德性更具有普遍性,制度建设优先于道德建设,制度的道德才是道德教育改革与发展的关键。因为一方面,社会制度本身要体现公平和正义,从而形成良好的社会道德风气;另一方面,学校德育不能回避对于道德制度本身的德性考察,要不断去完善自身的道德规范和制度体系,通过道德的制度来培养道德的人。[2] 这也正是制度德育的核心理念和主要观点。制度德育的代表性著作包括杜时忠教授的《制度变革与学校德育》(《高等教育研究》2000年第6期)与《制度德性与制度德育》(《教育研究与实验》2002年第1期),刘超良的博士论文《制度德育论》(华中师范大学,2006年),冯永刚的博士论文《制度架构下的道德教育研究》(山东师范大学,2008年)等。近年来,制度德育的研究和实验同样引起了学界的广泛关注和讨论,制度德育中的关键问题是制度与道德的关系问题,而相关论述的理论考察还不够全面,也有待深化;此外,关于制度德育是否能够满足道德教育的需要,毋容置疑的是,制度的完善,更加公平、公正的制度,将为道德教育创造更为良善的制度环境,但是,纯粹地以制度建设谈论道德教育自然又显得不够,如何将制度建设在道德教育中进行恰当的定位,制度以何种方式、在多大程度上发挥作用,是在一个制度变迁成为社会常态的时代,制度德育研究者们时刻都需要面对的问题。

---

[1] 叶飞:《情感主义及其当代德育意义》,《现代教育论丛》2009年第1期。
[2] 杜时忠:《制度德性与制度德育》,《教育研究与实验》2002年第1期。

第五，生命德育理论。生命德育理论是在对传统的漠视人生命的价值和意义的德育价值观的批判中形成，其分析生命与德育的关系，从生命的角度探讨德育的意义。生命德育理论认为"道德教育要帮助人们发现、追求与建构生命意义，其主张与行动就必须回到个体生命本身，回到个体生命本身的特性、所处的生存环境及当下状态，回到个体生命的经验与体验、具体而现实的活动之中，回到他们在现实生活中遭际的事件中来"[①]。只有这样才能使学校德育收获心灵的震撼、生命的感动和情感的回报。对于如何实施生命德育，学者们强调要"在生命意识凸显的今天，道德教育应该以生命哲学为基础，引导学生在生活世界中体验生命，在道德主体间的相互理解中丰富生命，在真实的生命表达中展现生命，从而使道德教育真正成为与生命共生共融的过程"[②]。生命道德教育的代表性著作有刘济良的《生命体验：道德教育的意蕴所在》（《教育研究》2006年第1期），刘慧、朱小蔓的《生命叙事与道德教育资源的开发》（《上海教育科研》2003年第8期）等。生命德育理论的发展同样也存在一定的困境，一方面，强调对生命与德育的关系，将生命的意义扩展到生物学的意义来看，其很难解释人之外的其他生物的生命教育的问题，即其隐含的教育观是道德教育是否同样存在于其他生物种群之中，而与"教育是人类特有的活动"这一共识有着内在的冲突。另一方面，生命德育理论仅看到人的生命性，而忽视了道德的历史性、文化性，忽视了道德与利益的关系，其一定程度上阻碍其与当下的社会有效接轨，将面临巨大的实践挑战。

第六，生态德育理论。在社会经济高速发展的今天，人类对自然环境的破坏越加严重，面对人与自然的不和谐关系，一些德育研究者们意识到，当下的道德教育只是关注人与人之间的社会道德关系，而忽略人与自然的和谐共处、忽视人类与自然间的道德关系，最终导致人类对自然的严重破坏。基于生态伦理学和可持续发展理

---

① 刘慧、朱小蔓：《生命叙事与道德教育资源的开发》，《上海教育科研》2003年第8期。

② 刘济良：《生命体验：道德教育的意蕴所在》，《教育研究》2006年第1期。

◇ 第二章 梳理与反思：历史的回顾 ◇

论的基本观点，一些道德研究者诉诸道德与生态的关系，提出了生态德育理论。生态德育理论是一种生态教育活动，一种新德育观，它是指教育者从人与自然相互依存、和睦相处和互惠共生的生态观出发，启发、引导受教育者为了人类的长远利益和更好地享用自然、享用生活，自觉养成关心爱护自然环境和生态系统的生态保护意识、思想觉悟和相应的道德文明行为习惯；生态德育理论旨在在受教育者思想上树立一种崭新的人生观、自然观，合理调节人与自然的关系，有意识地调控人对自然的盲目行为。① 生态德育理论尤其强调"体验"在道德教育中的重要作用，其主张通过重视和加强环境教育、人际关爱教育、宗教反思与批判教育、生态道德体验教育的内容或方式，以养成受教育者的生态智慧、生态意识和生态能力。生态德育理论的代表性著作有刘惊铎等人的《生态德育的理论架构》（《中国地质大学学报》（社会科学版）2003年第2期）、《体验：道德教育的本体》（《教育研究》2003年第2期）与《生态体验：道德教育的新模式》（《教育研究》2006年第11期）等。生态德育理论的研究很大程度上都仍只是在进行理论的诉求，在经济高速发展的今天，经济增长为核心利益的社会发展取向下，如何破解经济增长与生态破坏之间的扭曲关系，其并非只是道德层面上的问题，事实上，生态德育观的深入人心，很大程度上受社会经济、科技、利益等因素的掣肘，也正是因为这样，生态德育的付诸实践还将面临更大的挑战。

第七，德育美学观。改革开放以来，随着市场经济的繁荣和发展，功利主义倾向成为社会的关键问题，研究者批评道，"世俗意义上的（粗俗的）功利主义是中国德育以至整个教育的最突出的毛病之一"②，为了实现对功利主义的超越，一些研究者发现美学天然的超越性和非功利性的特质，其将有效应对功利主义的弊病，于

---

① 刘惊铎、权利霞：《生态德育的理论架构》，《中国地质大学学报》（社会科学版）2003年第2期。
② 檀传宝：《美学是未来的教育学——兼论现代教育的审美救赎》，《中国教育科学》2015年第1期。

是将德育与美学相结合,德育美学观随之诞生。德育美学观尤其关注德育理论的精神营养,而非纯粹的工具价值,"德育现实不仅呼唤德育理论提供新式武器,而且呼唤德育理论提供精神营养"①。它是要通过借鉴审美精神,使德育中的师生关系、教学、活动等更具有审美化、可欣赏化,具体而言,就是将德育与审美相结合,通过德育形式的美、德育内容的美、德育过程的美等来促使整个德育过程成为一个充满美感的过程,使德育成为可欣赏、可体验的美的享受。德育美学观的代表性著作有檀传宝教授的《德育美学观》(山西教育出版社2001年版)与《美学是未来的教育学——兼论现代教育的审美救赎》(《中国教育科学》2015年第1期)。德育美学观追求德育中美的感受,使德育成为丰富与提升个人审美体验、精神修养的过程,其对于克服功利主义价值取向,养成对美的不断追求的习惯和能力,提升人的精神品味具有重要的意义。然而,建立在美学基础上的德育美学观,显然偏向于德育的美学意义,隐含着对德育的淡漠。将德育与美学相结合,如何区分美学与德育二者间的重要性问题,如何在现实中明确和践行非功利性的美的实质或者说如何避免现实中的美不是新一轮的功利主义的追求,以及如何避免由于对美的过分追求而消解了德育的自身意义等问题,是德育美学观需要进一步回答的。

　　第八,德育文化论。德育文化论认为道德教育关键问题在于道德教育的泛政治化倾向,德育泛政治化倾向强调价值标准和认同的绝对化、一元化。德育的泛政治化,显然不符合多元化特征的现代社会,为了克服这一弊病,研究者们诉诸文化因素,因为人是需要文化的,人之所以需要文化并不在于文化能够"装点"人,能够标明人的存在,而在于文化能够"化人",能够使人"人化",最终使人的本性得以彰显。因而,在社会问题的应对中更加不能忽视文化的地位和作用,应持多元文化的态度、尊重文化的差异性、多样性,在德育与文化相互关系的分析中,强调文化思维和文化走向的

---

① 檀传宝:《德育美学观》,山西教育出版社2001年版,第35页。

◈ 第二章 梳理与反思：历史的回顾 ◈

德育文化论被提出。德育文化论主要是将德育置于整体的文化背景之下来进行分析探索，因为"德育是文化的表现形式，是文化中的一个重要组成部分，它具有文化的形态"①。德育文化论认为德育具有文化的属性，其表现为文化身份和文化职责②。具体而言，一方面，德育是文化的构成、文化的内核与文化的灵魂；另一方面，德育还应当起到文化认同、文化整合、文化提升与文化引领的作用。德育文化论的代表性著作有王仕民的《德育文化论》（中山大学出版社2007年版）与郭凤志的博士学位论文《德育文化论》（东北师范大学，2005年）等。德育文化论在一定程度上拓宽了人们的德育观，对于揭示德育的文化意蕴、彰显德育的文化价值有着重要的意义，德育与文化的融合，不仅有利于发扬特色文化，还将有利于特色德育的创建。德育文化论的关键问题是，德育与文化相结合的实践还相差很远，其既有客观的能力原因，也受主观的意愿影响，因而，较长一段时间里，德育文化论都在面临实践的彻底性问题。

第九，公民教育理论。随着我国政治体制改革、市场经济的发展，以及现代化进程的不断深化，在思想意识层面启迪国民现代化精神和意识的公民教育被引入，并在21世纪得到较大程度的建构和发展。公民教育更是国家民主化进程中，市民社会的发展以及国家与市民社会对个体作为社会成员的资质要求，其内容包括崇尚民主、自由、法治，了解社会政治结构及民主运作程序，积极参与社会公共事务，有公德心，宽容、协商、谦让、诚信，尊重差异，理性的权利、义务、责任观，国家认同与国际视野，等等；其核心是公民意识的培养，即公民对自己在国家政治和法律生活中的地位的认识，在情感上对于所属的国家和特定社群的认同，在认知上对其自身公民角色的了解，知道自己所承担的责任及享有的权利。③ 简而言之，公民教育的目的、方式，便是造就公民的教育，对公民的

---

① 王仕民：《德育文化论》，中山大学出版社2007年版，第48页。
② 龙宝新：《论德育的文化属性》，《当代教育科学》2009年第5期。
③ 万明刚：《论公民教育》，《教育研究》2003年第9期。

教育，通过公民（生活）的教育。21世纪，由于学者们对于公民教育理论的普遍关注和广泛认可，公民教育的著作繁多，如万明刚的《论公民教育》（《教育研究》2003年第9期）、王啸的《全球化时代的中国公民教育》（福建教育出版社2006年版）、赵晖的《社会转型与公民教育》（人民教育出版社2007年版）、檀传宝的《公民教育引论——国际经验、历史变迁与中国公民教育的选择》（人民出版社2011年版）等。21世纪，公民教育理论对于学校道德教育的决策、理论和实践都产生了重要的影响，品德课新课改的政策文件中也多处提到对于社会主义现代化公民的培育，倡议学生养成公民身份意识、公民行为的习惯，在多数学者看来，公民教育已成为不可阻挡的世界潮流，未来如何更好地深化公民教育理论、实践体系，广泛推进公民教育将是我国学校道德教育迫切需要面对和解决的问题。

第十，生活德育理论。早在20世纪20年代杜威就警告，专门化的教育（也即是学校教育）内在地隐含着脱离生活的可能。[①] 在我国，陶行知先生曾发起了一场声势浩大的生活教育运动，他认为，中国的传统教育是严重脱离社会生活的"死"的教育，"先生是教死书，死教书，教书死；学生是读死书，死读书，读书死"[②]，学生被关在学校这个狭小的空间里，"就好像把一只活泼的小鸟从天空里捉来关在笼里一样"[③]。在道德教育领域，知性德育弥漫着对科学化、理想化、成人化及泛政治化的追求，道德教育的科学化、理想化、成人化及泛政治化倾向都犯了同样的错误，即无视道德教育和现实生活间的本然联系，无视生活本身的完整性、丰富性和现实性，在对道德教育做出独立思考的同时又偏于一隅，从而将道德教育异化为另一种存在。生活德育理论正是在批判传统的知性德育的基础上建构起来的。生活德育理论认为，知性德育导致了德

---

① 鲁洁：《回归生活——"品德与生活""品德与社会"课程与教材探寻》，《课程·教材·教法》2003年第9期。
② 董宝良主编：《陶行知教育论著选》，人民教育出版社1991年版，第395页。
③ 陶行知：《陶行知教育文选》，教育科学出版社1981年版，第111页。

育与生活的割裂，它"在追求自主性的过程中，割裂了人性、德性，割裂了德育与生活的联系，因而体现出割裂的特征"①。这种割裂根本上消解了学校道德的现实生活意义。于是，以鲁洁教授为代表的一批学者提出了生活德育理论，试图使道德教育重新回归生活世界。生活道德教育是使道德教育源于生活、寓于生活，并为了生活。具体而言，就是要让学生在热爱生活、了解生活、亲自去生活的过程中培养德性，学会过一种道德的生活，而不是在现实生活之外的另外一个世界里去培养一个人的道德。生活德育理论的代表性著作包括鲁洁教授的《生活·道德·道德教育》（《教育研究》2006年第10期）和《道德教育的根本作为：引导生活的建构》（《教育研究》2010年第6期）、高德胜教授的《生活德育论》（人民出版社2005年版）、唐汉卫教授的《生活道德教育论》（教育科学出版社2005年版）等。生活德育"是一种新的德育模式，是对以往和现行的以分裂、知性和技术化管理为特征的德育范式的转换与超越"②。正如学者所言，生活德育理论的此种超越，确实让人们看到了变革的曙光。21世纪，生活德育理论不仅影响了德育理论界，同时也深刻地影响了学校德育的实践，影响了德育新课程标准的制定，2002年，国家新颁布的小学品德课程标准，即体现了面向生活的基本理念。近年，学者们围绕生活德育理论的反思与重构，围绕生活德育的历史文化意蕴、生活德育的理论困惑和实践困惑等问题的思考，不仅为生活德育提出了新的思考，也开启了生活德育的深化发展之路。

纵观这十种道德教育理论，可以发现，新课改以来，我国德育理论研究是具有较高理论品性和较大现实意义的，德育理论发展的前景是繁荣的。这一时期不仅兴起了较多的德育思潮和流派，更出现了一批批具有一定水平和研究情怀的年轻学者，其都将是未来我国德育发展的宝贵财富。当然，在繁多的德育理论和流派面前，也

---

① 高德胜：《知性德育及其超越》，教育科学出版社2003年版，第103页。
② 高德胜：《生活德育论》，人民教育出版社2005年版，第89页。

会让我们感到一丝丝的隐忧。一方面，各种德育理论间不免存在一定的联系或矛盾，在错综复杂的德育理论关系面前，研究者们能否够抓住理论的要旨，是陷于各种争端变得更加困惑，还是超越于争端之上，取长补短、走向成熟，既是眼下也是未来都不得不面对的问题。另一方面，道德教育的结果终将回归人们的生活实践当中，如何将各种德育理论转化为实在的生活效果，不仅需要学者们的实践智慧，还需要有更为坚定、更为卓著的研究执念。

于是，基于对道德教育回归生活的审视和期待，接下来将对新课改十余年来生活德育理论的发展和演变进行系统的回顾和思考。

（二）生活德育理论：回顾与反思

品德课新课改自 2001 年实施以来，已经历了十五余年的改革历程，其中品德课新课改的重要理论基础——"生活德育理论"得到了较多的关注和较大的发展。改革十五年算是时间上的一个节点，也有必要对这一时期的研究进行系统的梳理和总结。通过对十五年生活德育研究成果进行梳理，结合生活德育研究中理论探微、现实拷问、实践探究、学理论争及困境省思五个方面及五对具体议题的梳理与分析，发现其还存在历史脉络模糊与"生活"概念的泛化，实践层面的形式主义困境，发展限度的偏颇把握及应对策略的缺失，实证研究和综合性研究缺乏等问题。深化生活德育理论关键学理问题及生活德育实践模式的研究，准确把握和超越生活德育理论的发展限度，尝试更多的实证研究和综合性研究，应是生活德育理论研究的未来走向。

1. 生活德育理论研究回顾

品德课新课改形势下，一些德育研究者求助于生活德育理论，引发了德育研究的众多反响，也产生了众多生活德育的研究成果。基于对相关成果的系统梳理和分析，尝试从理论探微、现实拷问、实践探究、学理论争及困境省思五个方面，结合生活德育理论的思想溯源与概念研究、对德育脱离生活的批判与生活德育理论的合理性研究、生活德育实践的原则与模式构建、生活德育理论的批判与辩护研究、生活德育理论的发展限度与未来选择五对议题，对十五年生活德育理论研究进行回顾和反思。

（1）理论探微：生活德育理论的思想溯源与概念研究

关于生活德育理论的缘起，大部分研究者将其追溯到胡塞尔在《欧洲科学危机和超验现象学》中所提出的"生活世界"的概念，人们基于对"生活世界"的关注，进而强调德育对生活世界的观照，提出生活德育理论；也有一些研究者从古今中外某个历史时期或某位教育家那里探索生活德育理论的思想源头。如唐汉卫通过探微古希腊德育思想，发现立足于生活、从生活的视角来思考道德和人生问题是古希腊伦理学的一个根本特征，几乎所有思想家都把道德和生活联系起来。姚俊立足于杜威的教育思想，依据杜威的实用主义哲学理念，强调德育不应仅仅停留在知识层面，更重要的是将知识运用到生活中，德育回归生活是首要任务。陈善卿强调虽然陶行知生前只对"什么是生活"作了解释，没有明确提出"什么是生活德育"，但却有着丰富的生活德育思想，而且其生活德育理论自成体系。此外，班建武认为从适应性与超越性两个向度来看，蔡元培的德育思想所指向的德育内容不仅包含现实生活也包含精神生活，也体现出生活德育的理念。

如何界定"生活德育理论"？研究者们主要围绕德育与生活的关系来论述，大体可概括为三种类型。一是强调生活对德育的作用以及道德与生活的一体化关系，这也是生活德育理论的一般性观点。高德胜将生活德育理论定义为：通过道德的生活来学习道德，或者说真实有效的德育必须从生活出发、在生活中进行并回到生活，且道德同生活一体，生活是道德生长的土壤，没有生活的道德，将是一种不可实施的"无土栽培"。[1] 唐汉卫认为生活道德教育就是要让学生学会过一种道德的生活，而不是在现实生活之外的另一个世界里去培养一个人的道德。基于此，他还特别强调对于谁之生活、何种生活之清晰认识的重要性。[2] 二是强调德育对人的生

---

[1] 高德胜：《生活德育简论》，《教育研究与实验》2002年第3期。
[2] 唐汉卫：《对生活道德教育的几点追问》，《全球教育展望》2004年第8期。

活的作用。冯建军基于马克思主义"实践人"的观点,指出实践人是道德生成的内在根基,生活德育就是要引导人自觉地批判日常生活,创造道德生活,过一种真正的人的生活。[1] 三是既强调生活对德育的作用,又强调德育对生活的意义。檀传宝等人基于对生活的"实然"与"应然"的双向度划分,指出生活德育是对实然生活与应然生活的双向回归:回归实然生活是实现德育与社会现实的视域融合,发挥生活的德育作用;回归应然生活是培养学生道德成长的主动性和创造性,使之能够主动扬弃现实生活,使应然生活不断展现与生成。[2]

(2) 现实拷问:对德育脱离生活的批判与生活德育理论的合理性研究

生活德育理论的提出,一定程度上是基于研究者对德育脱离生活的批判与反思。研究者们从多个层面对德育脱离生活进行了批判。第一,对于脱离生活的德育理念的批判。如唐汉卫对传统道德教育的思想基础进行分析,指出道德教育科学化、理想化、成人化与泛政治化的追求,违背了道德教育的本质,脱离生活,并造成道德教育种种问题的衍生,具有显著的不合理性。第二,对于脱离生活的德育形态的批判。如高德胜指出现行德育使道德变成了与儿童天性、生活需要几近毫无联系的知识体系和"操作系统"。刘志山等批判脱离生活的道德教育的目标的政治化与理想化、内容的知识化与教条化、方式的单一化与格式化。第三,对于脱离生活的德育教师的批判。朱华认为疏离了生活的道德教育,造成了教师的自我封闭,使教师角色变成道德教育的执行者、灌输者与权威者,使道德教育成为封闭的、缺乏体验与生命感受的教育。第四,对于脱离生活的德育结果的批判。冯光指出传统德育作为一种"霸道"的存在,破坏了师生的和谐关系,形成了师生间的矛盾对立,严重削弱了教师的德育引导与学生的主体作用,学生难以在德育中获得情感

---

[1] 冯建军:《实践人:生活德育的人性之基》,《高等教育研究》2010年第4期。
[2] 檀传宝、班建武:《实然与应然:德育回归生活世界的两个向度》,《教育研究与实验》2007年第2期。

◈ 第二章　梳理与反思：历史的回顾 ◈

体验与实效，其结果更是不幸的。唐本钰等认为，我国传统道德教育基于理想主义的"大德育"思想，使道德教育成为"德治"的附庸，进而陷入"缺德"的境地。

生活德育理论的提出，一定程度上也是基于研究者们对其合理性的追问。学者们主要从以下五个方面论述生活德育理论的合理性。第一，立足于生活与道德教育的内在联系。一方面，德育的本质是其寓于生活并引领生活；另一方面，人的发展与社会化离不开德育功能。[①] 唐汉卫认为从根本上而言道德与生活之间是一种本体性联系，生活处于本体性与基础性的地位上。第二，立足于生活德育与道德教育的关系。赵琼等认为道德的价值被生活德育寻回了，因为生活德育使德育由理论化为现实，由独白变为对话，使学习者的客体观念变为主体意识，保证了德育真正促进人的发展与完善。第三，立足于生活德育的实质。孙彩平在"学生活"与"学知识"的比较中指出生活德育将从整体上使学生达到一种更为完善的自我治理水平。[②] 德育回归生活符合时代发展、学生自我发展及世界教育潮流，是德育的魂魄。生活德育是一种人性化的、开放的，具有德育本真意义的德育理念。第四，立足于一般学理。谭金蓉从知识的境域性出发，指出知识的境域性强调要将其回归到生存依赖的地方，即回到社会生活中去，生活不仅衍生道德也是德育必须要回归的地方。赵阿华基于马克思主义思想，指出马克思主义道德观不是立足于想象，而是基于社会活动中人的现实生活来揭示道德的缘起与发展，根植于人类生活的道德才是根本的、具有说服力的、可接受的。第五，立足于一些学科。唐汉卫分别从道德哲学、道德发展心理学及道德教育学的角度阐释了生活德育理论的合理性。[③] 唐小俊从空间社会学的角度

---

① 刘超良：《生活德育探问》，《教育理论与实践》2003 年第 12 期。

② 孙彩平：《知识·道德·生活——道德教育的知识论基础》，《教育研究与实验》2012 年第 3 期。

③ 唐汉卫：《生活：道德教育的根本途径》，《华中师范大学学报》（人文社会科学版）2005 年第 6 期。

论述了生活德育理论的合理性与可行性。①

（3）实践探究：生活德育实践的原则与模式构建

践行生活德育，应当思考和遵循一定的原则。鲁洁教授指出生活德育需要秉持创造性。唐汉卫认为生活德育应遵循主体性、方向性、开放性及整体性的原则。粟高燕认为生活德育要遵循幸福性、超越性、人文思维及体验性的原则。赵阿华认为生活德育应该坚持主体、关怀、主导、层次及情境原则。张忠华等认为生活德育是基于实践性原则下的德育理论。符正平立足于德育实践，提出生活德育需要坚持以内容联系生活、方法贴近生活、途径通向生活、主体走进生活的原则。

生活德育模式是实施生活德育的重要前提，研究者们主要立足于不同的侧重点来谈论生活德育模式的建构。一是基于对学校德育与生活关系的关注。赵阿华认为可以通过进入生活世界、激发需求、营造情境、追求生活及建构评价的方式构建生活德育模式。二是基于对学校德育主体性的关注。庄永敏认为要以学生主体意识的唤起、主体地位的尊重、主体能力的发展及主体道德人格的塑造为核心工作，来建构生活德育模式。三是基于对学校德育模式转换的关注。高德胜认为生活德育模式的建构，需要建立在对现有德育模式中德育目的、德育内容、德育过程、德育思维及德育主体实施转换的基础之上。四是基于对德育实施途径的关注。黄富峰认为适宜、优越的道德语言是有效的德育方式，回归生活的德育模式应建构具有丰富道德话语及活泼生动的言说形式。粟高燕提出可以通过课堂生活、生活指导、实践活动与环境建设的途径建构生活德育模式。五是基于对德育载体的关注。覃平等认为在生活德育模式的建构中应该以"优秀民俗文化"的激活为切入点，蔡耀得认为应该以国学经典的恰当选取，建构主体化、传承、学习与整合的德育模式。刘大卫等认为应该发挥校园文化的德育作用。

---

① 唐小俊：《空间社会学：透视学校"生活德育"的新视角》，《教育学术月刊》2009年第12期。

(4) 学理论争：生活德育理论的批判与辩护研究

同其他德育理论一样，生活德育理论也很难为全部德育研究者所推崇，也有学者对其提出了批判甚至否定的观点，对此，持生活德育理论的学者们也努力为之辩护，双方曾有过激烈的争辩。

学者们对生活德育理论的批判主要表现为两种态度。一是对生活德育实际功用的怀疑与批判。董伟武认为生活德育理论存在着应用的局限，包括德育目标、手段及对象的三重局限；张忠华等指出生活德育并非万能，知性德育也必不可少，完整的道德教育应该将二者结合。二是对生活德育理论的否定性批判。2009年，冯文全从哲学、教育学和德育社会学等学科视角，认为"生活德育理论"不仅犯了形而上学的错误，而且经不起教育历史与现实的检验及理论的拷问。[①] 2011年，冯文全再文批判"生活德育论"无视学校德育的自觉性，夸大生活德育的功能，将学生德育形成规律与学校德育规律混为一谈，甚至混淆了德育学科的概念。此外，张建桥从生活德育的价值取向、内容、方法等层面，指出生活德育不仅不是解决德育脱离生活的可行之道，反而造成了误导的结果。

针对各种批判的声音，持生活德育观的学者们也相继作出了回应。2010年高德胜针对冯文全从学科角度对"生活德育理论"的批判，同样从学科的角度，包括哲学、教育学、德育学及社会学的视角对"生活德育论"的合理性进行辩护。[②] 同年，胡金木结合"教育与生活""道德与生活"的双重关系为生活德育理论辩护。此外，董美英等人结合中国传统德育中生活德育路径的价值和意义，指出德育回归生活的可取性。

(5) 困境省思：生活德育理论的发展限度与未来选择

一定程度上而言，任何理论都不可能达到绝对完善，生活德育理论也不例外，尤其是在理论发展初期，其不仅有着自身的多种不足，还面临着各种现实困境。对此，学者们不仅做了系统的梳理，

---

① 冯文全：《关于"生活德育"的反思与重构》，《教育研究》2009年第11期。
② 高德胜：《为生活德育论辩护——与冯文全教授商榷》，《教育研究》2010年第9期。

也为生活德育的未来选择提出了意见。

就生活德育的发展限度而言，主要受外部困境与内部局限的双重制约。关于生活德育理论发展困境的探讨主要体现在以下三个方面。一是对"生活"把握不准确的困境。檀传宝曾强调，对"生活"的全面把握及回归是困难的，我们不仅要理性判断，更要不懈努力。二是德育"回归生活"的实践困境。刘志山、胡跃娜等从理想与现实的关系出发，认为在德育回归生活的实践过程中，"理想"与"现实"情境之间的差距，会阻碍生活回归的效果；邵广侠从生活德育的实施出发，认为在生活德育实施中存在着"新瓶装旧酒""内容偏离目标"及"回归生活简单化"的问题。三是传统德育中的已有障碍。如学者从传统德育中存在的问题出发，谈到传统德育中包括内容上缺乏主体道德基础，方法上缺乏主体体验等问题，都是生活德育要予以突破的。[1] 就生活德育的内部局限而言，有学者指出生活德育隐含着在本质上消解德育、使德育超越性丧失，在方式上贬低了知识德育的价值，在心理上不适应高阶段道德心理发展水平等问题。[2] 也有学者指出生活德育论存在着未能建立生活与德育的双向本质联系，生活逻辑的内涵不清晰，社会批判性不足等问题。[3]

就生活德育的未来选择而言，学者们的意见大致也可以概括为三个方面。一是生活德育发展理念的选择。唐汉卫认为生活德育的未来在于文化自觉与社会重建。[4] 易连云等认为以学生的"生命"为本是生活德育的价值选择。[5] 二是生活德育的课程选择。鲁洁先生曾指出生活德育课程尤其要回到儿童的生活中去，成为可以改变、改善生活的"因子"。德育课堂所指向的世界不只是事实世

---

[1] 李戬：《学校道德教育的窘境与突围》，《中国教育学刊》2010 年第 4 期。
[2] 杨金华：《生活德育论的理论隐忧与现实困境——对近年来"生活德育热"的冷思考》，《高等教育研究》2015 年第 8 期。
[3] 杜时忠：《生活德育论的贡献与局限》，《教育研究与实验》2012 年第 3 期。
[4] 唐汉卫：《生活道德教育的回归与重建》，《教育发展研究》2013 年第 20 期。
[5] 易连云、李琰：《试析德育回归生活的价值选择》，《中国教育学刊》2013 年第 5 期。

界，更重要的是进入意义世界。① 也有学者认为生活德育课程的未来选择应是努力追求课程的教学品质与研究品质，深化课程资源的建设。② 三是回归生活的"生活"选择。高德胜指出应突破学校德育的非生活化，将生活德育精神化在道德教育的全部维度与过程中。陈文海认为在实然生活与应然生活之间，应该有个或然的向度，其指向人们的可能生活。

2. 生活德育理论研究反思

前文五个方面、五对具体议题的梳理与分析足以说明，品德课新课改十五年来，生活德育理论的研究已取得了较大的成就，无论是研究覆盖的范围、研究的数量，还是研究的程度，都有值得肯定的地方。但是就理论的深化、完善及实施而言，仍然存在着不足，生活德育的未来研究需要在这些方面实现更大的突破。

（1）研究不足

系统观照和思考生活德育的既有研究，可以发现，研究中还存在着历史脉络模糊与"生活"概念的泛化，实践层面的形式主义困境，发展限度的偏颇把握及应对策略的缺失，实证研究和综合性研究缺乏等方面的问题。

第一，历史脉络模糊与"生活"概念的泛化。

就生活德育理论的历史起源和发展、生活德育理论的相关概念而言，仍存在一些有待进一步澄清的问题。研究者们不乏追问生活德育理论的思想源头，但由于大都只是就某个时期或某一人物的德育思想寻觅生活德育思想的历史痕迹，结果也只是在找寻"生活德育理论"的踪影，而不能理清或建构生活德育的历史脉络，相关研究就不免会显得零碎、不系统。如研究者们从胡塞尔的思想、杜威的思想，或者是古希腊的德育思想中为"生活德育理论"寻根，这些研究并未理清"生活德育理论"思想的缘起、形成、博弈及发展

---

① 鲁洁：《行走在意义世界中——小学德育课堂巡视》，《课程·教材·教法》2006年第10期。
② 陈光全、杜时忠：《德育课程改革十年：反思与前瞻》，《课程·教材·教法》2012年第5期。

全过程等系统问题,未能建构清晰、连续的理论成长的脉络史。然而,对于任何理论,明晰其思想源头、理清其历史脉络及问题是推进其发展与完善的必要前提,其如同为一栋建筑奠基,试问地基没打好,怎能建成大厦?此外,"生活德育理论"相关概念仍需进一步明晰。应当说"生活"与"生活德育理论"属于两个尤为核心的概念,且明晰"生活"又是界定"生活德育理论"的基础,而研究者们对于"何为'生活'"仍有争论。不能就"生活"的内涵与外延达成一致,也就难以在"生活德育理论"上达成共识。也不乏有研究者在尚未澄清"生活"的内涵与外延之前,就泛泛地为"生活德育理论"立论。就概念界定的基本现状来看,存在着两种倾向。一种是形式主义的倾向。即从字面意思出发,认为生活德育便是联系生活,有"生活"的德育便是生活德育,趋向于泛化的理解,对于究竟什么是生活却不能很好地澄清。另一种是完美主义的倾向。认为生活德育无限美好,其应该囊括德育所需的一切条件,生活无所不是、无所不为,甚至出现"生活德育是个筐,什么都能往里装"的尴尬局面。

第二,实践层面的形式主义困境。

从十多年的生活德育研究来看,涉及内容较多的当数生活德育的模式建构,然而最流于空谈的却也是这一部分,可以说,生活德育实践模式的可操作性与系统性问题仍然存在。不可否认的是研究者们为了切实落实生活德育,一直都在探索生活德育的有效实践模式,但是收效并不显著,一些研究者所谈论的生活德育模式要么不够具体,难以进行实践的转化,要么不够全面,难以形成系统、完整的实践体系,使得学校实践最终难以挣脱形式主义。一方面,一种操作模式能否实施,需要有清晰的操作策略的建构,然而,研究者们在探讨实践模式时,大都就模式本身来谈模式,如大都在谈论模式的要素,模式的外壳、结构等宏观问题,少有深入到模式的内部,不能明确到模式的具体实施。另一方面,还有一些研究者仅从某一层面或某一部分来谈生活德育模式,如从主体、方式或内容等单方面来谈论,其建构的生活德育模式又不免显得系统性不够。生活德育不是只关注主体、只关注方式或只关注内容的德育模式，其涵盖多个德育项目，且各项目之间有着密切的关联，生活德育的提出不是为了使德育的某个或某些项目回归生活，回归生活是核心理念，它要求所有德育项目都要与"回归生活"这一理念相融合，倘若只是从某方面或某个德育项目来谈论生活德育模式，那么所建构的"生活德育"，同主观割裂人类生活完整性的传统德育之间又有什么区别呢？

第三，发展限度的偏颇把握及应对策略的缺失。

研究者们对生活德育理论的发展局限与实施困境做了一定的分析，其不仅有助于深化生活德育的认识，也具有防微杜渐的重要意义。但若是不能准确地把握其局限与困境，则往往又会忽略很多问题。事实上，现有研究却少有能对生活德育理论的发展局限与困境做深入、细致的估量，尤其是在实施困境的把握方面，多数研究者都偏重于对一些抽象问题或显而易见的问题做反复的说明，比如概念认识不足的问题、"回归生活"不彻底的问题、传统德育冲击的问题等，而很少去关注生活德育实践中的问题，如社会、学校、家庭、教师及学生的角色问题，他们之间的关系问题，特殊群体学生可能会面临的问题、德育课堂的问题、德育活动的问题等少有被提及，但是就生活德育的有效实施而言，倘若不能把这些基本实践问题很好地理清，在具体实践中也必然会问题百出。此外，研究者们进行发展限度分析的同时，却少有提出针对性的应对策略，要么将其归结为生活德育发展的必然限度，在困境面前无计可施；要么仅做一些粗浅的略论，并且相关问题的后续研究也不能很好地跟进。

第四，实证研究和综合性研究缺乏。

通过前面的梳理与比较可以发现，生活德育理论的研究大都以理论研究为主，研究者们更多地集中在生活德育的内涵、原则、实施途径等基本问题上，以理论框架等基础性研究为主。理论研究的必要性是毋庸置疑的，理论研究也是理论成长的必由之路，然而就理论的发展、完善以及与现实的适应性而言，需要有更多的实证研究及理论与实践相结合的综合性研究。研究成果中不乏关于生活德育的学理论证，但是大量的理论阐释，又不乏从理论出发就理论而谈论理论的现象，面对诸多的实践困惑，却倾向于做观念层面的猜想或预设，而要说基于某某地区、某某学校或者是某某课堂的实证研究，则尤为少见，更不用说理论与实践相结合的研究。一定程度上而言，生活德育理论已处在发展的瓶颈期，有着诸多理论与实践的难题需要应对，现实中我们不仅需要关注理论的完善和与时俱进，还要关注理论的实践价值、实践限度，关注理论与实践之间的适应性问题。因而，今后需要有更多的实证研究、更多的理论与实践相结合的综合性研究。

（2）研究前瞻

对生活德育理论研究不足的分析，一定程度上为生活德育的未来走向提供了参考，具体而言，未来生活德育的研究，还需针对下列几个方面做更加全面和深入的探索。

第一，深化生活德育理论关键学理问题的研究。

生活德育理论在一些关键性的学理问题上，还有待进一步的探究。一方面，需进一步理清生活德育理论的历史脉络。具体而言，就是要说清楚生活德育理论究竟从何而来、经历了何种演变、发挥了哪些作用等问题。因为，只有弄清楚生活德育理论的缘起、形成、演变、博弈等基本问题，才能从历史中更加全面、深刻地理解和把握这一理论。其不仅有利于我们去考究该理论的生命力，辨识其与生俱来的优势或缺陷，还有利于我们预想并规划其未来的发展，可为今后的研究奠定坚实的基础。另一方面，需对生活德育理论中的关键概念，尤其是"生活""生活德育理论"的内涵和外延做进一步的澄清，寻求学界的一般共识。相关概念的澄清将会是一个清思的过程，在此过程中不免会有争辩和割舍，但为了达成一般问题的理论共识，为了尽可能地消除对理论的误解，避免不必要的学术争执，也为了推动理论的完善、成熟及推广，有必要就理论本身说得更清楚。

第二，深化生活德育实践模式的研究。

◇ 第二章 梳理与反思：历史的回顾 ◇

生活德育理论的诸多设想最终还得回归实践，但现实中实践模式的短缺和不足却极大地影响着生活德育的实践效果。而在实践中，如何立足于从生活中来、通过生活、回归生活的基本原则，将"人""德育""生活"有机融合，还需要深化生活德育实践模式的探究。一方面，探究系统化的生活德育实践模式。生活德育的实践既不应当是零碎的，也不应当是混乱的，而应依照理论自身的逻辑，结合人的道德成长规律，在由近及远、由浅入深、由低级到高级的系统化实践中逐步实现。概括而言，生活德育的实践不是一次两次的零敲碎打，也不是对传统德育的小修小补，其必然要自成体系。另一方面，还要进行生活德育实践模式的具体化探究，使生活德育的每一个环节、每一项活动都有明确、具体的指引。如果说"系统化"对应的是生活德育实践的宏观问题，那么"具体化"则对应着具体问题。因为，具体化指向实践操作本身，它是要在理想与现实之间寻求一条通道，将生活德育理论完完全全地付诸实践。

第三，准确把握和超越生活德育理论的发展限度。

毋容置疑的是，任何理论在其所处的任何阶段都会或多或少地存在发展的局限，而多数理论也都要不断地在否定之否定的过程中实现质的飞跃。生活德育理论在自我演进的过程中遭遇过很多困境，这些困境既缘于自身不完备的理论和实践体系，也缘于来自外部其他诸多理论的挑战和冲击；既有来自当前实践中显而易见的问题，也有来自未来预想中潜在发生的问题。因而，我们不仅要密切关注生活德育理论既存的问题，还要全面准确把握其可能存在的问题。具体而言，要准确把握生活德育理论体系本身的缺陷和付诸实践的艰难，认清其发展的实然限度，还要围绕社会变迁的基本规律合理预测生活德育可能面临的问题，辨识其发展的应然限度。除此之外，还要针对这些问题，依照德育规律、人的道德发展规律，结合社会文化、历史等深层因素，分析其缘由，并结合实践探究，提供切实的超越策略。

第四，尝试更多的实证研究和综合性研究。

围绕生活德育理论的研究不能仅限于理论研究，还应借助更多其他的研究方法丰富和补充研究成果。一方面，需要尝试更多的实证研究。如观察、实验、个案研究等研究方法的运用，不仅有利于检视该理论在实践中的成效，或许还会帮助收获更多意想不到的成果。另一方面，还需要尝试更多的综合性研究。如理论与实践相结合、历史梳理与现实分析相结合、国外借鉴与国内分析相结合等研究方法或视角的运用，将极大推进丰富和完善生活德育理论。一定程度上而言，生活德育理论需沿革理论成长的一般历程，要经历由实践到感性经验、到理性，再由理性回归实践的循环往复，而在这一过程中，不仅需要理论推演，还需要更多的实证和多视角融合的综合性研究。

概而言之，生活德育理论中不仅存在一些基本问题需要进一步言明，还有很多深层次的问题有必要继续挖掘和追问。当然，这些问题也不可能是一时半会儿就能克服的，甚至有些问题会一直伴随着理论的发展和变迁。生活德育理论的未来研究，尤其是对热心于生活德育理论的学者而言，一方面应继续保持对理论本身的极大热情和信心，另一方面更要时刻带着审视的眼光、批判的态度和实践的情怀，以求不断超越和进步。

第二节 生活德育的历史与文化意蕴

前面梳理和分析了新课改以来品德课程政策和实践的大致脉络，既然本课题专注于从生活德育的视角来透视品德课新课改，那么，有必要从更上位、更宽广的百年来历史脉动的视角对品德课新课改之基本理念"生活德育"进行更彻底、更深入的反思，进一步窥测生活德育的历史和文化意蕴，以更好地把握生活德育的当代价值，明确其未来走向。

从教育学内部来看，生活德育可以视为是从方法技术层面对知识化、技术化道德教育的反动，也上升到本体意义上对道德和生活之间关系的进一步反思，但从历史和文化的角度来看，在21世纪之初走向生活的或回归生活的道德教育，既是历史脉动的延续，有着历史发展的必然性，同时，又是道德教育的返本归真、重新找回自身的过程，带有鲜明的文化意蕴。

之所以说生活德育延续着历史的脉动，具有重要的历史意蕴，是出于以下两方面原因。一方面，生活德育有着自己的历史，并非新鲜事物，世纪之初提出的生活德育不过是历史上本来就有的生活教育思想、生活教育实践的延续，在新时期有新的表现而已。这种历史远可追溯几千年来我国的教育传统。我国的教育传统一贯重行动和实践，重视个体在生活实践中的表现，同时也把身体力行、学以致用作为道德教育手段，不像西方那样具有强大的理性主义传统。苏格拉底式美德即知识的观念、主知主义、理性主义的历史脉络在我国绝不占据主流。近处说，现代生活教育观可追溯到20世纪初的生活教育思想。百年来，生活教育思想在我国一直或隐或显，绵延不绝。

另一方面，从历史的角度，就意味着把生活德育放在20世纪的社会大历史的大脉络中去看它的来龙去脉，亦即对生活德育的认识，包括生活德育的提出、开展、内涵和真正的所指、未来发展的趋向以及在实施过程中存在的问题等等，都应该从它所处的社会历史阶段、时代背景和历史发展趋势的角度去认识，而不应该仅仅从教育、道德教育自身的角度、从某种哲学思潮的影响或某些学者的因素等角度来认识。从历史的角度来看，生活德育的提出、实践确有其历史的合理性、必然性，置身于历史之中，我们才能看清楚它的未来。

从百年来我国社会大历史的角度来看，20世纪以来的历史在某种意义上可以看作现代化、现代生活逐步展开和深化的历史，或者说，现代化是20世纪最主要的主题词、关键词。总的来说，现代化得以展开的上行路线是制度方面的变革，比如一个国家要实现现代化，就要建立现代政治经济制度，找到适合自己的现代化制度依托和治理方式。这种寻找的过程可能是渐进的，也可能是剧变，可能自下而上地推动，也可能自上而下地改良，或者二者兼有。革命和改革、改良的交替成为各个国家现代化历史的上的常见现象。

但要想实现现代化,光有上行的制度变革、重建和完善还不够,制度是刚性的,也是人建立的,制度建立后还得靠人去遵守。现代化的历史和实践一再证明,在制度和人的互动关系中,二者缺一不可,最好形成二者的良性互动而不是恶性循环,即现代化制度加上现代国民素质的提高,核心是现代性的国民人格。而提升国民素质、国民人格的最直接、有效、最正面、最系统的因素就是教育。再进一步的追问就是教育要从传统社会生活中走出来,直面现代社会,现代生活、生产和现代人际交往的需要,塑造出现代性人格。如果把教育的变革放在中国社会历史发展的大环境、大趋势、大节奏的语境下来看待,那么,不难发现,百年来中国教育、道德教育在各个时期的发展主题、所遇到的困惑以及选择都是与各个时期中国社会的需求、社会生产和生活状况紧密相关的。换句话说,是现代生活催生了现代生活教育思想和实践,生活德育在20世纪初绵延至今可以视为百年来的现代生活、现代历史再教育中的体现。如果和20世纪初的生活教育相比,就会发现历史有时有着某种程度的"重演"或类似。19世纪末20世纪初,也是中国社会发生大变革的时代,面对社会的变革,在当时种种新思潮、新思想的影响下,教育上的有识之士直陈旧时代的旧教育之种种不足,提出教育要面向新生活,陶行知先生则旗帜鲜明地提出生活教育的主张。陶先生曾把生活教育的特质概括为:"生活的、行动的、大众的、前进的、世界的、有历史联系的。"[1] 在陶行知先生的生活教育思想中,我们可以明确看到当时历史因素所起的作用。新中国成立前后的时代变革、各个时期的生活主题同样也对教育产生了这样或那样的影响。此处不再详述。改革开放在某种意义上真正开启了中国社会的现代化、世俗化、人本化的历程,而这一切,都需要以经济生活的变化为基础和前提。21世纪初,正好是改革开放的第三个十年开始的时候,市场经济提出并实施了十年,整个经济社会生活发生了巨大的变化,国家开放的力度不断加大,人们的生活方式、价

---

[1] 陶行知:《生活教育之特质》,《生活教育》1936年第2期。

◈ 第二章 梳理与反思：历史的回顾 ◈

值观念和计划经济时代相比无疑是颠覆性的，和90年代的市场经济刚开始时的困惑、遮遮掩掩相比也是不可同日而语的。许多市场经济必然带来的或所蕴含的现代性价值观，像个人自主、平等、自由、权利和利益观念在很大程度上已深入人心，越来越成为社会的共识和人们生活中的价值选择。世纪之交，一个明摆着的事实是时代变了、生活变了，而且这种变化也明确得到了来自官方的、国家意志的认可，"以人为本"成为新时期的执政理念。而反观当时的学校道德教育实践，很大程度上还沉睡在知识化、意识形态化、成人化以及计划经济所代表的一些观念里。正是在这种背景下，回归生活，回到当下的、儿童的、世俗的、以现代性价值观为取向的世界才如决堤之洪水，一经提出便得到广泛的回应。所以，回归生活有着深刻的时代背景，也可以看作是发展到一定历史阶段社会的演进在教育上的体现，而绝不是教育内部的逻辑推演和概念游戏。所以，21世纪开始，"生活"再一次进入教育理论界的视野，这当然不是历史的简单重复，而是在经历了百年的风云变幻，社会历史步入"常态"和"正途"之后，在更高历史阶段的教育的又一次自我确认和选择。因此，这种选择就有了更高层次的历史性的意义，如果这种选择能够持续下去，那么，其对于教育、对于中国的现代化都是一件意义重大的事情。因为，教育特别是道德教育不再仅仅是某种工具和单纯的附属品——尽管在特定的历史时期有其历史的合理性，开始真正为人的发展、为社会的现代化服务，开始展示一个正常的、期盼已久的时代的精神价值——尽管这个时代还有这样那样的不足，但毕竟已经开启了历史的新的一页。

所以，生活德育的提出、实践是符合历史、时代的产物，它不仅仅是从教育学方法论的角度对知识化、概念化的道德教育的批判和反动，也不仅仅是从本体论的角度对于道德、道德教育和生活之内在联系的逻辑沉思，而是有着鲜明的时代气息和历史意味。当然，从历史和逻辑的一致来看，生活德育在21世纪的登场也不失其合乎逻辑的一面。改革开放后，20世纪80年代在教育界掀起的是关于教育本质的大讨论，其中萌动着对各种教育异化和蜕变的反省，呼唤着对人的尊严和价值的肯定；90年代市场经济提出以后，以人为本、主体性教育理念则逐渐深入人心，而人本化、主体性不能是虚空的，只能实实在在展示在人的生活之中，特别是以市场经济为基础的社会运作和社会生活之中；接下来，在市场经济有了进一步发展、人们的物质生活水平和生活观念有了进一步提升，特别是思想文化氛围有了进一步的宽松和解放之后，"生活"则顺理成章地登上了历史的前台。从这个角度来看待"回归生活"，其意义可能就溢出了教育的范畴，而带有更大限度的思想解放、贴近现实、昭示未来的意义。这并不是夸大其词，而是发掘了其历史价值，在教育与社会、当下与未来的互动关系中赋予了其更为长远的历史责任。

由是观之，今天的生活德育绝不仅仅意味着对道德教育之形式上的转换或仅从一般意义上、空泛的意义上推崇生活之于儿童道德发展和道德教育的意义和价值，而从历史脉动、社会大趋势的角度看，在道德教育的实际内容和所推崇的价值取向上，也应该是有所指的，这就是由市场经济和全球化所推动、带来和确认的，具有普适意义的现代性价值观，这理应成为现时代生活德育的首要选择。而这，正是现实的生活德育所蕴含的深层文化意蕴。回归到人的生活，就必然牵扯到生活质量、内容、价值选择等一系列问题，文化自觉、文化选择自然浮现。或者从生活和文化的内在联系上讲，生活的样式、样法、内容就是文化，所以，生活德育必然蕴含着深层的文化追问。

第三章 分析与透视：现实的考察

本书以一所学校作为个案，以"生活德育"作为研究视角，采用质性研究方法，深入分析新课改以来品德课程在实践中的进展、问题，对教师和儿童产生的影响，展现品德课程改革的真实面貌。在此基础上，揭示品德课程在实施过程中遭遇的深层次的矛盾与困惑、挣扎和无奈，进而为品德课程改革的持续有效进行提供理论参照与实践策略。

笔者带着上述研究思路进入研究现场，在一所小学进行了一学期的"蹲点"，主要对品德课程的三种实施途径——品德课堂教学（《品德与生活》《品德与社会》）、德育活动（校内外德育实践活动）、隐性课程（班级日常管理、校园文化、学生一日生活等方面）进行了调研，通过访谈、观察和实物收集的方式获取资料。在资料收集完成后，主要采用"类属分析"的方式对资料进行编码，通过"码号—类属—核心类属"的顺序逐步提炼、归纳主题，最终就生活德育之于品德课程的实践意义作了深入探讨。

第一节 谁的生活：儿童或成人

人类的将来，取决于本真教育的能否成功。如果只是在自然科学之外推广人文科学，那是不够的，或者再增加教学技术、运用心理学、教育学和教学论，也是不行的。教育革新的先决条件是提高教育的地位，以提高大、中、小学教师的工资来提高他们的社会地位，并通过教育的伟大性和它在国民生活

◆　小学品德课新课改的回顾与展望　◆

中所表现出来的重要性来获得声望和影响力。这样就需一笔超出现今的教育经费数倍的资金，但仅凭金钱人们还是无法达到教育革新的目的，人的回归是教育改革的真正条件。①

——雅斯贝尔斯

现在我们的教育正在发生的一种变革是重心的转移。这是一种变革，一场革命，一场和哥白尼把天体的中心从地球转到太阳那样的革命。在这种情况下，儿童变成了太阳，教育的各种措施围绕着这个中心旋转，儿童是中心，教育的各种措施围绕着他们而组织起来。②

——杜威

新课改以来，"回归生活"成为品德课程改革的核心理念，《品德与生活》课程标准指出："本课程视儿童的生活为宝贵的课程资源。课程学习本身是儿童生活的组成部分，是儿童在教师指导下真实体验生活、主动参与生活、创造生活的过程。"③儿童的生活本身就成为重要的教育资源，从儿童的生活实际出发，让儿童在参与生活的过程中通过体验、感悟逐渐提升道德素养进而改善自己的生活品质是品德课程的宗旨，正如鲁洁先生所言："在生活道德的视域中，道德教育的根本目的主要不在道德知识的获得，而在于引导人们去选择、建构有道德的生活、生活方式。"④新课改十几年来，学校生活发生了翻天覆地的变化，品德课程也逐渐从"天上"回到了"人间"，开始走入儿童的生活之中。品德课新课改在实施中是如何

---

①　[德]雅斯贝尔斯：《什么是教育》，邹进译，生活·读书·新知三联书店 1991 年版，第 50—51 页。

②　[美]杜威：《学校与社会·明日之学校》，赵祥麟等译，人民教育出版社 2004 年版，第 41 页。

③　教育部：《义务教育品德与生活课程标准（2011 年版）》，北京师范大学出版社 2012 年版，第 2 页。

④　鲁洁：《德育课程的生活论转向——小学德育课程在观念上的变革》，《华东师范大学学报》（教育科学版）2005 年第 3 期。

回归生活的,在哪些方面回到了儿童的生活,还存在哪些问题,这本身就值得探究。本节主要分析品德新课程在实施过程中,儿童的生活在哪些方面得到了彰显,又在哪些方面无法展现。

一 儿童生活的"显"与"隐"

应该说,品德课新课改十多年来,学校层面还是发生了非常显著的变化:教师的观念发生了明显转变,开始有意识地贴近儿童的生活开展教育教学活动。当然,由于受到种种因素的限制,也还存在一些不足。

(一)儿童生活的"显现"

我们在调研中了解到,不论是班主任还是品德课教师在观念上都发生了转变,对品德课程有了更加深入的了解,这一变化令人欣喜。有位班主任就曾谈到要站在儿童的角度看问题:"他们(儿童)的立场跟我们分析问题的角度是不一样的。有的时候孩子可能是动手打了别人,但是他是有原因的,如果你不理解他的原因的话,他可能就会觉得大家都不理解他,越想就感觉心里越压抑。有一个男孩拿了别人的东西之后,别人说,你赶快还给他,他不还,不还的同时,觉得大家为什么都说我,一急手一挥就碰到了别人,但是他理解的就是我碰别人是有原因的,你们首先伤到了我的自尊心啊,或者说一些你们不理解我的话。处理这个问题就是要充分相信他,说你做的这个事情,我很理解你当时的想法,你为什么这么做,但是你这么做是不对的,如果你直接说,你这样做事就是不对,这样他反而更不能接受。首先肯定他,其实他心里的一些想法是对的,但做法是错的。"[①] 不仅如此,品德课教师也对品德教育与儿童生活的关系有了新的认识,一位品德课教师就曾谈道:"品德观念的形成是从生活中来的,什么样的品德教育都得在生活中,品德就是对错是非判断。从生活中来,到生活中去,不是回归生活,是从生活中来。生活是社会的一部分,任何孩子都不能脱离社会,它俩是密切关联的。

---

① H-1-Y(2)

书上凡是讲的内容都与生活有联系,无时无刻不在联系,如果脱离生活就无法讲。"① 由此可见,教师已经认识到了儿童品德形成、发展与生活的密切关联,原来的知识化、成人化、虚拟化的品德课程逐渐被教师所抛弃,教师对品德课新课改理念的理解在逐步加深。观念上的变化也会引导教师在教学、活动过程中主动调整自己的教学方式、活动方式,使之更加适合儿童自身成长的需要。下面我们立足品德课堂教学、班级日常管理、德育活动等,从目标、方式、评价三个方面探讨品德课新课改中儿童生活的"显现"②。

首先,在目标上,培养生活中的人,让儿童过道德的生活。德育的目标与其他教育活动不同,它不仅要儿童学习与之相关的各种道德知识,更重要的是将其转化为相应的道德行为,实现促进儿童道德品质的发展进而提升生活质量的目的。正如一位老师所言:"品德不是一个高大上的东西,它应该是学生在每天的生活实践中会合理运用的,因为它是渗透到孩子的言行举止当中的一个行为规范,包括他上学与同学问好,与老师问好;包括他遇到困难时怎么克服;包括他与同学的相处要礼仪相待,我觉得这些都是生活当中应该做的。就是说《品德与生活》这个课程其实就是教孩子们怎样生活,怎样有序地、怎样道德地、怎样更有良好道德规范地去与人交往,去在这个社会生活中做一个好孩子。"③ 也有老师谈道:"对于孩子方面,我感觉他们应该以应用为主,我不期望他们能懂得多少大道理,能说出来多少条条框框的东西,但是我希望品德课能在生活当中对他们有帮助,希望他们心地能善良一些,在别人遇到困难的时候能帮一把,不用说非得上车后让座,在生活中运用一下,至少见到老师、见到长辈的时候问声好。"④ 从这两位老师的叙述中可以看到,她们已经意识到品德课程的目标就是教孩子们怎么生

---

① T-2-N(2)
② "内容"部分会在之后的章节中进行分析,为了避免重复,此处不再对"内容"展开。
③ HT-2-Y(1)
④ T-5-Y

活、怎么道德地生活，应该说，教师在观念上已经转变了对品德课程目标的认识。鲁洁先生曾言："作为一门品德与社会课，回归生活世界还包括着另一方面的内涵，那就是我们的课程、教材、教学还要以生活世界为其归宿。也就是说，要使学生通过教材、教学所学得的一切能回到他自己的生活中去，用以解决他们生活中的问题，改变他的生活、生活方式，提升他们对生活的认识、态度、价值观等等。……这是一种归宿性的回归。"[①] 也就是说，品德课程不仅仅是从儿童的生活出发，最后还要落脚到儿童的生活，真正去影响他们的生活，让他们过一种具有道德意义的生活，提高和改善儿童的生活品质，这才是品德课程的最终目的。

其次，在方式上，"创设情境"与"组织活动"。当我们与品德课教师聊起他们如何理解"品德课程回归生活"时，尽管老师们的回答各有侧重，但是，"创设情境"与"组织活动"是最为主要的做法[②]。以往的那种以教师讲授为主、以知识的学习为主的教条式的品德课程已经逐渐被抛弃。通过创设合乎儿童生活经验的课堂教学情境，使儿童真正融入情境之中，在其中进行感受、体验涉及的德育内容。下面以《品德与生活》一年级下册第三单元《快乐的星期天》第二节《爸爸带我去做客》为例，分析品德课堂教学中教师的"情境创设"。

> 今天我们就来学习这一课——《爸爸带我去做客》，上课之前老师先给大家讲一个小故事，故事的名字叫《小猴做客》，大家认真地听，然后想一想故事当中的小猴是不是一个懂礼貌的孩子。有一天乐乐猴去鹿大叔家做客，爸爸再三叮嘱乐乐猴

---

① 鲁洁：《再论"品德与生活"、"品德与社会"向生活世界的回归》，《教育研究与实验》2004 年第 4 期。
② 2015 年 12 月 12—13 日，在北京召开的一次会议上，我们有幸认识了一位来自南京的小学品德课教师，她负责学校的品德课的教科研工作，当我们跟她提起她所理解的"品德回归生活"时，得到的答复也是"创设情境"与"组织活动"。虽然两地相处遥远，却有着近乎一致的认识，足见这种看法在实践中的广泛性。

123

要送礼物，乐乐猴嬉皮笑脸地说："小事一桩。"说完就骑着自行车飞快地向鹿大叔家赶去，骑着骑着一会儿就到了鹿大叔家，乐乐猴"当当当"地使劲敲门，鹿大叔还以为招贼了，往外一看，"啊"，原来是乐乐猴来了，鹿大叔打开门，乐乐猴一蹦一跳地进了门，一进门就问小鹿在家吗。鹿大叔听了很不高兴地说："哪里来个很不懂礼貌的孩子。"乐乐猴又大摇大摆地找到小鹿的房间，往书橱里东看西看，翻箱倒柜，衣服袜子掉了一大堆，乐乐猴还在小鹿的房间里写了几个大字……同学们，故事讲完了，现在请你们思考一下，乐乐猴是不是一个懂礼貌的孩子？这是第一个问题，谁来说一说？[1]

　　源于儿童生活实际的德育内容固然重要，如果德育方式不能贴近儿童的身心特点，其内容也难以被儿童消化和吸收。因此，德育方式的选择也不可忽视。由于心智发展的不成熟，小学生长于形象思维而短于抽象思维，具体、生动的动画形象、卡通人物会给他们带来不一样的生活体验，这也是儿童尤为喜欢观看动画片的原因。在品德课堂中，以动画故事的形式导入新课就会在很大程度上让儿童置身于故事情境之中，增加儿童对课堂的关注度，吸引儿童的注意力，调动儿童的学习兴趣和积极性，进而通过情感体验引发内心的共鸣。对于儿童的道德发展而言，故事本来就具有极强的教育意义，"无论身处道德事件之中，还是聆听道德事件的仿制品——道德叙事，学生都能受到一种鲜活的道德教育。在遇事、处事、做事、历事、参事中，学生走进了道德的世界；在叙事、谈事、讲故事、听故事中，教师走进了学生的心灵宇宙，创造了一个全新的道德场域。"[2] 加之活泼生动的动画形象，儿童更能真切地感受其所传递的价值观念。教师以《小猴做客》这一动画故事引入新课，可以使儿童在内心里更容易接受，因为这更合乎他们的认知发展水

---

[1] 2015年5月11日一年级四班品德课课堂观察实录。
[2] 洪明、龙宝新：《论道德叙事与学校德育》，《教育学报》2011年第3期。

平。在讲故事的过程中,"乐乐猴"不礼貌的做法就会自然而然地呈现出来,儿童在看动画故事的过程中就慢慢了解了以后去别人家做客怎么做是礼貌的、怎么做是不礼貌的,加之教师的正确引导,课堂教学就会起到良好的效果。在这节课的最后,教师还以朗朗上口的儿歌形式总结了如何做一个有礼貌的孩子:

拜访做客先敲门,见到主人要问好;
主人倒水应道谢,小孩玩耍要谦让。

马里坦(Jacques Maritain)指出:"儿童的世界是一个想象力的世界——这种想象力能够逐步发展成为理性。必须交给儿童的知识应是一种存在于故事情境内的知识,是对世界事物和价值之想象中的把握。"[①] 与道德知识、道德教条的冰冷相比,道德故事不仅因为贴近儿童生活中的情境显示其温暖的一面,而且更容易走进儿童的内心,引发情感的共鸣,将道德规范深深地印入儿童的脑海之中,进而影响甚至改变他们的行为。

除了"创设情境"之外,在学校中,通过活动[②]促进儿童的道德发展几乎成为共识,不论是在品德课堂中还是在学校德育活动中。在品德课堂中,教师开始有意识地引导儿童参与问题讨论,通过辩论的方式引发价值观的冲突来促进正确价值观的形成。在品德课堂之外,活动更是得到了足够的重视,各种德育活动丰富多彩、有声有色。

一方面,品德课教师意识到了活动在促进儿童道德发展中的积极作用。"其实我觉得《品德与生活》就是告诉孩子们应该怎样生活,应该怎样做,应该比语文课更加地贴近于他,就是更多地使用一些小故事、小例子、小游戏、小活动让他们明白应该怎么做。"[③]

---

① [法]马里坦:《教育在十字路口》,高旭平译,首都师范大学出版社2010年版,第73页。
② 这里在较为广泛的意义上使用"活动"一词,既包括教师在课堂上组织的讨论、辩论等活动,也包括在课堂之外组织的由儿童参与的德育主题活动。
③ HT-2-Y(1)

而且，教师也自觉地在品德课堂中运用活动的方式。在品德课堂中，讨论、辩论、绘画、小制作等各种活动方式得到了充分的运用，打破了单一的知识教学的方式，活跃了课堂气氛，调动了儿童学习的积极性和主动性。比如：在一年级下册《和风在一起》一节中，老师让同学们学做风车，既锻炼了他们的动手能力，又让儿童了解了风的产生；在三年级下册《有了矛盾怎么办》一节中，教师则采取讨论的方式让儿童畅谈如何解决同学之间的矛盾，采取演小品的方式调动儿童的能动性；等等。也有老师在这方面深有体会："我讲面对困难的时候，正式开讲之前我会发一个小纸条，然后我就会给他叠一个小星星，我说你看这个小星星是老师叠的，你会叠吗？一开始，孩子们可能不会叠。但是，我们通过上课讲的一些知识，告诉孩子其实这个问题很容易解决。然后老师一步一步教他，他慢慢慢慢一步一步就可以学会。还有课上孩子会有些字不认识，当面对这个困难时他可能觉得这个字不认识我就跳过了，但是当老师教他一种查字典的方法之后，他就知道，当我不认识这个字的时候我通过查字典就可以认识它，其实这也是一个解决困难的例子。包括系鞋带，有的小孩刚上学的时候他不会系，然后回家问问爸爸妈妈让他们教一下，第二天就会了，我觉得对于低年级的孩子来说，这就是克服困难了。所以，我觉得品德课就是体验和活动。"[1]"体验"和"活动"道出了品德课堂教学的真义，也体现出了品德课教师对品德课堂教学的正确认识。

另一方面，在课堂之外，开展了演讲比赛、绘画比赛、手抄报比赛、征文比赛、"孝心中国年故事大王比赛"等多种形式的活动。此外，学校还通过校外实践活动将道德知识与道德实践结合起来。如何将儿童已有的道德知识转化为相应的道德行为是困扰学校德育的一大难题。这是因为德育不仅仅是关于道德知识的学习，更是在道德知识获取的基础上形成良好的行为习惯以及优秀的道德品质，这些良好品质的形成离不开儿童真真实实的社会

---

[1] HT-2-Y（1）

生活。为此，引导儿童积极参与社会实践活动，在活动中感悟道德观念、提升道德素养就成为学校德育的重要路径。开展丰富多彩的雏鹰小队活动就是提升学生道德实践能力的有力举措。一位家长在跟随自己的孩子参加完"拒绝'野游'、拒绝'污染'"小队活动后曾感慨："看着孩子们认真的态度、专注的眼神、与陌生人沟通交流时的不卑不亢的精气神，我们为孩子们高兴。孩子们关注护城河，他们在用自己的弱小心灵维护着护城河的美丽。通过这次活动，他们也从内心里意识到保护环境的重要性，未来是他们的，他们会用自己的方式保护这个城市的美丽。"通过参与小队活动，儿童真正感悟到我们身边的环境污染问题，这种直观的、视觉的刺激将会触动他们的内心，从而使他们在思想中树立保护环境的意识，进而转化为道德行为。

活动作为品德课堂教学的主要方式在新课改中被特别强调，《品德与生活》课程标准指出："本课程超越单一的书本知识的传递和接受，以活动为教和学的基本形式。课程的呈现形态主要是儿童直接参与的各种主题活动、游戏或其他实践活动；课程目标主要通过儿童在教师指导下的活动过程中的体验、感悟和主动建构来实现。"[①] 与之相似，《品德与社会》课程标准则尤为突出实践在课程实施中的重要性："本课程学习是知与行相统一的过程，注重学生在体验、探究和问题解决的过程中，形成良好道德品质，实现社会性发展。课程设计与实施注重联系学生的生活实际，引导学生在实践中发现和提出问题，在亲身参与丰富多样的社会活动中，逐步形成探究意识和创新精神。"[②] 在实践中对于活动的强调与重视体现了教师对活动与德育密切关联的初步认识，也体现了在品德课程实施方式上向生活的回归。

再次，儿童生活在评价上的"显现"。在品德课程的评价上也发生了明显的变化，特别是在班级日常管理与品德课堂教学之中，

[①] 教育部：《义务教育品德与生活课程标准（2011年版）》，北京师范大学出版社2012年版，第2页。

[②] 教育部：《义务教育品德与社会课程标准（2011年版）》，北京师范大学出版社2012年版，第2页。

不论在评价的主体、评价的内容还是评价的方式方面都更加贴近儿童,也较好地发挥了评价的作用。

其一,在评价主体上,儿童和教师共同参与评价。在品德课堂上,主要是由品德课教师对儿童作出评价。但是在班级日常生活中,儿童和班主任共同参与评价。这时,儿童既是被评价的对象,又是评价的主体。在班级期末评价中,儿童在评价中发挥了非常重要的作用。据一位班主任介绍:"我们期末的时候要对学生进行评价,评选特优生和三好学生。特优生的比例是15%,三好学生是45%,一共占60%。学习成绩是一个档,比如说,班里有40个孩子吧,可能有30个孩子都在这个档里,就是各科都是A,就可以评选特优,如果语数英都是A就可以评三好。就是说只要你在这个档里就有资格参评特优生和三好学生,然后在此基础上全班进行投票,按照得票由高到低分别评选特优生和三好学生。"[①] 如此,儿童也参与到对他们的评价中来,这就可以在一定程度上保证评价更加全面、更加真实、更加有效。

其二,评价内容涉及儿童生活的方方面面,更加全面、具体。评价发挥着导向作用,有什么样的评价就有什么样的教育。一方面,品德课程更加注重过程评价,儿童的日常行为表现、课堂参与讨论、回答问题等都成为评价要考虑的内容。在对品德课教师和班主任进行访谈时,得到比较多的答复是"课堂表现""多注意平时""动态化的评价"等词语。品德课的评价也整体考量儿童的表现,综合看待平时的课堂表现与最后的考试检测。如一位品德课教师所言:"对于孩子的上课表现我会有一个记录,不带书的、上课捣乱的最后要扣分。平时表现就占30%左右,就是课堂纪律、带书之类的,三十分。再就是二十分的作业,我在平时上课的时候会让他们做个作业,做个表、画个画之类的,三个单元一次五分,再加上另外的小作业,就二十分了。最后我们还要出一个检测题,就选择教材上面的比较重点的内容出个检测题,

---

① HT-2-Y(2)

一个 A4 的小卷，最后的考试占五十分左右。"① 而且，在品德课的评价中也呈现出了注重平时表现的趋向："我对孩子们的评价有两个部分，一是平时孩子们的学习情况、课堂表现，二是最后的考试成绩，各占 50%。我在想以后要多注意平时，每个单元结束都会给他们布置个小作业，如果平时表现好的话可以不参加最后的考试，这样就能更大地调动学生在课堂上参与活动的积极性。"② 在班级管理中，班主任也特别注重儿童的日常表现，针对儿童的表现随时进行评价。"比如说，孩子上课回答问题积极了就可以奖励，他作业完成得很认真、书写很认真也可以奖励，然后他精神头很好也可以奖励，就是各个方面都可以奖励，他帮助同学了也可以奖励。（这个评价是什么时候进行的呢？）随机。表现好了就奖励，就是口头奖励，奖励小菜蛾、小果子。（学期末会对学生有一个评价，这个评价是怎么进行的呢？）投票，小粘贴的个数。投票占 70%，小粘贴占 30%。"③ 在最后的期末评价中，儿童的平时表现——也就是获得的"小粘贴"个数也在其中占据了一定分量。另一方面，在评价的具体内容上，基本涵盖了儿童生活的所有方面。在班级管理方面，学校从思想方面、学习方面、身体方面、美育方面、劳动方面、家校表现方面考查儿童的整体素质，评价内容全面，以评价促发展。下面是 A 小学评优的基本条件。

A 小学评优基本条件

一、评选类型及基本条件

（一）特优生评选条件

1. 思想方面：

热爱自己的班级、学校，主动维护并为班级争得荣誉；积极参加学校和班级组织的各项活动，能认真遵守《小学生守

---

① T-1-Y（2）
② T-2-N（2）
③ HT-2-Y（2）

则》和《小学生日常行为规范》，在班级日常表现中能起到模范带头作用。

2．学习方面：

学习目的明确，学习方法科学，各科学业水平成绩均为 A。

3．身体方面：

积极参加体育锻炼，体育成绩达到国家健康体质标准；爱护公共卫生，讲究个人卫生。

4．美育方面：

认真上好音乐课、美术课、形体课，而且成绩优异，能积极参加学校的各项音美活动，行为美、语言美、仪表美。

5．劳动方面：

能积极参加学校公益劳动和家务劳动，做值日认真仔细，不怕脏、不怕累。

6．在家庭、在社会与在学校表现一致，在家庭自己能做的事情自己做，不依赖父母，在社会不做有损于邻居和他人的事情，在学校关心集体，爱护公物，尊敬老师，团结同学，群众威信高。"十个道德行为"全做到，认真填写《学生成长手册》，并具有良好的行为习惯。

(二) 三好学生评选条件

1．思想方面：

热爱自己的班级、学校，主动维护并为班级争得荣誉；积极参加学校和班级组织的各项活动，能认真遵守《小学生守则》和《小学生日常行为规范》，在班级日常表现中能起到模范带头作用。

2．学习方面：

学习目的明确，学习方法比较科学，语文、数学、英语各科学业水平成绩均为 A（其他学科学业水平均不低于 B）。

3．身体方面：

积极参加体育锻炼，体育成绩达到国家健康体质标准；爱护公共卫生，讲究个人卫生。

4．美育方面：

认真上好美术课、音乐课，而且成绩优良，能积极参加学校的各项音美活动，行为美、语言美、仪表美。

5．劳动方面：

能积极参加学校公益劳动和家务劳动，做值日认真仔细，不怕脏、不怕累。

6．在家庭、在社会与在学校表现一致，在家庭自己能做的事情自己做，不依赖父母，在社会不做有损于邻居和他人的事情，在学校关心集体，爱护公物，尊敬老师，团结同学，群众威信高。"十个道德行为"全做到，按学校要求认真填写《学生成长手册》，并具有良好的行为习惯。

（三）特长生评选条件

1．思想方面：

热爱自己的班级、学校，主动维护并为班级争得荣誉；积极参加学校和班级组织的各项活动，能认真遵守《小学生守则》和《小学生日常行为规范》，在班级日常表现中能起到模范带头作用。

2．学习方面：

学习目的明确，学习方法比较科学，各科学业水平成绩均在 C 以上。

3．身体方面：

经常参加一些体育活动，身体比较健康。

4．特长方面：

能积极参加学校组织的各类比赛，并且在本学期学校的各类比赛中曾获校级或校级以上奖励。

5．类别：

特长生分音乐类、体育类、书画类、科技类、活动类等（各班可根据班级内学生情况进行相应的类别增减）。

（四）优秀班干部评优条件

1．思想品德好，工作方法活，群众威信高。

2. 关心集体，团结同学，热心为集体服务。

3. 积极、认真地做好自己分管的各项工作，当好班级活动的带头人和老师的小助手。

4. 能认真负责，严于律己，模范地遵守学校的各项规章制度。

5. 能开展批评和自我批评，能虚心接受老师和同学的意见。

（五）优秀文明小卫士

1. 思想品德好，工作方法活，群众威信高。

2. 关心集体，团结同学，热心为集体服务。

3. 能认真负责，严于律己，模范地遵守学校的各项规章制度。

4. 作为班级的文明小卫士积极地做好班级课间值勤的工作，按时上岗，工作认真，能够很好地管理班级的课间秩序。

二、奖励办法

1. 学生各项评优活动每学期期终评选一次。特优生、三好学生评选时在符合评选条件的基础上民主测评占70%，班级日常表现（班级日常评比栏）占30%。

2. 各项评优比例：特优生每班严格按20%比例进行评选，三好学生每班按40%比例进行评选，特长生按40%比例进行评选，优秀班干部从全班大、中、小队干部中评选5—7名，优秀文明小卫士每班评选5名。

3. 严格掌握评优条件，实事求是地填写各项成绩。

4. 特优生、三好学生、特长生不重复评选，如本学期在区级以上大赛中获奖，特长生也可放宽条件重复评选。优秀班干部、优秀文明小卫士可重复评选。

5. 特优生、三好学生、优秀班干部要汇入学生学籍档案。

6. 各项评选均颁发学校荣誉证书，以示鼓励。

三、特优生和三好学生评选程序及计算方法

1. 班主任或班委会将学业水平成绩符合特优生或三好学

生的学生名单书写在黑板上。

2. 根据候选名单进行全班学生投票（同学互评），占评优的70%，即为该名学生同学互评分值。

3. 投票后统计学生日常表现（评比栏小果子数目或其他记录），占评优的30%。

4. 将两项内容分值相加即为该名学生最终评优成绩，依次产生特优生、三好学生。

5. 特长生通过学生自荐、小组评价、班级评选的办法进行评选。

6. 优秀班干部、优秀文明小卫士根据学生在班内表现推荐评选。

其三，在评价方式上，一是取消分数评价实行等级评价，在学校中，不论是哪一学科都不再以分数作为衡量儿童学习水平、能力的依据，推行等级评价取代分数评价。二是综合质性评价与量化评价。如前所述，在品德课上，教师会结合儿童的日常表现以及最后的考试对儿童进行评价。而儿童的日常表现则主要是通过课堂观察、儿童的作业情况等方法来进行的，儿童的日常表现与最后的考试各占一定比例，这就在评价方式上结合了质性评价与量化评价。三是教师特别是班主任有意识地实行差异评价、个性评价。在学校中，教师也开始意识到每个儿童都是不同的，每个儿童都是活生生的个体，对他们的评价也不能采用"一刀切"的方式。正如一位班主任所言："我现在觉得，每一个孩子都是不一样的，最早的时候我们会用考了多少分来评价一个孩子，他们其实学习都不差。但是，他的行为会有一些很奇怪的地方。所以我现在可以慢慢接受不同的孩子了。有些孩子是改变不了的，虽然你一直在努力改变他。但是，就好像人一样，每个人就是不同的，你不可能让他按照你想的这个方式去生活，他有他的家庭，他有他的生活，他有他之前所接触的熏陶，这个孩子可能就是要往那个方向去发展，你可能就是改变不了他。"①

值得注意的是，在涉及评价的具体细节上也合乎了儿童的成长特点，比如教师会给在课堂上踊跃表现的同学一个"卡通小印章"，收集小印章可以获得"果子"（"果子"是对学生的一种奖励，除了上述通过小印章获得外还可以通过奖励卡。奖励卡主要发给表现突出的同学，包括学习、行为表现。如果说学习上、书法上进步了，有奖励。然后，文明礼貌做得比较好，上课发言积极，或者说他给班级做了一些贡献，帮助了同学，大家普遍反映他表现得比较好，我们就可以给他一定的奖励②）。每个同学的"果子"都可以在教室后面的"评比栏"上展示，这些富有童趣的评比栏还有自己特殊的称谓，如"小荷才露尖尖角""小苗苗快快长""成长的收获"等，它们都在以儿童喜闻乐见的方式展现他们的成长与进步。这些体现儿童特点、满足儿童的心理需求、富有童真童趣的做法也在一定程度上彰显着品德课程评价向儿童生活的回归。

（二）儿童生活的"隐匿"

当然，由于种种条件的限制，品德课程在回归儿童生活方面还有一些不足。当前，学校品德课程正在遭受学校教育功利性的侵袭。功利性是当前学校教育存在的突出问题，也一直为社会所批判，这主要表现为："过于看重结果而淡化过程；过于看重知识的吸纳而忽视能力的形成；过于看重学业发展而忽视健全人格的塑造；过于看重外在的形式而忽视内在的建设。"③品德课程深受学校教育功利性的影响。其一，学校尤为强调学习成绩的重要性，重教书轻育人。在学校中，教学成为学校一切工作的中心，其他工作都要围绕教学展开，与教学无关的工作则可有可无。在这种观念指导下，学校品德课程的开展面临重重阻力，学校没有时间

---

① HT-2-Y（1）
② H-1-Y（1）
③ 程明轩：《论狭隘的教育功利化的表现及其危害》，《新疆教育学院学报》2005年第3期。

和精力对其进行精心设计，更谈不上完善。其二，上级教育主管部门主要通过显性的材料对学校德育进行考核，以影像资料、活动总结、获奖证书等材料为主，而且又通过评奖评优的方式将每一所学校束缚于其中。于是，学校为了在考核评价中取得良好的成绩，就必须按照评价标准开展学校德育工作，影像资料的美观、活动场面的宏大自然而然地成为学校德育活动的主要关注点。学校教育的功利性使得学校急功近利，目光短浅，把主要精力放在那些耗时短、见效快的工作上，而像德育这样周期长、见效慢、无法取得立竿见影效果的工作则无暇顾及，品德课程的开展缺乏相应的保障。其三，学校教育的功利性也使品德课程充满功利色彩，品德课程要么成为展示学校办学特色的窗口，从而提升学校在社会上的知名度和影响力（几乎所有学校都特别关心学校组织的活动在各种媒体上的宣传效果），要么则是为了完成上级教育主管部门分配的任务，没有从学生道德发展的角度开发和设计品德课程，于是，品德课程也就成为"做给人看的面子工程"，其工具价值掩盖了本体价值。

由于班级管理中班主任对儿童的了解相对比较充分，存在的问题与不足相对较少，这里主要从品德课堂教学与德育活动存在的问题谈起。如前所述，学校已经充分认识到活动在促进儿童道德发展中的重要性，不论在品德课堂教学还是其他方面都开展了丰富多彩的德育活动，甚至将其作为学校文化建设的重要组成部分。这些活动的开展不仅丰富了校园文化生活，而且充实了儿童的课余生活，开阔了儿童的视野，增强了儿童的综合素质。但是，在这些看似热闹的德育活动背后却存在着形式化、盲目性、随意性等问题，有研究认为，当前学校德育活动存在"娱乐化"倾向[1]；也有研究认为，学校德育活动存在散、碎、浅三大问题，德育活动应该进一步精细化[2]，等等，德育活动的教育意义在某种程度上被遮蔽。德育

---

[1] 李乃涛：《论中小学德育活动"娱乐化"的原因与对策》，《课程·教材·教法》2014年第6期。

[2] 李益众：《德育活动应精细化》，《中国教育报》2014年7月8日第004版。

活动中的问题不是个别现象而是普遍存在的。下面我们将结合学校调研的情况分析活动中存在的问题。

首先,德育活动目标在学生之外。

德育活动目标在学生之外即过度关注德育活动的工具价值而相对忽视其本体价值。这一方面表现在德育活动的开展是为了提升学校的名望和社会地位。在素质教育大潮的影响下,德育活动开展的多少就成为衡量学校推行素质教育程度的一个标准。为了树立良好的社会形象,学校纷纷开展各种德育活动以彰显学校的优势与特色,对于这些活动是否合乎儿童的身心发展需要则不管不问。另一方面表现在德育活动的开展是为了完成上级布置的任务。2015年3月,学校举行了"孝心中国年故事大王比赛",比赛通知对这次活动的目的作出了明确的描述:"传承孝亲敬老这一中华民族优秀文化和传统美德,聚焦孝亲敬老故事、放大榜样力量,弘扬社会主义核心价值观,进一步教育和引导我校广大青少年学习榜样,争做孝德小明星。同时丰富学生校园文化生活,增强学生表达自我、展示自我、战胜自我的信心,开发和锻炼同学们的语言组织能力和表达能力,为更多的学生提供展示才艺的舞台。"[①] 我们曾就活动开展的相关情况与大队辅导员C老师交谈过:

问:C老师,咱们学校为什么要举行"孝心中国年故事大王比赛"?

答:这是团市委搞的一个活动,因为团中央提倡孝心文化,所以就开展这个孝心中国年活动。其实还有一个原因就是我们可以通过这个活动发现一些这方面的人才,这样我们在大型活动选主持人的时候心里就有底了。另外,这个活动对孩子是一种锻炼,也是一种促进。[②]

[①] 《关于举办2015年度"孝心中国年故事大王比赛"的通知》。
[②] C-1-Y(1)

通过这位老师的叙述可以看到，学校开展这次活动主要是为了完成上级教育主管部门安排的任务，并且通过这次活动选拔出在才艺方面表现突出的儿童，从而为其他活动的开展储备人才，这就使德育活动目标游离于儿童之外。一方面，保证德育活动的教育性特别是德育性是德育活动的出发点，以完成上级交代的任务为目标就使德育活动游离于德育之外（虽然活动或多或少地与德育有关，但活动的德育性已经沦为次要地位）。另一方面，德育活动目标的制定应以学情为依据。因此，即使学校在完成上级任务的同时能够兼顾活动的德育性，也会严重影响德育活动的针对性和有效性，因为德育活动的组织和开展没有从儿童实际出发，忽视了儿童的特点。

其次，德育活动形式与内容的错位。

德育活动可以通过情景表演、辩论、讲故事等各种形式来进行，但不管采取何种形式，都应为内容服务，而不是相反。如今，相当多的德育活动存在形式与内容错位的问题。一方面表现在重形式轻内容。品德课堂中的不少活动都成为一种形式，混淆了活动的本体价值与工具价值，失去了活动本身所应有的教育意义。更有甚者，活动形式固化为一种模式，即不管活动形式是否合乎活动内容，一概采用这种活动形式。下面以辩论为例，具体分析活动形式的固化。在小学三年级《品德与社会》下册第一单元第二节《快乐的集体生活》这节课上，教师组织了一次以"参加集体活动有益还是无益"为主题的辩论会，辩论会由正方和反方队员组成，正方坚持的观点是"参加集体活动有益"，反方坚持的观点是"参加集体活动无益"。教师希望通过此次辩论会，让儿童积极参与集体活动，体会集体力量的强大。但是，这场辩论会在开展之前已经有了明确的立场——参加集体活动是有益的，而反方则成为了"陪衬"。事后，教师也坦陈道："大部分孩子参加得也挺多也喜欢，而且咱们学校这一块也挺多，像雏鹰小队，包括学校里的集体活动，像前一阵艺术节的各种比赛，都很多。大部分孩子还是挺喜欢的，再说了，我们也是鼓励孩子让他们去参加。所以说不愿意参加的理由也很少，而且作为反方队员，他其实也不是说不喜欢，他为了他的观点说的一些东西，也不是发自他内心的，我说反正是个辩论，必须有反方。实际上，他们都不愿意当反方，因为大部分孩子还是愿意参加集体活动。所以我也不用费劲地去引导他，最后结果肯定是正方胜，不用我驳倒，其他同学自然就会说。比如说，反方认为参加集体活动耽误时间，有的孩子说没有耽误时间。有的孩子说，你看你参加了要是安全上出现了问题怎么办啊。有的孩子就说了，我们参加了那么多活动，也没出现什么危险，所以就把一些观点驳倒了。我也不用说就行。"[1] 辩论的内容应当具有争议性，而非具有明确的、固定的答案。否则，就会为了辩论而辩论，辩论的德育意义和价值也会大打折扣。

在德育主题活动中也存在相似的问题，以下是关于学校春游扫墓活动的记录。

2015年清明节前后，学校组织四年级学生开展春游扫墓活动，其中，向烈士纪念碑献词是扫墓活动的关键环节。为了保证献词环节万无一失，学校提前一个月左右就开始进行献词练习。每天早上上课前十几分钟，参加献词的同学会在C老师的指导下进行练习。事实证明，这些练习确实收到了良好的效果。在活动当天的献词环节中，同学们声音洪亮，仪态举止大方，场面极其壮观，展现了学校的整体风貌和学生良好的精神状态，得到了在场学校领导和老师的一致好评。[2]

扫墓本来是对儿童进行爱国主义教育的良好举措，献词也可以视为向英雄烈士表达缅怀与纪念之情的有效方式。然而，学校的做法无疑使此次活动具有浓厚的表演色彩，学校更加关注献词活动的场面、阵势以及儿童的现场表现，而对儿童究竟能够受到

---

[1] T-1-Y(2)
[2] 2015年4月3日清明扫墓活动的观察记录。

多少爱国主义的熏陶则不管不问。在献词活动开始前，C 老师也曾谈道："每年咱们学校献词活动都是最壮观的，别的学校的学生都是拿着稿子在念，咱们学校都是脱稿。"① 言语之间流露出骄傲与自豪之情。类似的现象普遍存在，德育活动当然可以采取儿童喜闻乐见的形式，但这并不意味着形式与内容的本末倒置，只重形式不重内容只会使德育活动成为徒有其表而没有实质的"形象工程"。

另一方面表现在形式与内容的失调，即活动形式难以将活动要表达的内容展现出来。德育活动组织者在活动形式的选择上存在着随意性、盲目性的问题，对活动形式与活动内容的组合缺乏理性的思考，我们也曾就德育活动形式的选择询问过 C 老师：

> 问：为什么要通过故事大王比赛的形式进行孝道教育呢？
> 答：我们学校以前也有故事大王比赛，近几年因为一些别的事情就没有举行，这次正好有团市委的文件，我们就想着把这两个合在一块进行。

由此可见，德育活动组织者对于为什么通过"故事大王比赛"的形式进行"孝道教育"缺乏深入系统的思考，而是出于工作的便利、活动可能产生的外在效果等选择活动形式。当然，对于此次活动而言，我们并不否认通过讲故事的形式可以使学生接受孝道教育，但是这一形式究竟能在多大程度上体现活动内容值得商榷。

再次，品德课评价、德育活动评价的偏颇。

德育活动目标形式化的问题必然带来德育活动评价的偏颇。其一，在对德育活动的评价上，重形式轻内容，偏离了德育活动的中心；其二，在对儿童的评价上，重行为轻体验，尤为侧重儿童在活动中的外在行为表现——尽管这种行为可能与活动内容无关，忽视

---

① 2015 年 4 月 3 日清明扫墓活动的观察记录。

了儿童在活动中的道德情感体验。下面是学校"孝心中国年故事大王比赛"评分标准（见表3-1）：

表3-1　　"孝心中国年故事大王比赛"评分标准

故事内容：主题突出，层次清晰，故事完整、生动、有意义	2分
语言表达：普通话标准，声音响亮，口齿清晰，表达流畅	2分
表现力：紧扣故事情节，语速处理得当，富有表现力	2分
形象：仪表大方，自然得体，精神饱满，要求脱稿演讲	2分
创新性：鼓励对故事进行合理改编创新、鼓励自编故事	2分

显然，在对德育活动的评价上，评分标准体现的是对活动形式——故事大王比赛的评价，可以说，对于任何一个讲故事比赛都可以采用此标准，而对活动内容——孝道却没有关注。在对儿童的评价上，关注的是儿童在舞台上的表现力，而对于儿童在此次活动中究竟获得了多少关于孝道的情感体验却无人问津。德育活动评价的偏颇使德育活动失去了应有的意义，对德育实效性的提高助益有限。

在品德课评价中，特别是在期末考试中，仍然存在着侧重评价知识掌握情况、死记硬背知识的问题。《品德与社会》课程标准指出："按照本标准的基本要求，以学年及单元的知识与技能为基准，通过纸笔测验、考试等方式进行评价。本课程不排除纸笔测试方式，但反对考查死记硬背的知识或刻意追求难度，以及将学生的品德用卷面成绩衡量的做法。"[①] 在学校中，一、二年级的品德课主要通过教师的日常观察对儿童的平常表现进行评价。在三年级以上，开始以书面的形式进行考试。但是，书面考试存在两个问题。一是简单化。一位品德课教师谈道："最后的小卷子很简单，就是

[①] 教育部：《义务教育品德与社会课程标准（2011年版）》，北京师范大学出版社2012年版，第25页。

以生活常识为主，难度尽量低一些，涉及面广一些。"① 二是知识化。"这一学期有好多好多的时间这个老师都没有给我们讲课，到期末复习的时候，到最后一节课了，老师就要求我们拿支彩笔把整个课本在那里圈圈画画，第二天就考试，老师给我们布置了得有十个以上的需要背诵的内容，而且都是特别长的。"② 知识化的重要表现就是在考试中侧重知识点的考查。下面是三年级下册《品德与社会》期末考试题。

1. （　　）的力量是渺小的，只有（　　）的力量才是伟大的。
2. 通常人们看地图是按照上（　　）、下（　　）、左（　　）、右（　　）的方向。
3. 地图的比例尺有三种：（　　）、（　　）、（　　）。
4. 每个人身上都有优点和缺点，只有不断地（　　）、（　　），才能更快地进步。同学之间发生了矛盾要（　　）、（　　）。
5. 联合国大会确定每年的（　　）月（　　）日为"世界水日"。
6. 垃圾处理的主要方法有（　　）、（　　）、（　　）。

从考试题可以看出，它仍然是在考查儿童对知识特别是生活常识的掌握，而且没有体现出《品德与社会》课程的特点，主要考查的还是对知识的记忆。我们也曾与品德课教师聊起如何选择考试题目，教师表示，"考试题一般都会从课本上选，看看哪些比较重要就把它拿出来作为题目"③。在以考试作为评价儿童学习水平的学校教育中，品德课也难以摆脱通过卷面考试的方式，特别是对道德知识、生活常识进行考核的命运。

---

① T-5-Y
② S-3-N（1）
③ T-5-Y

141

◈　小学品德课新课改的回顾与展望　◈

除了上述问题之外，我们还注意到，各种活动之间缺乏有效的关联。一方面，教师苦于品德课囿于课堂之内，课程标准所倡导的观察、调查、参观、访问、交流等活动形式多由于时空限制而难以落实。品德课的活动只能在课堂之内开展，活动空间受到约束，活动的成效严重受损。"我觉得我们的活动方式比较死板，比如说，只能坐在教室里，我说你听，互相讨论讨论，但是一讨论就炸锅了，就收不住了。就为了停止这个讨论我就得维持纪律，有时候我觉得能少用就少用。如果说你像人家国外，二十多个人，不用维持纪律，人家搞个什么活动，演个小品，然后怎么怎么样的，带着孩子哪怕转一圈之类的都可以，上操场上活动活动，在哪里展开点活动，都可以。反正真是不好操作。"① 另一方面，德育主题活动、小队活动由于缺乏专业的指导而存在着形式化、盲目性等问题，这在很大程度上弱化了活动的德育价值。它们分别由不同的人员组织：品德课堂活动主要由品德课教师组织，课外校内活动主要由大队部辅导员组织，小队活动主要由家长组织而老师不参加。三种活动之间相互独立，没有交叉，缺少必要的关联，系统性、衔接性不够，这不仅造成了不同活动之间的脱节、缺乏必要的沟通与联系，而且导致了活动内容的重复性，比如"孝亲敬老"教育活动的泛滥。我们曾在 A 小学走廊内观察各个班级的小队活动展板，发现"走进敬老院"是各个班级组织最多的活动，学校却又在大张旗鼓地开展"孝心中国年"系列活动，这极大地浪费了活动资源，降低了德育活动的实际价值。

上述内容是将"儿童"作为一个整体来看待进行分析，事实上，在儿童这一群体内部，也存在一些问题，其中最为明显的就是不论是在品德课堂教学中还是在德育活动中，真正参与其中的只是部分儿童，并非全员参与，而其他儿童则游离于课堂、活动之外，成为名副其实的"边缘人"。在"孝心中国年故事大王比赛"中，每个班级选派一位儿童代表参加比赛，每个班级选取十位儿童到比

---

① T-1-Y (2)

赛现场观看，而其他儿童只能在教室里观看现场直播。如此，真正参与到活动之中的也就只有几位儿童，活动的组织和开展与其他人无关。我们在调研过程中恰巧遇到一位同学在学校门口等待自己的孩子放学，就借此机会让他跟孩子聊聊这次"故事大王比赛"的感受，得到的答案却是"无聊"，"之前几个故事还行，讲这么多确实无聊，他们（同学）都说还不如回教室上科学课去"[1]。一位儿童的反馈并不具有代表性，但却在一定程度上表达了没有参加比赛的儿童的内心想法。在其他活动中也是如此。

　　学校是儿童生活和学习的地方，是儿童成长的乐园。新课改以来，品德课程开始向儿童的生活回归，在实践中也取得了一些进展。教师的观念在不断改变，课堂教学发生了翻天覆地的变化，学校生活焕然一新。但是，在这些成绩背后，我们也应当清醒地认识到，品德课程距离真正回归儿童的生活还有一段距离。还应当引起我们反思的是，儿童的生活仅仅属于那些学习比较好的、特长比较突出的儿童吗？实际上，它应当是全体儿童的生活，每个儿童都应平等地参与学校生活。

二　成人对儿童学校生活的干预和影响

　　上一部分剖析了儿童生活的"彰显"和"隐匿"，儿童生活的"隐匿"很大程度上是因为成人过多地干预了儿童的学校生活，这其中既有家长的因素，也有教师的因素，还有学校管理者的因素。

（一）家长过度干预儿童的学校生活

　　作为家长，对儿童的学校生活予以指导和帮助是理所应当的。但是，这并不意味着家长包揽甚至代替儿童去过学校生活。在学校中出现了家长过多地干预儿童学校生活的问题，这主要表现在两个方面。第一，家长包办应由儿童自己完成的工作、任务。教师布置的作业、任务应当由儿童独立完成，家长可以在儿童遇到困难之时提供指导和帮助，但是不能取代儿童去完成。有些家长带有较强的

---

[1] S-3-N（2）

功利性，自己代替儿童完成任务，以使儿童在学校评价中取得一个好的成绩，这就背离了教育的初衷。"当时就是学校里有一个故事大王比赛，首先在班里推选，这个活动在假期里就已经布置下去了，以给家长一封信的形式通知了家长和孩子，他们可以在假期里进行准备。开学后，报名的孩子在班里进行初选，学生进行投票，每个班选出一个比较好的孩子来参加学校里的故事大王比赛。现在孩子对这个主题了解得可能并不是太多，一般都是由家长来决定选择哪个故事演讲。"[1] 故事内容的选择应由儿童自己选择并作出决定，家长可以提供可行性建议而不是为儿童作决定。此外，在学校组织的大型活动中，尤其是有家长参与的联欢会、节日庆典等活动中，家长几乎包揽了所有的工作，儿童只是"坐享其成"。这种情况在小队活动中表现尤为明显。小队活动作为校外实践活动的一种，应在充分尊重儿童的兴趣、爱好、身心发展特点的基础上开展，活动的内容、方式应由儿童自主选择，家长提供指导建议。但是，在实践中，小队活动的组织和开展主要由家长负责，依赖家长拥有的各种"资源"，甚至在一定程度上成为家长相互炫耀的平台。"上次我们一个家长组织了一次3D打印的活动，他在报社，有相应的资源，他就跟我联系说可不可以组织这样的活动，我说可以。然后他就拟了一个通知，在班里的群里发了一下，让大家报名，报名之后就汇总在他那儿，通知在哪儿集合，他们就去活动了。这个活动当中，我可能参与了，我参与的内容就是决定这个内容可不可以做，然后后期他会给我一个活动开展的相关记录，给我一个表格，我存一下档。"[2] 通过这位老师的叙述可以看出，小队活动的组织和开展主要是成人在起作用，对于儿童是否对此有兴趣、是否对他们的成长有所帮助考虑不足。这是成人设计、主导的生活，而非儿童自己想要过的生活。更让人担心的是，小队活动会成为家长炫耀、展示自己的舞台。

---

[1] H-1-Y (1)
[2] HT-2-Y (2)

第二，家长通过各种手段为儿童的学校生活争取"资源"。不少家长为了让自己的孩子高人一等，往往想出各式各样的"招数"，甚至不惜通过找各种"关系"去给孩子争取一个好的成绩。"咱们现在有些家长一遇到事习惯于先找人，尤其是从上往下找，挨个找下来，有的是从别的渠道。"① 也有教师谈道："我们班还有一个家长，事事都想通过他的各种的无理去争夺、去得到一个很好的成绩，记得有一次班里有个活动，他想通过自己的能力去为孩子争取。但是这样无形当中就把孩子推到了一边，事事他亲力亲为，所以孩子有任何问题都不想要去说、去表达了。我跟这个家长交流过，他可能意识到了自己的问题，有时候他也觉得自己说得多、做得多。我觉得这也是家长对孩子的爱，没有办法去区分理智的爱，更多的是溺爱。"② 正如这位教师所谈到的，这种做法的消极影响也是显而易见的。

（二）教师主导、设计、安排儿童的学校生活

除了家长包办外，教师也在一定程度上设计和安排儿童的学校生活。一方面表现在学情分析的缺失。对品德课教师而言，学情分析似乎可有可无。虽然学校在备课中要求做好学情分析，但教师更多的可能还是应付学校的检查。这就使得学情分析进入了两个误区：要么干脆没有，要么有却流于形式。在与教师交流的过程中，我们曾问起过关于学情分析的一些问题：

> 问：老师，咱们平时都是如何进行学情分析的？
> 答：基本上没有。
> 问：我看咱们的备课本中都写着学情分析的相关内容啊？
> 答：那都是从网上找的，学校要求备课必须有这一块。③

不仅如此，有的学情分析还与教学目标相混淆，在二年级上

---

① C-1-Y（1）
② H-1-Y（2）
③ T-5-Y

册《找长处》一节中，教师是这样进行学情分析的："通过丰富多彩的体验活动，通过找长处的发现活动，通过赠送赞美卡的交流活动，为学生形成健全的人格和正确的价值观、人生观打下基础。"综上所述，在品德课中，学情分析已经成为教学过程中可有可无的环节。学情分析的缺失就使课堂教学失去了针对性、有效性。

另一方面，在备课、上课、评价整个教学环节中，只有上课儿童参与其中，课堂仍然是由教师主导，几乎所有的课堂活动都由老师来掌控，儿童只是听从老师的安排，没有直接参与活动的设计、组织。这带来的问题是，老师组织的活动会因为脱离儿童实际而无法走入他们的内心之中，教师也会抱怨儿童不能完成其布置的任务："你要布置个什么任务，一般很难完成，就是真让孩子调查、搜集信息，这个事情就很难布置下去，所以下一节有什么需要他们汇报的都没材料。"[1] 教师往往把出现这种问题的原因归结于儿童的不重视，"包括孩子和家长，他们都觉得反正这个课最后就是打个分，得个等级，而且也无关紧要。对它的重视，尤其是孩子们，非常不够"[2]。不可否认的是，儿童对品德课的重视程度的确是影响其课堂行为表现的一个重要因素，不过，也可能与儿童的兴趣或者他们的参与程度有关。换而言之，教师布置的任务儿童不能完成，这确实是与没有硬性的要求和规定有关，可是，如果教师激发了儿童求知的欲望，了解了儿童的心理需要，儿童应该也会认真、尽力完成。教师的错误归因使得课堂教学陷入了一个恶性循环的怪圈：教师组织活动—儿童反应平淡—教师以讲为主—儿童不配合—不再组织活动。如此循环往复，课堂教学就会陷入泥淖之中，无法真正得到改善。

在一次品德课教研活动中，教研员直言不讳地指出了公开课中教师主导课堂教学、学生自主性缺失的问题：

---

[1] T-1-Y（2）
[2] 同上。

◇ 第三章 分析与透视：现实的考察 ◇

"不管是翻转也罢，信息技术也罢，其实学生的自主学习是核心，刚才我简述的这个学习是针对学生的学习来研究的，如何转变学生的学习方式让他能够实现自主探究，这是最核心的东西。怎么任重道远呢，我再举一个，这是 W 校长刚才的问题。W 校长刚才说的那些我都赞同，这不是批评，这是在研讨。举个最简单的例子，电影院，来，我来解释一下，这个地方有问题，来，我来解释一下。其实这些东西完全可以放给学生，这只是一个小例子，他已经发现了问题，他觉得他不会，他肯定自己也不会，或者说你的理解是到位的。这些所谓问题，问题式学习、研究式学习，你都要给他机会，而现在我们传统教学的观念依然存在，它就框住你了，都告诉你、交给你。有的时候你可能想节约时间，但是他还是没有清楚，你干嘛不让他自己去解决，给他一个机会。这只是一个小例子。咱们很多老师在一线教学过程中想得可能比较简单，但是真正到课堂上，你的一言一行，一举一动，你的任何的设计，一句话，可能阻碍他的发现问题，有的时候学生在课上没有发现问题的机会，不是人家不会，是老师把所有发现问题的机会都给屏蔽掉了。所以，要想实现学生的自主探究，要让他能够发现问题，让他能够解决他想解决的问题，非常关键。所以我想最后就是转变观念，任重道远。"[1] 一般而言，"公开课"都是经过多次打磨之后才会正式呈现出来，"几个月前我们就在研究这个课，然后经过试讲，当时还有录像、看录像，最后才有了这样一节课"[2]。在公开课上，教师都难以真正落实儿童自主学习、自主探究，在常态课上，这一问题也就更为严重。我们在学校共听了 18 节品德课，几乎每一节课都是教师主导，虽然中间可能会穿插一些讨论、表演等活动，但仍然是教师在掌控课堂，儿童始终在跟随教师的思路走。

在德育活动中也是如此。活动主题的选择、活动的设计、活动的评价都由教师完成，儿童只是被动地参与。这就剥夺了儿童的主

---

[1] 2015 年 6 月 2 日教研活动记录。

[2] 同上。

动性，带来的后果是：学校费尽心思组织的活动不一定真正走入儿童的内心之中，也不能使儿童真正融入其中。

成有信先生曾经指出："现代教育的核心就是主体性教育，就是把受教育者看成是主宰自己的人，即把他们培养成相信自己、拥有自己的权利并能尽自己社会义务的主人。"① 品德课程回归儿童生活遭遇的最大阻力在于成人主宰了儿童的现实生活，不论品德课堂教学还是德育活动，使得儿童的自主性、独立性无法施展。这也是教师花费大量的时间与精力精心设计的品德课程尽管有时也考虑到了儿童的基础、顾及了学生的身心发展特点，却并未如愿以偿地收到理想效果的主要原因，问题就在于儿童在学校中主体地位的缺失。"在道德教育的全过程中，不管是课程的开发，课程的实施，还是课程的评价，哪个环节没有确定学生的主体地位，哪个环节必然会出现问题，必然造成道德教育的针对性、实效性削弱。"② 不顾儿童心理需求、道德需求的德育活动难以取得真正的成效。

此外，在课堂之外，也存在成人包办儿童生活的问题。比如，学校在《班级管理细则》中明确规定："如第二天需要矿泉水，班主任下午四点半前填写水票后送到水票箱，四点半后总务处会将统计结果给矿泉水公司，晚上统一将水送到教室门口，如班主任忘填水票造成学生到大厅搬水将追究班主任责任；出现学生到大厅搬运矿泉水每次扣班主任量化 0.1 分。"③ 一方面学校提倡儿童自治自理，另一方面学校管理者却又对儿童的生活无限制地干预，二者形成了一个矛盾。"饮用水"是儿童日常生活的必需品，本应由儿童自己去取。儿童在取水的过程中会遇到各种各样的问题，通过不断解决这些问题，他们就能获得一些生活的技巧，也能够培养儿童之间的合作能力，等等，这对他们而言本身就是最好的教育，对他们的发展具有积极意义，这就是学校生活与社会生活的密切关联。在学校管理者看来，不让儿童自己去运水恰恰是为了保证他们的安

---

① 成有信：《现代教育论集》，人民教育出版社 2002 年版，自序第 9 页。
② 张人利：《构建学校德育课程体系的研究》，百家出版社 2007 年版，第 3—4 页。
③ 《班级管理细则》。

全，以免在搬运过程中出现安全问题。一方面，这种想法却与儿童的特点相背离，因为儿童具有极强的表现欲，他们希望参与、设计、管理自己的生活，正如杜威所言："儿童生来就有要发表、要做事、要服务的天然欲望。当这种倾向没有得到利用时，当出现其他的动机取而代之的情况时，一种反社会精神的影响的积累就比我们所能想到的要大得多——特别是当工作的辅导一周又一周、年复一年地降临到这方面的时候。"① 成人对儿童生活的过度干预就使儿童错过了良好的参与社会生活的机会，无益于他们生活能力的提高。另一方面，成人过多干预儿童的学校生活甚至包办本应由他们自己经历的生活也就造成了学校生活与社会生活的隔离，使得儿童的学校生活无法对他们今后的社会生活产生直接的相关作用，"学校中各种实践的目的不在于它们本身，不在于厨工、女缝工、木工和泥水工的专门技巧，而在于它们在社会方面与校外生活的联系；同时，在个人方面，它们是回答儿童在行动、表现、做事的欲望等方面的需要，使他所做的事是建造的、创造性的而不是被动的、奉旨办事的。它的重大意义在于保持社会方面和个人方面的平衡"②。

鲁洁先生曾言："'儿童的生活世界'只是说它是儿童自己参与，经过儿童自己建构起来的生活世界，而这个参与、建构过程必然是与其他人（成人）相互交往、相互作用的过程。"③ 儿童生活与成人生活并非二元对立，相互排斥，但是这并不意味着成人对儿童生活的全面干预甚至是为儿童设计好、规划好他们的生活。

三 小结

品德课新课改以来，教师对品德课的认识发生了非常大的转变，已经意识到儿童的品德培养应该在生活中进行，并最终归于儿

---

① ［美］杜威：《学校与社会·明日之学校》，赵祥麟等译，人民教育出版社 2004 年版，第 143 页。
② 同上书，第 61 页。
③ 鲁洁：《回归生活——"品德与生活""品德与社会"课程与教材探寻》，《课程·教材·教法》2003 年第 9 期。

童的生活，真正去影响他在日常生活中的行为，改善儿童的生活质量。在具体做法上，在一定程度上体现了向儿童生活的回归。在课程目标上，品德课程就是要培养生活中的人。在课堂教学方式上，"创设情境"基本成为品德课教师的主要做法。不仅如此，通过活动来促进儿童的品德发展几乎成为共识，这不仅表现在课堂教学中，更表现在德育活动中，学校开展了一系列德育主题活动。在评价上也发生了明显的改观，在评价主体上，儿童开始参与评价；在评价内容上涉及儿童生活的方方面面，更加全面、具体；在评价方式上，实行等级评价、结合质性评价与量化评价、个性评价。由于种种原因的限制，品德课程回归生活还存在诸多不足，这主要表现在品德课堂教学和德育活动之中。其一，德育活动组织和开展往往是为了完成上级教育主管部门安排的任务，没有从儿童的实际出发；其二，不论是品德课堂教学中的活动还是课堂之外的德育活动都存在形式化的问题，使活动的组织和开展失去了实际的教育意义和价值；其三，在品德课的评价中仍然存在着注重知识考查、死记硬背知识的问题，德育活动往往侧重评价活动形式，而忽视了对内容的评价。

儿童生活"隐匿"的主要原因还在于成人过多地干预儿童的学校生活，无论是家长、教师还是学校管理者。在家长方面，家长包办应由儿童自己完成的工作、任务以及通过各种手段为儿童的学校生活争取"资源"；在教师方面主要表现为教师主导、安排、设计儿童的学校生活，在课堂教学中儿童没有自主学习、探究式学习的机会，在德育活动中，教师安排、设计好了一切，儿童只是被动参与；在学校管理方面，学校尽可能地为儿童的生活安排了一切，使得儿童丧失了动手实践的机会。正如古德莱得所言："教师虽然有着良好的初衷，但他们的工作却不能与学生的'其他生活'联系起来。学生们认为是他们日常生活中主要关心的事情，却被教师看成是与学校教育和课堂教学不和谐的因素，但是又不能把这些因素与学生生活中的问题联系起来。……课程，即学习的科目、主题、课本、练习册等，将教师和学生隔离开了。年轻人只被看作是学生，被评估的也只是他们的学术能力和勤奋的态度,而不被看作是有个性的人,并在这一生命阶段有身心、社会和个人发展的特殊需要。"① 这就使得儿童成为"温室里的花朵",难以经受外界的"风吹雨打",学校与社会的隔离也由此产生。

吴康宁教授在分析中国教育改革为什么会这么难时曾直言不讳地提出:"'人'的观念始终未能在一线教育工作者的头脑中普遍地、虔诚地确立起来,与之相应的行为习惯始终未能在一线教育工作者的身上普遍地、切实地形成。"② 这一点也在品德课程实施中得到了验证,进一步回到儿童本身将是品德课程实施努力的方向。

第二节　什么内容的生活:真实或虚拟

教育工作的基础、它的主要内容,并不在于保护少年们不受坏的影响,而是要使他们对坏的、不道德的东西具有免疫力。怎样才能做到这一点呢,教育的技能和艺术就在这个怎样之中。③

——苏霍姆林斯基

教育基本上是一项道德事业,之所以如此是因为它的目标是改善。它试图让接触它的每个人,老师以及学生,比现在更好。放眼全球,它尽力让这个世界变成一个更好的地方。④

——杰克森(Philip W. Jackson)

---

① [美]古德莱得:《一个称作学校的地方》,苏智欣等译,华东师范大学出版社2014年版,第72页。
② 吴康宁:《中国教育改革为什么会这么难》,《华东师范大学学报》(教育科学版)2010年第4期。
③ [苏]苏霍姆林斯基:《公民的诞生》,黄之瑞等译,教育科学出版社2002年版,第7页。
④ [美]杰克森:《什么是教育》,吴春雷、马林梅译,安徽人民出版社2012年版,第151页。

◈　小学品德课新课改的回顾与展望　◈

《品德与生活》课程标准指出："本课程遵循儿童生活的逻辑，以儿童生活中的需要和问题为出发点；以儿童的现实生活为课程内容的主要源泉；以用正确的价值观引导儿童在生活中发展、在发展中生活为课程的基本追求。"① 在此之下，儿童的生活成为课程内容的来源。儿童的生活本身就是开放的、多元的，在学校中，儿童的生活也是丰富多彩、多种多样的。在品德课上，教科书为儿童提供了丰富的生活内容；学校活动"月月有主题"，学校还不断创新传统品牌活动形式——春游、雏鹰假日小队活动、家长讲坛活动；校外实践活动更是精彩纷呈，活动内容涉及发生在儿童现实生活中的真实问题与困惑，有利于解决儿童正在遭遇的现实问题。值得肯定的是，学校已经想方设法地开展了多种多样的活动，内容可谓丰富多彩。但是在这些内容中也充斥着一些不利于儿童道德成长的因素。生活的内容是真实的还是虚拟的，究竟如何看待生活的内容，这些都成为品德课程改革无法绕过的问题。本节将结合在学校中调研的情况，对生活的内容进行分析。

一　"童眼看世界"：生活内容之真实

在现实中，生活的内容是千姿百态、丰富多彩的，它们或多或少地对儿童的道德成长产生着影响，在此意义上，品德课程内容来源广泛。但是，这些内容并非都能成为品德课程内容。一方面，品德课程在时间和精力上的限制决定了只能选择其中一部分作为课程内容；另一方面，生活的内容并非都对儿童成长有益，或者说适合儿童的成长需要。因此，如何在纷繁复杂的生活中选择适合儿童需要的内容对学校、对教师都是一种挑战。儿童正处于人生的成长阶段，各方面发展的不成熟是这一时期的显著特点，他们在学习、生活过程中面临着各种各样的困惑，这些问题正是学校应帮助儿童解决的。通过解决儿童成长过程中的烦恼促进儿童的健康发展是学校

---

① 教育部：《义务教育品德与生活课程标准（2011年版）》，北京师范大学出版社2012年版，第2页。

教育义不容辞的责任。这一部分将分析学校、教师是如何选择"真实"的生活内容的。

（一）自觉选择源于儿童现实生活且富有教育意义的内容

在品德课程实施中，教师有意识地从儿童的生活实际出发开展教育教学活动，尊重了儿童的身心发展特点，正如一位教师对品德课的理解："我觉得这种课堂更像小时候教给我们应该怎么做的那种小动画片。它本来是一个台湾动画片，后来咱们大陆也在拍，我觉得它里面讲到的一些，比如教小孩怎么洗手，怎么排队，比如过年的时候要问新年好，过母亲节的时候要给妈妈唱歌，等等，这不就是品德与生活吗？"[1] 具体来看，生活内容之"真实"主要表现在以下几个方面。

首先，在品德课上，教科书是教师课堂教学的主要依据，有些教师甚至是"照本宣科"。因此，教科书内容就可以在很大程度上反映出生活内容的真实程度。下面以学校使用的教科书为例，分析儿童生活真实的一面。品德课教科书以儿童生活的展开为线索。从时间上看，它是按照时间的变化来编排教科书内容，比较明显的是根据季节、气候的变化来设计内容。比如，在一年级下册，根据季节的变化，在第二单元设计了《美丽的春天》，在第四单元设计了《火热的季节》，教科书内容的设计与季节的变化相适应，这可以帮助儿童增加对课程内容的理解。在空间上，它按照儿童生活空间的转移来设计内容，从家庭到班级到学校到社会，生活空间逐步扩展。在具体的内容上，也是选择儿童经常容易遇到的问题作为素材，比如如何处理与同学的关系、如何在班集体中生活、如何战胜困难，等等。正如鲁洁先生所言，"在生活道德的视域中，品德课程所遵循的不是知识的逻辑而是生活的逻辑；不是由概念、范畴推演而来的课程体系，而是根据儿童生活的演进、发展而建构的体系。……在生活德育的视域下，德育课程教材所生成的教育话题和

---

[1] HT-2-Y（1）

◆ 小学品德课新课改的回顾与展望 ◆

范例，是以儿童的'生活事件'形式呈现的"①。可以说，品德课教科书实现了由"学科逻辑"向"生活逻辑"的转变。

除了品德课教科书按照儿童的生活逻辑编排之外，品德课教师也有意识地以"生活中的小例子"作为内容的来源，贴近了儿童生活的实际。其一，儿童与自我。小学阶段的儿童首先遭遇的就是与自我的问题，比如个人的卫生习惯、个人的意志品质、如何处理个人情绪等，在其中，帮助儿童战胜困难，培养自信和勇气是重要内容。"上学期我上过二年级的一节课，就是引导儿童如何正确地面对困难。其实这节课主要的教学目标就是让孩子勇敢地面对困难，能够在遇到困难的时候想办法解决它，而不是畏惧，然后能够想出解决问题的办法。事实上，孩子们在生活当中会遇到很多困难，比如说不会系鞋带。有的同学可能觉得我不会系鞋带，我就让同学帮我系，或者说是找老师，他不会自己学着去系，因为他觉得系鞋带很难。但是通过一节课，让孩子们知道身边的例子，孩子们就会感到其实一些困难并不那么可怕，身边的这些小困难其实努努力就能够克服。解决困难的办法还是很多的，比如说小组之间相互帮助，或者问问爸爸妈妈，或者去努力想办法解决它。这样一节课下来，孩子们觉得困难其实并不那么可怕，只要想办法去解决它，困难其实是可以迎刃而解的。我觉得品德课就是通过孩子生活中的一些例子，以及他们在生活中遇到的一些困难，让他们去体会一下。"②系鞋带、系红领巾是小学低年级儿童面临的一个困难，有不少儿童都无法独立完成。这位老师就抓住了发生在儿童身边的真实问题，引导他们勇于战胜困难。不仅如此，老师还从这一小事出发上升到儿童勇敢品质的培养，从而提升了小事件的教育品质。其二，儿童与他人。儿童走入学校后，就要面临着处理与家人的关系，与老师、同学的关系，在各种关系中，诚实就是重要的道德品质。"这个地方要讲诚实，比如，一个小朋友就说，有一次我把家里的花瓶

---

① 鲁洁：《德育课程的生活论转向——小学德育课程在观念上的变革》，《华东师范大学学报》（教育科学版）2005 年第 3 期。
② HT－2－Y（1）

打碎了,然后告诉爸爸,爸爸就把我打了一顿。这个时候我就让小朋友们讨论,如果是你的话你会怎样处理这件事情,你有什么想法?小朋友们就组内讨论,后来有个小朋友就说,如果是我的话,这件事情,我就不告诉我爸爸,我就把那个打碎的花瓶扫起来,然后在外面买一个新的放到那里。大家就针对这个问题开始说了,其实,这是不好的,我们首先要诚实,我们需要把这个打碎花瓶的事情告诉父母,诚实对待这件事情,之后我们可以想一想这件事情的来龙去脉,把它跟家长说清楚,孩子们这时候就会说,我可能会跟爸爸妈妈说我是做什么事情的时候一不小心打碎的,不是故意的,可能爸爸妈妈这个时候就稍微有一点理解你。接着孩子们可能就说,爸爸妈妈可能还会很生气,我要主动地道歉,我要知道下次我再做事情的时候我应该认真仔细一些,我不应该这么马虎。孩子们就开始讨论,我可能会跟爸爸妈妈说,我以后一定要注意,然后给爸爸妈妈倒一杯茶,爸爸妈妈不要生气,可能通过这样几个做法,家长就没有这么生气,就不会打他了。可能有的孩子还说最后还可以补救一下,用纸再剪一个新的,或者用彩泥再做一个花瓶放在那里。"[1] 以"打碎花瓶"为代表的小事情也在儿童身边常有发生,这就涉及做错事后如何处理的问题,其背后展现的是诚实还是撒谎。通过生活中的真实案例使儿童从小培养诚实的道德品质。其三,儿童与社会。涂尔干认为,学校教育的最终目的是实现儿童的社会化,依此观点,学校德育就是将社会道德规范转化为儿童内在的道德品质从而更好地适应社会生活的过程。因此,遵守公共秩序、维护公共安全特别是遵守社会公德就是儿童在社会生活中应遵循的社会规范,在学校教育中尤为重要。"我觉得就是通过生活中的小例子。比如说,昨天我在讲的时候,视频中没有上下楼梯要靠右行走,不能拥挤、推搡,因为之前我在课间的时候经常看到小孩鞋带开了的问题,我就想到问他们能不能随时蹲下来系鞋带,然后我就问了他们,他们也说不行,应该离开队伍,去角落里面。所以

---

[1] HT-2-Y(1)

我觉得这方面他们还是挺注意的，通过生活中的点点滴滴吧。"①

其次，着手解决在儿童身上存在的实际问题。校会与班会可以视为最有针对性的教育活动，它主要针对近段时间以来发生在儿童身上的各种与日常行为规范不符的行为，予以强调。比如，有一次校会就曝光了学校近期出现的一些不文明现象，有乱扔垃圾的，有折损树枝的，有在水池旁边打闹嬉戏的，有破坏公物的，等等，通过拍照或截取学校监控的方式在全校展播，让所有儿童都清楚地认识到发生在身边的不文明现象，同时也对不文明行为的发出者起到教育作用。校会之后，各班结合本班内的不文明现象开展有针对性的教育。校会和班会能及时纠正儿童出现的问题，以儿童的问题为主要内容不仅使得品德课程实实在在，而且具有良好的针对性、时效性。"班会，一般学校里会有一个主题，然后我们围绕这个主题来进行。比如有时会是'寻找身边的小雷锋'，有时候会说一些我们的好习惯，我们应养成哪些好习惯。也有可能会围绕一个活动来进行，比如说我们近期会有一些大中小型的活动，在这个活动当中我们应该去注意一些什么。一般是围绕一个主题来开展。也有另一种形式，就是针对最近发生的事情来进行，比如说最近可能有几个孩子发言、听讲或者作业的完成情况不是很好，可能会就这些问题或者打闹性比较严重，纪律性不强，对最近的某一个问题强调一下。"②

在班级日常管理中，班主任也会随时关注发生在儿童身上的问题并针对这些问题及时有效地予以解决。"我就觉得其实作为一个班主任来说，每天都在进行品德与生活课，但是它可能不是说在这个课上，所以说这个课有时候就会上成小班会课，就比方说拿品德课讲讲卫生，管管纪律，其实这些也应该在品德课里面的吧。"不仅如此，班主任还会及时发现并有针对性地解决个别儿童的问题，"有一个孩子就胆小，别的老师说，你去另一个班级叫一个人，他就不敢去，但是最后还是去了。去了之后，20分钟没有叫过来，

---

① T-5-Y
② H-1-Y（1）

后来我就叫另外一个小朋友去,去了之后就叫过来了,就问他怎么没叫过来呢,他说,我不敢进,后来就不断鼓励他,就是去叫一个同学,别那么胆怯。再后来就很多事情让他主动去做,比方说,去办公室送个什么东西或者是说承担一些这样的敢于去说、去表达的事情,就这样慢慢引导他,最起码现在在课堂上他敢于声音洪亮地、很自信地去发言"①。

除此之外,教师还有意识地设置道德冲突。人的道德成长是个体与外在的社会环境相互作用的结果,只有在不断地与社会环境的接触中才能真正实现道德发展,道德冲突则是个体在处理与外部环境的关系时无法逃避的环节,也是道德发展的重要路径,"儿童品德的形成源于他们对生活的体验、认识、感悟与行动。只有源于儿童实际生活和真实道德冲突的教育活动才能引发他们内心的而非表面的道德情感、真实的而非虚假的道德认知和道德行为。良好品德的培养必须在儿童的生活中进行"②。以上述"打碎花瓶"的争论为案例,"对于打碎花瓶之后到底怎么做",这本身就形成了一种道德冲突:实话实说可能会被家长打一顿而不承认的话却又面临着撒谎的问题,正是在这种思想上的挣扎与焦虑中道德素养才一步步地提升,根据这一冲突逐步引导儿童坦诚地面对问题、诚实做人、为自己的行为负责,等等。而且在这种道德冲突中,儿童也更易于理解、体会其中的道德情感,从而形成良好的道德规范。

(二)意识到生活内容的阶段性

除了自觉地选择源于儿童生活实际且富有教育意义的内容外,学校还意识到了针对不同年龄阶段的儿童采用不同的教育内容,以适合他们的身心发展特点,满足他们的身心发展需要。学校针对儿童在不同年龄阶段的身心发展特点的不同,采用"阶梯式教育",分学段制定德育策略,出台了《学生分层次德育目标实施细则》,"低年级积极开展以养成教育为侧重点的自理教育,中年级实施以

---

① H-1-Y(2)
② 教育部:《义务教育品德与生活课程标准(2011年版)》,北京师范大学出版社2012年版,第4页。

◈ 小学品德课新课改的回顾与展望 ◈

情感教育为侧重点的自主教育,高年级实施以价值观为侧重点的自治教育"①。"自理教育—自主教育—自治教育"的教育路径体现了循序渐进原则,顺应儿童的道德发展规律,合乎儿童的心理发展特点,有助于提升学校德育的有效性。

不仅如此,学校在2015年工作要点中还提出了:"加强德育课程研究。一年级的入学教育课程;六年级的毕业教育课程;德育微视频教育课程(法治教育、少先队教育、文明礼仪教育、习惯养成教育等)、传统节日课程、社会实践课程等,逐渐构建梯次推进、系统衔接的德育课程体系。"② 如此,品德课程与儿童在学校生活的扩展相结合,紧密结合儿童所处阶段面临的问题,通过开展相应的德育活动着手解决儿童正在经历的学习、生活中的困惑。

在班级管理中,班主任也认识到这一点。在学校中,由于班主任特殊的工作性质,他们与班级学生接触的机会多,对每一个学生的具体情况都比较了解,因此,学情分析也就成为班主任必须做的工作。"我们每个班主任都有一个班主任手册,手册上有一个学情分析表,那个分析表主要是对他们的心理、性格和班级学生的整体状态做一个评价。因为班主任平时与孩子接触得比较多,所以在平时的交往过程中就对他们有了非常多的了解。对于不同阶段的孩子来讲,他们所面临的问题是不一样的,一年级入学,他的学情就是对入学的适应。那么,到了中年级,熟悉了校园的生活了,可能就是一些规则、规章要懂得,还有一些相处,就是说如何更好地来把自己一天的生活安排好这样的事情。到了高年级,就是锻炼他们自己处理问题的能力,每个年龄段都是不一样的。"③ 由此可见,班主任已经意识到要根据不同成长阶段的儿童采用不同的教育内容。

需要注意的是,上述内容其实归纳和概括了关于生活内容真实的三种判断标准:内容源于儿童生活实际、富有教育意义、注意生活内容的阶段性。那么,究竟应该如何看待这三者的关系?或者

---

① 《2014—2015学年第二学期教育工作计划》。
② 《2015年工作要点》。
③ H-1-Y(2)

说,三者的前后顺序如何?我们认为,真实的生活内容首先应当是源于儿童生活实际即选择发生在儿童身边的事情,这是品德课新课改所倡导的"回归生活"的第一层含义,这也是对以往德育脱离儿童生活的批判。但是,儿童的现实生活本来就是丰富的、开放的,不仅有"真善美",也有"假恶丑"。如果不加选择地一味求"真"而回到儿童的生活,只能使儿童迷失于纷繁复杂、是非难辨的生活之中。这就需要对来自儿童生活实际的内容作出价值判断,看其是否有教育意义,是否对儿童的道德成长有所助益。有学者称之为"应然层面上的回归","应然层面上的回归,并不是指向于回归已然存在的现实世界,而是诉诸一种超越性的回归和建构性的适应,是在对现实生活扬弃的基础上的自觉的价值追求"[1]。因此,在源于儿童生活实际的基础上具有教育意义就是生活内容真实的第二层含义。最后,这些具有教育意义的内容还应当合乎儿童的年龄阶段、身心发展特点,选择适合他们年龄特征的教育方式,只有这样才能真正对他们的成长有所帮助。正如有学者在探讨学校文化特色建设时提到的:"任何一个学校的文化特色本身既需要一般意义上的价值上的反省,也需要教育学的立场和角度对其进行检视。……前者要保证学校文化特色内在的价值追求是好的,后者则要保证这种价值追求的外在表现方式、载体和对学生的作用机制等是适当的,是适应、适合学生年龄特征和身心发展需要的。"[2] 源于儿童生活实际、具有教育意义、合乎身心发展特点是生活内容真实的完整表达,三者是层层递进的关系、缺一不可。

二 "离孩子太远":真实中不乏虚拟

上述内容呈现了生活内容真实的一面,并指出了真实内容不可或缺的三个要素:源于儿童生活实际、具有教育意义、体现阶段性和差异性。当然,由于种种原因的限制,儿童的生活中还有不少虚

---

[1] 檀传宝、班建武:《实然与应然:德育回归生活世界的两个向度》,《教育研究与实验》2007年第2期。

[2] 唐汉卫:《学校文化特色建设的几个误区》,《教育研究与实验》2014年第5期。

拟的内容，这些内容的存在弱化了品德课程的教育意义，不利于儿童身心健康成长。具体来看，缺乏上述三个要素中的任何一个，都无法构成真实的内容。

（一）远离儿童现实生活的内容仍然存在

在品德课、德育活动、隐性课程中，脱离儿童生活实际的内容都不同程度地存在。首先，在品德课上，教科书仍然是不可回避的因素，对于品德课教师而言，教科书就是课堂教学的主要抓手。教师对于教科书的使用方式以及教科书内容与儿童生活的距离在很大程度上影响着儿童生活内容的真实性。

《品德与社会》课程标准指出："教科书以及教学所需要的教学参考资料、其他各类图书……等是学校中基本的资源。在课程实施过程中首先要重视并加以利用。"[1] 教科书作为教师课堂教学的主要依据在课程实施中占据着独特的地位，有一种观点就视教科书为课程内容，"把重点放在教材上，有利于考虑到各门学科知识的系统性，使教师与学生明确教与学的内容，从而使课堂教学工作有据可依。所以很多教育工作者不知不觉地采用这种取向"[2]。我们在调研过程中也发现，教科书仍然在教师心目中占据着重要的地位，在教科书上仍然笼罩着神圣与权威的"光环"。我们在调研过程中共对6位品德课教师（其中3位专职、3位兼职）进行了访谈，发现品德课教师在教科书的使用方式上有三种倾向。

第一种方式是忠实取向——"照本宣科"：完全忠实于教科书内容，教科书如何设计教师就如何讲授，教科书有哪些内容教师就讲哪些内容，既不增加也不减少，把教科书内容讲完就算完成了教学任务，就大功告成。有老师就曾谈道："这个课内容特别少，你看一共13课，32个课时，而且里面内容特别少，特别空。我这节课25分钟，勉强可以撑下来。要是40分钟肯定完不成，你来听我

---

[1] 教育部：《义务教育品德与社会课程标准（2011年版）》，北京师范大学出版社2012年版，第27页。

[2] 施良方：《课程理论：课程的基础、原理与问题》，教育科学出版社1996年版，第107页。

们的课，老师们都觉得不好意思。我们一般都用一半的时间来干点别的，否则课本内容太少了，根本无法支撑一节课。我们一般都把一节课掰成三瓣。"① 也有老师有类似的感受："这个课的内容太少了，内容又比较空，你看我们一周两节课根本就用不了这么多课时，所以我就用一次课的时间把教材内容讲完了，另一次课我们就举行'小博士讲坛'，让孩子讲讲他的一些经历、感受或者分享一下他读过的书、看过的电影，这对学生也是一种锻炼。"② 这些教师感觉课堂教学时间太多，而教科书内容太少，多余的品德课的时间就只能用来做其他事情。这样使用教科书的老师往往是兼职教师，特别是班主任，由于他们班级事务繁多，工作繁忙，分散到品德课的时间和精力也就极为有限。

第二种方式是"适应取向"——"补充素材"。为了使课堂教学更加饱满，在教科书内容的基础上补充相关素材，"反正根据教材，我就找材料，先做课件，课件就是相应有文字的、图片的比较多一些。然后，比方说最后一个单元吧，这个是讲垃圾、环境问题，垃圾这一块，我就先找一找哪些地方容易有乱扔垃圾的现象，之后再找找文字方面的垃圾的数量，导致我们现在这个环境有什么恶化这样的数据，最后再找找相关的视频。像团结这一块，让他们看看团体项目，拔河、篮球之类的，感受一下团体的那种力量"③。也有老师谈道："这个课教材内容比较少，讲这个课不能光讲教材，如果只讲教材的话十分钟就能讲完，还要针对学生特点，为了提起学生兴趣，广泛找知识、内容。我发现越是学生不懂的，他越爱听，真的是教给学生一碗水，老师要有一桶水。讲一些学生不懂的内容，他们会觉得老师懂得真多，亲其师信其道。仅仅是大量的课外资料是不够的，因为学生的注意力有限，还要准备好看的、精彩的、清晰度高的视频，还不能太长，十五分钟左右。这样就把书上的、课外的、文字的、动画的结合起来。以老师讲为主，以学生的理解、

---

① HT - 1 - N
② HT - 2 - Y (1)
③ T - 1 - Y (2)

互动为辅。"① 还有老师认为,"我觉得只有通过讲小故事你的课才能拓展,才能变得有意思,光讲教材是挺没意思的,因为内容太少,五分钟就讲完了,所以有的时候就得想办法给他们拓展,多举一些例子。上学期的课挺有意思,涉及传统节日,比如春节、清明节、端午节之类的,可以找到很多这样相似的视频"②。持这种做法的往往是专职教师,与兼职教师相比,虽然他们也负责学校的其他工作,但他们的时间和精力相对充足。而且,在他们看来,所谓的扩展更主要地表现为通过视频的形式丰富课堂教学内容。

第三种方式是"创生取向"——"精髓转化",以教科书为依据,在领悟教科书基本精神的基础上扩展、丰富教学内容。"其实我感觉《品德与生活》不光要讲课本上的东西,关键是要在生活上多懂一些,讲一些课本上没有的东西,课本从头看到尾一会儿就看完了,但是真正能看下去,能不能真正理解,这就看他们生活当中能不能运用了。……提前备课很重要,得先吃透课本,知道课本在这个学段要求孩子掌握些什么,把它的精髓转化为教师内部自己的这种思想,然后再以课本为基础,进行其他方面知识的延伸。我觉得是这个样子的。"③ 这是教科书使用的较高境界,教科书仅仅为教师课堂教学提供了一个范本,教科书背后隐藏的东西才是更为关键的。我们在调研过程中也发现,这位老师在上课时从来不带教科书,这也是对她上述观点的最好印证。

鲁洁先生曾言:"教材是一个与儿童对话的文本,是与儿童朝夕相伴的伙伴。"④ 究竟应该如何使用教科书成为影响品德课程实效的重要因素。探讨教科书的使用方式必须就教科书本身进行分析。事实上,品德课教科书在回归儿童生活方面已经付出了很多努力,比如,以儿童生活的场景作为德育素材、以季节的变换安排教材内容、由生活中的事件引发与之相关的其他教育问题以体现综合

---

① T-2-N(2)
② C-1-Y(1)
③ T-5-Y
④ 鲁洁:《教材应是能够与儿童对话的文本》,《河南教育》2004年第6期。

◈ 第三章 分析与透视：现实的考察 ◈

课程的特色，等等。然而，由于教科书的出版受到种种条件的限制，比如编者对课程标准的理解、出版社自身的考虑、学校的选择，等等，品德课教科书存在诸多不成熟、亟待完善之处。下面试以 A 小学使用的教科书为例，分析品德课教科书存在的问题。

第一，教科书更新慢。A 小学使用的品德课教材都是新课改之初出版发行的，其中一年级《品德与生活》2003 年出版，二年级《品德与生活》2003 年出版，三年级《品德与社会》2003 年出版，四年级《品德与社会》2005 年出版，五年级《品德与社会》2005 年出版，六年级《品德与社会》2006 年出版，距离调查时最近的教材也已经有 9 年时间。目前小学六年级的学生一般是在 2003 年前后出生，而一年级的学生则是在 2009 年前后出生，更何况社会的发展日新月异，教科书的滞后已经无法适应学生发展的需要。"课本中的教学实际上离孩子很远。比如，走近邮局就远离学生的生活实际。"① 也有老师谈道："品德课教材与孩子的生活离得太远，老师既要理解教材又要贴近生活，非常痛苦。每册得有三分之一的内容太古老了，太空洞了。"②

第二，教科书内容简单。翻开品德课教材，映入眼帘的是各式各样的图画，从一年级到六年级均是如此。当然，在教科书中搭配各种图片确实有助于提升学生的学习兴趣，但是，过多的图画则会降低教科书的知识含量，使教材内容流于简单甚至空洞。正如学者所言："目前许多德育教材的内容选择均存在'傻瓜化'的倾向。许多教材编写者都认为自己的教材很生动，但这种难度过低的廉价的生动在实质上是难以引发学生的学习兴趣的。"③

第三，教科书成人化。这主要表现在语言的成人化，教科书中出现的语言都是以成人的方式进行讲述，尤其对于低年级学生而言难以理解成人的语言。"基本上就是太成人化啦，儿童的东西比较

---

① T-3-N
② T-1-N（1）
③ 檀传宝：《德育教材编写应当恪守的基本原则》，《课程·教材·教法》2014 年第 6 期。

少一些,感觉我看的话不太能理解,有些例子感觉稍微有点过时,课本上的小故事有些过时了。"① 举例来说,四年级下册《品德与社会》第一单元第三节《我做小小普法员》中罗列了《未成年人保护法》《义务教育法》《预防未成年人犯罪法》的法律条文,这些条文由于使用专业术语进行描述使得学生很难理解。与其这样,倒不如选取侵犯青少年合法权益的真实故事作为案例,以此引出法律条文会更加有效。

第四,教科书内容系统性有欠缺。教科书内容难以体现循序渐进的特征,无法体现教科书内容随着学生道德认知发展水平的提升而改变的特点,缺乏低中高的衔接。"教材中的有些内容有点早,比如五、六年级历史和社会的内容与语文有重合或冲突的地方,还有身体的内容,这些在幼儿园应该都已经学过了。"② 教科书中内容还有不少重复之处,比如三年级下册的《家乡的故事》中就有对家乡的历史名人——孔子的介绍,而在五年级下册则又出现了《一山一水一圣人》这一单元。二者在内容方面具有很大的重复性。不仅如此,教材内容分散、不系统,"这个教材太陈旧了,太落后了,而且就东一块西一块,给我们说个头,好多东西让我们自己再去弄,再去弄呢,有的时候你说你是讲呢还是不讲呢,讲多了吧我们很费劲,它光引了个头,好多东西就是,包括你看这吧,第二课讲家乡的,什么家乡的土特产,它这一点都没有,你让孩子回去搜他们根本不搜,能有那么两三个给你搜的就不错了。它想得挺好,有些东西就是太空洞了,反正我觉得就是太零散了"③。

第五,生活素材与品德教育脱节。通过生活中的真实事件引发学生的道德冲突,从而提升学生的道德判断能力、促进学生的道德认知发展应是教科书发挥的作用。但是,教科书中的生活素材却存在着与品德教育生拉硬拽的嫌疑,二者之间缺乏巧妙的联结。"比如有一节课是介绍邮递员的日常工作,试图揭示邮递员工作有多辛苦,

---

① T-5-Y
② T-1-N(1)
③ T-1-Y(2)

◈ 第三章 分析与透视：现实的考察 ◈

但总感觉有点硬靠的嫌疑。品德课教材应当先有道德化，然后再落实在实际生活中。"① "有一些像什么家乡的这个现状、风景又是土特产，这些东西其实它是想往热爱家乡上靠，但是呢我觉得很远，你就真的弄一些比较励志的东西，爱国的也好、爱家乡的也好，就别硬往上靠。你看还有这，看地图的东西，反正这个学科我也不知道是归什么，你说它也跟咱们原来学的那个《自然》挺像的，这里面都是《自然》的东西。……里边好多东西就是，你像我说的这些，就是跟品德沾边不多，它现在弄着这些事吧倒挺生活化，但是呢我觉得不够典型，中国有一些很好的那种传统美德的故事，应该有，书上没有，反正这是我的理解吧，我就觉得太杂了。"②

有学者曾经形象生动地描述了品德课教科书使用中的问题："不管何地、何校、何时学生是否'有病'（需要），全国、全市的全体学生，不但要同时吃同一种'药'（教材），且'剂量'（课时）、'服用方法'（教育手段）也须'划一'，这怎么可能对生活、学习在不同地区、不同学校、不同家庭的学生，进行'有的放矢'的教育呢？"③ 一方面，由于教科书更新缓慢，其相关内容已经远离儿童当下的生活，比如邮筒、邮递员等方面的素材，儿童在现实生活中已经很少见到。另一方面，由于教科书是针对某一地区统一使用的，因此就带有这一地区所具有的区域特色，具有明显的普遍性。而不同的学校在区域位置、生存环境方面又有很大的差异，使得教科书内容与儿童现实生活相距较远。

其次，在德育活动中也存在活动内容脱离儿童生活实际的问题。在德育活动中，主题班会往往能从儿童在某一阶段存在的问题或者儿童的兴趣和爱好组织开展，因此，它们与儿童的现实生活联系相对比较紧密。而德育主题活动内容则更多地来自上级教育主管部门的安排，在德育主题活动内容的选择上很少结合儿童的实际生活。

在学校举行的"孝心中国年故事大王比赛"中，学校开展这次

---

① T-1-N（1）
② T-1-Y（2）
③ 张人利：《构建学校德育课程体系的研究》，百家出版社2007年版，第3—4页。

◆ 小学品德课新课改的回顾与展望 ◆

活动主要是为了完成上级教育主管部门安排的任务,并且通过这次活动选拔出在才艺方面表现突出的学生,从而为其他活动的开展储备人才,活动内容也源于自上而下的安排,没有将学校、儿童的特点考虑在内。对于学校儿童是否在"孝道"方面存在问题,是否有必要开展"孝道教育",如何有效地开展"孝道教育"等前提性问题,学校并没有经过深入、细致的分析。因此,"低年级的孩子大部分选的都是现成的孝心故事,但是中高年级的孩子选的都是我身边的孝心少年"[①]。当然,"自上而下"开展"孝心教育"可能会或多或少地与儿童的现实生活有些关联,也可能有利于解决儿童当前存在的一些问题,但是难免会由于缺少对学校、儿童特点的分析而影响活动素材、方式的选择,进而影响活动的成效。

最后,脱离儿童生活实际的内容除了在品德课、德育活动中存在之外,在隐性课程中也常见其"身影"。尤为需要注意的是,这一消极影响要比品德课、德育活动之"虚"长远、严重得多。我们在调研过程中的一个无意中的"小事件"即最好地诠释了隐性课程内容中的"虚拟"成分。

> 今天上午我很早就来到了办公室,收拾利索后准备开展一天的工作。刚上第一节课的时候,我就接到了大队辅导员C老师的电话,她问我上午第四节有没有空,有空的话让我帮她去带一节品德课,她要忙少先队入队仪式的彩排。我欣然答应了,毕竟这是一个很好的与学生接触和交流的机会。
> 这节课的任务是让同学们自己完成作业。学生可能跟我有种陌生感,尽管我曾经听过C老师在这个班的几节品德课,刚上课的前几分钟,大家都在安安静静地做自己的作业,虽然有几个"不安分"的学生在小声说话,但整个课堂秩序还是不错的。慢慢地,随着陌生感的消失,学生们开始活跃起来。有几个活泼好动的学生也开始肆无忌惮地问这问那,当然,我一边

[①] C-1-Y(1)

◇ 第三章 分析与透视：现实的考察 ◇

在尽力维持课堂纪律，一边有选择地回答学生们的问题。不一会儿，课堂上的一个小事件引起了我的思考。当我走到一个小女孩跟前的时候，她问我："老师，我有一个作业不会写该怎么办？"我本来以为这是一个学生在捣乱，作业不会做是很正常的事情。但是，当我仔细一看作业题目之后，发现问题来了。作业是一篇小作文：以"乡村生活与田园风光"为题写一篇作文。对于这群出生在城市、成长在城市的学生来说，这一题目明显远离了他们的生活，不会写情有可原。我问了一些同学："你们在乡下生活过吗？"很多同学都没有，只有少部分同学寒暑假的时候在乡下的亲戚家待过。那我就奇怪为什么会出此作文题目。然后我又觉得这超出了同学们的水平，问他们："你们怎么写啊？""编呗。"旁边的一位同学脱口而出。这句"编呗"像一把利刃深深地刺痛了我的内心。[①]

"编呗"道出了一个学生内心真实的声音，对于没有任何亲身感受而言的写作，或许只有"编"才能完成。儿童的生活环境、成长环境是最为宝贵的教育资源，他所经历的生活就是正在接受的教育，这就是陶行知一直倡导的"生活教育"，"生活教育是生活所原有，生活所自营，生活所必需的教育（Life education means an education of life, by life and for life）。教育的根本意义是生活之变化。生活无时不变，即生活无时不含有教育的意义。因此，我们可以说：'生活即教育'。到处是生活，即到处是教育；整个的社会是生活的场所，亦即教育之场所"[②]。由此观之，过虚假的生活就是在受虚假的教育，过欺骗的生活就是在受欺骗的教育。从儿童生活中的事件出发、解决儿童在成长中遭遇的问题与困惑是新课改的基本精神。虚假的教育脱离儿童的生活环境引发其对儿童生活的厌倦，脱离儿童生活的教育无法从内心里触动学生的真情实感，引发情感的共鸣，也就难

---

① 节选自我们的调研日记（2015年5月28日）。
② 胡晓风等编：《陶行知教育文集》，四川教育出版社2005年版，第333页。

以达到教育的效果。更甚者，脱离真实生活的教育无法给儿童带来内心的快乐与喜悦，相反，带来的则是焦虑与挣扎。久而久之，儿童则会厌倦学校生活甚至会产生厌学情绪。不仅如此，它还在向学生传递"负能量"，不利于儿童健康人格的建构。脱离学生生活情境的作文写作实际上在鼓励学生撒谎、说假话，这会给儿童幼小的心灵带来不可磨灭的伤害。不仅如此，因为这种教育产生于无形之中，会在儿童的成长中留下深刻的印记，对儿童的消极影响会更为久远，不易消除，对儿童的健康成长不仅无益反而有害。

（二）不合儿童身心发展阶段的内容并不少见

除了一些内容远离儿童生活实际外，还有不少内容是高于或低于儿童的发展阶段，这也使其失去教育意义，走向虚拟，其主要表现为"高大上"的内容和"简单化"的内容仍然广泛存在。

1. "高大上"的内容还有不少

所谓"高大上"就是超越儿童当前的身心发展水平的内容。这在品德课、德育活动中都有所体现。下面我们以二年级下册《品德与生活》第三单元《我是中国人》的课堂观察记录为例，分析品德课中"高大上"的内容。

师：今天我们学习的这个单元叫作《我是中国人》，首先第一课，既然是中国人我们就要知道中国的国旗，大家每周几进行升旗啊？

生：周一。

师：对，周一要进行升旗仪式，这是我们《国旗法》的规定，（展示PPT——国旗的图片）大家可以看到，这里有一面国旗，什么形状、什么颜色、里面怎么有图案呢？

师：刚才我的问题有没有听到？来，你来回答。

生：它是长方形的。

师：长方形，然后呢？

生：然后它的图案是有一个大的黄色星星，四个小星星围着它。

师：非常好，非常棒！他把国旗的形状、颜色，并且图形的排列都说得非常非常地仔细，我要给你一个小印章，非常棒！其实，咱们这个国旗大家每天都能看到它飘扬在我们校园里面，我们对它要非常非常地尊敬。有没有同学知道这个颜色，红色和黄色，红色的底，黄色的星星它代表什么意义呢？有什么意思，你说。

生：它是用鲜血染成的。

师：谁染成的？谁的鲜血啊？好，请坐。

师：你说。

生：它是以前那些日本人侵略我们，勇敢的战士牺牲了之后的鲜血染成的。

师：革命烈士鲜血染成的这面红色的国旗。很棒！还有吗？还有什么意义？

生：上面有五颗星，一颗大的，就是我们中国，然后外面围的那四个小的是我们人民。

师：说得很好，但是我要说一点点，人民说对了，那四颗小星代表的是人民，但是大星代表的是？

生：共产党。

师：共产党，全称是什么？知道吗，中国共产党。四颗小星，每颗小星的一个角都怎么样？向着哪儿啊？

生：向着中间那颗。

师：对，每个角对着大星的中间围绕着它，就说明我们全国各族人民都一心向党，都在它的周围，听从它的领导和指挥，拥护它。你还有什么要说的？

……

师：不是的，这四颗星分别代表什么？这四颗星分别代表的是士、农、工、商，士就是民族的资产阶级，农是代表什么？

生：农民。

师：农民，工是工人，商是商人，做生意、做买卖的商人，士农工商。这是星星和旗帜的意思。这个红色（咱已经说了红色了）代表着革命战士鲜血染红的旗帜，其实还有一个意思是代表着红色的革命，咱们的中国传统的颜色，红色代表着什么啊？

生：热烈。

师：热烈，激烈，激情，是不是？那黄色呢？黄色，咱们中国是什么人种？

生：黄种人。

师：对，黄皮肤，所以这个地方用黄色的星星。而且它也代表着人民嘛，就是黄色。

《品德与生活》课程标准指出："品德与生活课程以儿童的生活为基础，以三条主线和四个方面构成课程的基本框架。……四个方面是：健康、安全地生活；愉快、积极地生活；负责任、有爱心地生活；动手动脑、有创意地生活。"在"负责任、有爱心地生活"中就有"爱集体、爱家乡、爱祖国"的内容，"热爱革命领袖，了解英雄模范人物的光荣事迹。尊敬国旗、国徽，学唱国歌。为自己是中国人感到自豪"[①]。对于课程标准中的要求，教师要结合儿童的实际展开。对于二年级的儿童而言，让他们从外在的形状、颜色等方面了解国旗、国徽就足够了，对于它们具体内涵的理解（比如国旗颜色是怎么来的、四颗小星分别代表什么）已经超越了这个阶段所应该达到的水平，如此，就使得课堂教学内容存在"高大上"的问题。

在德育活动中，类似的问题也同样存在。在学校德育活动的组织和开展过程中，往往出于管理的便利，对于所有年级"一刀切"，选择相同的内容、采取同样的方式，没有考虑不同年级阶段儿童身心发展的差异。以德育主题活动为例，"我们以中队为单

---

① 教育部：《义务教育品德与生活课程标准（2011年版）》，北京师范大学出版社2012年版，第4—9页。

位,开展了'核心价值观记心中'主题队日活动,组织队员们将社会主义核心价值观'24字'要求牢记心中;我们还组织了'深入学习社会主义核心价值观手抄报、剪贴报'比赛,帮助和引导广大少先队员牢记和理解社会主义核心价值观"①。在全社会都在弘扬社会主义核心价值观的今天,在学校中开展相关的教育活动,让核心价值观真正走入儿童心中是应该的、必要的。但是,对于不同年龄阶段的儿童而言,他们的理解能力是不同的,所以应当采取不同的形式、依托不同的载体来适应儿童的需要。我们曾与一位一年级的班主任聊起"核心价值观记心中"活动的相关情况,班主任回答道:"就是讲了讲这词语的意思,背过,然后再做一个手抄报就行了。"对于一年级的儿童而言,他们很难真正理解核心价值观的内容,通过讲解、记忆的方式难以让他们真正领会核心价值观的内涵。

2. 内容的"简单化"比较明显

在学校中,由于多数品德课教师是兼职②,所以他们在教科书的使用方式上也会更多地倾向于忠实取向和适应取向。因此,教科书内容是否贴近儿童生活、适合儿童的成长阶段就在很大程度上影响着生活内容的真实性。我们在与品德课教师交流教科书的问题时,得到比较多的回答是"很简单""比较简单""太简单""孩子日常都知道的东西""内容简单了点",等等。有一线教师反映,"我觉得这个课简单了点。一年级的内容孩子们都会,没有不会的。我觉得上课的时候要拓展大量的内容,这些内容都需要老师去挖掘"③。"教材与学生的起点有点差距,与学生的实际情况有些隔阂,远远落后于学生的认知,内容太简单。比如,五年级还在讲交通安全,过马路要左右看红绿灯,以及一些简单的交通标志,与学

---

① 《大队部汇报材料》。
② 就A学校来说,在我们调研的时候,共有3名专职品德课教师,但是她们还担任着学校档案馆、图书馆的相关工作。
③ HT-2-Y(1)

171

生的起点有差距。"① 也有老师谈道："课本上还有一些套话，有点太宽泛，有一些关于这个小孩的兴趣还是稍微有点欠缺，因为课本上的这些东西太基础了，可以再做一些小小的提升，因为现在小孩知识面广，平时接触的信息量特别大，所以我觉得还是应该稍微再提高一点，有时候我就感觉课本讲的东西还是有点太简单，需要再提高一点层次。"② 由此可见，教师使用教科书的方式加之品德课教科书自身的问题使得儿童的生活内容存在简单化的问题。柯尔伯格（L. Kohlberg）曾言："对于年幼的儿童，我们在传递道德信息时确实可能会犯水平过高或过低的错误，而犯水平过低的错误比水平过高的错误更糟糕，这是因为，在信息水平过低的情况下，儿童会失去对所传递信息的尊重。"③

（三）价值引导的不足

德育是一项富有价值意蕴的教育活动，其中充满了价值判断，引导儿童做出正确的价值选择是其应有之义。但是，在品德课堂上，在德育活动中，教师往往没有发挥价值引领的作用，错过了难得的教育契机和育人点，失去了宝贵的教育机会。下面是《品德与社会》三年级下册《交更多的朋友》中的课堂观察记录：

师：你的好朋友是谁？他的优点是什么？
生1：我的好朋友是A，他的优点是学习好。
师：很好，来，下一个。
生2：我的好朋友是B，他的优点是唱歌好。
师：行，下一位。
生3：……
师：没听见，来下一位。
生4：我的朋友是A，他的优点是学习好。

---

① T-2-N（2）
② T-5-Y
③ ［美］柯尔伯格：《道德教育的哲学》，魏贤超等译，浙江教育出版社2000年版，第272—273页。

◇ 第三章 分析与透视：现实的考察 ◇

师：好，夸同学要大点声，来，再来一排女生多点的，来这一排，开始。

生5：我的好朋友是C，优点是作文写得好。

师：大声啊，大声，来后面的。

生6：我的好朋友是D，优点是学习好。

师：好下一位。

生7：我的好朋友是E，优点是画画好。

师：下一个。

生8：……

师：我喜欢声音大的同学，来坐下，下一个。

生9：我的好朋友是F，他的优点是爱思考。

师：下一个。

生10：我的好朋友是G，他的优点是看书多。

师：被提到的同学举手……你们的心里是不是很高兴啊，有人把你当成好朋友，夸你了，所以我们也不要吝啬自己的夸奖，没写完的快点写啊。

师：你善于赞美你才能交到更多的朋友，是不是这个道理啊。

生11：我的好朋友是H，他的优点是爱学习，学习还很好。

师：表扬。

生12：我的好朋友是A，他的优点是学习不错。

生13：……

师：听不见。

生14：我的好朋友是I，他的优点是学习好。

生15：我的朋友是J，他的优点是乐于助人。

师：好。

生16：我的朋友是K，他的优点是作文写得很好。

……

师：你们谁写完了？来。

173

生17：我想跟××交朋友，因为我想向他学习。

生18：我想跟××交朋友，因为他学习很棒。

……

师：好了啊，同学们，看来，大家发出的愿望都是很诚恳的。看第25页，通过这单元的学习呢，我看到了咱们三年级一班，是一个团结向上的班集体，是一个互帮互助的班集体，刚才同学们说得都非常感人。我们看一下25页最后一段，来读一读，我相信同学们心中就是这样的感受，是不是啊，"集体给了我们温暖"，一、二。

生齐读：集体给了我们温暖，在集体中我们学会了很多，我们热爱集体，那是我们共同的家。

播放《朋友和熊》动画片。①

从儿童的回答中可以看到，大多数儿童内心里都希望与学习好的同学做朋友，这其实就展现了儿童内在的价值观。儿童交友的对象应该是多元的，他们可以选择学习好的同学，也可以选择学习不好但品德好的同学。教师在这节课应引导学生交友方面价值观的多元取向，特别注意儿童出现的功利的倾向，引导儿童健康地、正常地交朋友。

引导儿童树立正确的价值观是德育活动中不可回避的问题，也是核心问题。如果德育活动无法向儿童传递正确的价值观，那么德育活动就不仅无法发挥促进儿童道德生成的作用，甚至会起到相反的阻碍作用，成为儿童成长的绊脚石。学校中不少德育活动的开展都忽略了对儿童的价值引导。近年来，学校开展了一些与传统文化相关的活动，旨在增进儿童对传统文化的了解与认识，进一步将传统文化发扬光大。但是，这其中不可避免地会遭遇价值观的冲突问题，毕竟传统文化所传递的价值观与现代社会所倡导的价值观存在诸多不同。在德育活动中，价值引导缺失的现象也时有发生。下面

---

① 2015年4月8日三年级《品德与社会》课堂观察记录。

以"孝心中国年故事大王比赛"为例,分析在德育活动中教师价值引导的缺席(见表3-2)。

表3-2　　　　孝心中国年故事大王比赛(1—6年级)

班级	故事名称	班级	故事名称	班级	故事名称
一(1)	《花木兰代父从军》	二(6)	《孝心少年梁维月》	三(10)	《鞭打芦花》
一(2)	《百里负米》	二(7)	《孝顺父母的闵子骞》	四(1)	《别样的孝女绳》
一(3)	《一个木碗的故事》	二(8)	《奶奶哭了》	四(2)	《感动常在,因为有爱》
一(4)	《黄香温席》	三(1)	《毛泽东为老师祝寿的故事》	四(3)	《花木兰替父从军》
一(5)	《我和我的老爷爷》	三(2)	《苹果树》	四(4)	《陈毅探母》
一(6)	《子路借米》	三(3)	《孝心故事》	四(5)	《扇枕温席》
一(7)	《谢谢你,曾经允许我不爱》	三(4)	《老爷爷和小孙子》	四(6)	《黄香温席》
二(1)	《一块月饼》	三(5)	《暖冬》	四(7)	《我给妈妈洗脚》
二(2)	《闵子骞的故事》	三(6)	《孝顺神》	四(8)	《捐髓救母》
二(3)	《百善孝为先》	三(7)	《芦衣顺母》	四(9)	《孝心——让我们传承》
二(4)	《割股孝母》	三(8)	《王祥卧病求鱼》	四(10)	《芦衣顺母》
二(5)	《黄香温席》	三(9)	《闵子骞单衣顺母》	五(1)	《卧冰求鲤》

续表

班级	故事名称	班级	故事名称	班级	故事名称
五(2)	《孝道人人渴望，需要时时弘扬》	五(8)	《礼物》	六(4)	《芦衣顺母》
五(3)	《妈妈对我的爱》	五(9)	《孝心胜过强盗》	六(5)	《百善孝为先》
五(4)	《牵手美德，做孝心少年》	五(10)	《爱是承担，孝是责任》	六(6)	《孝心中国年》
五(5)	《黄香温席》	六(1)	《做孝心少年》	六(7)	《二郎神劈山救母》
五(6)	《孝心从点滴做起》	六(2)	《爱比血缘美丽》		
五(7)	《孟宗哭竹》	六(3)	《奶奶，我替爸爸养活您》		

从上述表格中可以看出，儿童选择的演讲题目主要来源于以下几个方面：《二十四孝》中的故事（17个），历史名人（包括神话）孝亲敬老的故事（7个），还有一些社会上发生的有名的故事，而真正源自儿童真实生活特别是发生在自己身上的故事并不多见（不超过10个）。《二十四孝》是中华民族传统孝道经典，体现了传统文化对孝道的认识，但里面也充斥着大量的伪道德，带有浓厚的封建、愚昧色彩，被深深地刻上了传统价值观的烙印——人格依附、尊卑有序、等级森严，其中更不乏愚忠愚孝的故事，比如埋儿奉母、芦衣顺母、割股孝母等故事，这些做法已经不再适合于现代社会。正确认识传统道德与现代道德的分殊，引导学生对传统文化做出现代阐释，对传统道德进行创造性转化，帮助儿童正确树立现代孝道观，从而逐步确立与现代社会相适应的现代性价值观是德育活动不可回避的任务。而学校既没有对故事素材进行选择，故事内容存在大量重复现象（其中，5个同学选择《黄香温席》，7个同学选择《芦衣顺母》），在活动结束后也没有进行价值引导。活动

负责老师也曾谈道："这些故事有些是自己写的，有些是自己进行改编的。你比如说今天广播录的那个叫《孝女绳》，那个孩子就是家长进行改编的。很多孩子讲的是《鞭打芦花》，因为这是我们济南的一个传统嘛。我觉得就是首先他们都比较抓住主题，这些东西很多都很好，比如说古代的《卧冰求鲤》《鞭打芦花》，有些也进行了自己的改编加入了人物的对话，或者是现代的这种故事。"①由此可见，活动的组织者并没有意识到故事背后的价值观可能会对儿童道德的发展产生影响。这样一来，德育活动不仅不会发挥积极作用，反而会使儿童误入歧途，德育活动的意义甚至会走向反面。

在价值引导方面还有一个问题就是如何处理价值教育中的困境问题。在品德课堂中出现了这样一个案例：

（两个学生在讲台上表演）

生 A：小明把你的雨伞弄坏了，我们去找他算账吧！

生 B：我们就别去找他算账了，因为他也是不小心的。

生 A：可是如果不找他算账的话，你爸爸妈妈会打你的。

生 B：也是啊，那该怎么办呢？

生 A：让他出钱给你买一个吧。

生 B：还是算了吧。

生 A：那该怎么办呢？

生 B：我还是告诉我爸爸妈妈吧，反正也不贵。

老师：反正也不贵是吧，好，我觉得我们应该为 B 同学鼓鼓掌。

（掌声……）

老师：为什么鼓掌你们应该明白，不能稀里糊涂的，为什么呢？你说。

生 C：因为 B 很宽容。

老师：因为他很宽容，他的好朋友一再让他去找那个同学

---

① C-1-Y（1）

算账，他都说不用了，顶着挨爸爸妈妈的批评，然后自己花钱再买一个，你想想还花钱。这样重重的压力，人家还说不用了，原谅他。所以说，这是个宽容的同学，值得我们学习。来，很好。值得表扬！①

这个故事如实反映了同学之间在交往过程中经常遇到的问题——损坏同学的物品是否需要赔偿？案例中，老师对 B 同学的做法表示了赞扬，认为他表现出了良好的道德品质，展现了宽容大度的一面。但是，从另一面看，宽容是否就意味着会损害自己的切身利益，是否就意味着放弃自己正当的权益？因此，这一问题远不能用一个简单的"宽容"解释清楚。从权利与义务对等的角度看，损坏别人的物品当然应当照价赔偿，至于受到损害的一方是否接受这一赔偿应另当别论。案例中的老师事实上在引导学生发扬风格、牺牲自我、不要斤斤计较，这是对 B 同学合法权益的侵犯，这一问题事实上也反映了学校德育的深层问题，我们一直在引导学生时刻以集体利益为重，"舍小家顾大家"，时刻为了集体而牺牲自己的利益。这实际上把个人的权利与义务置于一种不对等的地位，个人要为了义务而放弃应当享有的权利。这种所谓的"大公无私"也只能是一种"虚假的道德"。正如学者所言，"我国道德教育之所以难以走出困境，就德育工作自身来说，最根本的问题还不在于德育的目标、内容和方法中，而在于我们对道德内涵认识的错位。……道德的核心是公平。所谓公平，就是利益和权利的机会人人均等和利益分配上的合理。用一句通俗的话说，公平就是在利益机会均等的前提下'该是谁的就是谁的'，否则，就无道德可言"②。柯尔伯格也曾明确指出："发展性的道德教育方法是尊重儿童权利的，这是因为，成熟的道德的核心是公正原则，而儿童的权利又是以公正原

---

① 2015 年 4 月 8 日三年级《品德与社会》课堂观察记录。
② 扈中平、刘朝晖：《对道德的核心和道德教育的重新思考》，《华东师范大学学报》（教育科学版）2001 年第 2 期。

则为基础的。"① 案例中老师的做法实际上就是这种对道德内涵错误认识的"复演"。

三　小结

本节主要对生活内容的真实性进行了分析，归纳和总结了对生活内容真实性分析的三个维度：源于儿童生活实际、具有教育意义、体现儿童成长的阶段性和差异性。在学校中，生活内容的真实性主要表现在以下几个方面。在品德课上教科书内容在很大程度上影响了教师教学内容的选择，品德课教科书在回归儿童生活方面已经付出了很多努力，比如，以儿童生活的场景作为德育素材、以季节的变换安排教材内容、由生活中的事件引发与之相关的其他教育问题以体现综合课程的特色，等等。在品德课堂教学中，教师也会有意识地选择儿童"生活中的小例子"作为内容的来源，在校会和班会上着手解决发生在儿童身上的问题。这些都使得生活内容真实、有效。除此之外，学校也制定了"阶段式"教育的策略，按照不同年龄阶段儿童身心发展特点的不同，采用不同的教育方式和教育内容。班主任也有针对性地进行学情分析，意识到各阶段的差异性。

但是，由于种种因素的制约，生活内容的真实中不乏虚拟的存在。品德课教科书存在着"简单化"的问题，德育活动主题的选择多是源于自上而下的安排而没有从儿童的实际出发，隐性课程中也存在着脱离儿童现实生活的内容。在德育活动开展中，学校往往采取"一刀切"的做法，不同年级选用同样的主题、采用同样的方式，没有顾及儿童的年龄特点。更为重要的是，在不少德育活动中，学校和教师并没有发挥价值引导的作用，降低了德育活动的实效性，甚至使德育活动走向其反面，给儿童的成长带来不可避免的消极影响。

---

① ［美］柯尔伯格：《道德教育的哲学》，魏贤超译，浙江教育出版社2000年版，第61—62页。

第三节 什么空间的生活：封闭或开放

现实主义告诉我们，通往重大变革的道路是漫长而纷乱的。我们一直都没有认清变革所涉及的任务的实质和重要性。我们失败的一部分原因在于没有认识到，光学校本身是无法教会年轻人在这个很少为我们多数人了解的世界中所需要学习的内容的。我们失败的另一部分原因源于一个巨大的嘲讽：那些仍然生活在过去的人们，自信地为那些将要生活在未来的人们制定了教育的准则。①

——古德莱得

一所行之有效的学校最基本的一个要素——一种能使其凝聚到一起的力量，用一个最简单的词来概括，那就是"联系"。在一所行之有效的学校里，人与人之间是相互联系的，形成了一个社区大家庭；在一所行之有效的学校里，开设的课程是相互关联的，达到了连贯的目的；在一所行之有效的学校里，课堂内容与文娱生活联系在一起，丰富了学校的环境；在一所行之有效的学校里，学习和生活联系在一起，培养了学生的优良品德。②

——波伊尔（Ernest L. Boyer）

《品德与生活》课程标准指出，"开放性"是该课程的基本特征，"本课程面向儿童的整个生活世界。……课堂从教室扩展到家庭、社区以及儿童的其他生活空间"③。《品德与社会》课程标准也

---

① ［美］古德莱得：《一个称作学校的地方》，苏智欣译，华东师范大学出版社2014年版，第213页。
② ［美］厄内斯特·波伊尔：《基础学校——一个学习化的社区大家庭》，王晓平等译，人民教育出版社1998年版，第16页。
③ 教育部：《义务教育品德与生活课程标准（2011年版）》，北京师范大学出版社2012年版，第3页。

指出："教学空间从课内向课外延伸，从课堂向学校、家庭和社区扩展。"① 因此，儿童生活的空间应该是开放的，家庭、学校、社会应当是连成一体的。品德课新课改以来，儿童的生活空间究竟是什么样子的，本节试对这一问题进行分析。

一 生活空间的开放程度在不断增加

新课改以来，儿童的生活空间在不断扩展，这主要表现在课堂生活更加丰富多彩，课外生活不断增多，家庭生活、学校生活、社会生活的联系逐渐增强。

（一）课堂生活的丰富与扩展

新课改以来，品德课堂发生了显著变化，其中最具有说服力的是教科书的改变，按照课程标准研制组组长鲁洁先生的想法，"确定用儿童生活空间在实践中的展开为线索，用以框定课程内容。我们当时讲生活的逻辑，其实生活的逻辑，也就是人的生命活动在空间和时间上展开的逻辑，一个孩子从家庭生活到学校生活再到社区、家乡、国家生活，他的生活圈、生活活动是逐步展开的，形成一种生活实践的过程和结构"②。教科书的编写也是依据课程标准进行的，因此，单从教科书来分析，品德课堂就已经实现了儿童生活的扩展，教科书内容囊括了儿童的家庭生活、学校生活、社会生活，并由此外推到国家与世界之中。客观地讲，在课程标准的设计以及教科书的编写上，就已经体现了儿童生活空间的扩展。

教师在课堂教学过程中，还会结合教科书内容有针对性地扩展、补充相关素材，这样不仅丰富了课堂教学内容而且也有利于儿童生活空间的开放。"我前几天正好在新闻上看到了北京禁烟的手势，就想着拿来在课堂上讲一讲，正好结合这个手势让他们了解在公共场所应当遵守的一些秩序。"③ 伴随着课堂教学内容走出学校、

---

① 教育部：《义务教育品德与生活课程标准（2011年版）》，北京师范大学出版社2012年版，第2页。
② 鲁洁：《回望八十年：鲁洁教育口述史》，教育科学出版社2014年版，第282页。
③ T-5-Y

◈ 小学品德课新课改的回顾与展望 ◈

走向社会、走进家庭,儿童的生活空间也在不断发生着变化。

(二) 课外生活不断增多

在品德课堂之外,课外生活逐渐增多,活动丰富多彩,进一步拓展了儿童的生活空间。一方面,学校会根据不同的时间节点组织和安排各式各样的活动,每个月都有活动主题,"比如说,十一月到了冬季了,就是体育月,到了十二月,就是英语月,十月是实践月,九月是养习月,因为孩子刚刚入校,一年级的还有其他年级的都刚刚升了其他年级。六月份是心理健康月,五月份是艺术月,因为快到六一了,都要演节目,所以我们就定五月为艺术月,四月份是读书月,因为四月有个四月二十三'世界读书日',所以我们把四月定为读书月。到了这个月全校都组织这样的活动"[①]。另一方面,针对不同年级儿童身心发展特点的不同,开展有侧重、有针对性的教育活动,"从一到六年级,每个年级都有不同的侧重点,组织不同的活动。比如说,一年级,孩子刚刚入校,我们就组织以入学教育为主的德育活动;二年级,熟悉一点了,我们就组织一些参观大学、了解我们大学的一些文化活动,二、三年级就是一个参观大学的教育;四年级,德育课程和体育(我们的游泳课)联系起来,到了四年级我们就有一个游泳课程;五年级,就偏重于校外实践,到五年级,就组织学生在校外面实践基地待一周,有个户外课堂;那六年级,我们就有一个毕业课程,毕业相关的、一系列的教育,这是我们分为不同的年级段的德育活动"[②]。由此可见,不论是从时间的连续性来看,还是从各个年级的不同来看,课外活动都是丰富多彩的,儿童的课外生活空间也在不断扩展。

(三) 密切家庭生活、学校生活、社会生活的联系

家庭、学校、社会是儿童生活的主要空间,只有三者形成合力才能真正促进儿童的全面、健康成长。只有加强与课堂之外、学校之外的生活的联系,才能使儿童的生活成为一个整体。"我们

[①] MP-1-Y
[②] 同上。

◈ 第三章 分析与透视：现实的考察 ◈

并不否认课堂教学也是一种生活，但必须承认它只是学生生活的一个组成部分，课堂生活并不是自足的、自成目的的，它要不断地从课堂以外的生活中汲取营养，也要不断地为学生其他方面生活提供营养，只有在我们的努力下建构其课堂生活和课外生活之间的良性生态关系时，这样的课堂才在严格意义上称得上是'生活'，否则它只能是生活之外的什么东西。"① 学校也意识到了这一点，着力加强与家庭和社会的联系。第一，吸纳家长参与学校管理、班级管理。学校从上至下建立校级家长委员会和班级家长委员会，视家长为重要的资源，密切学校与家庭的关系，通过各种途径让家长参与学校管理、班级管理。比如，家长义工、家长讲坛等。第二，为家长提供学习、交流的平台。学校意识到学校教育自身的局限性，家庭教育在儿童的成长过程中发挥着更为重要的作用，正如德育校长所谈道的："我们加强家长的学习，我们每个月都有家长的讲座，就是从家长层面加强家庭教育对孩子的积极影响。说实话，我们学校教育很重要，但学校教育也很有限，更重要的还是家庭教育。孩子在这儿上课，班主任进行管理，但回去就受到家长的言传身教，家长的一些理念，还有家长的一些做法，直接就能投射到孩子们的身上，我们还是很重视家长层面的培训。"② 在具体的做法上，学校增加家长之间学习与交流的机会。一方面，邀请家庭教育专家来学校为家长组织讲座，从理念上提升家长对家庭教育重要性的认识。另一方面，组织优秀家长针对儿童生活的某些方面交流家庭教育经验，比如怎么有效指导儿童读书、怎么让儿童学得既快乐又高效、如何组织雏鹰小队活动等。第三，通过小队活动密切家庭、学校、社会的联系。学校开展了一系列校外社会实践活动，其中，小队活动是联系学校、家庭、社会的有效途径，也极大地扩展了儿童的生活空间。小队活动主要由家长组织开展，利用节假日的时间，带领儿童走出家

---

① 鲁洁：《再论"品德与生活"、"品德与社会"向生活世界的回归》，《教育研究与实验》2004年第4期。
② MP-1-Y

183

庭和学校、走入社会，提高儿童对社会的认识、锻炼儿童的动手实践能力。

二 生活空间开放的不足

通过第一部分的分析可以看出，学校在儿童生活空间的扩展方面已经进行了积极探索。但是，由于诸多因素的影响，儿童生活空间的开放还存在一些不足，具体表现在如下一些方面。

（一）校内生活的连续性不足

校内生活空间的连续性不足集中表现在品德课程的各种实施途径之间的分离特别是品德课与德育活动的分离。儿童的学校生活应当是一个连贯的整体，各个空间相互协调，步调一致，共同为儿童的健康成长贡献力量。在学校中，作为品德课程的各种实施途径并没有形成合力，而是处于分散、游离状态，各部分之间缺乏必要的关联，从整体上削弱了品德课程的影响力，也使得儿童的校内生活空间存在断裂的问题。

首先，从依据来看，品德课以课程标准为依据，而德育活动的开展缺乏具体、详细的标准。正如一位班主任所言："我觉得，你像语文，我们有课本，你看德育有什么依据呢，它没有系统的课本，只能是班主任根据自己的感觉来。虽然它也有像《中小学生守则》还有学校的一些计划之类的参照，但是没有一个像语文书一样，让所有的小学老师都能用的（依据），所以它就是比较随意、比较随性。……如果品德课作为一门课程的话，它应该有自己的目标体系，就是有一个体系，但是班主任工作没有这么明确的体系。它可能今天出什么事就处理什么事，明天出现什么事就处理什么事，它针对的是一个又一个的孩子。我觉得它应该有自己的体系，应该更科学、更系统。但是我们班主任工作比较琐碎，考验的是我们的耐心以及这种零散的智慧，没有这种体系在里面。"[1] 德育活动的组织和开展缺乏像品德课程标准那样具有权威性、科学性、系统性的依据，它

---

[1] HT-2-Y（1）

◇ 第三章 分析与透视：现实的考察 ◇

主要根据时间节点以及学校从历史上传承下来的特色活动，"德育活动无非就是节点的正常教育，比如说，'六一'的时候我们会开展一些评优评先，像我们的感动之星、最美之星，这都是开展了好多年的品牌活动。比如说，公祭日的时候我们也会开展一系列的少先队的活动。……另外，还有一些传承下来的品牌活动，觉得还是不错的就继承了下来"①。虽然学校也提出了相关的工作依据，"开学初教育处结合学校'养习月'制定并实施了《学生分层次德育目标实施细则》，使我校班级管理和学生的行为习惯养成'有法可依''有章可循'"②，但是，这只是从宏观上对儿童特点的分析和把握，缺乏实践中对具体操作的指导。从依据来看，品德课与德育活动各有不同，二者并未形成合力。其次，从人员安排来看，品德课主要由品德课教师负责，而德育活动则主要由班主任、大队部以及教育处的老师负责。虽然会出现部分班主任兼任品德课教师的情况，但是，二者也没有很好地结合起来。再次，从具体的工作来看，品德课由教务处主管，德育活动则由教育处主管。二者之间也缺乏一定的联系，在活动的组织与开展方面各自为战，从而形成了"两张皮"的现象。学校主管德育工作的副校长曾经直陈品德课堂教学与德育活动分离的问题，"……对，至少它俩能结合起来，能够共同做一个事情，别我品生要上这个，班主任班会要上这个，平时处理问题再忙那个，可能它花费的时间很多，比整合之后的要多多了，但是它的效果达不到我们整合在一起，一块使这个劲，是这样子的。但是现在不能保证，现在我们学校为了保证品生品社课程，它有专职的老师，一个老师能教十个班级，他没法走到学生的中间去，了解孩子们到底想什么，这帮孩子的心理特点或者共同的特征，能够围绕这些孩子进行一些什么样的德育活动。德育肯定不能像灌输知识一样，告诉他道理就行了，要通过他们的一些行为方式或者活动来影响他，所以说，现在从形式上我们就达不到，品生品社和班主任工作、德

---

① MP－1－Y
② 《教育处2014—2015学年（一）工作总结》。

育工作现在就是分着走"①。

　　从上述对两种品德课程实施途径的分析可以发现,它们相互之间没有密切的联系,分属于学校不同的工作系统。长期以来,为了管理的便利,在学校行政安排上形成了教学(业务)、德育、后勤三块相互独立的工作系统,三者之间具有明确的分工,相互之间缺乏必要的关联。品德课隶属教学,班主任工作以及德育活动隶属德育。我们在调研过程中对此深有体会,要了解品德课的相关情况需要找分管教学的副校长然后教务处负责人会联系相关老师,如果想了解德育活动的相关情况则要找分管德育的副校长然后教育处负责人会联系大队部等部门协调,学校的行政化将品德课程完全隔离开来。学校教学工作与德育工作之间的分离使得作为教学一部分的品德课并不能融入学校整个德育工作计划之中。在学校出台的《2014—2015学年第二学期教育工作计划》中,"德育工作内容"并没有品德课的踪影,品德课作为与儿童道德发展直接相关的课程却被无情地排斥于学校德育工作之外。

　　除此之外,国家课程、地方课程、学校课程也存在着疏离的问题。新课改以来,基础教育推行三级课程管理体制,随着地方课程和校本课程的建设,学校逐渐形成了三级课程共存的局面,丰富了课程内容。但是,伴随着课程改革的推进,三级课程管理体制面临的问题也越发明显,国家课程、地方课程、学校课程形成了各自不同的内容体系,三者之间在内容与形式上不能融合。品德课程犹如一盘散沙,导致了学校德育出现"多张皮"的现象。

　　品德课程实施途径之间的疏离使儿童的课堂生活与课外生活相互孤立起来,二者没有形成良性的联结和互动,导致儿童校内生活连续性不足,不论是对学校德育工作还是对儿童的品德发展都有诸多消极影响。

　　第一,割裂了学校德育的完整性,不利于德育目标的达成。学校德育本应是一个系统的有机整体,各部分之间相互配合、密切合

---

① MP-1-Y

◇ 第三章 分析与透视：现实的考察 ◇

作，三者只有拧成一股绳才能形成教育合力，共同为德育目标的实现贡献力量。然而，各部分之间的分裂从整体上削弱了学校德育的力量，三者各自为政，甚至形成各部分之间互相扯皮的现象，严重影响学校德育效用的发挥。正如杜威所言："儿童是一个人，如果他不能作为一个完整的、统一的人过他的社会生活，就必然要遭受损失，产生摩擦。从儿童所具有的许多社会关系中选出一个，而且仅仅凭这一个社会关系规定学校的工作，就像建立一个庞大的、复杂的锻炼身体的制度，而其目标只要求发展肺部和呼吸的能力，而不管其他器官及其功能。"[①]

第二，造成了德育内容的重复性。品德课、班主任工作以及其他德育活动都是为了改善儿童的生活品质、提升儿童的道德涵养，在教育内容上具有很大的相似性，比如习惯养成教育、文明礼仪教育等。在国家课程、地方课程与学校课程之间也存在大量的内容重复问题，有调查显示，"3 至 6 年级的国家课程科学、品德与社会与地方课程环境教育、安全教育的交叉重复率达 48% 至 61%"[②]。由于它们之间缺乏必要的沟通与交流，导致了德育内容的重复进行，影响了学校德育的效率，这对学校、对老师、对学生而言都是莫大的浪费。

第三，使得德育成为部分人的工作而与其他人无关。学校教学与德育的分离自觉地将教学人员排除于德育之外，从而形成了专门的德育工作者，而德育也就只与这些人员有关，其他人员则没有德育工作者的责任。在实践中，德育成为班主任以及辅导员的专职工作，其他任课教师则不管不问。古德莱得曾对教师缺乏育人观念作出过批判，"英语、数学、科学、社会学习等学科的教师和各级学校里各种专门教育工作人员都认为自己首先是在其专业领域里教授专门学科的教师，其次才是教育工作者。他们参加的职业组织也

---

① [美]杜威：《学校与社会·明日之学校》，赵祥麟等译，人民教育出版社 2004 年版，第 138 页。
② 崔秀梅：《课程整合：给学校课程做做减法》，《中国教育报》2013 年 6 月 12 日第 009 版。

◇ 小学品德课新课改的回顾与展望 ◇

不断地强化教师与它们的隶属关系,而不是对整个教育过程的关注。……教育是一个被严重地分离成零碎块片的职业"[1]。一位品德课老师曾对此发表过意见:

> 其实我很想把这个课上好,就是通过这个课吧,然后真是改正学生不好的行为,培养学生良好的品德,比方说这个中国人很多陋习,咱们经常看新闻就是哪里哪里乱刻乱画,尤其是旅游这一块,暴露的现象特别严重:不排队、扔垃圾、吐痰这种现象。我经常跟他们讲。反正我自认为我是一个比较有正义感的人,我经常给他们多说几句,所以我就想通过一些事(一些题外话都是),比方说,他们来晚了敲门,有的班就挺好,有的班人家就敲敲门进来,说报告然后看老师一眼,最起码看老师一眼。有的班就不行,他"哷"的一声就进来,吓人一跳,我觉得为什么会有这种差距呢,反正肯定是与班里的教育有关系。其实好多老师,副科老师对这种现象人家根本不管,你做就做呗,看不见。我觉得我是品德与社会的老师,有品德这个因素在里面,所以这种小事我发现了都会跟他们讲,还有有的时候我发现了班里不及时关灯这一块,反正就是涉及我的课我都会去管一管。我的课是什么呢,第一个就是爱祖国、爱集体、爱家人这种教育,所以有的时候他们打架,有的时候闹一些矛盾,别的老师觉得可以不说,平常就行了,下课找你班主任去。这样的事一般我都会借题发挥一下,还有一些像类似于关门、报告,这样的小事,再就是环保这一块,我经常跟他们说让你爸爸少开车之类的。[2]

这位老师的陈述展示了她具有正义感、负责任的形象,但言语之间却透露出了她内心里对德育的认识:作为班主任之外的其他老

---

[1] [美]古德莱得:《一个称作学校的地方》,苏智欣等译,华东师范大学出版社2014年版,第7—8页。
[2] T-1-Y(2)

师可以对学生身上表现出的问题行为不管不问,因为这本来就不是他们的职责所在,她之所以这么做是因为她是品德课老师,而且富有正义感,言外之意则是如果她不是品德课老师的话也可以不管不问。品德课老师竟然有这样的认识,其他任课教师的看法也就可想而知了。学校中的每位老师都肩负着"教育"的责任而不仅仅是"教学",这也是"教书育人"的内涵所在,这也是"全员育人"的真正意蕴。将德育从教师职责中抽离出来,教育也就与技术训练无异了,因为它缺少了人文精神,没有了对人的灵魂的洗礼。"教育的目标是塑造灵魂,培养令人尊敬的道德观和爱国热情,因此它从来都被看得比训练要高尚。训练只会产生熟练的技能和科学理论。"[1]

(二)家校合作的不足

虽然学校在家校合作方面已经采取了一些积极有效的探索,但是仍然存在一些不足。其一,始终只有部分家长参与学校的活动,无法调动全体家长的积极性和主动性。其二,家校合作的功利性。在学校中,家长参与班级活动的情况也成为班级量化赋分的一个依据,也成为影响班级评比的重要因素。为此,为了在班级评比中取得好的名次就必须要求家长参与到班级活动中来,尽管这种参与可能是被动的,可能并没有产生多大的效果。其三,家校合作的形式化倾向。家校合作的应然之义是积极吸纳来自家长对学校、班级管理的意见或建议,现在的家校合作仅仅停留在表面,比如要求家长协助教师执勤、要求家长参与学校、班级组织的活动。但是,家长在整个参与活动的过程中只是起到辅助作用,并没有真正发挥家长的主动性和能动性,"我从整体上感觉他们学校的家校合作,还是流于形式,家长并不能实际参与到一些学校生活、学校决策这一方面,还是参与得很少,家长参与得更多的还是形式,你像家长执勤,我感觉就是让家长体验,实际上是可有可无,站在那儿和不站

---

[1] [西]萨瓦特尔:《教育的价值》,李丽、孙颖屏译,北京大学出版社2012年版,第23页。

在那儿没有多大区别,因为他们学校每天都有专门的执勤老师,家长参与的话可能更多的是一种形式,让家长感觉到这是家长的一种责任,但是起不到多大的作用。……我觉得在学校一些具体的事情上,包括餐饮、校服的制定上,很多家长也提意见,但是往往不大起作用,其实家长起码有发言的机会,往往现在就是,可能有些班主任也很介意。但是他们学校网上好像有一个什么途径,家委会可以提意见,他们领导应该能看到,但是如果真提了意见的话,班主任知道了就会很不高兴,这些事不跟班主任沟通就直接跟学校沟通去了,就是可能觉得对班主任不好,所以就是很多家长也不大敢提了,学校还是缺少一种自下而上的反馈和沟通的渠道"①。由此可见,家校合作存在着"形式化"的问题,在涉及学校管理、班级管理的具体做法时,家长的意见并未被真正吸纳。所谓的家校合作,也只是在形式上、表面上的,并没有触及儿童学校生活的根本问题。

(三)校内校外生活的不协调

儿童的生活正在由封闭走向开放,随着生活空间的不断扩展,接踵而至的问题是校内生活与校外生活的脱节问题。杜威曾言:"不能有两套伦理原则,一套是为校内生活的,一套是为校外生活的。因为行为是一致的,所以行为的原则也是一致的。讨论学校中的道德,似乎学校是一个孤独存在的机构,这种倾向是十分不幸的。"② 事实上,学校生活也存在着与社会生活隔离的问题。在学校中,教师千方百计地为儿童设计好一切,不仅是在学习上,在其他方面也是如此。学校就成为一个与世隔绝的"世外桃源",儿童在学校中的生活与外界没有关系,也难以对他的校外生活产生实际的影响。在第一章中,我们曾以"饮用水"为例分析了成人对儿童生活的过度干预,成人为儿童的学校生活做好了一切,而这恰恰让儿童失去了自己锻炼的机会,也将他们与社会生活隔离开来。

---

① P-2-N
② [美]杜威:《学校与社会·明日之学校》,赵祥麟等译,人民教育出版社 2004 年版,第 138 页。

三 小结

本章主要对儿童生活的空间进行了探讨。应当承认，新课改以来，儿童的生活空间在不断扩展，不论是校内生活还是校外生活。这首先表现在课堂生活的丰富和扩展。新课改以来，随着"回归生活"成为品德课的指导理念，在课程标准的制定和教科书的编写方面都体现了向儿童生活世界的回归，教科书是围绕着儿童生活空间的扩展而展开的，从家庭到学校到社会。教科书内容的丰富本身就已经体现了儿童生活空间的扩展。其次，校内实践活动不断增多。学校坚持"月月有主题"，不断丰富儿童的课余生活，拓展儿童的视野。再次，学校有意识地加强与家长的联系，吸纳家长参与到学校管理、班级管理之中，同时为家长对儿童的家庭教育提供了学习与交流的平台。学校积极开展小队活动，引导儿童走出家庭和学校，走向社会，在参与社会、服务他人中获得成长。

但是，由于受到诸多因素的制约，儿童生活空间的开放还存在一些不足。其一，校内生活空间的连续性不足，集中表现在品德课与德育活动各自为政，相互分离。学校管理体制将教学与德育分开，隶属于教学部门的品德课与隶属于德育部门的德育活动二者缺少必要的关联，在工作依据、人员安排、具体的工作方式上都缺少应有的联系。这就在很大程度上削弱了学校德育的整体性，造成了内容的交叉与重复，也使德育成为部分人的专职工作而与其他人无关。鲁洁先生曾言："'品德与生活''品德与社会'课的实施必然要求我们去认真考虑和研究如何发挥课堂教学主渠道的作用，如何将落实于学生身上的德育工作形成为一个整体等问题。"[1] 协调好品德课与德育活动的关系将成为品德课新课改努力的方向。其二，在家校合作中还存在着功利化、形式化的问题，家长对学校管理、班级管理的意见和建议并未真正被学校接纳和吸收，使得家校合作

---

[1] 鲁洁：《再论"品德与生活"、"品德与社会"向生活世界的回归》，《教育研究与实验》2004年第4期。

浮于表面。其三，儿童的生活空间虽然在扩展，但是校内生活与校外生活仍然存在脱节的问题，儿童在学校中学习的知识无法转化为在社会生活中的行为。杜威称其为学校与社会的隔离并认为这是教育的浪费，"从儿童的观点来看，学校的最大浪费是由于儿童完全不能把校外获得的经验完整地、自由地在校内利用；同时另一方面，他在日常生活中又不能应用在学校学习的东西。那就是学校的隔离现象，就是学校与生活的隔离"①。

第四节 什么性质的生活：积极或消极

一切人类团体的建立，其目的总是为了完成某些善业——所有人类的每一种行为，在他们自己看来，其本意总是在求取某一善果。②

——亚里士多德

大自然迫使人类去加以解决的最大问题，就是建立起一个普遍法治的公民社会。③

——康德

前面几节分别从生活的主体、生活的内容、生活的空间几个方面进行了探讨。《品德与生活》课程标准指出："课程必须植根于儿童的生活才会对儿童有意义，教学必须与儿童的生活世界相联系才能真正促进儿童的成长。"④ 如果儿童的学校生活本身就饱含着消极因素，那么生活也就无法担负起培养儿童品德的重任。儿童的学校生活究竟是什么样的，它在多大程度上可以促进儿童的健康成

---

① [美] 杜威：《学校与社会·明日之学校》，赵祥麟等译，人民教育出版社2004年版，第58页。
② [古希腊] 亚里士多德：《政治学》，吴寿彭译，商务印书馆1965年版，第3页。
③ [德] 康德：《历史理性批判文集》，何兆武译，商务印书馆1990年版，第8页。
④ 教育部：《义务教育品德与生活课程标准（2011年版）》，北京师范大学出版社2012年版，第4页。

长等，这些问题都值得深入探究。本节将立足于现代性价值观——自由、民主、平等、责任等，对生活的性质展开分析，分别揭示学校生活的积极因素与消极因素。

一 以正面教育为主的学校教育

学校作为公共教育机构，它的出发点和落脚点是培养身心健康发展、对社会有所贡献的人，至少在外显的层面上是这样。因此，在性质上，正面教育是学校教育的最主要的特点。在品德课上，作为主要教学依据的教科书虽然存在着"老化、空洞、简单、分散"等一系列问题，但是，教科书所传递的内容是在引导学生做一个"道德的人"。在德育活动中，虽然不少活动主题的选择并非来自学校、儿童的实际，却也是在教学生做一位"有道德"的人。在班级日常管理中，班主任也在注意引导学生做一个好人。一位班主任曾谈道："我们班孩子的学习可以不好但做人上不能出现任何问题，我要保证他们这六年在做人上踏实、诚信。我觉得上初中后喊口号大于内容，所以我想他们六年中可以很傻很单纯，但至少他们有这么一个阶段，傻得很清纯，可能他上初中、高中之后会慢慢成熟、转变，所以就觉得他们做人上不能出现问题，在学习上有问题还可以去弥补，做人有问题的话再去弥补就会很难，所以我们班孩子没有坏的，即使成绩再差的孩子在做人人品上是没什么问题的。"[1]通过这位班主任的叙述可以发现，将儿童培养成为一个具备良好道德品质的好人是学校教育最重要的任务。具体来看，正面教育主要表现在以下几个方面。

（一）养成教育成为常态

培养儿童良好的行为习惯是学校教育不可回避的责任和义务。学校在这一方面做出了不懈的努力。学校结合儿童的身心发展特点，总结和归纳了儿童在小学阶段应该养成的"十个行为好习惯"：说了就要做；主动打招呼；按规则办事；天天锻炼身体；用

---

[1] H-2-N

◆ 小学品德课新课改的回顾与展望 ◆

好每一分钱；每天帮父母做一件事；不给别人添麻烦；随时准备帮助别人；绝不向困难低头；干干净净迎接每一天。这些"好习惯"不仅以通俗易懂的语言表达出来，而且涉及儿童生活的方方面面，内容丰富。具体来看，学校主要通过以下方式开展养成教育。

一方面，学校开展主题教育活动加强养成教育。学校将每年的9月份定为"养习月"，这一时期正逢新生入学，开展养成教育既可以引导新生更快、更好地适应学校生活，也可以借机对其他年级进行行为习惯养成教育。在"养习月"中，各班会组织召开"好习惯伴我成长"主题班会等教育活动，引导儿童时刻注意自己的一举一动，从生活中的点点滴滴做起，进而培养良好的行为习惯。

另一方面，除了开展主题教育活动外，学校在平时也注重儿童的养成教育。在班级日常管理中，班主任也侧重加强儿童行为养成教育、文明礼仪教育等方面的内容。"孩子的日常工作一二年级就是习惯，孩子习惯抓得比较重一些，中年级也是习惯但是比较弱一些，还是抓低年级的习惯，高年级的习惯因为已经养成了，需要给他纠正一些习惯，现在班里大概四分之三孩子的习惯还是不错的。"[1] 而且，班主任的工作渗透到儿童的日常生活中，"班主任管理班级不一定拿出专门的、固定的时间来进行（像班会一样），可能随时就讲了。比如说上课之前的5分钟就讲了，比如说有的同学在班里打闹了，老师看见了，可能就会讲一讲这些问题：不能在楼道里跑，不能把楼道当跑道，要和同学和谐相处，这样做会很危险，也会存在安全隐患。包括近期出现的安全事故，我们都会跟孩子说，然后跟孩子一起讨论应该怎么做，孩子就会知道我不能跑，同学之间相互要提醒，然后我们要注意保护自身安全，就是这一些"[2]。

在品德课堂上，教师也逐渐意识到它与其他课程的不同之处，自觉地引导儿童通过道德知识的学习改善自身道德行为。"我觉得

---

[1] H-2-N
[2] HT-2-Y（1）

教这个课的老师,不能仅仅停留于把自己像语文老师(语文还好点),像数学老师之类的,讲完知识就完了。我觉得这个课一定要结合自己的品德修养,对孩子造成一种影响。我就经常跟学生说你们出去旅游的时候一定要管住自己之类的这些小事。有的时候这里边不学习也没什么东西。我的经验就是这个课要不断地对孩子的行为习惯进行强化。"[1]

在少先队工作中也尤为注重养成教育,每次开校会少先队辅导员都会强调少先队员的文明礼仪问题。除此之外,在校园文化建设特别是在环境布置上,学校也在有意识地引导儿童养成良好的行为习惯,比如在楼梯中间画一道线提醒儿童上下楼梯靠右走。教师的示范引领也发挥着很大的作用。我们在调研过程中就曾看到两位老师在行走的过程中自觉地捡起地上的一片废纸,他们在以自己的实际行动影响学生,促使其维持校园的清洁,从而形成良好的卫生习惯,为校园的干净、整洁、卫生贡献一份力量。

综上所述,养成教育已经成为学校生活的常态,学校时时、事事、处处都在有意培养儿童良好的行为习惯,并将其融入到儿童的日常生活之中。

(二)民主、责任教育开始显现

在正面教育中,尤为值得一提的是民主教育与责任教育的初显。波伊尔曾言:"一个人的公民义务责任心不是从天上掉下来的。这需要从早期抓起,如果我们希望人们长大以后有良好的公民意识,这种意识当然必须成为孩子们生活的一部分。"[2] 学校是培养人的社会机构,儿童是学校的直接受益者,学校的管理应以促进儿童的全面发展作为出发点与立足点,学校各项事业的推进自然也不能缺少儿童的参与。儿童在学校获得的权利与责任意识对于他们将来走向社会以后正确行使公民权利、自觉履行公民义务具有积极意义。

第一,微观上,在班级推行民主选举。班集体是儿童接触最为

---

[1] T-1-Y(2)
[2] [美]厄内斯特·波伊尔:《基础学校——一个学习化的社区大家庭》,王晓平等译,人民教育出版社1998年版,第156页。

亲密的组织，班级的管理与所有儿童息息相关。每个儿童都有权利和义务为班级发展作出贡献，民主选举班干部就是保障儿童权利、履行义务的一种形式。

  低年级的班干部主要有中队长、副中队长，还有其他的一些委员，比如学习委员、纪律委员、体育委员之类的。除此之外，我们班里又多了一些小的管理员，比如说，花卉管理员，他们负责照顾班里的一些植物；还有我们的衣帽橱管理员，负责整理衣帽橱，使其保持整洁、卫生；还有饮水机管理员，负责在喝完水后填写水票。基本上每个人都参与到班级的管理中。
  班干部是一年选一次。选举的时候是学生自己报名，每个学生可以选择自己喜欢的那一项。孩子竞选时要进行一个简单的小演讲，演讲完之后大家投票，所有的选举都是民主选举，根据学生的投票数量来决定班干部的当选情况。大家选举时肯定选择在平时他们心目中各种行为做得比较好的、威信比较高的一些孩子。所以，我觉得民主选举比较好。[1]

不仅如此，从三年级开始，每个班都有一个大队委，大队委也通过竞选产生。每一个竞选者都要在班级里进行演讲竞选，发表竞职演说，他们都有自己的竞选口号。在班级竞选成功之后上报给大队部，大队部将其汇总后再在全校予以公示，公示之后还要征求意见。由此可见，在班级内部，各类班干部的选举都通过民主选举产生，这就保障了每一个儿童参与班级管理的权利，有助于儿童民主意识、责任观念的形成。
  第二，中观上，开展儿童自主管理。如果说班干部主要负责班级内部事务的话，那么大队委、学校文明督导员则更加关注学校公共秩序的维护。"三到六年级每个班都有一名大队委还有两名校级

---

[1] H-1-Y（1）

文明检查员、导行员，就借助他们在这个地方（楼道）站岗。他们负责提醒同学们出操的时候上下楼梯不要拥挤，保持良好的秩序。在大课间的时候，通过巡视各个班来督促各个班的学生认真做眼操、课间操。比如说，有的时候遇到特殊天气的话，就会在室内做操，这些都要进行监督、检查。"[1] 在教学楼入口处、每个楼层的楼梯口都可以看到文明导行员的身影，他们身披红色的仪带，有模有样地维持着课间秩序。这不仅有助于明确儿童的责任意识，更有助于提高他们的自主管理能力。

第三，宏观上，鼓励儿童为学校发展建言献策并积极采纳他们的意见。少代会是少先队员集体的节日，也是少先队员为学校发展出谋划策的大好时机。"咱学校对少代会比较重视，少代会也比较有特色，每年的少代会都非常隆重。首先，在少代会之前每个班都要召开班会，要商议一到两个少先队员的提案。这个提案就是对学校工作好的建议或意见。"[2] 在班级内部，提案的产生也是一个彰显民主的过程，每个学生会根据自己的想法提出一条或几条建议，然后由儿童集体投票决定班级要提交的提案。班级提案提交到学校后，大队部会对提案进行汇总，最终评选出年度十佳提案，学校领导要对这些提案一一进行回复。以2014年少代会为例，学校共计收到了六十多个提案，涉及课堂教学、校园环境、实践活动、课程开发、安全问题等方面，大队部对这些提案进行了归纳总结，学校领导对相关类别的提案作出了具体而又细致的回复。比如，在布置作业方面，学生提出"落实减负工作，推行'无作业日'"，"上至中央、下至地方都在三令五申提倡'减负'，但我们的书包依旧很重，课业依旧超负荷。为了落实减负工作，我希望学校可以推行每月一次的'无作业日'，把这一天还给学生，由学生自由安排时间，充分享受自主安排时间的乐趣，做想做的事情"[3]。课业负担是学生最为关心的事情，这一提案也能在

---

[1] C-1-Y（1）
[2] 同上。
[3] 《2014年少代会提案集锦》。

很大程度上反映学生的真实想法。学校领导对此提案作出了如下回复:"关于推行'无作业日'的提案:继续加强课堂教学研究。学校不断进行课堂教学改革,现在老师们都在开展翻转课堂教学研究,落实'先学后教、以学定教'的教学理念,顺应信息化发展趋势,培养学生自主学习能力,提升课堂教学效率,真正提质减负,把课外时间还给学生。应该说,我们学校的作业是比较少的。但应同学们自主发展的需求,各班各学科可以根据自己的情况设定无作业日。希望同学们一定要用好课余时间。"在校本课程建设方面,学生们提出"设立生活技能拓展课"的提案。"现在,很多同学只会读书,而缺少一些生活技能。我们终将走入社会,没有生存的本领怎么能行呢?因此,我们建议学校开展生活技能拓展课,不让我们做'甩手掌柜'。我们建议开展以下活动:综合实践室里面准备好床铺,让我们学习整理床铺;在老师的看护下,每周至少要做一至两道美食;学会修理、安装一些基本生活物品,如灯泡等;学习制作衣架等。"学校领导对此作出了如下回复:"学校将积极加强学校课程建设。目前,我国的课程实施国家课程、地方课程与学校课程三级管理,我校在保障国家课程、地方课程的前提下,为满足学生多元发展需求,已经开设了多样的学校课程——形体课、游泳课、趣味信息课、武术课、口风琴课、儿童哲学课、心理教育课等,同时建有35个兴趣班训练队与两院一中心的社团组织。本学年,学校计划依据学校发展实际、师资资源、学生需求、周边社会资源等研发系列学校课程,包括在五年级开设国际理解教育与礼仪教育课、三年级开设走班选修课、各年级开设生活指导课。"[①] ……不仅如此,在学校领导对提案作出回复后,还委托大队辅导员给各个班级召开提案回复会,每班选派一名代表参加,由辅导员逐个对提案进行回复,并由学生代表把回复内容传达给班主任和全班同学。不管最终结果如何,学校鼓励学生参与学校管理,认真对待学生提案并积极予以回复这

[①] 《校长对少代会提案的回复》。

个过程本身已经体现了对学生权利的尊重，也有益于学生民主素养的形成。而且，在事实上，学生在少代会上的一些提案也被学校所采纳。每一个学生都有被尊重的需要，都有参与到学校发展中来的渴望，采用恰当的途径倾听他们内心的心声，不仅对学校的发展大有裨益，而且充分显示了对学生参与学校管理权利的尊重，彰显学生的主人翁意识，对他们未来走入社会成为合格的公民也助益良多。

除此之外，学校还有意识培养儿童的志愿精神、责任意识。"旧物交易市场"已经在 A 小学开办了 13 届。每当这个时候，学生们都会把自己用不到的物品拿出来，通过以物换物或者以物换钱的方式进行交换，所得款项全部汇集到学校"红领巾爱心基金"之中，为贫困地区的少年儿童送去关爱，通过这一活动引导儿童学会帮助别人。小队活动也开展一些抗击雾霾、保卫护城河之类的活动，这些做法都有助于培养学生对他人、对社会的责任感。

二 学校生活的消极因素

学校作为培养人、发展人的教育机构，它向学生展现的应当是积极向上的正能量，也就是说，学校各项规章制度、各种活动等内容其背后展现的是积极的、健康的、合乎历史发展规律和人类文明发展主流的价值观。形象地说，学校的一人一事、一树一木、一花一草都发挥着育人的作用，"一所学校对学生的最大影响并不在于教授了多少正式的课程，而是在于人们的生活发生了多少变化，这即是所谓的'隐性课程'"[1]。但是，现实往往不尽如人意，学校教育中仍然存在着诸多消极因素，它们发挥着潜移默化的教育作用，甚至在某种意义上抵消了学校教育的积极作用，对儿童的发展产生长远的负面影响。苏霍姆林斯基曾指出："任何一种教育现象，孩

---

[1] ［美］厄内斯特·波伊尔：《基础学校——一个学习化的社区大家庭》，王晓平等译，人民教育出版社 1998 年版，第 154—155 页。

子在其中越少感觉到教育者的意图,它的教育效果就越大。"① 同理,任何一种反教育现象,孩子在其中越少感觉到教育者的意图又或者教育者自身也未曾意识到这是一种反教育现象,它的反教育效果也就越大。我们结合调研过程中的一些发现,来分析学校向儿童传递的"负能量"。

(一) 学校生活的功利倾向

学校生活带有浓厚的功利色彩,一方面表现在学校生活中弥漫着竞争的气氛。有学者曾一针见血地指出了当前学校教育的病症:"当整个社会被嵌入到一个以人与人之间的激烈竞争为最显著特征的市场之内的时候,教育迅速地从旨在使每一个人的内在禀赋在一套核心价值观的指引下得到充分发展的过程蜕变为一个旨在赋予每一个人最适合于社会竞争的外在特征的过程。"② 因此,为了今后在资源紧缺的社会中赢得一席之地,竞争就成为必要的砝码,"不能输在起跑线上"更是成为对这一现象的形象描述,如此一来,竞争也就充斥着整个学校生活。

这种竞争是由上而下、自内而外形成的。首先是学校之间的竞争。在小学阶段,虽然没有中考、高考的升学压力,但是学习成绩仍然占据着非常重要的位置,学校之间相互比较的主要依据仍然是学习成绩。在一次全校教职工例会上,学校校长就曾说道:"咱们学校各种活动开展得有声有色,我们的学习成绩也没有落下,在上学期期末考试中,我们的成绩仍然在区里名列前茅。"学校各种活动也是在不影响学校整体学习成绩的前提下开展的,一旦学习成绩下滑,各项活动能否有效开展就难以确定。其次是班级之间的竞争。同一年级的各个班级之间在学习成绩、教室文化、班级活动等方面时时竞争着,走进学校的校门就可以看到"三优中队评比栏",每个班级的量化得分都在上面写得清清楚楚,全校师生都可以看到各个班级的排名,这就在无形中给班主任带来了巨大压力。

---

① [苏]苏霍姆林斯基:《帕夫雷什中学》,赵玮等译,教育科学出版社1983年版,前言第14页。
② 汪丁丁:《教育的问题》,《读书》2007年第11期。

再次是儿童之间的竞争。上述所有的竞争最后都会转嫁到儿童身上，儿童也就成为整个"循环"的最终受害者，承受着他们这个年龄不应该有的生存状态。教师虽然采用儿童喜闻乐见的方式对其进行评价，但这在无意间也加剧了儿童之间的竞争。

另一方面，也是在更深层意义上，在这种环境中，人们往往过于注重外在利益而忽视甚至抛弃内在利益。于是，学校只重视那些与竞争有关的学科，而与之无关的学科则可有可无、随意挤占。在学校中，上午下午各有一个大课间，其中一个用于做课间操，另一个则由班主任看班，其他科任老师在与班主任沟通之后可以使用。大课间本来是学生在经历一段紧张而又辛苦的学习之后自由活动、放松身心、缓解疲劳的时间，最终也被用来上课，而这一时段往往被语文或数学老师占用。与语文、数学的待遇相反，以品德课为代表的"副科"则不受学校的"待见"。正如诺丁斯所言，"把考试成绩定为底线，便使得教育工作者被迫将精力集中于学科之上——具体来说是那些即将被考到的学科知识。相互矛盾的现象以及异常现象随处可见。学校仍然声称有责任培养民主社会的公民，大多数人也认为社会科应该承担这样的任务；但是通常情况下，社会科为数学课和阅读课做出了牺牲"[1]。家长讲坛、班级排练节目等各种"理由"都可以挤占，品德课可以随时为其他学科让道，一位品德课教师就讲道："上个星期一正好是英语老师要上评优课、展示课，就把那一节（品德课）给占了。然后这个星期，早上起来也是临时跟我说的，是一班的班主任要上个什么课，在他们班试讲，然后就给调了。反正调课也是经常的，别的班也是一样。"[2] 学校的态度也会影响到儿童对课程的认识，伴随其后的是儿童对品德课的不重视，甚至视其为"放松课"，在课堂上肆无忌惮地大声喧哗，影响了正常的课堂教学秩序，一位品德课教师就曾谈道："小学老师与学生接触多，就我自己的看法，这门课在分量上不应该这么低，从

---

[1] ［美］内尔·诺丁斯：《当学校改革走入误区》，侯晶晶译，教育科学出版社2013年版，第33页。
[2] T-5-Y

学校到学生对这门课不屑一顾。有时候我在上课的时候就问孩子们'为什么你们这么乱',孩子们就说'这个课本来就是让我们放松的啊'。……学生在课堂上很乱,让老师头疼、无奈,没有成绩,不影响他的任何东西,无法引起家长、学生的重视。"[1] 这样就形成了一个恶性循环。

学校生活的功利倾向对学生的成长影响深远。其一,导致学生丧失合作意识与合作能力。国际21世纪教育委员会在向联合国教科文组织提交的报告中,将"学会共同生活"作为教育的四大支柱之一,并认为"这种学习可能是今日教育中的重大问题之一"[2]。随着现代科学技术的发展,无论在工作还是生活中,团队的力量越发重要,学会与他人共同生活是21世纪必需的生存技能,然而,学校教育却在向学生传递着竞争的理念,使得学生不仅缺乏合作意识,甚至会从内心抵触合作,影响其未来发展。其二,从小培养学生的自私自利心态。在功利化的学校生活中,学生也会自然而然地产生功利倾向:凡是与我发展息息相关的,我就会认真对待;与之无关的则会潦草应付。诚如学者所言:"我们的教育结构和制度的设计本质上鼓励的是占有式的个人主义,我们选择的是以占有式的个人成功为基础的教育竞争结构。……这种占有式的个人主义实质上已经成为控制我们教育的看不见的手。"[3] 最终,从学校走出的只能是"绝对的、精致的利己主义者","所谓'绝对',是指一己的利益成为他们一切言行的唯一驱动力,为他人、社会所做的一切,都是一种'投资';所谓'精致',是指他们有很高的智商、教养,所做的一切在表面上都合理、合法,无可挑剔;同时,他们又惊人的'世故老成',经常作出'忠诚'的姿态,很懂得配合、表演,最善于利用体制的力量,最大限度地获取自己的利益,成为

---

[1] T-2-N(2)

[2] 国际21世纪教育委员会:《教育——财富蕴藏其中》,联合国教科文组织总部中文科译,教育科学出版社1996年版,第82页。

[3] 金生鈜:《保卫教育的公共性》,福建教育出版社2008年版,第195页。

既得利益集团的成员，因此，他们要成为接班人，也是顺理成章的"①。更有甚者，功利的心态还会引发对待人和事的犬儒态度，"事不关己高高挂起"成为不少人的处世态度。其三，对功利的执迷会消损儿童的良好品德。麦金太尔（Alasdair MacIntyre）对外在利益和内在利益做了区分，"我所谓的外在利益的特征在于，每当这些利益被人得到时，它们始终是某个个人的财产与所有物。而且，最为独特的是，某人占有它们越多，剩给其他人的就越少。……因此，外在利益从特征上讲乃是竞争的对象，而在竞争中则必然既有胜利者也有失败者。内在利益诚然也是竞争优胜的结果，但它们的特征却是，它们的获得有益于参与实践的整个共同体"②。如此看来，通过竞争所获得的名次、荣誉是外在利益，良好的道德品质是内在利益，而当人们过于看重外在的功利时，内在的品性则横遭遗弃，"不难预料，假如在某一特定社会中对外在利益的追求变得压倒一切，那么美德观念可能先受些磨损，然后也就几近被全部抹杀，虽然其仿制品可能还很丰饶"③。从长远看，功利的学校生活将会影响整个社会的道德面貌。

（二）学校生活的制度依赖

在很大程度上，学校生活是一种制度生活，制度的存在也保证了学校生活的正常运转。制度本身是一个中性词，并无是非善恶之分。杜威就认为："学校作为一种制度应当简化现实的社会生活。"④但是，当学校完全按照制度来设计和安排儿童生活时，性质就发生了转变。制度不仅无法产生积极的效用，反而会对儿童的健康成长带来消极的影响。

第一，多集体生活少个人生活。儿童自入学起就生活在集体中，特别是班集体，无论是上课还是活动，集体生活始终是儿童学

---

① 钱理群：《中国教育的血肉人生》，漓江出版社2012年版，第47—48页。
② [美]麦金太尔：《追寻美德》，宋继杰译，译林出版社2011年版，第241—242页。
③ 同上书，第249页。
④ [美]杜威：《学校与社会·明日之学校》，赵祥麟等译，人民教育出版社2004年版，第6页。

校生活的主要方式。不可否认，班集体给儿童带来了归属感，让儿童找到了"家"的感觉——老师就是班级的"大家长"，同学之间亲如兄弟姐妹，集体的生活对儿童的发展而言是必需的。这与学校一直注重和强调集体利益至高无上密切相关，"从一年级就告诉他们，集体利益是高于个人利益的，当你非常想自由的时候就要想想这是一个集体的活动。比如说升旗的时候，有的孩子站一会儿就累了，就想动动头，说说话，休息一会儿之类的，但这其实是一周当中最重要的一个集体活动，你的表现也代表了集体的一种班风。所以我就会告诉孩子，你的表现就是集体的表现，而不是你个人的一种行为"[1]。但是，在集体生活之外，还应当有儿童的个人生活，比如休闲生活、交友生活等内容，应当有儿童自由安排的生活。举例来说，在上午课间操时间，学校会统一组织学生在操场做广播体操，并且通过各种检查方式督促、监督学生必须参加。但是，有些学生就不喜欢做广播体操，他们就喜欢在课间操时间出去蹦蹦、跳跳，放松一下身心，这却是学校不允许的。现在的学校生活往往过多强调集体生活而忽视了儿童的个人生活，这带来的问题是，当儿童走出集体独自生活时就会陷入茫然、不知所措之中，这主要源于学校没有教会儿童如何独自生活、如何安排集体生活之外的课余时间。不仅如此，儿童的生活是自己建构的结果，过多集体的生活也会在某种程度上不利于儿童对自己生活的建构。

第二，多共性的生活少个性的生活。每个儿童在成长环境、性格特点、兴趣爱好等方面都有着非常大的差异，他们都是独一无二的个体。然而，在学校中，儿童所经历的生活却往往是共性的而非个性的。在课堂教学中，教师在同样的时间、同样的地点，以同样的内容、同样的方式对待不同的学生，儿童的个性差异被忽视。不仅如此，我们在翻阅学校相关材料过程中发现，学校对教室如何布置也提出了非常明确的要求，推行标准化建设。"标准教室建设与管理：一是空调统一安装在教室右后侧，二是书架衣物橱统一放置

---

[1] HT-2-Y（2）

在教室侧墙（南楼教室）或后墙（北楼教室，与空调并排），三是饮水机统一放置在教室门口黑板一侧，四是教室黑板内侧设置为班主任办公或作业放置区，为班主任看班提供方便，五是在教室前面黑板上方和教室后面衣物橱上方统一张贴校风校训，六是对教室内窗两侧的墙壁，统一安装班级文化张贴底板，七是在教室门口黑板一侧安装统一定做的中队家务栏将课程表、作息时间表、班级学生值勤表、小饭桌有关规定表等包容进来，八是在每个教室门口设置班级文化名片，九是教室门口外墙为学生假日雏鹰活动展区，展板要符合大队部的尺寸要求。"① 教室是儿童生活和学习的地方，是儿童的教室，教室怎么设计、如何安排应当由儿童决定，这一方面可以调动儿童参与活动的积极性和主动性，另一方面这也是儿童发挥想象力与创造力的大好时机，借助宝贵的机会真正创建富有特色的班级文化，让每个班级都彰显自己的特色。

　　陆有铨教授曾言："教育是农业式的活动，不仅仅是因为它不同于畜牧业或工业式的活动，更重要的是，教育与农业生产活动有许多内在的一致性。第一，两者活动的对象（人或种子）都具有潜在的发展的能力；第二，两种活动的发展需要类似的条件，农业活动对土壤有要求，教育活动对环境有要求；第三，人（教师或农民）不能'创造'他们的发展，人的活动只是提供他们发展的条件。"② 现在的学校与工厂更为相像，儿童在学校的生活趋向集体、趋于标准化，恰恰缺少了儿童应当享有的个人的生活、个性的生活。学校教育正如工厂标准化的生产线，逐渐把个性各异的儿童培养成为同质化的个体。"教育对个体的生产并不是培育个人的独特个性，只是模塑一个个具有同质性的个体，每个人具有个体性，而不具有个性，这意味着每个人在个体化的功能再造中具有程度和种类的差异，而不具有个人品质的差异。"③ 最终从学校中走出的儿童只能是"千人一面"，缺乏个性。

---

①《班级管理细则》。
② 陆有铨：《教育是合作的艺术》，北京大学出版社2012年版，第4页。
③ 金生鈜：《保卫教育的公共性》，福建教育出版社2008年版，第74页。

第三，制度依赖带来的冷漠。学校作为有组织、有纪律的教育机构，是在一系列制度的支持下运行的，作息时间安排是其中的一项重要内容。它规定了入校时间、上下课时间、休息时间等等，它的存在保证了基本的教育教学秩序。然而，在这一安排中，也有一些不合乎"道德"之处，雅斯贝尔斯曾言："在人的存在和生成中（以人的年龄、教养与素质差别区分），教育环境不可或缺，因为这种环境能影响一个人一生的价值定向和爱的方式的生成，然而现行教育本身却越来越缺乏爱心，以至于不是以爱的活动——而是以机械的、冷冰冰的、僵死的方式去从事教育工作。"[1] 准点开校门就是一个明显的例子。

> 今天是调研的第一天，我对这里的一切都充满着好奇，对学校这个自己既熟悉又陌生的地方充满着关切，熟悉是因为自己亲身经历过小学教育阶段而且作为学习教育学的研究生一直关心学校教育，陌生是因为自己从小学毕业已经15年了，这15年来学校教育发生了翻天覆地的变化。事实上，我对小学教育的现状是不了解的。午饭后，带着这种好奇，我在校园里到处转，这一切对我来说都像是新生事物……一点多的时候，我听到校门口有几个孩子的打闹声随即过去看了看，原来是几个学生在校门口闹着玩，此时学校大门紧闭着。当时并没有对这一现象特别注意，回到办公室后越发觉得这一现象有些"蹊跷"：学生为什么会在校门口呢？带着这一问题，我跟办公室对桌S老师聊了起来，原来是因为学校要求下午一点半开校门，来早了也不能进来，这个时间没有老师照顾学生，一旦出现什么问题学校可担待不起。于是，孩子们就被一道紧闭的大门关在了外面。让我想不到的是，在当天的校会上，大队辅导员再一次强调要求大家不要提前到校。[2]

---

[1] ［德］雅斯贝尔斯：《什么是教育》，邹进译，生活·读书·新知三联书店1991年版，第1页。

[2] 节选自我们的调研日记（2015年3月30日）。

◈ 第三章 分析与透视：现实的考察 ◈

对于学校而言，学生的安全问题压倒一切，为了减少学校在学生安全问题上的顾虑，学校只能划分责任范围：在学校里发生的安全问题才与我有关，校门之外的则与我无关，准点开校门背后所体现的是僵化的制度对儿童关爱的缺失。一扇大门关闭了学生对学校的信任，推脱了学校应负的责任。关怀伦理的倡导者诺丁斯认为："关心和被关心是人类的基本需要。我们需要被他人关心。……我们接受关心，生活在关心所营造的一种氛围之中。没有这种关心，我们就无法生存下去，成为一个完整的人。在人生的每一个阶段，我们都需要被他人关心，随时需要被理解，被接受，被认同。"但是，"在学校，少男少女们感受不到关心"①。为此，她极力主张建设以关心为核心的学校课程。对于学生而言，课程的建设固然重要，但如果学校不关心学生，他们没有生活在一个关心的环境之中，从没有被关心过，那么他们又如何能够学会关心，并把关心传递下去？

如学者所言，"现在整个教育制度都建立在不信任的基础上。老师不信任学生，校长不信任老师，督学时刻盯着校长，校董会又机警地提防着督学。每一个权威都设立出种种条例和规则，使得学校弥漫着监狱般的气氛，在这里每个人都被假设为是不诚实、不称职或者不负责的"②。以班主任工作为例，班主任的每一项工作都被赋予了相应的分数，以量化的方式对班主任工作进行管理。比如安全赋分和废旧报纸回收赋分："1. 安全赋分：未锁门、未关窗，饮水机、风扇、空调、灯未断电，每出现一次/项扣0.1分，出现学生到大厅搬运矿泉水每次扣0.1分；每学期集中检查不少于6次，每次查完进行公示。2. 废旧报纸回收赋分：每学期废品回收数量0—10斤赋0.2分，10—20斤赋0.3分，20—30斤赋0.4分，

---

① ［美］诺丁斯：《学会关心：教育的另一种模式》，于天龙译，教育科学出版社2003年版，第1页。
② ［美］吉诺特：《老师怎样和学生说话》，冯杨等译，海南出版社2003年版，第7页。

30斤以上赋0.5分。"[1] 过于迷恋制度的安排和设计只能使学校生活越发冰冷,无论对教师还是对儿童都是如此。

(三) 学校生活的形式化

当前,学校自觉地开展了各式各样的活动,儿童的生活可谓丰富多彩。但是,在这些看似轰轰烈烈的活动背后,却存在着形式化的问题。生活的丰富多彩也往往流于形式而缺乏深刻的内涵,甚至背离教育的本义,带来消极影响。下面我们以"公开课"为例,分析儿童学校生活的形式化问题。

公开课作为一种教师研修的方式在学校教育中长期存在着,它对教师教育教学能力的提升、教师专业发展发挥了积极作用。但是,随着基础教育改革的不断深化,公开课中存在的问题也逐渐暴露出来,越发偏离公开课设置的初衷。其中,公开课的"表演化"是学者批判的焦点,"一些中小学公开课追求'新、奇、特',老师提前和学生打招呼'配合互动'。为了上好公开课一些老师甚至集导演、道具、美工等身份于一身,而学生就像演员。这种公开课俨然成了表演课"[2]。下面我们以亲身参与的一次调研活动为例,分析学校生活的形式化问题。

> 2015年6月16日,由J市教育教学研究院主办的"J市小学品生品社骨干教师培训会"在Y小学大礼堂举行,公开课展示是此次教师培训活动的重要内容。《我学会了乘高铁》是此次公开课的教学内容。因为公开课被安排在了下午,上午的大会报告一结束,几位老师就开始忙着布置公开课的课堂。黑板上贴上了专门为此次公开课制作的高铁塑料板,舞台入口处还设置了写有"A3 B3"指示牌的检票口,大屏幕上显示着列车时刻表,还不时发出"请旅客按时乘车"的提醒。总之,整个课堂就是模拟高铁站布置的,给人一种身临其境的感觉。全班

---

[1] 《班级管理细则》。
[2] 陶功财:《"公开课"为何成了"表演课"》,《光明日报》2010年12月20日第002版。

◇ 第三章 分析与透视：现实的考察 ◇

被分成了六个小组，每四人一组，每组课桌上还放置了教师特别制作的上课道具。看到这一幕幕的场景，真为教师的细致周到所感动，可谓是煞费苦心！整节公开课也是有生有色，课堂教学节奏有序、学生表现积极活跃，整节课秩序井然。结束后，这节公开课也得到了在座的教研室领导、品生品社老师的一致好评！

精彩的公开课与枯燥的常规课形成了鲜明的对比。其一，在学校中，有几个班级只有 24 名学生？我们所调研的 A 小学一个班级少则四五十人，多则六十余人，只有 24 人的班级在现实中几乎不存在。其二，在现实中，品生品社课老师一般都是兼职，要么是由班主任兼任，要么是学校中层领导干部兼任，繁忙的事务性工作已经让老师焦头烂额，根本没有时间和精力如此精心设计品德课堂教学。

不可否认，这节公开课让教师感受到了品德课堂的魅力，也让教师了解了一节理想的课应该如何准备、如何设计，它对教师的专业成长而言具有一定的促进作用。然而，它对教育实践到底起到了多大的作用呢？公开课俨然成为一场精心准备的"时装秀"，它所展示的只是一种美好的教育理想，一种无法实现的乌托邦。公开课结束后，教师回到自己的学校仍然是我行我素，教育实践能有多大的改观？更为重要的是，公开课除了让学生感受不一样的课堂之外到底给学生带来了什么，毕竟我们的教育活动需要考虑学生的感受，这不得不引起我们的深思！①

形式化的"公开课"给儿童的健康成长带来诸多不利的影响。其一，"事先的练习"向学生传递虚假的教育。在现实中，公开课的表现已经成为衡量教师教育教学能力的重要依据，而且公开课还在各式各样的评奖中扮演着重要的角色，它不仅关乎教师的发展，

---

① 节选自我们的调研日记（2015 年 6 月 16 日）。

更影响着学校、教育行政部门的荣誉,从学校、区县、地市再到省里,逐级角逐的公开课评奖影响着每一位教师的发展前途。学校一位老师曾向我们介绍过公开课的一些情况,"公开课可能是学校里面的展示课,每个老师都要准备的,根据你的工作年限、获奖等级,比如你以前获过学校的一等奖,那么你下次再参加的时候就是能手课,如果你没获过奖,那你还是参加新秀、新苗等新教师展示课。……能参加省里的公开课已经非常厉害了,但是,每个人只有一次到省里的机会,不可能有第二次,所以,这一次对每位教师来说至关重要。如果没能拿到好的名次,也就意味着他在教学方面可能不会有太大的发展前景了"。因此,公开课对于教师个人发展而言至关重要。为了在公开课评选中取得突出的成绩,教师只能事先多次"打磨"自己所要展示的内容,就是所谓的"磨课",通过不断改进课堂教学,逐渐完善自己的教育教学,这本无可厚非。但是,在实践中却出现了两种异化的现象,一是为了在公开课评选中显示教师高超的教学水平,教师会事先安排哪些学生参与公开课、哪些学生回答问题、如何回答等,相当于事先已经设计、安排好了整节课,在公开课展示时只是纹丝不动地照搬即可。二是为了在公开课中更加熟练地进行展示,教师往往是"一节课包打天下",同样一节课不知会重复多少遍。"公开课"除了与教师的专业发展相关外,还在"关键时刻"彰显学校的教育教学水平,"公开课可能就是来了一些外宾、外地的参观团,各个地市的活动需要展示的,或者还有一些课题研究方面的课,写论文的,最后怎么展示呢,就是上一节课,看看学生的反应"[①]。在这种情况下,儿童所能感受到的只能是教育的虚假。

其二,公开课与常规课的强烈反差向学生传递欺骗的教育。公开课上,活泼生动的课堂教学、贴近生活的教育内容、适合学生特点的活动形式往往是昙花一现,随着公开课的结束而烟消云散。当学生回到常规课堂之后,每天所经历的仍然是原有的课堂,理想与

[①] T-5-Y

现实的巨大落差在学生的心里留下难以抹平的伤痛，欺骗或许最能表达学生的感受。在整个公开课进行过程中，学生往往是作为"陪衬"存在的，这一方面体现在学生在公开课上的积极表现只是为了给教师的教育教学技能增光添彩；另一方面，作为参与者的学生难以从公开课中真正有所收获。如果有的话那也只能是负面的、消极的影响。

除此之外，学校生活中还充斥着许多类似的重形式、轻内容的教育活动，它们的存在使学校生活褪去了本真的色彩。

（四）学校生活的"臣民"与"私民"倾向

我国日趋成熟的公民社会决定了学校教育将会走向公民，培养具有独立人格、权利与义务相统一、具有公德意识的公民也就成为学校德育的目标。在陶行知看来，"我们要想受什么教育，便须过什么生活"[①]。换而言之，我们要想让学生接受什么样的教育，就得为他们设计、准备什么样的生活。依此观点，要想使学生成长为公民就得让他们过公民生活——将儿童视为具有独立人格的个体、尊重其权利并使其生活在一个民主、自由、公正的教育环境之中。但是，当前的学校生活仍然在很大程度上指向的是"臣民"和"私民"，而非公民，这就从根本上背离了现代教育的本义。

1. 依附大于独立

不论在家庭中还是在学校中，"听话"仍然是不少家长、老师对儿童的期待，甚至也被作为评判"好孩子"与"坏孩子"的标准。在很大程度上，儿童的学校生活是依附于成人的，并没有独立地过自己的生活。一般而言，老师心目中的"好孩子"往往是那些上课遵守课堂秩序、课后认真完成作业、遵守纪律、从不惹是生非、老师让做什么就做什么的学生，而那些善于表现自己、敢于表达个人想法或者与老师意见不合的学生则不受老师们喜欢甚至被边缘化。"不可否认，在中国教育中好孩子的普遍标准还是听话、顺从、守纪律等，独立自主，个性解放，还经常被视为异端，有独立

---

① 胡晓风等编：《陶行知教育文集》，四川教育出版社2005年版，第333页。

个性的学生常要遭否定和打击。"① 在学校里，老师会特别喜欢"听话的孩子"，班干部名额，各种奖项、荣誉也都是垂青于"听话的孩子"。与之相反，那些调皮、捣蛋、打架、骂人、惹事、与老师对着干等"不听话的孩子"则在学校里不受待见。这是学校中一种普遍的教育现象。"听话教育"固然可以给老师对儿童的教育带来诸多方便，但是，从教育学的视角特别是德育的视角来审视这一问题可以发现，"听话教育"的危害也是非常明显的，"听话教育"成为一种扭曲的教育理想。

（1）违背儿童的成长特点，带来儿童的成人化

儿童的成长应当是自由的、个性的，活泼、好动，甚至偶尔给成人带来点麻烦也是正常不过的，因为这就是儿童阶段的发展特点。而"听话教育"的实质是将儿童视为成人的伴生物，儿童必须按照成人的意志行事。在"听话教育"下，儿童必须得服从成人的想法，久而久之，他们就会表现出越来越多成人的特征，自身的特点也会慢慢退却，这就带来了儿童的早熟。我们通常所说的"小大人"就是儿童成人化的典型表现。可悲的是，我们的老师不仅没有因为儿童被称为"小大人"而警醒和反思，相反，却是沾沾自喜、引以为荣。在这种思想的引领下，"听话的孩子"成为评判"好孩子"的标准，凡是"听话的孩子"就是"好孩子"。儿童为了赢得成人的喜爱就会尽力展现自己"听话的一面"，哪怕这些行为与自己内心真实的想法相违背，为此，就会出现各式各样的伪装和欺骗。这就使得儿童在一个世界里装作一个"听话的孩子"，而在另一个世界里，则通过各种违背教育的活动来获得自我满足以弥补内心的空虚。于是，儿童就会不断游离于真实与不真实之间，进而形成双重人格，如杜威所言，"一个分裂的世界，一个各个部分、各个方面不能结合一致的世界，将立即成为分裂人格的表现和原因"②。这使得本应属于童年的快乐荡然无存，儿童时期应有的童

---

① 鲁洁：《转型期中国道德教育面临的选择》，《高等教育研究》2000年第5期。
② [美]杜威：《我们怎样思维·经验与教育》，姜文闵译，人民教育出版社2004年版，第262页。

真、童趣也消失不见，造成了儿童的成人化，对于儿童的成长是灾难性的。卢梭（Rousseau，J. J.）曾言："大自然希望儿童在成人以前就要像儿童的样子。如果我们打乱了这个次序，我们就会造成一些早熟的果实，它们长得既不丰满也不甜美，而且很快就会腐烂；我们将造成一些年纪轻轻的博士和老态龙钟的儿童。"① 从长远来看，儿童的成人化有百害而无一利。

（2）强调儿童对成人的服从，不利于公民人格的养成

强调对成人意志的绝对服从是"听话教育"的一个显著特点。一方面，"听话教育"在告诉儿童什么事情该做、什么事情不该做，儿童的行为无须经过自己独立的思考，只要听从成人即可。时间久了，儿童就会丧失独立思考的能力，沦为成人的附庸。另一方面，"听话教育"实际上是在儿童面前树立了一个无形的权威。在家里，父母是权威；在学校里，老师是权威；将来走向工作岗位后，上级就是权威。作为个体的儿童必须始终服从这些权威，他们是毋容置疑更是不能打破的，否则就会遭受各种各样的惩罚，这在事实上培养的是顺民、臣民而非公民。如此一来，儿童从小就丧失了独立人格，依附性人格始终伴随着儿童的一生。"服从"式的臣民人格对儿童的成长极为不利，它使儿童丧失了独立判断能力，事事以他人为依靠，缺乏理性选择能力，在服从他人中丢失了自己。"儿童往往处于茫然失据的状态之中，即一种'不在家状态'。……儿童'失落于'他的'世界'、受制于他的'世界'，而不是作为'我自己'、作为一个'他人'而存在。"② 在现实中，我们也经常看到不少儿童缺乏理性精神，往往盲从于他人、人云亦云，无法形成自己独立的观点。儿童作为一个生命个体本应具有的主动性、自觉性、能动性荡然无存。培养具有独立人格，具有自由、民主、平等、责任理念的现代公民是教育的目标，而"听话教育"在很大程度上培养的是只会服从权威的顺民、臣民，背离了现

---

① ［法］卢梭：《爱弥儿》，李平沤译，人民教育出版社2001年版，第88页。
② 袁宗金：《"好孩子"：一个需要反思的道德取向》，《学前教育研究》2012年第1期。

代教育的宗旨。

在调研过程中，教师也透露了当前儿童理性精神的缺失，往往跟着别人走，处于盲从之中："应该认识到这门课对学生的重要性，从小学开始树立对国家、民族的热爱，树立正确的民族观、学习观。正确审视社会上的一些事件，对其进行理性的思考。现在的学生很盲从，找不到自己，他们应该找一找自己的想法，哪怕不成熟，也要勇于表达自己的想法、自己的思考，还要大胆地说。从小要培养孩子找到真正的自己，不要盲从。这是整个社会浮躁的因素。……昨天讲环保的时候，我展示了一张日本屠杀鲸鱼的图片，然后让学生谈谈自己的看法。我很认真、很严肃地想听听孩子的想法，真实的声音。孩子们都是那么一种态度，胡说八道、随口乱说，很随便，我很气愤。"① 这也是成人一味要求儿童"听话"带来的后果，儿童在听话中失去了自己独立判断的能力，这对儿童理性精神的培养、公民意识的形成极为不利。

（3）禁锢儿童的思维，不利于创造力的培养

创造力的缺失一直是中国教育遭人诟病之处，而"听话教育"可能是创造力缺失的重要原因。由于"听话教育"要求儿童无条件地服从成人的意志，否则就会遭致惩罚，久而久之，儿童的思维就会僵化，发散性思维也会随之消失，对任何事情也就失去了好奇心。而好奇心是创新的驱动力，没有了好奇心也就没有了创新的动力，创造力的培养也就无从谈起。鲁洁先生是我国著名教育家，在教育领域特别是德育领域做出了卓越的贡献，在德育学科建设、德育现代性研究以及21世纪以来的德育课程开发等方面成就非凡。令人难以想象的是，就是这样一位具有突出成就的教育家在小时候曾经是一位"不听话的孩子"。据鲁洁先生自己回忆，她曾经是个"正规小学里的捣蛋鬼"，"书也不好好念，做什么事情都是一种游戏，天生就是想玩，玩的时候特来劲。我可以带着男孩子玩。……

---

① T-2-N（2）

我这个人即使不是混世魔王，至少也是个'另类'"①。以常人的观点来看，鲁洁先生在小时候肯定不是一个"听话的孩子"，因为她不乖巧、淘气、惹事……然而，正是这些特点使她不受外界的束缚，可以自由地思考，从而形成了良好的思维能力，最终成为了一位教育大家。

（4）压制儿童的个性，造成人才的同质化

在"听话教育"下，儿童的个性因为遭受压抑而无法得到充分展现，他们只能按照家长、老师的期待成长为"听话的孩子"，而成人的期待又都具有相同的特点：考一所好的大学、找一份体面且收入高的工作。如此一来，儿童的个性无法张扬，教育培养的只能是同质化的、平庸的人才，导致千人一面。

2012年，中科院一位博士生放弃留校继续做科研的机会而选择到一所重点中学做数学老师在社会上引起了广泛的讨论，这位被导师视为"从事科研30年来见过的最有天赋的学生"的"反常"举动引发了很多人的不解。在常人看来，留校继续做科研是多少人梦寐以求的工作机会。而当事人却说道："退出科研界是因为很累，也没觉得自己是很有能力的人。（此前一直坚持科研）不是导师强迫的，只是因为我从小被教育成'听话的好孩子'，只要别人给了我任务并且应该是我做的任务，不管我喜不喜欢，都会尽力去完成，不只是科研问题，甚至是帮实验室干杂活，都是完成得既快又好。这样的结果就是导致了导师以为我喜欢做科研。"②在众人眼里，无论在工作条件、社会地位还是发展前景等方面，在国内顶级科研机构工作要比做中学老师好得多，但是，当事人的真正兴趣却不在科研而在教学，即使他在科研方面取得不凡的业绩也不一定生活得幸福。教育究竟是让我们拥有幸福的生活还是拥有一份体面却并不喜欢的工作，问题不难回答。

---

① 鲁洁：《回望八十年：鲁洁教育口述史》，教育科学出版社2014年版，第78—83页。
② 萧辉、石明磊：《博士逃离科研教中学遭质疑》，《新京报》2012年11月23日第A12版。

2. 多强制的生活少自由的生活

强制与自由本来是辩证存在的，教育中不可避免地会有强制的成分，但是，强制的目的也是为了更好地发挥自由，使学生对自由的运用在合理的边界之内进行。如果强制多于自由甚至完全掩盖了自由就成为控制，自由就没有了生存的空间。学生的学校生活基本由教师安排和设计，缺乏学生自主生活的空间和范围。学校教育在强制学生接受的同时把本应属于儿童的自由也剥夺了，学生没有了表达自己意愿的机会，更不能按照自己喜欢的方式生活，独立人格无法展现。正如一位班主任所言："我觉得有的时候受学校的局限性更大一些，可能自己有一些小的想法或者说一些理念想要去做的时候，有点放不开手脚。比如说，在集体当中，必须让孩子保持安静的状态，在一些大型活动当中，他们偶尔会有一些与场合不相宜的举动，虽然我能理解他们的举动，但是学校可能对他们会有一些扣除班级量化之类的惩罚措施。"[①] 除此之外，在课堂教学中，教师也在想方设法控制儿童，其中最主要的方式就是评价，"我在课本的最后一页给他们画了个表格，可能其他老师没有，这是我个人的习惯，表现好的同学我就会给他盖一个小印章。到期末的时候，按照小印章的数量将其分为 ABCD 四个等级，如果高分表现特别好的话就会给 A+，这样可能更好管理一些"[②]。从这位教师的回答来看，她采用这种评价方式的目的并非真正为了儿童，而是更好地管理班级。儿童为了获得良好的评价必须按照教师的标准来做，个人的自由无从谈起。在班级管理中也存在压制儿童自由的问题，"现在男孩自主权很强，比如在选择文艺节目上，女孩比较喜欢 TF-BOYS 的《青春修炼手册》，男孩想唱张杰的《逆战》，这两个很冲突。我们班女生想唱《青春修炼手册》，而且都会唱、都很厉害，男孩死活不唱，他们不服气就觉得不尊重男生权利。他们自主意识很强，开始反抗，最后只能通过投票来解决。"[③] 选择演唱哪首歌

[①] H-1-Y（2）
[②] T-5-Y
[③] H-2-N

曲是学生的自由，但是学校、班级却在不断压制着他们的自由，而且投票也无法让学生真正理解如何恰当运用自己的自由。

当然，儿童的学校生活也并非完全自由、放任的，儿童由于在身心发展方面的不成熟也可能会在发展过程中出现偏差、走向歧路，这就需要学校教育将强制与自由结合起来。康德曾言，"教育中最重大的问题之一是，人们怎样才能把服从于法则的强制和运用自由的能力结合起来。因为强制是必需的。我怎么才能用强制培养出自由来呢？我应该让儿童习惯于忍受对其自由所施加的强制，并应同时指导他去良好地运用其自由。不这样的话则一切都是机械性的，离开了教育的人就不知道如何运用其自由。他必须尽早感受到来自社会的不可避免的阻力，以便能认识到为了独立而谋生和奋斗是多么艰辛。"① 问题在于，学校并没有分清在哪些方面强制、在哪些方面自由，这也就无法教会儿童如何恰当地运用自己的自由。

3. 重义务轻权利

如前所述，民主教育、责任教育已经在学校教育中得到了初步显现，儿童参与班级管理、学校管理的权利也得到了一定的认可。但是，权利与义务是一对"孪生兄弟"，二者应同时存在。在现实中，学校教育更加强调儿童要履行哪些义务，却相对忽视了儿童应享有的权利。下面以学校领导在少先队入队仪式上的讲话为例，分析学校生活中重义务轻权利的问题。

2015年"六一"儿童节前夕，学校举行了少先队员入队仪式，在仪式结束后，学校党总支副书记对少先队员提出了要求：

> 在这个社会中，有许多行为规范约束着我们的一言一行，这就是道德。记得意大利诗人但丁曾说过："一个知识不健全的人可以用道德去弥补，而一个道德不健全的人是无论多少知识都难于弥补的。"由此可见，道德对于一个人的重要性。道

---

① [德] 康德：《论教育学（附系科之争）》，赵鹏等译，上海人民出版社2005年版，第13页。

德就在我们的举手投足之间，就在我们的一言一行之中。怎样做一个有道德的人呢？我想可以从三个方面去努力：

在学校，做一个好学生！努力学习，积极参与一切活动；讲文明、讲礼貌，在校园里集会不讲话，出操静快齐，安静就餐，不丢果皮餐巾纸；积极践行三节：节水节粮节电；学校给我们配上了最好的桌椅，你能够让它整洁如新；等等。

在家里，做一个好孩子！孝敬父母，主动分担家务，培养自理、自立能力；给劳累了一天的爸爸和妈妈端上一杯热茶，给父母过生日、关心父母的身体健康，理解父母、感恩父母；不挑吃穿，不乱花钱，不盲目攀比，养成艰苦朴素、勤俭节约的好习惯。

在社会上，我希望所有的少先队员们做一个好公民！积极参加"奉献爱心"活动，参与环境保护、公益宣传等活动，做一名"社会小义工"、一个"文明小使者"。

我相信，只要我们能够从这些小事做起，那么我们每做一件事情，我们的道德水平就会得到一次升华。长此以往，我们一定能够成为一名优秀的少先队员。

从上述讲话可以清晰地看出，学校一直要求儿童应当履行各种义务而对儿童应享有的权利却只字未提，这打破了"权利"与"义务"二者的平衡，也不利于公民素养的形成。

4. 重私利轻公德

事实上，学校已经意识到公德教育的重要性。校会、班会是公德教育的主阵地。每一周的校会都会针对前一段时间学生暴露出来的公德问题开展有针对性的教育活动，然后班主任结合各班不同情况召开班会，着手解决班级学生存在的公德问题。更重要的是，学校将公德教育渗透到学生的日常生活之中，通过环境创设、文化建设等方面创造良好的教育氛围，使公德教育起到"润物细无声"的教育效果。例如：在楼梯中间有一道线将楼梯分为左右两部分，时刻提醒学生上下楼梯靠右走，进而遵守公共秩序；在每个班级里都设有"生态班级可回收箱"，鼓励大家将废纸自觉地放入回收箱内以实现资源的循环利用,从而培养学生的环保意识。这些看似平常的举措却无时无刻不对学生发挥着潜移默化的影响,促使他们从小树立公德意识,做一个自觉遵守公共秩序的好公民。

但是,公德教育却存在着私利化的问题,也就是说,学校公德教育的目的并不是从培养儿童的公共精神出发,而是出于保护自身利益的目的。下面是二年级下册《品德与生活》第二单元一节课的课堂观察记录。"有些交通规则大家要认真地遵守,从而保证我们安全地在马路上进行活动。我们先来看一下有一些行人还有一些车辆如果不遵守交通规则会怎么样,请大家看。(展示图片)有个行人横躺在马路上被车给撞了,非常痛苦的样子;这个摩托车也是横穿马路的时候被一辆小汽车给撞碎了,摩托车咱们平常可以看到是非常结实的,但是在汽车面前它还是非常脆弱的,想想车都被撞成这样了,人肯定也伤得不轻;还有这个车祸现场非常地残忍,一辆小轿车被一辆大卡车撞碎了,……一个小朋友在这样有车的情况下横穿马路是不是很危险?再看,这位小朋友就没有这么幸运了,被车给撞了,他在横穿马路的时候被车给撞了,另一个是在路边玩耍的时候被车给撞了,……你想想如果是发生在你的身上,爸爸妈妈是不是很担心呀?"教师希望通过这些案例提醒儿童要遵守交通规则,进而提升到遵守公共秩序的高度,否则,不遵守交通规则就会危害到自身的生命安全。但是,这一方式也会使学生认为,如果个体的行为没有危害到生命安全就不用遵守公共秩序。如此,公德教育也就成为摆设,这是公德教育私利化的表现。还有一种误区是,受传统文化"家天下"的影响,我们往往把公德私德化,在学校中经常可以看到这样的标语:"学校是我家,公物爱护好;文明用语多,尊师不可少。"这就混淆了公德与私德的区别。在这种情形下,当公德无法被私德化时,特别是当我们离开"熟人社会"走入"陌生人社会"之后,私德已经无法约束我们的行为,而公德又没有形成,带来的只能是秩序的混乱。

如学者所言,"公民之所以是'公',是因为他关注公共生活的良善,在公民的生活中培养自己的德性、理性和公民的风范。因此，公民最为根本的是公民的公共精神和公共德性"[①]。公德教育的真正目的在于培养儿童的公共精神，基于公共的立场而非私人的立场思考问题。公德教育的私利化、私德化就淹没了儿童的公共精神，培养的只能是"无他"的私民。

三 小结

本章主要对生活的性质进行了探讨。学校作为公共教育的机构、场所，坚持以正面教育为导向，从显性层面讲，学校是以促进儿童的健康、快乐成长为目的的。但是，在隐性层面上，学校也存在着诸多消极影响，它们发挥着潜移默化的教育作用，甚至在某种意义上抵消了学校教育的积极作用，这是学校教育的"平庸之恶"。其一，学校生活的功利倾向。学校中弥漫着浓厚的竞争气氛，学校与学校之间的竞争、班级与班级之间的竞争、教师与教师之间的竞争，这些竞争最后都会转化为儿童与儿童之间的竞争。这种竞争使得功利成为儿童追逐的对象，不利于儿童合作能力的培养，形成儿童自私自利的心态，有损儿童的良好品德。"当代教育过于专注于发展受教育者竞争社会资本和文化资本的能力，把教育看作是对个人追求实在利益或成功的服务。至于受教育者如何学会治理自己的生活和参与共同生活的治理，如何获得造福于公共生活的德性和智慧，如何进行公共价值的认同，如何承担公共道德义务，公共教育没有深入的思考和行动。"[②] 其二，学校生活的制度依赖。对于学校教育而言，制度不可或缺，但是，对于制度的过度尊奉就带来了反面的作用。比如，在学校中，集体的生活多于个人的生活，标准化的生活多于个性化的生活，制度依赖带来的冷漠等。其三，学校生活的形式化。在看似丰富多彩的学校生活背后，往往缺乏深刻的内涵，使生活失去了意义。"公开课"就是形式化最典型的例子。其四，学校生活的"臣民"与"私民"倾向。虽然学校已经

[①] 金生鈜：《保卫教育的公共性》，福建教育出版社2008年版，第239—240页。
[②] 金生鈜：《国民抑或公民：教育中的人如何命名》，《高等教育研究》2014年第5期。

◇ 第三章 分析与透视：现实的考察 ◇

有意识地开展了一些富有公民气息的活动，比如少代会提案、班干部选举等，但是，正如杜威所言，"民主主义不仅是一种政府的形式，它首先是一种联合生活的方式，是一种共同交流经验的方式。"① 民主是一种生活方式，公民生活也应是生活的常态，它并非通过一次两次运动式的教育活动就能实现，而是需要学校生活中点点滴滴的体现。在学校中，儿童对成人的依附多于自己的独立；儿童所受到的束缚大于其所应有的自由；学校往往要求儿童履行各种义务却忽视了儿童应享有的权利；学校往往从个人利益出发进行公德教育，没有培养儿童的公共精神。

---

① ［美］杜威：《民主主义与教育》，王承绪译，人民教育出版社2001年版，第97页。

第四章　困惑与澄明：理论的探讨

以上分别从主体、内容、空间、性质等方面分析了品德课程在实施过程中如何回归生活。在分析的过程中，我们发现了隐藏在品德课程实施背后的一些深层次的理论困惑，正是这些深层困惑在某种意义上制约着品德课程改革的深化，弱化了品德课程的实效，特别是影响着品德课程向生活的回归。本章将对品德课新课改实施中呈现出的一些焦点性的、瓶颈性的理论困惑进行分析和探讨，以进一步从理论上理清思路，为品德课程更有效地实施提供必要的理论依据和理性自觉。

第一节　适应与超越

所谓"适应"就是品德课程要根据儿童身心发展的特点选择教育内容、采用儿童乐于接受的方式进行教育教学。所谓"超越"是指品德课程毕竟要以培养儿童的良好的道德品质为归宿，应该帮助学生树立正确的价值观，从而使他们过上一种道德的生活。"超越"才是品德课程的最终目的，也是品德课程是其所是的最终依据。

在新课改之前，品德课程因成人化、知识化、科学化、理想化而遭受诟病，新课改开始后，倡导品德课程回归儿童的生活成为一种潮流，并在课堂教学中得到了贯彻和落实。与以往的空洞、无趣、乏味相比，现在的品德课程富有生活气息，更加生动、活泼，形式更加多样，也逐步调动了儿童的学习兴趣，慢慢赢得了儿童的

◈ 第四章　困惑与澄明：理论的探讨 ◈

喜爱，有位小学生就曾讲道："我蛮喜欢品德课的，因为这课总体来讲不像语文、数学课那样要神经绷那么紧，这个是比较放松的，所以在之前比较累了之后呢，在品德课上既可以学到一些知识又可以放松一下，感觉蛮好的。"① 由此可见，回归生活的品德课程在实践中取得了一定成效。但是，我们在课堂观察以及与教师交流的过程中也发现，品德课程在回归生活之后似乎又走向了另一个极端：贴近儿童的现实生活却与价值无关或者放弃了价值引导，换句话说，价值缺席成为品德课程实施中存在的一大问题。有一位品德课教师就曾谈道："品德课生活化之后，走向了另一个极端。品德课实际上是没有益处的，完全从天平的这端走向了天平的另一端。……生活化应该建立在品德教育基础之上，品德教育在前面，生活教育在后面。"②

这一矛盾集中表现在品德课程形式的生活化与品德课程价值引导的缺失。为了调动学生的积极性，许多老师采取播放影音、视频的方式吸引学生的注意力，"学生的注意力有限，还要准备好看的、精彩的、清晰度高的视频，还不能太长，十五分钟左右"③。有不少老师为了打发时间，甚至为学生播放电影、动画片：

问："你们都看过什么电影？"
答："《厨王争霸》《冰雪奇缘》《舌尖上的中国》，好像还有一部关于社会与品德的电影，忘了叫什么名字了。"④

《厨王争霸》《冰雪奇缘》《舌尖上的中国》等一系列影片都是当下热播的电影或纪录片，在课堂上播放这些影片有助于拓展儿童视野。但是，在学校的课程中特别是在品德课程中出现，我们就必须反思这些影片的教育价值何在，特别是对儿童道德成长的促进作

---

① S-5-N
② T-3-N
③ T-2-N（2）
④ S-4-N

用何在。如果无法促进儿童的道德发展或者这些影片本身就没有涉及价值教育的内容,那么品德课程就无法达到应有的目标,课堂也就失去了"德育"意蕴。正如学者所言,"现在课堂上许多热热闹闹的'德育活动',的确让孩子获得了游戏般的'快乐',但是这一快乐未必是孩子道德、人生与社会生活智慧的学习之乐"①。上述做法可以给儿童带来感官的冲击、视觉上的享受,正好迎合了儿童的身心发展特点,儿童可以借此机会放松、休息。从这一意义上讲,儿童喜欢品德课程的原因在于它的娱乐性、休闲性,却与品德课程本身的内容、方式无关,这样的"生活化"背离了品德课程的本意,偏离了品德课程的内涵,丧失了品德课程的意义和价值。

在对教师的评价上,"生活化"一度成为评价教师课堂教学的首要标准,"现在的评价体系,对孩子的品德教育太少,忽略了品德教育,更加重视生活化。在公开课上,如果没有体现'生活化'就会被划为二等"②。在此评价标准下,教师为了在公开课上取得优异的成绩,只能将品德课程的"生活化"放大到极致,而不管这种生活化是否关涉道德因素,是否有助于儿童的道德发展。如此一来,"重形式、轻内容"也就在所难免了。

品德课程当然可以采取儿童喜闻乐见的形式,通过观看视频的方式让儿童进行道德体验未尝不可,教师也需要采取"生活化"的方式进行课堂教学。但是,品德教育是第一位的,品德课程的落脚点在学生的道德成长,正如一位老师所言:"品德与生活、品德与社会应该先是品德的教育,才是生活的、社会的,必须先有高度。"③ 品德课程的最终目的是提升学生的道德修养、促进学生良好道德品质的形成,品德课程回归儿童的生活并不意味着放弃这一神圣、崇高的使命,而是要在德育方式、途径上贴近儿童的生活世界,摒弃德育的"宏大叙事",从而提升品德课程的实效。为此,

---

① 檀传宝:《德育教材编写应当恪守的基本原则》,《课程·教材·教法》2014年第6期。
② T-3-N
③ 同上。

◇ 第四章 困惑与澄明：理论的探讨 ◇

有学者也明确提出："后生活化时代的品德课堂实践不是价值的空场，或不带任何价值预设的'怎样都行'。……在后生活化时代，道德教育的价值引领作用显得尤为重要。"①

教育是立足当下、指向未来的，道德教育更是如此。立足当下就是道德教育要源于生活现实，将生活中的具体事件作为出发点；指向未来就是道德教育要不断超越现实生活，以未来理想的生活观照现实，从而引导人不断追求卓越，实现道德教育的崇高与神圣。现在与未来构成了道德教育的一对时间范畴，二者在实质上是统一的。"道德教育的现实化，并不是把现实作为不可逾越的对象，不是把道德教育的作用只看成是对现实行为、现实关系的复制与重现，这种现实的出发点只能是对现实的改造与推进。具体说，它是按照某种超越于现实的道德理想去塑造与培养人，促使人去追求一种理想的精神境界与行为方式，以此实现对现实的否定。没有这种对现实的超越，道德教育只能趋向于消亡。"② 现实与未来最终都指向道德教育的超越性。为此，早在1994年，鲁洁先生在《道德教育：一种超越》中就提出了"超越性是德育的本质"，"道德教育的要旨不在于使受教者了解现实生活中人们的行为是怎样的，而在使他们掌握：人们的行为可能是怎样的？应该是怎么样的？道德的理想是什么？人何以接近这种理想？道德教育如果离开了这一要旨，它就不能成其为道德教育。它只可能成为某种社会学、经济学等等学科的教学与传授"③。在理论上，道德教育的超越性基本成为共识。在回归生活的品德课程改革理念下，品德课程容易滑入适应生活的一面而放弃超越生活的属性。这是因为品德课程回归生活要求品德课程从学生生活实际出发，也就是要落地。而超越似乎又易使品德课程陷入空洞、枯燥、宏大叙事的泥淖之中，回到课改之前的状态。在此，适应与超越本身就成为一对矛盾的词语。

---

① 齐学红：《在生活化的旗帜下：学校道德教育改革的社会学研究》，广西师范大学出版社2011年版，第119页。
② 鲁洁：《道德教育：一种超越》，《中国教育学刊》1994年第6期。
③ 同上。

◇ 小学品德课新课改的回顾与展望 ◇

　　超越性的遗失给品德课程带来了严重的后果。其一，品德课程中价值的缺席。将超越性从道德教育中踢出后，品德课程也就沦为了无关价值、道德的课程，消弭了品德课程的价值。其二，超越性的遗失也会使品德课程盲目适应生活，"强调学校德育受社会现实的制约，应该主动迎合社会政治、经济、文化发展需要，当外在的社会环境发生变化的时候，学校德育应该主动做出调整以适应这种变化。在这种情形下，学校甚至会不加甄别地宣扬社会生活中盛行的价值观念，即使这些价值观念对学生的道德成长无益甚至有害"①。如果说第一点危害仅仅将价值引导踢出品德课程，那么第二点危害则会将社会上的不良影响带入品德课程之中，并对其产生消极影响，有学者就曾谈道："生活化有可能成为学校教育媚俗化世俗化的借口，表现为放弃道德教育的超越本质以及对现实生活的价值引领作用，一味向现实生活中存在的一系列潜规则作出妥协与让步，如收受家长贿赂，钱权交易等，学校日渐成为争取各种社会资源和社会资本的名利场。"② 如此，这些未经"过滤""筛选"的价值观念会对学生的成长产生不可想象的消极影响。

　　杜威曾言："人类有一种通病，不是过便是不及，前几千年的人类，都吃了这两种无端的亏。人类的生活，不是完全推翻就可以解决的，也不是完全保守就可以解决的。人类的责任，是在某种时间、某种环境，去寻出某种解决方法来，就是随时随地去找出具体的方法来应付具体的问题。"③ 适应与超越的冲突与对抗体现了品德课程改革中的矫枉过正倾向，展现了一种激进主义的课程改革价值取向，这也体现了品德课程改革过程中对"生活性"理解的偏差。

---

① 程伟：《处理好品德课改革的若干关系》，《中国德育》2015年第7期。
② 齐学红：《在生活化的旗帜下：学校道德教育改革的社会学研究》，广西师范大学出版社2011年版，第69页。
③ ［美］杜威：《杜威五大讲演》，张恒编，金城出版社2010年版，第5页。

◇ 第四章　困惑与澄明：理论的探讨 ◇

第二节　一元与多元

一元与多元是针对价值观而言的，伴随着全球化进程，国与国之间的沟通与交流日益密切，受社会大环境的影响，世界发展的多样化趋势加剧，"多样性与差异性应当就是当今世界的合理生态构成，任何形式的一元宰制都只能是对全球'生态'的破坏，导致世界的停滞、倒退。事实也证明：这类一体、同质的图谋都曾遭到过不同程度的反抗，它只是加深了世界的分裂与对立"[1]。与此同时，市场经济的不断成熟促使个人不断觉醒，个体的独立、主体性的彰显、自我解放逐渐成为一种潮流。现代家庭独生子女的不断增多也使当代的学生具有更多的个性特点。在这一背景下，各种不同价值观的融合汇通成为普遍的现象，价值观的多元是现代学校德育正在遭遇的生存环境。

学校作为有目的、有计划、有组织地促进学生社会性发展的教育机构，不仅担负着向儿童传授知识的任务，更肩负着文化（特别是价值观）传承的重要使命，这也就意味着学校所倡导的价值观只能是合乎历史发展方向、合乎人类文明发展趋势的主流价值观，应当是积极的、健康的价值观。社会中价值观的多元也对学校中学生价值观的多样化产生着深刻的影响，社会价值观的多元取向与学校价值观的主流取向形成了冲突。

下面以集体主义为例来分析一元与多元的冲突。集体主义一直是学校德育倡导的价值取向，《品德与社会》（三年级下册）第一单元就是《在集体中成长》，通过《我们是一个集体》《快乐的集体生活》《大家都是好朋友》三部分内容培养学生集体意识和热爱集体的精神。教科书用一段话总结了我们为什么要热爱集体："我们每个人都生活在集体之中。个人离不开集体，就像鱼儿离不开水一样。个人是集体的一员，集体的力量由个人的力量汇聚而成。我

---

[1]　鲁洁：《应对全球化：提升文化自觉》，《北京大学教育评论》2003 年第 1 期。

们的集体是由我们每一个人共同组成的，没有了他人，也就没有了集体。小到一个班集体，大到一个国家，都是这样的。在集体中，我们必须心中有他人，言行顾他人，只有这样，我们的集体才会更好地存在和发展，才会永远温暖、团结。"但是，集体主义却不断遭受到现实的挑战。目前，我国正处于社会转型期，传统与现代、一元与多元相互交织冲击着人们的精神世界，特别是推行市场经济以来，功利主义、物质主义、经济至上、享乐主义等价值观甚嚣尘上，腐蚀着现代人的心理。受社会环境的影响，在儿童身上也表现出了个人主义、自私自利、以自我为中心等一些特点，学校一贯奉行的集体主义、无私奉献等正在遭受冲击，不再是铁板一块。学校倡导的集体主义与学生中出现的个体化倾向呈现出了明显的反差。有位老师曾谈道："现在的小学生极端的自我中心主义非常明显，金钱至上、利益至上观念太浓了，有些小孩根本无法进行合作，往往会因为借一块橡皮而吵起来。"[①] 如此，以崇尚集体主义为代表的一元价值观与日益多元的价值观构成了一对矛盾。

  在价值观的一元与多元方面，另外一个特别值得注意的是传统德育与现代德育的关系问题。在"传统文化热"的影响下，许多学校纷纷开展了以弘扬传统文化为主要内容的德育活动，比如要求学生背诵《三字经》《百家姓》《千字文》等蒙学内容，有些学校要求学生着古代服装诵读古文，也有学校开设了以传统文化为主题的地方课程或学校课程。一时间，传统文化在学校中得到了前所未有的重视，复兴传统道德的声音不绝于耳，试图从传统道德中寻找解决现代社会道德问题的良药。如此，就不可避免地遇到这样一个问题：究竟应该如何看待传统德育与现代德育的关系，或者说传统德育是否仍然适用于现代社会？传统与现代的关系问题是学校德育面临的最深层的矛盾，它从根本意义上指向德育的核心——价值观教育，这一关系处理不好，学校德育实效根本无从谈起。

  我们曾在前文以"孝心中国年故事大王比赛"为例，分析德育

---

① T-1-N（1）

◈ 第四章 困惑与澄明：理论的探讨 ◈

活动存在的不足，这一案例也同样可以用来分析价值观的一元与多元问题。这涉及两个方面的问题。其一，从根本上说，传统德育是建立在小农经济、封建专制基础之上的，它要培养的"顺民"和"臣民"，它所提倡的是男尊女卑、君贵民贱的社会等级观。应该说，传统社会的价值观是一元的，它所奉行是一套自上而下形成的稳固的伦理秩序，"尊卑有序、内外有别"是这一秩序的显著特点，每一个人都被嵌入这一秩序之中。这与现代社会提倡自由、民主、平等，培养具有独立人格的公民的精神格格不入，这也是传统德育与现代德育的最根本的区别。而进入现代社会，特别是改革开放以来，原有的一元价值逐渐被打破，价值观呈现多元并存趋势。从这一意义上来讲，传统德育的价值观趋于一元，而现代德育的价值观趋于多元。其二，我们也应当清楚地看到传统德育也并非一无是处，它所提倡的诚实守信、以和为贵、仁爱、礼让、宽恕、知耻等内容仍然具有很强的现实意义。事实上，传统德育也构成了现代德育多元价值观中的"一元"。只不过我们在看待传统德育时，应当从是否有助于现代生活方式形成的视角进行审视，而不是盲目地继承所谓的"传统"。"并非所有的文化传统都是可传的，只有那些对现代公民生活具有思想力、诱惑力的文化才是可传之统，才是可欲的文化传统，也就是说，价值传统一定是对现代生活具有解释力，能解决当下生活所面临的问题的可传之统、能传之统和必传之统。"[①] 在此情形下，我们对待传统德育的态度就在很大程度上影响着对价值观一元与多元的认识，毕竟它也在多元价值观中占有一席之地。正确认识和处理一元与多元的关系需要"多元归一"，如何真正实现"多元归一"对于品德课程而言是极大的挑战。综上所述，价值观的一元与多元的关系是品德课程实施中面临的一大困惑。

---

① 高伟：《论中国教育的现代化——基于文化现代化的视角》，《陕西师范大学学报》（哲学社会科学版）2015年第6期。

第三节　知识与行为

知识与行为的矛盾主要体现在道德知识学习与道德生活实践的隔离，道德知识的获得难以真正改变儿童的道德行为。

一般认为，儿童的品德是由知、情、意、行构成的统一整体。因此，学校德育也就是培养学生知、情、意、行的过程。这四部分是由不同的路径形成的，品德课堂教学是形成"知"的必不可少的路径，对儿童的道德发展而言，道德认知能力、道德判断能力的培养是非常重要的。对"情""意""行"而言，校内外德育实践活动则是形成的有效路径，在生活中、在活动中体验道德、感悟道德，并最终转化为道德行为。为此，道德知识学习与道德生活实践是道德教育不可或缺的重要途径。

在课改之前，由于受科学主义思维的影响，道德教育也走上了科学化之路，正如学者所言："人们在对待道德教育时，不仅没有把它和一般的知识性的教学活动、和对待物的生产加工活动区分开来，而且还有意为之，认为道德教育也应该自觉以在自然科学和工程领域无往不胜的科学世界观和科技理性为指导，努力发掘道德教育中的客观规律，然后通过理性的计算予以控制，最终达到使学生能按道德律行动的目的。"[①] 在此观念的指导下，道德知识的传授与灌输就成为道德教育的主要方式。道德教育的知识化带来了非常严重的消极影响，它违背了学生的品德发展规律，视道德发展为道德知识获得的过程，带来了知行不一的问题，降低了德育实效。新课改之后，道德教育的知识化成为学界批判的对象，倡导品德培养回归生活也成为新课标的指导思想，正如鲁洁先生所言，"道德学习的本质，不是知识学习，而是生活的、实践的学习。当然，道德教育并不排除'道德之知'的学习，而是认为这种'知的把握'必须以达到某种实践境界为前提。'道德之知'只有在行中才能最

[①] 唐汉卫：《生活道德教育论》，教育科学出版社2005年版，第9—10页。

◇ 第四章 困惑与澄明：理论的探讨 ◇

后完成。在道德上，真正'知道了'，就意味着'实现了'、'达到了'"①。在新课标中也明确提出了《品德与社会》课程的实践性特征："本课程学习是知与行相统一的过程，注重学生在体验、探究和问题解决的过程中，形成良好道德品质，实现社会性发展。课程设计与实施注重联系学生的生活实际，引导学生在实践中发现和提出问题，在亲身参与丰富多样的社会活动中，逐步形成探究意识和创新精神。"② 因此，通过生活实践培养学生良好道德品质的方式受到了新课改的重视。

然而，新课改在重视道德教育的生活实践的同时却走向了另一个极端——从根本上否定道德知识教学的价值。在品德课程实施中，知识教学与生活实践俨然已经成为一对矛盾体，有我无他、有他无我。在对教师的评价方面，凡是进行道德知识教学的课堂就是违背新课改精神的，也就自然而然地无法取得较高的评价，正如一位老师所言："现在的公开课侧重生活化、社会化的引导，如果公开课中有'说教的成分'就会直接打到二等。"③ 不仅如此，在品德课程实施中，道德知识的学习与道德生活实践相互分离，形成了"两张皮"，这也就使得道德知识与道德行为之间缺乏过渡的桥梁，导致道德知识学习难以转化为儿童良好的道德行为。不管品德课程如何改革，品德课堂教学的主要作用还是培养儿童的道德认知能力，包括基本的道德知识和道德规范的学习、道德推理能力和判断能力的训练。受种种条件的限制，品德课往往局限在课堂之内，无法走进社区、走进社会。与此同时，学校开展了一系列丰富多彩的德育实践活动，包括校内德育主题活动以及校外的小队活动。这些活动的开展更多地依据学校的历史传统、时间节点、自上而下的行政安排等，品德课堂教学与德育活动存在错位的问题。儿童在品德课堂中学习的道德知识难以在行为中予以体现，而他们在德育活动

---

① 鲁洁：《回望八十年：鲁洁教育口述史》，教育科学出版社2014年版，第259页。
② 教育部：《义务教育品德与社会课程标准（2011年版）》，北京师范大学出版社2012年版，第2页。
③ T-3-N

中的行为却又缺少相应的道德知识的指引，道德知识与道德行为被一堵无形的墙所隔开。杜威曾言，"学校中道德教育最重要的问题是关于知识和行为的关系。因为，除非从正式的课程所增长的学识足以影响性格，就是把道德的目的看作教育上统一的和最终的目的，也是无用的"①。知识与行为也构成了品德课程实施中一对不可调和的矛盾。道德知识学习被否定，而道德生活实践要么受诸多条件的限制无法开展，要么则流于形式而无法彰显德育价值，知识教学与生活实践都未能得到有序运行，品德课程就是处于这样一种尴尬的处境。

第四节　分离与整合

儿童的生活是完整的统一体，儿童的道德发展是通过生活中的点点滴滴进行的，而非独立于日常生活之外作为单独的"工作"进行，也就是说儿童的道德成长应伴随其时时、事事。而在现实中，儿童的生活却被各种无形的因素隔离开来，儿童生活的完整性被打破。这一方面表现在校内生活与校外生活的隔离。儿童的生活是一体的、连贯的，从课内到课外、从学校到家庭、社会。否则，就是断裂的、不完整的，杜威将其比喻为"在岸上学游泳"，"除非学校重视校内典型的社会生活的情况，学校就不能成为社会生活的预备。现在，它正在大量地从事西西弗斯的无益工作。它正在努力养成儿童的习惯，以备社会生活之用，而这种社会生活几乎好像是被小心翼翼地、故意地排除在外，不使与儿童正在进行的训练接触"②。这种教育培养的只能是生活在"真空"中的学生，也就无法实现提高学生适应能力、促进学生全面发展的宗旨，教育的本真就会被遮蔽。

---

① ［美］杜威：《民主主义与教育》，王承绪译，人民教育出版社2001年版，第378页。

② ［美］杜威：《学校与社会·明日之学校》，赵祥麟等译，人民教育出版社2004年版，第141页。

◇ 第四章 困惑与澄明：理论的探讨 ◇

除此之外，在学校内部，儿童的生活也被人为地分散开来，就像是被无形的栅栏分隔成了不同的区域，每一区域都有不同的生活逻辑。在学校中，学校工作往往被分为教学、德育、后勤三部分，每一部分由一位副校长具体负责，在某种意义上体现了学校对德育工作的重视。但是，这种安排无疑打破了学校德育的整体性，割裂了品德课程、德育活动之间的密切关联。

作为教学科目的品德课与语文、数学、英语一样，都由教务处负责管理。在具体的管理上，教务处对品德课的管理与其他课并无多大差异。在以考试成绩作为主要衡量标准的学校中，事实上，品德课就成为学校中被忽视的"角落"，正如一位班主任所言："其实要想上好一节课，需要进行精心的准备。但是我们现在当班主任教语文吧，属于兼职品德课，所以有的时候可能对它的备课投入就是稍微少一些，就跟语文相比的话不是那么重视。"[①] 在品德课的课程安排中也能明显感受到它尴尬的学科地位，品德课往往被安排在上午第三四节或下午第一二节。在课时安排上，品德课每周一至两节，而且课时还不能得到保证。不仅如此，正常的教研活动也无法展开，"这个课没有单独的教研，我们是综合学科教研，上周教研传统文化，下周教研咱们课。正儿八经的教研活动没有几次，有的话也是突击性的，比方说咱们学校接了公开课，然后就组织备课、听课、评课、分析教材，由这一节课延伸到上下年级、其他学科，咱们学校在这方面能力很强，如果真正研究它，好好备课，平时系统地来，有计划性地教研这一学科的相对较少。教研活动面临很大的困难，老师们比较分散，不太容易聚在一块。你像我以前教语文的时候，大家都在一个办公室，平时批改作业的时候就发现学生存在什么问题，就一块聊聊，这样就比较方便。现在，大家都不在一个办公室，教研起来难度就比较大。大多老师都是兼职，还有主课或者行政工作，根本顾不过来"[②]。即使教研活动正常开展，

---

① HT-2-Y（1）
② T-2-N（2）

◆ 小学品德课新课改的回顾与展望 ◆

也仅仅是综合学科的老师参加,其他兼职品德课教师并不参与。教研活动的缺失使品德课失去了强有力的保障,没有了高水平的教学研究的支持,品德课效果难以尽如人意也就不足为奇了。

品德课之外的德育活动,包括班主任工作、少先队活动等方面的工作都由教育处主管。班主任和大队辅导员就成为最直接的德育工作者。

大队辅导员是少先队工作的组织者和管理者。具体来说,"主要负责的就是少先队方面的活动,还有就是包括学生的常规管理也就是学生的自主管理。比如说,平时一方面是策划学校的大型活动,另一方面就是抓好少先队工作。就是学校的少先队员们的入队啊,还有些日常的行为习惯啊,还有主题日教育活动。雏鹰假日小队活动就是咱们学校少先队特色活动之一。再有就是,大队委他们参与到咱们学校的自主管理,按时执勤。再有就是像升旗仪式,每周一的升旗仪式都是由咱们大队部负责的。还有每周一下午的校会,也是咱们负责的。当然还有一些其他的活动,像消防疏散演习、植树节、学雷锋月、广播操比赛、健身月、运动会也都是我们负责"①。大队部是教育处的下属机构,大队辅导员是大队部的负责人。从大队辅导员对其职能的陈述可以看出,在学校教学之外的所有活动几乎都由大队部直接负责,它是连接教育处与各个行政班之间的中介机构。

班主任被视为最主要的德育工作者,他们与学生接触最多,也最了解学生,是学生成长最主要的见证者和最直接的负责人。学校对班主任工作提出了明确的要求:"班主任是班级工作的组织者、领导者,班主任要对本班学生的思想品德、行为习惯等全面负责,及时、认真、如实填写好《班主任工作手册》《学生成长手册》《六年级毕业鉴定册》,以及每学期班主任工作计划、总结、学籍表、素质报告单等常规资料。"② 除此以外,还有少先队工作、卫

---

① C-1-Y(1)
② 《班级管理细则》。

生工作、安全工作等等，可以说班主任是对班级全面负责，班主任工作可谓事无巨细。毫无疑问，班主任承担着德育教师的职责。

与之相关的常规德育活动是校会、主题班会以及德育教研。学校每周一下午第二节是少先队活动时间，实际上是校会和班会时间。学校每周一下午三点是校会时间，校会结束后各班主任根据校会内容结合本班实际开展有针对性的班会。校会之后，各班结合本班内的不文明现象开展有针对性的教育。

除此之外，学校还以年级组为单位针对本年级学生存在的问题每月举行一次德育教研活动。据老师介绍，"德育教研主要就是根据学校教育处的一些安排，然后进行我们这个月的德育方面的一个梳理和规划。其实说到这个德育是跟我们班主任的工作息息相关的。它其实就是指导我们班主任工作的。比如说每个月会有各种各样的活动啊，那我们就会根据这些活动布置下去，这是第一个。第二个可能就是班里可能会出现什么情绪，比如孩子们的卫生啊，纪律啊，然后包括这种心理上的一些小变化放在一块，可能有一些别的孩子，大家一起交流交流。然后或者说每个班里自己组织的一些小活动，比如说校队活动啊或者说班级活动啊，主要是这个。比如说，我们现在要入队了，就是我们这个星期三。然后上个星期主要布置了一下入队的事情。第一，要填一下入队申请表，然后在班里要选拔这个，每个班要选一个少先队员发言，然后还要有，每个班要选拔举旗护旗的孩子，还要选出给班主任戴红领巾的孩子。然后包括什么时间进行，都有哪些程序，然后要跟各个班主任沟通一下。然后说一下彩排的注意事项以及对孩子的要求、校服啊什么的啊。然后基本上就是这些"[①]。

通过上面的叙述可以看到，《品德与生活》《品德与社会》作为教学科目由业务副校长负责，学校的德育活动则由德育副校长负责，品德教师并不参与德育活动的组织与安排，德育活动的组织者（如大队辅导员）也不参与品德课堂教学。正如有学者提到的，

---

① HT-2-Y（2）

"在德育政策变迁的背后,始终存在着学校德育的行政化思维模式与学校知识逻辑之间的内在紧张,进而导致实践中客观存在着学校德育工作系统与德育学科知识系统的两种话语系统,德育理论与德育实践两张皮甚至多张皮现象,理论与实践之间的游离或背离状态不断受到学校制度设计的强化与固化,具体表现为:品德课程改革与学校德育系统的游离,德育学科教学与班主任工作的游离,学校德育系统与教学系统的游离等"①。实际上,由于"教学"与"德育"的隔离,在"教学"领域掀起的改革也难以对"德育"产生影响。德育活动之所以存在这样那样的问题在很大程度上源于缺少有效的指导,他们仍然固守着原有的工作方式,按照"自上而下"的逻辑开展工作。如此一来,品德课堂教学、德育活动形成了无形的隔膜,不仅造成了学校德育工作的重复,而且严重削弱学校德育的实效。如果品德课程改革仅仅囿于品德课堂之内,不能从真正意义上改变儿童的整体生活,就不会取得真正的成效。因此,分散与整合也就成为品德课程实施中面临的一大困惑。

第五节　个人与社会

个人与社会的矛盾具体表现在品德课程的内容、方式方面。首先,回归儿童生活的品德课程倡导以儿童当下的真实的生活为课程内容,以儿童的现实生活为教育素材,这当然有助于迎合儿童的生活经验,使儿童更容易理解并接受课程内容。但是,对于那些超越儿童生活经验而社会却又要求儿童掌握而不得不学习的内容,学校品德课程应该如何应对?也就是说,以顺应儿童发展为主的自由与促使儿童社会化的强制之间是一种什么样的关系?毕竟学校教育是一项公共事业,培养社会发展需要的人才是学校教育不可回避的使命。其次,回归儿童生活的品德课程倡导在生活中培养儿童的道德

---

① 齐学红:《在生活化的旗帜下:学校道德教育改革的社会学研究》,广西师范大学出版社2011年版,第12页。

第四章 困惑与澄明：理论的探讨

品质，这就无法回避一个问题：在方式上，是要顺应儿童的生活天性还是将社会道德规范强加于他们身上，是强制还是自由。我们在前文也讲过，在品德课程实施中面临的一个深层问题就是回归儿童生活的品德课程正在沦为"放松课""娱乐课"，正在抛弃其所应有的价值引导。在品德课程实施中就过于注重"自由"而弱化了"强制"的作用。杜威曾言，"从哲学上讲，道德教育的含意很深。最重要的是'个性'和'社会'的关系。道德教育不如旁的教育。它一方面发展个性，养成个人的知识、能力、感情，一方发展智慧，还须使社会的同情格外增加。所以问题在怎样使个性发展，同时并把同情的范围扩大，对于社会，情愿尽忠、情愿牺牲。……个人方面太注重时，每每流于自己出风头，不惜凌驾别人；或独善其身，与别人没有关系。社会方面太注重时，又每每流于个人不负责任，以为古代如此，大家如此，我何必有所主张"[1]。如何寻找到"个人"与"社会"之间的"平衡点"是学校品德课程改革面临的挑战。

有学者曾言，"教育的目的绝不能只是单向度的，教育活动应当保持必要的张力"[2]，这句话同样适合于品德课程。保持上述几种关系的张力，把握好它们之间的"度"是品德课程实施未来努力的方向。

---

[1] [美]杜威：《杜威五大演讲》，张恒编，金城出版社2010年版，第130—131页。
[2] 吴康宁：《教育之真谛：保持必要的张力》，《教育科学论坛》2007年第2期。

第五章　建议与策略：实践的选择

本章主要是基于生活德育的视角，在对品德课程改革的历史、课程实施的现状和问题，以及理论上的困惑进行基本的澄清之后，在具体的实践层面，提出更具建设性的意见和策略。

加拿大教育改革家莱文（Benjamin Levin）曾言："教育改革是一种复杂的现象——是理念、政策和体制结构、历史和文化的大杂烩。"[①] 作为教育改革的重要组成部分，课程实施也深受上述因素的综合影响。阻碍品德课程有效实施的因素有很多，比如教师的素质问题、经费投入不足、学校的重视程度，等等。但是，从生活德育的视角来看，现代意义上的社会生活的缺失是阻碍品德课程有效实施的最重要因素。所谓现代意义的社会生活即个人独立、自由，人人平等，民主参与各项事务的现代公民生活。因为没有现代意义的社会生活，品德课程回归的只能是不健康的、消极的生活，这也就从根本上背离了"回归生活"的本义。品德课程的有效实施呼唤社会生活的重建。这在宏观上需要进一步推动公民社会的建设，只有当学校、社会形成育人合力时才能从根本上培养现代意义的公民。"我国前30年的实践，证明了由权力包打天下行不通。又用了30年，明白了市场也不能包揽一切。在权力和市场之外还需要一个健全的社会。"[②] 也有学者指出："中国现代化两难症结真正的和

[①] ［加］莱文：《教育改革——从启动到成果》，项贤明、洪成文译，教育科学出版社2004年版，第186页。

[②] 清华大学社会学系社会发展研究课题组：《十字路口的选择——重建权力，还是重建社会》，《南方周末》2010年9月16日。

◈ 第五章 建议与策略：实践的选择 ◈

根本的要害，在于国家与社会二者之间没有形成适宜于现代化发展的良性结构，确切地说，在于社会一直没有形成独立的、自治的结构性领域。"① 公民社会的建设一方面需要从体制上放松对社会的管控，鼓励各式民间团体的成立，另一方面也需要认识到学校生活与社会生活的互动关系。当学校生活朝向公民生活时，社会生活自然而言地也就会发生改变。同理，公民社会的不断推进也会影响学校生活。二者应该是良性的互动关系，相辅相成、相互促进。下面我们着重从微观的学校教育的角度展开分析，为品德课程有效实施提供可行性建议。

第一节　道德的教育：品德课程有效实施的首要之选

在陶行知看来，过什么样的生活就在受什么样的教育，只有过道德的生活才能受道德的教育。因此，要想品德课程有效就需要学生过道德的生活，而道德的生活只能源自道德的教育。

既然道德的生活是品德课程的诉求，那么，促进道德生活的实现就是学校教育矢志不渝的目标。这一目标的实现仰赖于学校整体生活的改善，换言之，只有道德的教育才能带来道德的生活。为此，追求道德的教育也就成为品德课程有效实施的首要之选。这就需要厘清"道德教育"与"道德的教育"的关系，因为存在对"道德教育"的两种不同认识，这两种不同认识涉及对品德课程视域理解的差异。

在一般意义上，我们将道德教育定义为一种培养学生良好道德品质的教育活动，视德育为一项专门的、独立的工作，即德育是区别于智育、体育而单独存在的教育活动，与其他各种教育活动之间是并列关系。翻开各种版本的《德育原理》教科书不难发现，这一对道德教育的理解是一种主流的观点，这与我国长期以来将教育分

---

① 邓正来：《国家与社会：中国市民社会研究》，北京大学出版社2008年版，第3页。

为德育、智育、体育等不无关系。不仅如此，在学校教育实践中，德育也是作为一项专门的工作，有专门的机构，由专人负责，几乎每所学校都有分管德育工作的副校长，德育处是主要执行部门，大队辅导员、班主任、品德课教师是主要的德育工作者。这一界定一方面体现了对学校德育的高度重视，将德育作为一项专门的事业来抓；另一方面也有利于学校德育的专业化，对于促进学校德育的有效开展具有一定的积极意义。

但是，也有学者认为，视学校德育为一项专门的教育活动是片面的、不完整的，从根本上有损德育的特性。专门的机构、专业的人员使得德育仅仅成为"专业人员"的事情而与其他人员无关，这是学校德育不断遭人诟病的主要原因。杜威认为"道德教育的重要就因为它无往不在，所以断不是修身、伦理等科以一二小时的训练功夫可以办得到的。唯各方面都含有这道德教育的大目的，然后可以做到"①。在此意义上，每一位教师都负有道德教育的责任，学校中的任何教育活动都应合乎道德，诺丁斯也认为："道德教育不仅是指一种旨在培养有道德的人的特殊的教育形式，它也可以指任何一种在目的、政策和方法上合乎道德的教育形式。"② 这种对道德教育的理解更为全面，它将道德教育提升至教育的整体层面，从而扩大了道德教育的视域。

从第一种观点看，虽然德育作为独立的领域存在，但是并不意味着学校德育与其他领域没有任何关联，学校德育的有效开展仍然要以其他工作为基础，这是因为学生的道德发展深受其所处生活环境的影响，正如学者所言："德育应把其他部分作为先决条件，只有在进行其他方面教养的过程中才能有把握地开展德育。希望无成见的人们不难察觉到，德育问题是不能同整个教育分离开来的，而

---

① [美] 杜威：《杜威五大讲演》，张恒编，金城出版社2010年版，第130页。
② [美] 诺丁斯：《学会关心：教育的另一种模式》，于天龙译，教育科学出版社2003年版，第4页。

◆ 第五章 建议与策略：实践的选择 ◆

是同其他教育问题必然地、广泛而深远地联系在一起的。"① 学校德育实效性差的原因往往就在于把德育视为独立的工作，隔断了与学校其他工作的联系。因此，德育应以其他各育为前提，"道德的教育"是"道德教育"的基础。

从第二种观点看，道德教育是教育的本有之义，赫尔巴特曾言："我们可以将教育唯一的任务和全部的任务概括为这样一个概念：道德。……道德，普遍地被认为是人类的最高目标，因此也是教育的最高目标。谁否认这一点，谁肯定并不真正知道何为道德，至少他在这里没有发言权。"② 诺丁斯也主张："道德目的是教育的首要目的，它指引其他目的。"③ 由此，道德教育也就不是一项专门的事业，学校教育中的任何活动都应合乎道德。也就是说，道德性是教育不可或缺的特质。在这一意义上，教育就应成为道德的事业，道德教育不能从教育中抽离出来单独进行，道德教育与教育须臾不可分离。

在分析教育活动的本质属性时，有学者指出："学校是一个教书育人的场所，'教育性'是学校这种社会组织区别于其他社会组织最基本也是最根本的特性。学校的一切工作都应该要体现和彰显教育性，都应该能够使得学校成为一个充满教育性的组织或机构。……'教育性'是一种行为或活动作为真正的教育活动的规定性。"④ 促进学生良好道德的形成和健全人格的建构是教育义不容辞的责任和使命，如果说"教育性"是学校教育的最根本特性的话，那么"道德性"则是"教育性"的重要组成部分，甚至应成为"教育性"的核心。"道德性"是教育活动不可或缺的内在特性，舍此，教育就不能成其为教育，只能是"训练"，因为"训练

---

① ［德］赫尔巴特：《赫尔巴特教育论著精选》，李其龙等译，浙江教育出版社2011年版，第11页。
② 同上。
③ ［美］诺丁斯：《学会关心：教育的另一种模式》，于天龙译，教育科学出版社2003年版，第4页。
④ 石中英：《教育中的民主概念：一种批判性考察》，载郝文武《教育学人讲演录》（第五卷），北京师范大学出版社2015年版，第63—64页。

是一种心灵隔离的活动,教育则是人与人精神相契合,文化得以传递的活动"①。所以,道德性是学校教育是其所是的必要条件,道德的教育是品德课程有效实施的前提。具体来看,道德的学校教育包含以下内容。

一 道德的教育目标

教育是成人的事业,这就涉及几个问题:成什么样的人、成哪些人?这些问题也是教育目标无法回避的。因此,道德的教育目标就包含儿童的全面发展、个性发展和全体儿童的发展。首先,学生的发展是内与外的统一,所谓"内"是个体的精神世界的丰富和完满,包括道德、情感、意志等隐性的品质,所谓"外"则是知识的获得、学习的进步等显性的特征,现实的教育往往过于重视学生外在的成长而忽视了内在的发展,"当我们所选择的教学任务或建议将提升智力放在首位而可能将伦理理想置于险境时,我们危险地混淆了首要任务"②。如果说外在的显性特征给学生带来的是体面的工作、显赫的社会地位等物质财富的话,那么内在的隐性特征则给学生带来的是坚强的意志品质、良好的心理状态、平和的处事心态、健全的人格等精神财富,而后者对人的影响更为长远,因为它直指人生的终极目标——美好的生活,它可以帮助我们获得幸福的生活,如诺丁斯所言:"并非每个儿童都需要上大学,但是每个儿童都需要这样一种教育:它帮助他或她找到有用的、有收益的、愉快的工作,过上令人满意的个人生活。"③ 道德的教育目标要以儿童的全面发展为旨归。其次,关注所有儿童的发展。现实的教育是同质化的教育,"教育所要培养是成功的'占有者',鼓励的是通

---

① [德]雅斯贝尔斯:《什么是教育》,邹进译,生活·读书·新知三联书店1991年版,第2页。
② [美]内尔·诺丁斯:《关心:伦理和道德教育的女性路径》,武云斐译,北京大学出版社2014年版,第129页。
③ [美]内尔·诺丁斯:《当学校改革走入误区》,侯晶晶译,教育科学出版社2013年版,第74页。

过竞争获胜的那些佼佼者,给他们充分占有权力、资源和利益的优势条件,从而获得社会身份和社会地位,成为社会精英集团的一分子……而把那些无力占有的个体排挤在竞争的圈子之外"[1]。教育也就成为部分人上升、获取社会资源的通道。学校教育不应是按照同样的目的、统一的标准、相同的方式培养所有的儿童。虽然有部分儿童可能通过这样的教育脱颖而出,但是大部分却成为这部分儿童上升的阶梯,牺牲了自己美好的未来和前途。因此,这就需要关注儿童的个性发展。每个儿童都是一个独立的个体,都具有区别于他人的不同之处,每个儿童都有不同的禀赋、兴趣、爱好、特长,所以,不同的儿童也就有不同的成才路径,正如马里坦所言:"教育的核心必须放在人的个性的形成和解放上。"[2] 道德的教育目标应以促进儿童的个性发展为宗旨,使每个人的禀赋都能得到最大限度的发展,毕竟教育不是让每一个儿童都成为同一个模样、成为我们理想的样子,而是帮助儿童找到"最真实的自我",从而成为他自己。

二 道德的教育内容

与教育目标的宏大、长远相比,教育内容更为接近儿童实际,儿童也能真实体会,教育内容对学生的影响更为直接。道德的核心是价值观,道德的教育内容实际上就是向学生传递正确的价值观。为此,学校中的一切教育活动都应该经过道德的审视,学校要尤为注意教育活动背后所体现的价值观。所谓正确的价值观就是积极的、健康向上的价值观,就是合乎历史发展规律,合乎人类文明发展方向的价值观。学校作为育人机构,向学生传递的是正能量,让学生从中学习到"真善美"而非"假恶丑",积极的价值观包括诚实、友爱、真诚、责任等。更为重要的是,从社会的发展趋势来看,培养具有现代价值观的合格公民是学校义不容辞的责任,以自

---

[1] 金生鈜:《保卫教育的公共性》,福建教育出版社2008年版,第195页。
[2] [法] 马里坦:《教育在十字路口》,高旭平译,首都师范大学出版社2010年版,第41页。

由、民主、平等、理性为代表的现代性价值观理应成为学校教育的重要内容。为此，学校需要警惕教育活动中的"去道德化"和"反道德化"现象，真正实现以道德的教育培养道德的人。对学校而言，"去道德化"集中表现为对责任的逃避、冷漠等对道德问题的回避，道德被抛离学校之外。而"反道德化"则是学校向学生传递着有违道德伦理的价值规范，诸如欺骗、虚假、不诚实等，还有违背现代性价值观的理念，比如等级尊卑。

三 道德的教育方式

道德的教育内容与道德的教育方式密切相关，道德的教育内容只有通过道德的教育方式传递才能切实有效，而且，对于不同的教育内容要有不同的教育方式。从广义来看，教育方式是如何进行教育的问题，道德的教育方式就是要把儿童当作独立的个体来看待，师生之间是平等的主体间的交往。从狭义来看，教育方式有显性与隐性两种。对于知识的获取宜于采用显性的教学方式，而对于内在的精神世界的完善则需隐性教育。对于这一点，杜威就指出："当我们考虑到通过教育使道德成长的整个领域时，直接道德教学的影响，充其量说，比较地在数量上是少的，在影响上是微弱的。"[①]对于儿童的成长而言，最重要的是为其提供道德的教育环境，"成人有意识地控制未成熟者所受教育的唯一方法，是控制他们的环境。他们在这个环境中行动，因而也在这个环境中思考和感觉。我们从来不是直接地进行教育，而是间接地通过环境进行教育"[②]。为此，学校要尊重和关心每一个孩子、鼓励他们民主参与学校事务，教师平等地对待每一个学生等，换而言之，我们要想让儿童接受什么样的教育，就得为他们设计、准备什么样的生活。

[①] [美] 杜威：《学校与社会·明日之学校》，赵祥麟等译，人民教育出版社 2004 年版，第 137 页。

[②] [美] 杜威：《民主主义与教育》，王承绪译，人民教育出版社 2001 年版，第 25 页。

四 道德的教育评价

评价是对目标完成程度的判断，是为了更好地改进教育活动的举措。所以，道德的教育目标与道德的教育评价休戚相关，教育目标是否道德在很大程度上影响着教育评价是否道德，反之，教育评价的道德性也有助于保证教育目标的道德性。谁来评价、评价什么、怎么评价是教育评价必须回答的几个问题。首先，道德的教育评价要求评价主体的多元。对学生的发展而言，学校（或老师）固然是最为重要的评价主体，但是家长、儿童都应参与评价之中。其次，评价的内容是儿童的身心全面发展而非单纯的学习成绩，即使是学习成绩的评价也要采取个性化评价，不能采用同一标准衡量所有儿童，"若真要评判儿童的成绩，那么应该看他们今天比昨天长进了多少，从前的缺点现在补正了没有，从前未发展的能力和兴趣现在发展了没有。总而言之，现在比从前是否进步。这才是评判儿童成绩的真问题"[1]。常言道"多一把尺子就多一批人才"，这是对个性化评价的真实描述。此外，在注重核心素养的课程改革背景下，评价要特别关注学生的思维品质和思维过程。[2] 再次，量化评价与质性评价相结合。现实的教育往往是量化评价的天下，不论评价内容可否量化，"学校把青少年导入一个包括其想象力在内——实际上亦即包括人自身在内——的一切均可以加以测量的世界"[3]。道德的教育评价需要结合量化评价与质性评价，力求发挥各自的优势，准确、全面、真实地反映儿童的发展水平。

美国学者凯文·瑞安（Kevin Ryan）与卡伦·博林（Karene Bohlin）等人研制的《品德教育宣言》第一条就指出："完满的教育毫无疑问应该是一种道德事业——是连续地、有目的地指导学生

---

[1] [美] 杜威:《杜威五大讲演》，张恒编，金城出版社2010年版，第89页。
[2] 史宁中:《推进基于学科核心素养的教学改革》，《中小学管理》2016年第2期。
[3] [奥] 伊万·伊利奇:《非学校化社会》，吴康宁译，台北：桂冠图书股份有限公司1994年版，第56页。

明晰和奉行好的行为与有价值的行为。"① "道德的教育"并非描绘了一个遥不可及的乌托邦，它应是教育的本来面目，只是因为我们的教育远离道德太久使"应然"成为了理想。改变教育的"实然"是当务之急，也是教育改革成功的重要标志之一。

第二节 儿童本位：回归儿童生活的品德课程

从教育思想史的发展看，教育改革就是不断寻找儿童、回到儿童的过程，继卢梭"发现儿童"之后，杜威也提出了"儿童中心论"，了解儿童、研究儿童已经成为教育改革的重要前提，有学者明确提出"儿童研究是现代教育学研究的原点"②。顺应这一发展趋势，尊重儿童、合乎儿童的身心发展规律、促进儿童的个性发展也成为新课改所倡导的教育理念。在新课改中，"回归生活"逐渐成为品德课程改革的指导思想，品德课程回归生活几乎成为德育界的共识，毋庸置疑，这里的生活是儿童的生活而非成人的生活。

但是，新课改在经历了十多年的历程之后，当我们反思品德课程在实施中存在的问题时发现，品德课程仍然离儿童较远。有研究者在分析新课改为什么总是在形式上打转转时一针见血地指出，"检验课改真伪的标准便是是否从儿童出发"③，可谓一语中的，品德课程改革也是如此。所以，在实施过程中进一步回到儿童的真实生活，调动儿童参与学校生活的积极性和主动性，落实儿童的主体地位是品德课程改革的未来方向。

一 树立现代儿童观是品德课程回归儿童生活的根本前提

在学校中，"听话"仍然是不少老师判断"好孩子"的标准，究其根源，儿童观的偏差是"听话教育"产生的根源，这实际上是

---

① ［美］凯文·瑞安、卡伦·博林：《在学校中培养品德：将德育引入生活的实践策略》，苏静译，教育科学出版社2010年版，第112页。
② 蒋雅俊、刘晓东：《儿童观简论》，《学前教育研究》2014年第11期。
③ 俞正强：《课改为什么总在形式上打转转》，《人民教育》2015年第10期。

◈ 第五章 建议与策略：实践的选择 ◈

传统德育的阴影一直挥之不去。正如梁漱溟所言："中国是伦理本位的社会。"① 中国传统社会所奉行的以"三纲五常"为代表的纲常伦理成为维持社会秩序的准则，而其背后所体现的是封建家长制，"他们以为父对于子，有绝对的权力和威严；若是老子说话，当然无所不可，儿子有话，却在未说之前早已错了"②。在这一制度下，任何人都必须生活于这种等级秩序之中，所有个体被埋没于封建伦理秩序之中使得个性无法得到彰显，"中国文化最大之偏失，就在个人永不被发现这一点上"③。传统的观点在中国人的心里留下了深刻的烙印，如此，"听话教育"已经深深地植入中国人的内心之中。由于在传统社会倡导"长幼有序、等级尊卑"，使得成人、长辈的意志成为儿童必须遵守的准则，儿童没有任何权利可言。因此，"听话的孩子"也就成为了"好孩子"。这一错误的评价误导了儿童，他们为了取悦于成人，只能按照这一标准行事。

传统德育的问题直接影响到家庭教育，使家长形成了错误的教育观念，使得"听话教育"进一步固化。第一，儿童是家长的附属品。在不少家长看来，自己生育、养育了孩子，孩子就应该是自己的私有财产，是大人的附属品，对于自己的要求儿童理应言听计从，儿童甚至被家长视为光耀门楣的工具。第二，儿童的成长是家长塑造的结果。既然儿童是家长的附属品，那么家长就可以按照自己的意愿塑造儿童，就像捏泥人一样，根据自己的想法把儿童捏成理想的模样。不仅如此，家长往往还打着爱的名义，认为这种做法是出于对儿童的保护，这是以爱的名义进行的道德绑架。第三，教育就是帮助儿童实现家长所安排的生活。对儿童而言，家长早已为他们设计好了未来的生活，只要儿童按照这条路线往下走即可。如此，教育也就成为家长控制儿童的一种方式。在日常生活中，我们不难见到在儿童成长的每一个关键时刻都离不开家长的"操劳"，他们都在设计、主导、安排儿童的生活，比如上什么样的学校、选

---

① 梁漱溟：《中国文化要义》，上海人民出版社2011年版，第76页。
② 鲁迅：《鲁迅全集》（第一卷），人民文学出版社1973年版，第116页。
③ 梁漱溟：《中国文化要义》，上海人民出版社2011年版，第76页。

择什么样的专业，甚至将来从事什么样的工作，家长都在替他们的孩子做着决定。除此之外，社会上往往将"听话的孩子"视为"好孩子"，"好孩子"更容易在社会上得到好的评价，这就进一步巩固了家长的错误认识，使其误以为他们的做法就是对的。这就使"听话教育"陷入了一个恶性循环之中而无法自拔。

当儿童从家庭走入学校之后，学校不仅没有将"听话"的因子从儿童身上剔除，反而进一步进行了强化。应该说，现在的学校教育仍然是在培养"听话的孩子"，如学者所言，学校教育已经成为一种"规训"，"现实教育对儿童生命价值的僭越和宰制，源于教育的'规训化'。教育通过不同形式的控制权力和控制技术，竭力把儿童培养成'温驯而有用'的工具，强制性地把他们造就成特定类型的人。……教育成为一种为了适应社会需要而对儿童进行的打磨过程。因此，'规训化'教育把儿童作为一种必须要制服、要监视、要支配的对象"[1]。学校教育对儿童进行规训的主要方式就是考试，学校教育通过考试这一手段让儿童跟着学校走，逐步成为"听话的孩子"。"应试教育的真正要害在于，它以一种摧毁人的自由精神的方式塑造了一种顺从的国民性，强化了民众求功利之心，从而剪除了通往现代公民产生的路径。"[2] 此外，对老师而言也是如此，每位老师都要面对一个班级五六十名学生，班级事务已经给老师增添了不少工作负担。作为教师，他们当然希望每个学生都能老实、听话，不要再给自己的工作增加不必要的麻烦。至于学生的个性、特长、兴趣、爱好，老师根本无暇顾及。我们曾经与一线教师谈起为什么希望儿童听话，得到的答复是"好管理"，"听话的孩子"也备受老师喜爱。因此，不论是学校教育体制还是教师方面都在进一步强化着"听话教育"，使其根深蒂固。经过传统德育的影响、家庭教育的错位再到学校教育的误区，"听话教育"最终确立，并深深地印刻到每一个人的心中。

---

[1] 金生鈜：《保卫教育的公共性》，福建教育出版社2008年版，第86—87页。
[2] 高伟：《论中国教育的现代化——基于文化现代化的视角》，《陕西师范大学学报》（哲学社会科学版）2015年第6期。

◈ 第五章 建议与策略：实践的选择 ◈

走出"听话教育"的误区首先需要扭转对儿童的认识，回归儿童的本真，儿童就是儿童，不是"小大人"。如卢梭所言："在万物的秩序中，人类有它的地位；在人生的秩序中，童年有它的地位，应当把成人看作成人，把孩子看作孩子。"① 这就需要从根本上改变对儿童、对童年生活的认识，即树立现代儿童观。儿童期是人生发展的特殊阶段，由于儿童在身体成长、认知发展、心理状态上的不成熟，使得他们用一种不同于成人的视角认识和看待这个世界——独特的认知方式、情感体验方式、交流方式、表达方式，这种认识方式对他们而言有着特殊的意义和价值，是不可逾越的，正如柯尔伯格所言："同教师和成人一样，儿童有他们自己的关于价值观问题的思维方式，因此，正确的方式是将儿童看作'道德哲学家'。将儿童称作道德哲学家，指的是儿童能自发地形成他们的道德观念，这些道德观念又形成有组织的思维方式。"② 儿童观的转变是教育最根本性的变革，具体而言，儿童观涵盖儿童是谁、如何看待儿童的成长、教育如何促进儿童发展等方面。其一，儿童就是儿童，不是成人的附属品，他具有独立的人格。虽然儿童在身体、心理发展方面不成熟，但是不能否定儿童作为独立个体的地位，他们与成人拥有同样的做人的尊严。其二，儿童的成长是自身个性发展的结果。正如学者所言，"儿童的成长是儿童自身'内在自然'的展开，儿童是自己的创造者"③。虽然儿童在身体上弱小，也不具有独立生活的能力，但是儿童的成长是由自己决定的，成人只是起引导和辅助作用，不能代替儿童的发展。具体到德育上就是要认识到，"儿童的道德来自于儿童的自我建构，正是儿童自己而不是别的什么人，才是其道德发展的主人。道德是儿童在自己的生活过程之中，在他所处的各种社会关系之中，通过活动与交往，通过学习、模仿和反思，自我建构起来的。道德是为生活服务的，而不是

---

① ［法］卢梭：《爱弥儿》，李平沤译，人民教育出版社2001年版，第71页。
② ［美］柯尔伯格：《道德教育的哲学》，魏贤超译，浙江教育出版社2000年版，第16页。
③ 蒋雅俊、刘晓东：《儿童观简论》，《学前教育研究》2014年第11期。

相反"①。其三，教育就是使儿童成为他自己。每一个儿童都有不同的个性特点、兴趣爱好、性格特长，正是这些不同构成了这个五彩缤纷的世界。早在若干年前，叶圣陶先生就曾说过，"教育是农业而不是工业"，一语道出了教育的真谛。所谓教育是农业，意味着教育应该尊重儿童的兴趣、爱好，促进儿童个性的发展，使儿童成为他自己而不是成为教育者所预设的那样。教育就是保护儿童的天性，尊重他的兴趣爱好，遵循他的身心发展规律，保护他的好奇心，将他的优势发展到极致。成人对待儿童应像农民对待庄稼一样，让儿童饱受阳光雨露的滋润，悉心的呵护，使之成为与众不同的个体。

二 做好学情分析是品德课程回归儿童生活的基础

按照字面意思来理解，"学情"即儿童的基本情况，从广义来看，儿童的基本情况就包括学业基础、家庭情况、成长环境、心理特点等方面。做好学情分析对于教育教学质量的提升具有重要意义。其一，有利于设置合理的教育教学目标。儿童在成长过程中已经养成了一些行为习惯，积累了一定的生活经验，并非白板一块任人涂鸦，儿童已有的基础是教师开展教育教学活动的前提。为此，做好学情分析就可以设置适合学生学习基础的教育目标，避免教育目标设置得过高而无法实现或过低而失去教育意义。其二，增强教育教学的针对性和有效性。学校德育实效性问题一直是德育改革无法突破的瓶颈，提高德育实效性是德育改革的不懈追求，而对儿童的研究就是最为关键的一步。奥苏伯尔（D. P. AuSubel）曾言："如果要我用一句话说明教育心理学的要义，我认为影响学生学习的首要因素，是他的先备知识，研究并了解学生学习新知识之前具有的先备知识，配合之以设计教学，从而产生有效学习，就是教育心理学的任务。"② 如果说知识的学习要以儿童已经掌握的知识为

---

① 杜时忠：《论德育走向》，《教育研究》2012年第2期。
② ［美］奥苏伯尔：《教育心理学：认知观点》，佘星南等译，人民教育出版社1994年版，第7页。

第五章 建议与策略：实践的选择

基础的话，那么道德学习就更为复杂，它除了道德知识学习即道德认知发展之外还要涉及儿童的意志品质、情感特征、心理特点等内容。儿童的行为表现是一定原因综合形成的结果，家庭环境、道德发展阶段、性格特征都是影响因素，只有细致地分析儿童的特点才能有针对性地、有侧重点地改善儿童的行为，从根本上促进儿童道德品质的提升，进而不断改进和完善学校德育。

然而，现实与理想之间总是有巨大的隔阂。与理想的学情分析相比，现实则是另一番图景。学校为了保证品德课的课时不被其他科目特别是班主任挤占，保证品德课正常有序进行，曾经出台了一个办法——交换班级上课：这个班的语文老师不教这个班的品德课，各班之间交换上课，但是一年级仍然保留着由班主任兼任品德老师的做法。我们曾与一年级班主任交流过，"所谓的品德与生活跟孩子们平时上学联系更紧密一点，那班主任对孩子们每天上课的要求啊，包括他的这种情绪啊，了解得还是比较多一点。所以让一年级的班主任带品德课"[1]。另一位曾经做过十多年班主任现在从事少先队工作的老师也有相同的认识："现在换班上课有一个问题就是，这个学生他不是你班的学生，他不太听你的，所以就是说如果要是能保证落实的话还是讲自己班的比较好。我们有个学期是讲自己班的，而且我也确实落实了。给自己班学生讲的时候我知道他们爱听什么，我知道他们存在哪些问题，那么我在讲这个问题的时候我就含蓄地举一些例子，比如说我在那天看到了什么事情怎么怎么样，我觉得讲了之后能够有针对性地对孩子进行教育，你要换班的话首先你要进去用很长时间维持秩序，维持完秩序，如果你觉得纪律不好的话你就没法上，那纪律好的话，你又会觉得学生不积极发言，但如果用自己班的话，你不用考虑纪律这个问题，因为你本身就是语文老师和班主任，学生上你的课就不会存在这样的问题。"[2] 从上述两位老师的回答中可以发现，她们已经具备了学情

---

[1] HT-2-Y (1)
[2] C-1-Y

意识，认识到只有了解学生存在的问题才能有针对性地开展教育活动，不过这一认识还比较肤浅，而且只有班主任才具有。

《品德与社会》课程标准指出："应该注意到，在现实生活中，学生已经形成了一定的品德和行为习惯，积累了一些社会生活经验，形成了相应的态度和能力。教学前，教师应对学生的生活环境、家庭背景有所了解，并通过观察、聊天等调查学生已有的生活经验，根据学生现实生活中存在的问题和需要，创设真实的生活情境，提供多样化的生活体验和社会实践的机会。"[①] 做好学情分析，一方面要求教师结合儿童发展的阶段性，通过各种道德冲突引导儿童自主选择自己的生活。柯尔伯格在经过长期的、大量的实证研究之后，总结出了儿童道德发展的"三水平六阶段"理论，在不同的发展阶段，儿童对道德的认知、感受具有明显差异。作为教师，首先要了解儿童所处的发展阶段，在此基础上，帮助儿童解决它们正在遭遇的道德冲突，通过分析不同选择的利弊，让儿童自己做出选择，而非替他们做出决定。另一方面还要注意儿童发展的差异性。每个儿童由于成长环境、兴趣爱好、个性特点、家庭状况等方面存在很大不同，即使同一问题对不同的儿童而言也可能有不同的选择。成人特别是教师应注意这一不同，针对每个儿童的特点引导他们作出选择。

三　统整课程资源是品德课程回归儿童生活的重要保障

积极有效地开发各种课程资源对于丰富课程内容，提高课程的趣味性、生动性，增强课程的生机与活力具有重要意义。其一，及时更新教科书，将新的生活素材纳入教科书之中。社会发展日新月异、生活的内容也在不断丰富和完善，及时地将社会生活发生的变化，特别是重大事件、典型案例融入教科书之中就有助于品德课堂教学内容贴近儿童生活。其二，正确认识教科书的作用，改变教科

---

① 教育部：《义务教育品德与社会课程标准（2011年版）》，北京师范大学出版社2012年版，第19页。

◇ 第五章 建议与策略：实践的选择 ◇

书的使用方式。尽管教科书需要不断更新和修订，但是教师也应当认识到教科书的更新难以跟上社会生活的变化，更不能穷尽儿童生活的全部，这就需要正确认识和看待教科书的作用，改变教科书的使用方式。《品德与生活》课程标准指出："本课程的教科书是教师引导儿童开展活动的重要资源，也可视为帮助教师正确理解本课程教学特点的'案例'。在使用教科书时，要避免照本宣科或生搬硬套，应结合实际创造性地选择适合的内容，生成适宜的活动，提高教学的实效性。"[①] 教科书是教师理解课程标准的"范本"，虽然教科书所选用的故事、案例等素材已经远离了学生的生活，但是在这些素材背后所要传递的教育内容是利于儿童道德发展的。打个比方，教科书所展现的素材与其背后的内容是"形"与"神"的关系，教科书的使用就是要抓住它的"神"，并通过丰富"形"来体现"神"。这就需要教师吃透教科书、挖掘教科书的核心思想，特别是理解教科书背后所要传递的价值理念，不拘泥于教科书的素材，依据儿童的现实生活来丰富和扩展素材。举例来说，《品德与社会》三年级上册第三单元第一节《在邮局工作的人》，让儿童了解一封信是如何通过邮递员由寄信人送到收信人手中的，进而了解相距遥远的人们之间如何沟通和交往，最终实现让儿童尊重各行各业劳动者的目的。随着互联网、手机通信技术的发展，以往书信往来的方式已经被手机、电子邮件所取代，应该说，"邮寄"的生活与学生的现实生活相差甚远，由于缺少相关的生活经验，他们很难去理解原来的通信方式，也就很难达到预期的德育目标。但是，随着物流运输业的飞速发展，快递进入了我们的日常生活，收发快递也就成为我们生活中必不可少的事情，教师就可以将教科书中的邮递员转换为现实中的快递员，以儿童生活中的人和事为案例更能引起学生的兴趣，也更有助于学生理解课程内容。不管是邮递员还是快递员，教科书所要传递的尊重各行各业劳动者这一内容并没有发

[①] 教育部：《义务教育品德与生活课程标准（2011年版）》，北京师范大学出版社2012年版，第14页。

生变化。其三，根据儿童的生活经验有效开发课程资源。诚如杜威所言："教育者的主要责任是不仅要通晓环境所形成的实际经验的一般原则，而且也要认识到在实际上哪些环境有利于引导生长的经验。最为重要的是，他们应当知道怎样利用现有的自然的和社会的环境，并从中抽取一切有利于建立有价值的经验的东西。"[1] 教师应当时刻留意、关心发生在学生周围的事件，特别是社会环境、时代背景发生的重要变化可能给儿童的价值观产生的影响，以儿童生活中的事件作为素材开展教育教学。举例来讲，《品德与社会》三年级下册第三单元《爱护我们的生活环境》，共有三节内容：《垃圾带来的烦恼》《节约用水》《环境好、我快乐》。其目标就是让儿童认识到保护我们生活环境的重要性，要从我做起，爱护环境，保护我们的家园。教科书中呈现的例子与学生的生活有一定关联，但不如结合当前我们生活环境中出现的备受社会关注的"雾霾"问题，引导大家进一步认识雾霾给人们的生命健康带来的危害。也可以让儿童自己去搜集相关资料，了解雾霾是怎么形成的，它会对人的身体带来什么影响，进而引导儿童意识到保护环境的重要性。这样来看，虽然素材变了，但是内容实际没有发生改变，由于儿童会受到雾霾的影响，反而更容易接受这种素材，也会产生更好的教育效果。

实际上，在教科书之外有着丰富的品德课程资源，正所谓"学校中并不缺少资源，缺少的只是发现资源的眼睛"。但是，教师往往把教科书之外的课程资源屏蔽于课堂之外，丧失了良好的教育机会。下面我们以几个儿童经常遭遇的问题为案例分析学校对学生生活需要的忽视。

案例一：节约粮食　从我做起

由于有些学生离家较远，中午如果回家吃饭就会影响到下

---

[1] ［美］杜威：《我们怎样思维·经验与教育》，姜文闵译，人民教育出版社2004年版，第259页。

午的正常上课。为了给大家提供更好的学习、生活环境，学校为这部分同学准备了"小饭桌"，与供餐单位合作解决学生的午餐问题。这确实给学生带来了极大的便利，不出校门就可以吃到美味可口的午餐。根据学校安排，高年级的同学在学校餐厅就餐而低年级的同学在自己教室就餐，在午餐时间供餐单位会把饭菜送到教室门口。我也一直跟随学生在学校餐厅吃午饭。经常坐在我旁边的是一个四年级的小男孩，可能是发育比较晚，他与同龄人相比稍矮一些。时间久了，我就发现一个问题：每次他的饭都吃不了，最后只能倒掉。我最开始以为这是个别现象，或许是因为他个头比较小的原因，但是后来才知道，不少学生都是这样，很多饭菜就这样白白浪费掉了。这种情况一直持续着，长期下去就会对学生产生消极影响，养成浪费的习惯，也不能形成勤俭节约的品质。

勤俭节约一直是学校教育倡导的价值观，也是品德课程的重要内容。与之相悖的行为发生在儿童身上，学校却无动于衷、不管不问，不仅没有发挥教育作用，反而还会起到相反的怂恿、纵容的效果。学校可以通过主题活动的方式开展"勤俭节约"教育活动，留意平时同学们浪费粮食的不良现象，通过小组讨论的方式逐步引导儿童爱惜每一粒粮食。

案例二：文明上网　不做"低头族"

对于生活在城市之中的学生来说，电脑已经不再是新鲜事物，基本上每个家庭都有一台电脑。电脑在给我们的家庭带来便利的同时，对儿童的生活也产生了一些影响。有一段时间，我每天到学校后就会到教室转转，看看同学们早早来到学校后都在干什么，几次之后发现几个男生都在聊着他们各自玩的游戏，说着一些我听不明白的话语，彼此在相互交流着经验。不仅如此，随着智能手机的发展，手机网络也愈发普及，越来越多的人成为"低头族"，学生的生活也深受其影响。

◆ 小学品德课新课改的回顾与展望 ◆

我们现在已经进入了"互联网+"时代，网络正在对我们的生活产生着前所未有的影响。对于小学生而言，网络也已经深深地影响到了他们的生活，他们热衷于各种各样的游戏，从曾经风靡一时的《植物大战僵尸》《愤怒的小鸟》《大鱼吃小鱼》《水果忍者》到现在的《开心消消乐》《神庙逃亡》，除了这些比较简单的游戏还有更加复杂的网络游戏，等等。对于游戏而言，他们有着比成人更加浓厚的兴趣，他们对网络的熟悉程度远远超过成人。《互联网+时代的儿童在线风险和机遇——中国青少年宫儿童网络安全和媒介素养状况报告（2014—2015）》调查发现，"在小学时期，儿童初步发展到和成人使用行为相差不多的'用户'阶段。近半数的中年级小学生拥有自己的QQ，近半数儿童拥有社交媒体账号，并且开始玩大型游戏，35.8%的儿童在网上发表内容，23.1%的儿童拥有网友，更有8.3%的儿童有陌生网友"。2015年11月，在青岛就发生了一件令成人意想不到的事情：一位7岁的二年级女孩去见网友，最终女孩在家长的陪伴下见到了自己的网友，对方也是一名七八岁的女孩，家长这才放了心。[①] 调查还显示，儿童在线正在遭遇着三个方面的危险："不安全：包括个人隐私、网络交友、网络欺凌和诈骗等；不健康：不良信息、成瘾影响学习和视力等；不文明：网络对骂、网络传谣言等。"[②]

对于儿童而言，"网络时代"正是他们正在经历的生活境遇，帮助他们正确认识网络带给我们的影响，安全上网、文明上网、健康上网，在充分享受网络带来的便利的同时尽力规避网络的不良影响是学校教育特别是品德课程不可推卸的责任。

其四，善于抓住教育契机。教育契机是在教育教学过程中不经意发生的，具有教育意义的事件，它具有瞬息万变、稍纵即逝的特

[①] 黄飞：《儿童数字化成长现低龄化 7岁娃见网友惊呆家长》，《青岛早报》2015年11月14日第A08版。

[②] 《调研发现：城市儿童"数字化成长"出现低龄化倾向》，2015年9月25日，新华网（http：//www.xinhuanet.com//2015-09/25/c_1116684215.htm）。

◈ 第五章 建议与策略：实践的选择 ◈

点，抓住每一个教育契机对于转变儿童观念、师生相互理解具有重要意义，能否抓住教育契机也是对教师教育智慧的极大考验。

四 增强儿童的主体性是品德课程回归儿童生活的最终依据

《品德与生活》课程标准指出："让儿童成为活动的主人。本课程的教学应激发儿童主动想做什么，而不应是由教师支配儿童做什么。教师可以通过与儿童一起讨论活动计划，提供选择活动内容、方式或合作对象的机会，引导儿童积极地参与、发表自己的意见，根据儿童的反应及时调整活动，让儿童参与活动评价等途径，发展儿童的自主性、思考与判断能力，让活动真正成为儿童的活动。"① 增强儿童参与活动的积极性，培养儿童的主体人格是品德课程的不懈追求。为此，学校一切教育活动的组织和开展都应从儿童的实际出发，以满足儿童的身心发展需求为宗旨。教师要充分地相信儿童，给予他们更多的选择教育内容、组织开展教育活动、进行教育评价的机会，真正将儿童融入到课程中来。教师要从满足儿童道德发展需要的立场来准备和设计教育活动，真正做到让儿童"始终是按照他自己的思想而不是按照别人的思想进行活动"②。具体来看，教师要调动儿童参与课堂教学、课外活动的积极性和主动性，有意识地引导儿童参与到课堂教学设计、活动的组织安排之中，特别是在活动中，教师甚至可以放手让儿童自主组织和开展，充分调动儿童的主观能动性，激发儿童探究问题、解决问题的欲望。

檀传宝曾言："所有的教育工作者都应该自我追问的问题是：我们的教育活动是在鼓励儿童、帮助儿童、促进儿童的人格成长还是限制儿童、扼杀生机、阻碍儿童的精神生命力？德育活动到底是提升儿童当下和未来的生活品质还是相反？我们是在一厢情愿地提供成人社会认为'好吃'的'营养品'，还是在努力创设情境帮助

---

① 教育部：《义务教育品德与生活课程标准（2011年版）》，北京师范大学出版社2012年版，第15页。

② ［法］卢梭：《爱弥儿》，李平沤译，商务印书馆1978年版，第140页。

青少年自己去发现从核心价值到实践智慧的幸福生活秘诀?"[1] 促进每一个儿童健康快乐的成长,提升儿童的生活质量是学校教育的最终目的,对于品德课程而言更是如此。如果教育不能完成改善儿童生活福祉的使命,教育也就不能成其为教育。如果品德课程无法发挥促进儿童精神成长的作用,品德课程也就不能成其为品德课程。

当然,自从卢梭"发现儿童"之后,康德也发出了"人是目的"的呐喊,艾伦凯也曾预言"20世纪是儿童的世纪",杜威更是将"儿童中心"视为教育中的"哥白尼革命"。可以说,有识之士一直在为教育回归儿童生活努力奔走着。儿童在学校教育中的地位已经发生了很大改观,但是,几百年过去了,不得不承认,这一教育理想仍然在不断奋斗中,正如陆有铨所言:"20世纪教育的历程表明,满足政治、军事、经济方面的需要几乎成为各国不同时期教育发展和改革追求的目标,而儿童发展的需要几乎成了一种奢侈品。"[2] 我们应当清醒地认识到,教育真正回归儿童生活仍然任重而道远,同样,品德课程真正回归儿童的生活世界也将是一个漫长而艰辛的过程。

第三节 殊途同归:制定学校品德课程方案

品德课程在实施过程中存在的问题与学校德育管理体制密切相关,品德课程各种实施途径之间的分散、疏离既不利于学校德育工作的正常有序开展,也有损儿童德性的生成。英国哲学家怀特海(Whitehead, A. N)曾言:"教育改革的第一要务是,学校必须作为一个独立的单位,必须有自己的经过批准的课程,这些课程应该根据学校自己的需要由其自己的老师开发出来。如果我们不能确保

---

[1] 檀传宝:《以专业的德育提升生活的品质——当前中国德育改革应该直面的十大课题》,《人民教育》2010年第15—16期。

[2] 陆有铨:《躁动的百年:20世纪的教育历程》,北京大学出版社2012年版,第505页。

◈ 第五章 建议与策略：实践的选择 ◈

这一点，那么我们就很容易从一种形式主义走向另一种形式主义，从一堆无用呆滞的思想走向另一堆无用呆滞的思想。"① 品德课程也是如此，构建富有特色的学校品德课程方案，整合品德课程的各种实施途径和方式是培养儿童良好道德品质的必要条件，也是品德课程改革的走向。

在理论上，我们将品德课程视为与儿童品德发展相关的具有教育意义的因素的统称，在学校中主要有品德课堂教学、德育活动、隐性课程三种实施途径。但是，在实践中的"品德课程"与理论上存在明显分歧。在实践中，与学生品德发展相关的工作往往被称为"德育"，而"学校德育"已经成为一种话语符号，它成为学校工作的一部分，似乎除了教学之外的都可以归于"学校德育"。"在学校场域中，'学校德育'概念的使用范围远比'道德教育'要广泛和普遍得多，它至少在三个层面被广泛使用：（1）作为学校行政工作一部分的德育工作，同教学工作、后勤服务工作并列为学校三大工作；（2）实质意义上的道德教育，即构成教育内核的育人工作，广泛存在于学校教育的方方面面，具体表现为教师的教书育人工作、班主任的班级教育工作、学校管理育人等；（3）作为理论研究的对象，即理论形态的应然的学校德育。"② 在 A 小学出台的《教育工作计划》中，德育工作包括如下内容：（1）坚持"德育为先"原则，加强学生常规与德育创新教育；（2）加强名班主任工作室的引领，重视班主任队伍建设；（3）深化校园及班级文化建设，打造级部特色文化；（4）采取多种方式，积极探索家校工程建设有效途径；（5）做好文化主题月活动及学校大型活动的策划准备及组织开展工作；（6）艺术、体育和卫生、安全工作；（7）加强少先队基础建设，推进少先队工作的深入开展；（8）心理咨询室工作；（9）做好校庆相关工作。③ 由此可见，在实践中，

---

① ［英］怀特海：《教育的目的》，庄莲平等译，文汇出版社 2012 年版，第 20 页。
② 齐学红：《在生活化的旗帜下：学校道德教育的社会学研究》，广西师范大学出版社 2011 年版，第 158—159 页。
③ 《2014—2015 学年第二学期教育工作计划》。

"学校德育"已经被明显泛化了。如此一来,实践中所谓的"品德课程"也就随之泛化。此处所提及的"品德课程"是从狭义的角度来理解的,专指与儿童品德与道德发展相关的课程。在明晰了"品德课程"的所指之后,品德课程方案的构建应从以下几个方面着手。

一 做好品德课程顶层设计是基础

品德课程的分散与学校缺乏顶层设计休戚相关。在基础教育走向内涵发展、特色发展的今天,品德课程应当融入学校整体发展布局中来,成为学校发展规划的重要组成部分,这就需要做好品德课程的顶层设计与上位思考。为此,有这样几个问题是学校品德课程建设必须思考并予以回答的:学校品德课程究竟要培养什么样的人(目标)?为了培养这样的人需要调动哪些课程资源(内容)?采用什么样的途径实现这些目标(形式)?下面分别对这三部分内容予以解答。第一,培养具有良好道德品质的学生无疑是品德课程的目标,学校要结合自身的特点、文化传统及现实条件,形成具有自身特色的办学理念,对品德课程目标进行细化。依据学校的办学理念制定富有学校特色的品德课程目标,内容与形式都要服务于学校的办学追求。第二,结合学校特色开发课程资源。《品德与生活》课程标准指出:"本课程的资源是多样的、开放的,包括各种有形和无形资源。……学校中、社区中的各种物质设施、文化教育设施、革命文物、名胜古迹、图书、玩具、多媒体资源;各种文化财富,如传统风俗、民间传说、历史典故、民俗节日、文化活动、节日活动、社会公益活动等;社会生活中的现象、事件、社会热点问题;自然界中的各种现象、动植物、山川海洋,以及地区的气候、季节特点,等等。"[①] 学校要根据自己所在的地理位置、区域环境等不断丰富品德课程资源。第三,在上述条件下,品德课程实施的途径

---

① 教育部:《义务教育品德与生活课程标准:2011年版》,北京师范大学出版社2012年版,第22—23页。

也是多种多样的，但最重要的是始终紧密围绕学校德育目标开展德育活动。

品德课程的顶层设计要做到"三个结合"。首先要结合学校文化建设。在基础教育经历了长时间的改革之后，基础教育改革也逐渐从物质层面的基础设施建设走向精神层面的文化建设，追求教育改革的质量也成为学校的目标。在此背景下，不少学校开始了文化建设，以此提升学校的精神涵养和文化意蕴。由于德育与文化的密切关联，在某种意义上，学校文化建设与品德课程建设有相似的内涵，二者可谓有"异曲同工之妙"。当然，学校文化建设必须统领整个学校变革，品德课程建设要结合学校文化建设所确立的学校文化特色有针对性地展开，从而形成独具特色的学校文化。其次，结合儿童的身心发展特点。学生的智力发展水平、道德认知发展水平、心理成长阶段是任何教育活动开展的前提，品德课程也同样如此。再次，结合儿童在学校生活的展开。学生从入学到毕业要经历不同的成长阶段，他们所要面临的问题也在不断发生变化，同时深层次的道德困惑也在不断升级，这也是品德课程建设不可忽视的重要内容。

品德课程顶层设计的目的是形成全校品德教育一盘棋，在宏观的设计之下对品德课、德育活动更加具体地予以指导，各部分之间协同合作，密切联系，使学校品德教育形成强大的凝聚力。

二　推进品德课程整合是关键

品德课程改革不应仅仅局限在品德课堂之中，要贯穿于儿童生活的全部，"通过德育课堂，实现对人们生活及生活方式的改造，这样的理想已不仅是思想品德课这一门学科所能完成的，而是涉及学校生活和社会生活的全部，进而涉及对学校生活和社会生活的改造"[1]。儿童的道德成长不是在班主任及其他德育工作者的帮助下就能实现的，而是全员育人；也不是仅仅在品德课上就能得到改善

---

[1] 齐学红：《在生活化的旗帜下：学校道德教育的社会学研究》，广西师范大学出版社2011年版，第159页。

的，而是全科育人；更不是通过几次德育活动就能达成的，而是全程育人。因此，推进品德课程整合是解决问题的关键。

第一，构建梯次递进的品德课程。由于儿童在不同的年龄阶段对事物认知的不同，对不同阶段儿童教育的侧重点就应有所差异。为此，学校要依据儿童的身心发展特点设置品德课程，以循序渐进的方式促进儿童的道德发展。比如，在小学低年级，学生的自我控制力比较差、自理能力不强，解决这一问题就需要开展以培养良好行为习惯为侧重点的自理教育。而到了高年级，良好的行为习惯已经基本养成，自理能力也得到改善，进行更深层次的价值观教育则成为这一阶段的侧重点。不仅如此，品德课程还需要与儿童在学校生活的扩展相结合，紧密结合学生所处阶段所面临的问题，通过开展相应的德育活动着手解决学生正在经历的学习、生活中的困惑。

第二，品德国家课程、地方课程校本化。2001年教育部出台的《基础教育改革纲要（试行）》规定基础教育实行三级课程管理体系，赋予学校更大的课程自主权，明确提出："学校在执行国家课程和地方课程的同时，应视当地社会、经济发展的具体情况，结合本校的传统和优势、学生的兴趣和需要，开发或选用适合本校的课程。"融合国家课程与地方课程，建设具有学校特色的校本课程不仅仅是解决品德课程分散问题的有效举措，更是改革的大势所趋。

所谓国家课程、地方课程校本化就是在遵循课改方向的基础上将国家课程、地方课程整合为符合学校特色的校本课程的过程。国家课程、地方课程校本化也就是课程重整的过程，这也是课程改革进入了新阶段后所面临的新要求。正如学者所言："目前课程教学改革进入到全面深化阶段，……改革的重点是如何通过课程的深度整合对学校课程进行全面系统的规划与设计，充分体现学校办学理念和办学的特色。……课程整合主要是解决一个学校的课时空间过于狭窄的问题，以及课程整体规划和突出特色的问题。"[1] 就品德

---

[1] 田慧生：《落实立德树人根本任务　全面深化课程教学改革》，《课程·教材·教法》2015年第1期。

◇ 第五章 建议与策略：实践的选择 ◇

课程而言，国家课程是《品德与生活》《品德与社会》，地方课程《传统文化》《人生规划》《安全教育》《环境教育》也有与品德教育密切相关的内容。实际上，A小学已经开始了课程整合的探索，并将其列入了学校工作计划之中，"我校国家课程语数英、音体美、科学课程开设都符合规范要求，本学期将组织教师进行综合学科（思品、传统文化、综合实践、安全环境等）课程的整合以及心理课教材的开发"①。我们与学校综合学科办公室负责人交流时了解到课程整合的基本思路：

> 我们现在做一个教研，主题叫"资源整合"，就是把一些课程整合在一起，比如把环境教育、安全、品生、品社、综合实践等课程整合在一起，因为品生、品社有些教材比较老旧，我们现在要补充一些现代的东西，怎么补充呢？就是把安全、环境、综合实践这些学科里边一些相应的东西补充进去，补充进去的话一是提高它上课的实效，另外一个，把所有的这些学科整合在一起也不用那么繁杂，比较符合综合课程，作为我们学校新开发的一个整合课程，现在比较流行。
>
> 我们正在尝试着做，这是进行到第二步，第一步先把目录整理出来，（插话问：但是这个会很麻烦？）对，很麻烦，我整理出来很多，整理出了72课，我要把72课的内容熟悉，我不教这门课，但我要了解，把所有的教材都找来，先看，看完了以后我们大家都再坐下来一块儿谈，（内容应该）合并的合并，删减的删减，然后再补充到每一个领域，工程量非常浩大，我们一开始没有思路，没有想法，大家都在说自己的想法和看法，现在大家稍微有点思路了，但在做的这个过程中有可能大家的思路需要重新打破。
>
> 因为我们定完任务后，先得把教材熟悉，我的任务最重了，事先没有想到，我们需要活动主题多，熟悉教材后再进行

---

① 《2014—2015学年第二学期教学科研工作计划》。

263

整合，所以也没有定具体的时间，我们大家都准备好了才找个时间，时间也不一定是星期二，看大家的时间，整时间的时候有可能是下午，也有可能是上午，找个时间我们再一块儿讨论，现在还没定，整出目录来了，第二步就是整合我们个人要看的教材，我们分四组，这四组在一起看看三年级有哪些主题，我这个环境可以补充哪些内容，你那个综合实践可以补充哪些内容，比如说刚才我们提到的四季，以四季为主题看看环境里面有哪些是可以放进去的，品生、品社的哪些内容放进去了，看看放在哪个年级比较合适，三年级合适就放在三年级，六年级合适就放在六年级，我们需要这样做。①

需要注意的是，品德课程整合包含两方面的内容：一是国家课程、地方课程校本化（纵向整合），二是品德课、德育活动的整合（横向整合），二者在很大程度上具有相关性。

其一，以品德课程标准与学情为依据。下面从横向整合和纵向整合两方面分析品德课程整合。学校德育活动存在的问题与学校德育工作缺乏具体而详细的指导密切相关。一直以来，我们虽然把德育置于重要地位，自上而下也出台一系列相关的政策文件，对学校德育工作"三令五申"，但是，这些文件也大多是从宏观的视野为学校德育工作指出方向、提出要求和建议，更多体现的是方向的引领，恰恰缺乏具有操作性的实施方案，为此，学校德育工作的开展也就缺乏必要的依据，难免流于形式，丧失针对性和有效性，德育活动的"去课程化"，也就不足为奇。有位班主任就曾直言不讳道："我觉得班主任工作应该有自己的体系，就是一、二年级应该具备这门课程所赋予孩子们的，应该有一个体系在，应该更科学，应该更系统。但是我们现在的班主任工作比较琐碎，考验的是我们的耐心以及这种零散的智慧，没有这种成体系。"② 与之不同，品

---

① T-4-N（2）
② HT-2-Y（1）

德课虽然在实施过程中存在这样那样的问题，但它却有课程标准作为实施依据。为此，我们建议以品德课程标准指导学校德育工作。这一方面是因为品德课程标准是集全国教育专家之力研制的指导品德课程建设的最主要依据，它既合乎儿童的身心发展特点与成长规律，又体现了国家对青少年的要求，具有极强的科学性、系统性、合理性、权威性。不管是品德课程还是学校德育活动，其目的都是促进儿童良好道德品质的形成。以品德课程标准为依据就可以保证学校德育活动"有章可循""有法可依"，从而避免工作中的盲目性与随意性。另一方面，学校教学与德育相互独立的管理体制使得品德课与学校德育工作隔离开来，能够直接促进学生道德成长的品德课程却被无情地排斥在学校德育工作之外。作为教学一部分的品德课程却日渐趋于边缘化，品德课的生存空间不断被挤压，而学校德育活动虽然得到足够的重视却苦于缺乏专业的指导而存在这样那样的问题。品德课程标准正是连接二者的桥梁，以品德课程标准指导学校德育工作有助于解决各自存在的问题，形成育人合力，从而实现二者的"共赢"。此外，还需要注意的是，品德课程标准实际上不仅仅适用于品德课，它所涉猎的范围非常广泛，其中也提出了与班主任工作、少先队活动以及校外课程资源开发相关的内容。因此，它也同样适用于德育活动之中。不仅如此，与地方课程、学校课程的标准相比，品德课程标准的权威性更明显，它是国家层面制定出台的对儿童品德发展的要求。不论是纵向整合还是横向整合，其目的都是提升品德课程的实效。所以，从课程标准出发就成为品德课程整合必须遵守的原则，毕竟品德课程整合不能违背新课改的基本精神。

　　此外，还应注意的是，由于品德课程标准是面向全国的，也就不可避免地带有普遍性特征，为此，还需要学校结合自身特点，特别是本校儿童的学情，体现特殊性。以品德课程标准和学情为依据就体现了普遍性与特殊性的统一。

　　以品德课程标准和学情为依据有助于实现德育活动课程化。针对学校德育活动中存在的诸多问题，实现德育活动课程化是解决德育活动中问题的有效方案。所谓德育活动课程化就是学校以课程的基本原理为依据或准绳来设计德育活动，使之具备课程的基本要素。具体而言，是指学校为了促进学生的道德发展、培养学生良好的道德品质，以活动为主要形式开展的具有明确目标、丰富内容、得当实施和适切评价的德育活动课程行动。（1）确定清晰的课程目标。课程目标是课程所要达到的基本要求，只有制定清晰的课程目标才能保证课程在实施过程中有序、得当。根据泰勒（Tyler, R. W.）对课程的认识，课程目标主要来源于三个方面：对学习者本身的研究、对当代校外生活的研究、学科专家的建议。[①] 对学习者本身的研究就是要了解学生的年龄特点、身心发展特征、兴趣爱好等方面，根据学生特点的差异设置不同的课程目标，这是学校教育的起点。杜威曾对此作出过论断："儿童自己的本能和能力为一切教育提供了素材，并指出了起点。除教育者的努力同儿童不依赖教育者而自己主动进行的一些活动联系以外，教育便变成外来的压力。这样的教育固然可能产生一些表面的效果，但实在不能称它为教育。因此，如果对于个人的心理结构和活动缺乏深入的观察，教育的过程将会变成偶然性的、独断的。如果它碰巧能与儿童的活动相一致，便可以起到作用；如果不是，那么它将会遇到阻力，不协调，或者束缚了儿童的天性。"[②] 对当代校外生活的研究就是要了解社会发展的特点、时代特征，这一点对德育活动尤为重要，因为当前我国正处于社会转型期，转型期所具有的一元与多元、传统与现代交织的特点给学校德育带来了前所未有的挑战，德育活动课程目标的制定必须结合社会特点。依据学科专家的建议就要求德育活动课程目标凸显"德育性"，以促进学生的道德发展为最终目的。（2）选择合适的课程内容。有学者认为，选择课程内容时应注意以下几项准则：课程内容的基础性、课程内容应贴近社会生活、课

---

① [美]泰勒：《课程与教学的基本原理》，罗康、张阅译，中国轻工业出版社2008年版，第5—22页。
② [美]杜威：《学校与社会·明日之学校》，赵祥麟等译，人民教育出版社2004年版，第3—4页。

程内容要与学生和学校的特点相适应。[1] 德育活动内容的选择除了服从上述几点原则外，还应与品德课程相互弥补。这主要是因为促进道德知识的学习、道德判断能力的发展是品德课程的主要功能，而道德实践能力的提高更多地依靠德育活动。为此，德育活动需要弥补品德课程由于时间、空间的限制而无法在课堂中展开的内容，将学生的道德认知转化为道德行为，从而促进学生道德的全面和谐发展。（3）切实有效的课程实施。对于德育活动而言，切实有效的课程实施主要是选择恰当的活动形式、处理好德育活动形式与内容的关系。一方面，活动只是一种形式，其目的在于学生的道德成长，因此，活动形式要服务于内容。另一方面，选择能够展现活动内容的形式，形式与内容相吻合。（4）适切得当的课程评价。课程评价是对课程目标实现程度的检验。德育活动课程评价要注意两点：一是形式评价与内容评价并重，切忌重形式评价轻内容评价，从而忽视德育活动的教育价值；二是对教师的评价与对学生的评价并重。

其二，依据"核心素养"重构品德课程。通过课程标准，总结归纳小学阶级要求儿童达到的目标，提炼小学阶段儿童的"核心素养"，总结小学阶段学生所应达到的品德发展目标。这也合乎新课程改革的发展方向，"2001年新课程改革可大致划分为两个阶段：2001—2014年为第一阶段，旨在构建我国素质教育课程体系；2015年以后为第二阶段，旨在构建我国信息时代的课程体系。……教育部自2015年初开始，既借鉴国际课程改革的先进经验，又直面我国基础教育的紧迫问题，确立了以发展学生核心素养为目标的课程改革方向"[2]。学生的核心素养最终还要落实到学科核心素养上面，而学科的核心素养就是指学科的思维品质和关键能力。[3] 以此为依据，

---

[1] 施良方：《课程理论：课程的基础、原理与问题》，教育科学出版社1996年版，第111—113页。

[2] 张华：《核心素养与我国基础教育课程改革"再出发"》，《华东师范大学学报》（教育科学版）2016年第1期。

[3] 史宁中：《推进基于学科核心素养的教学改革》，《中小学管理》2016年第2期。

统筹协调学校品德课程，使之成为一个整体，在统一的指导思想下行动，既有利于提高行动效率也有助于增强凝聚力。重构课程的方式有很多，下面我们以主题课程方式为例分析品德课程的重构。美国学者比恩（James A. Beane）认为："课程统整是一种课程设计，乃是在不受制于学科界限的情况下，由教育者和年轻人合作认定重要的问题和议题，进而环绕着这些主题来形成课程组织，以增强人和社会统整的可能性。"[①] 第一步就要梳理共同的主题，从品德国家课程、地方课程、校本课程提炼出三者涉及的主题，选择贴近学生生活实际的内容构建主题课程。在主题课程确立之后，原来的品德课、德育活动、班主任工作都围绕这些主题开展，结合各自的特点展开。以环境教育为例，不论是品德国家课程、地方课程还是校本课程都涉及环境教育的内容，环境教育也是交叉、重复非常明显的内容。确立环境教育作为主题课程之后，各种品德课程形态都围绕它做文章，比如品德课堂教学就可以进行环境知识方面的教育，了解垃圾如何分类、雾霾如何形成与防护等内容；德育活动就可以组织学生赴社区开展社区环保工作，让学生亲身体验环境保护的重要性，同时也可以增强学生的服务意识与志愿精神；班主任也可以就此要求学生增强环保意识，保持班级环境卫生；等等。对于课程整合的具体策略，徐玉珍曾站在学校的角度提出了课程整合的三种参考性策略，即从熟悉的开始、从容易的开始、在协作中开始[②]，这些策略值得借鉴。其实，现在学校已经在进行着这样的尝试。比如，传统文化也是国家课程、地方课程、校本课程中的共同内容，确立以传统文化为主题的课程内容就是从熟悉的开始。在课程内容的选择上，既有剪纸、贴春联等传统风俗活动，也有孝亲敬老等深层的富含传统文化价值的活动。

三 改进德育管理体制是保障

在基础教育课程改革进行了十多年后，课程改革所遭遇的体制

[①] [美] 比恩：《课程统整》，单文经等译，华东师范大学出版社2003年版，第3页。
[②] 徐玉珍：《从学校的层面上看课程整合》，《课程·教材·教法》2002年第4期。

◇ 第五章 建议与策略：实践的选择 ◇

性的障碍愈发明显，没有深层的教育体制改革，课程改革很难持续和深化，这也是党的十八大报告提出"教育领域综合改革"的原因。正如朱永新所言："如果没有实质性的体制改革，不去触动、解决那些影响教育发展的深层次问题，许多表面的'乱象'往往久治不愈，纠而复生，甚至愈演愈烈。因此，教育体制改革是教育改革的核心，是实现教育公平和提高教育质量的有效保障。"①

品德课程的整合必然呼唤管理体制的改革，因为只有从根本上打破教学、德育二分的局面才能真正实现品德课程的整合。有学者谈道："在学校德育的制度框架下，德育工作被列入独立于教学工作之外的行政系统，被人为地从教育中抽离出来，其形式意义远胜过其实质意义，德育工作进而成为上级主管部门对学校进行考核评价的重要内容。"② 二者缺乏应有的整合，各自为战，割裂了学校德育的完整性。二者的分离既分散了学校德育的精力，又消耗了大量的课程资源、挤占了德育空间。为此，改进德育管理体制就成为当务之急。改革的目的是融教学与德育为一体，结束二者相互分离的现状。国内有些学校的做法值得借鉴。比如，清华附小将德育处、大队部整合为"学生中心"，教务处、教科室整合为"教师中心"，总务处、人事处、校办整合为"服务中心"，党团工会组成"党工团中心"，之后又将"学生中心"和"教师中心"进一步整合为"教育教学研究中心"，这样二者就拧成了一股绳。③

除了学校层面之外，班级管理也需改进。当前，加强班主任专业化的呼声此起彼伏，班主任专业化也顺理成章地被人们所接受。但是，这似乎想当然地把"班主任专业化"作为一个不证而明的逻辑前提，而且这一前提不容置疑。班主任究竟是否有必要专业化？

---

① 朱永新、马国川：《重启教育改革：中国教育改革十八讲》，生活·读书·新知三联书店2014年版，第251页。
② 齐学红：《在生活化的旗帜下：学校道德教育改革的社会学研究》，广西师范大学出版社2011年版，第159页。
③ 窦桂梅：《清华附小：围绕课程变革进行组织整合》，《中小学管理》2013年第9期。

只有它确实必要,那么加强专业化水准才能成立。如果班主任没有必要专业化,愈发强调其专业化就会愈发背离行动的初衷。2014年3月,教育部出台了《关于全面深化课程改革 落实立德树人根本任务的意见》,明确提出了"坚持系统设计,整体规划育人各个环节的改革,整合利用各种资源,统筹协调各方力量,实现全科育人、全程育人、全员育人"。在这一背景下,班主任专业化这一命题是否成立就值得反思。一直以来,班主任都是作为班级的"大家长",统一管理班级所有事务,是专业的德育工作者。一位班主任曾描述了她一天的工作安排:

> 我一般早上七点四十之前进教室,这时候有个别的孩子就已经到了。然后,就组织孩子进行早读,这个时候就观察孩子的到校情况,还有有些孩子可能今天不舒服都能看出来。然后早读、第一节课,其实从七点四十到九点,将近一个半小时的时间里都要一直在班里上课。第二节课,如果没有课,就会休息一下,备备课,改改作业。休息也就四十分钟的时间,紧接着就是大课间,课间操基本上就是班主任在管理,大课间有二十分钟的时间。低年级语文课可能会多一些,所以,第三节课或第四节课,有的时候会上一节。比如,我今天就是第二节课和第四节课在上课。如果我第二节课上课,就会从九点进来待到十点二十,到第三节课,包括大课间都要全程看着,也是将近一个半小时的时间。然后上午放学,中午其实基本上是没有休息的。学校里不是让带小饭桌吗,可能会一直值班。下午一点半到一点五十是人文时段,都是班主任管理,每天都是,二十多分钟的时间。然后下午偶尔会有一节课,还有下午的大课间,所以一直到孩子放学回家之前还是比较忙碌的。在学校里,不是备课,就是在和学生或者家长交流,了解孩子的一些基本情况。所以有时会很忙碌,很充实。[①]

[①] H-1-Y(1)

通过这位班主任的叙述可以看到，班主任大部分的时间都要在教室里面，她要对班级的管理负责。试问在这种情况下，其他任课教师如何能够参与到班级管理中来，全员育人又何以实现？更何况班主任作为专业德育工作者，还有相应的物质奖励与优惠条件，其他老师就更不会对班级的事务"指手画脚"，在他们看来，多一事不如少一事。因此，只要有所谓的"专业德育工作者"存在，全员育人就难以实现。改革班主任制就成为大势所趋。

近年来，针对班主任制存在的问题，许多学校尝试探索新的班级管理模式，班主任制也有了新的进展，比如全员班主任制、专职班主任制、无班主任制、AB 班主任制、学生助理班主任制、多任轮流连带班主任制等。[①] 南京外国语学校仙林分校的班级教育小组集体负责制取得了良好的教育效果，值得借鉴。"班级教育小组由班主任、部分任课教师、学生干部代表、家长代表组成。其中，班主任任组长，部分任课教师、生活教师为核心成员，班长、团支部书记、班级家长委员会主任为重要成员。在办公形式上，改变过去以教研组、备课组为单位的办公形式，实施以班级教育小组成员集中办公的形式，同时加强教研组、备课组活动，以保证学科教师的业务交流和教学研讨活动的正常进行。在处理班级重大问题时，由班级教育小组成员集体作出决策。决策作出后，在班主任的领导下，由班级教育小组成员分工负责落实。学校对教师的评价，既要看其在学科教学中的表现，同时也要看其在班级教育小组工作中的表现。"[②] 这种做法虽然仍保留了传统的班主任，但是班主任的职责已经明显弱化，并积极吸纳了任课教师、儿童和家长的参与，形成了育人合力。

第四节 公民的诞生：学校生活的重构

改革开放以来，伴随着市场经济体制的逐步确立，以及政治民

[①] 汪丞：《班主任制的最新进展》，《上海教育科研》2012 年第 9 期。
[②] 齐学红：《建立班级教育小组的尝试》，《中国教育报》2008 年 9 月 23 日第 007 版。

主化的稳步推进，我国的公民社会也在不断成长并走向成熟，与之相应，社会发展对公民素质的要求也在不断提高，公民成为教育应然的培养目标，《国家中长期教育改革与发展规划纲要》就明确提出了"加强公民意识教育，树立社会主义民主法治、自由平等、公平正义理念，培养社会主义合格公民"。在高扬民主、自由、人权的现代社会，培养公民成为时代吁求，走向公民已经成为学校德育不可逆转的潮流。

公民并非通过一两次"运动式"的德育活动就能培养，它需要的是生活中点点滴滴的滋润，需要的是一种公民的生活方式，公民素养只有在公民生活中才能真正形成。目前，虽然学校已经有意识地开展了一些公民教育的探索，但是，公民生活并未成为儿童学校生活的常态。这主要表现在两个方面：一是在生活内容上，公共性与文化性不足。所谓公共性不足是指学校生活没有从根本意义上培养儿童的公共精神和理性能力。如果说公共性是指公民生活的普遍性的话，那么文化性则是公民生活的特殊性，即在我们当前语境下谈论公民生活并不意味着对西方公民社会、公民生活的"拿来主义"，而是结合中国的历史与文化传统，基于对中国传统文化的批判性反思基础上的普遍性与特殊性的统一。所谓文化性不足是指在"传统文化热"的影响下，学校开展了一系列的传统文化教育活动，但这些教育活动往往缺乏现代性的审视、理性的反思，使得本应极具"文化特色"的内容却由于"文化自觉"的欠缺而黯然失色。二是在生活方式上，学校中的公民生活还是一种碎片式的存在，具体表现在公民生活在时间上的片段化和在空间上的碎片化两个方面。所谓公民生活在时间上的片段化，是指在学校生活中的某一个时段上，儿童在过公民生活，而到了其他时段这种生活就宣告结束，并开始了另一种生活，公民生活在学校是断断续续的，并没有连续起来。所谓公民生活在空间上的碎片化，是指学生在其生活的某一个空间中过着公民生活，而到了另一个空间这种生活就随之消逝，比如儿童在课外参与自己组织、自我管理的活动中过着公民生活，而进了班级之后，制度化的生活就取代了公民生活，使之戛

◇ 第五章 建议与策略：实践的选择 ◇

然而止。儿童在这一空间中会展现自己的主体意识、伸张自己的正当权利，到了其他空间却又是另外一番模样：教师为绝对权威，无条件服从教师的安排，个人的主体性被淹没。在"这时、这里"获得的公民意识与实践能力由于没有在"那时、那里"得到强化甚至会被不断压制而逐渐淡化，公民素养难以真正形成，品德课程也就难以实现培养公民的目标。说到底，公民生活并没有成为学校的常态。解决这一问题需要从根本上重构学校生活。

一 重新认识公民生活的内容、增强文化自觉

"公民"是个舶来品，一般认为，它最早出现在古希腊社会之中，用来指称那些"凡得参加司法事务和治权机构的人们"[1]。但是，在古希腊，并非所有人都是公民，还有自由民、平民与奴隶。公民才是城邦的主人，他们往往拥有一定的财产和政治权力，法律也会保护这部分人的权利。也就是说，公民在古希腊事实上是一个特权阶层。古希腊虽然已经出现了公民，但是，这时的公民仍然带有浓厚的古典气息，因为以血缘为代表的"身份"关系是社会关系的主导。法律史学家梅因（Henry Sumner Maine）在《古代法》中提出："所有进步社会的运动在有一点上是一致的。在运动发展的过程中，其特点是家族依附的逐步消灭以及代之而起的个人义务的增长。……我们也不难看到：用以逐步代替源自'家族'各种权利义务上那种相互关系形式的，究竟是个人与个人之间的什么关系。用以代替的关系就是'契约'。……所有进步社会的运动，到此处为止，是一个'从身份到契约'的运动。"[2] 从"身份"到"契约"也成为传统社会与现代社会的最根本的区别。由此观之，"公民"概念走向现代则是在启蒙运动之后，特别是资产阶级革命之后。随着启蒙运动对"人"的发现，以及它所倡导的"自由、平等、博爱"，现代意义上的公民才开始出现。之后，伴随着英、法、

---

[1] ［古希腊］亚里士多德：《政治学》，吴寿彭译，商务印书馆1965年版，第114页。
[2] ［英］梅因：《古代法》，沈景一译，商务印书馆1959年版，第96—97页。

美等国资产阶级革命的进行，公民的内涵也逐步得到了确认：与现代性价值观相吻合的具有自由、民主、平等等特质的现代人。

中国几千年的专制社会没有公民生存的土壤，与之相反的是"臣民"与"私民"的存在。在中国传统社会，个体依附于权力，没有任何自由与平等可言，"普天之下，莫非王土；率土之滨，莫非王臣"就是最好的写照。特别是尊卑有别的等级秩序建立之后，个体被嵌入这一关系或秩序之中，人与人之间的不平等更为加剧。梁漱溟曾言"中国是伦理本位的社会"[1]就是对这一问题的披露。费孝通称中国传统社会为"差序格局"，个体位于格局的中心，由此以同心圆的方式往外扩散，与中心的距离决定着关系的亲疏远近，权力与血缘是决定性因素。这也是对"私民"最形象的比喻，"在这种富于伸缩性的网络里，随时随地是有一个'己'作中心的。这并不是个人主义，而是自我主义。……我们所有的是自我主义，一切价值都是以'己'作为中心的主义"[2]。"各人自扫门前雪，莫管他人瓦上霜"就是对"私民"人格的常见描述。在清末民初，随着专制体制的瓦解、共和制的产生，公民进入了思想家的视野。严复、梁启超、蔡元培、晏阳初、陶行知等有识之士都提出了与"公民"息息相关的思想。民国时期的知识分子迫切希望改变中国社会积贫积弱的局面，从改造国民性上入手实现国家的现代化。这一时期的公民内涵除了具有西方资产阶级革命之后确立的自由、民主、平等之外，还有针对传统国民性缺点所提出的"公德""权利"等内容[3]。

新中国成立以后，由于受社会环境的影响，在很长一段时期内，公民教育处于沉寂之中。一直到改革开放后，随着市场经济体制的逐步确立，个人主体性的不断彰显，个体权利意识的增强，公民教育才成为研究的热点。特别是新世纪以来，公民教育逐渐成为

---

[1] 梁漱溟：《中国文化要义》，上海人民出版社2011年版，第76页。
[2] 费孝通：《乡土中国》，上海人民出版社2007年版，第27页。
[3] 檀传宝等：《公民教育引论：国际经验、历史变迁与中国公民教育的选择》，人民出版社2011年版，第120—122页。

"显学"。李萍、钟明华认为"公民教育必须满足三个基本条件：以公民的独立人格为前提；以权利与义务的统一为基础；以合法性为底线"[1]。戚万学认为，在当前社会大环境下，学校教育要着力培养具有边界意识、义务意识、良好的行为举止的公民。[2] 由此看来，在不同的语境之下，公民的内涵并不一致。但是，在这些不同中，也有对公民内涵的普适性认识，正如檀传宝所言："几乎所有公民身份的研究和倡导者都一致认定：自由、独立、平等是公民人格的最核心的内涵。即只有聚焦与解释的重点有差异，没有对于自由、独立、平等、民主等现代文明基本价值的怀疑与否定。"[3] 究其实质，公民教育就是现代性价值观对学校教育的要求。基于历史与现实的考虑，我们认为，公民就是具备独立人格、权利与义务相统一、具有公德意识的现代人。当然，这一界定并不能涵盖公民的所有内容，但是这些包括了公民所应具有的基本特征，特别是在当前我国社会环境下应尤为注重的内容。独立人格是人之为人的基础，更是公民的前提；以往我们往往强调个人对社会的义务却忽视个人所享有的权利，而权利与义务是一对孪生兄弟，二者缺一不可。因此，个人权利与义务的统一也是公民必备的条件；至于公德意识，它是我们目前比较缺乏的公民素养，也是需要特别予以强化的内容。

除了上述公民生活内容的普遍性之外，还要结合中国的文化特色赋予公民生活特殊性的内容。这就需要正确认识传统文化的价值，以现代性价值观重新审视传统文化，这一点尤为重要，这从最根本上关系到中国教育的现代化，"中国教育的现代化必须基于文化的现代化。中国教育现代化的本质在于教育文化价值的重建。中

---

[1] 李萍、钟明华：《公民教育——传统德育的历史性转型》，《教育研究》2002年第10期。
[2] 戚万学：《中国公民社会的成长和公民道德教育的使命》，《教育研究》2015年第11期。
[3] 檀传宝等：《公民教育引论：国际经验、历史变迁与中国公民教育的选择》，人民出版社2011年版，第183页。

国教育文化价值重建的本质在于在文化现代化的过程中培养何种意义上的现代人,以及通过教育塑造何种意义的现代生活方式"[1]。正确认识传统文化的价值就要从现代生活的视角对其进行审视,理性地分析哪些价值有助于现代生活方式的形成,也就是要做到文化自觉。正如徐复观所言:"我们对中国文化的态度,不应该再是五四时代的武断的打倒,或是颠顸的拥护,而是要从具体的历史条件后面,以发现贯穿于历史之流的普遍而永恒的常道,并看出这种常道在过去历史的具体条件中所受到的限制。因其受有限制,于是或者显现的程度不够,或者显现的形式有偏差。今后在新的具体的条件之下应该作何种新的实践,使其能有更完全更正确的显现,以汇合于人类文化之大流,且使野心家不能假借中国文化以济其大恶,这才是我们当前的任务。"[2] 其所谓的"常道"实际上就是世界文明发展的方向、人类文明发展的共识与主流,以此对传统文化进行再认识,使之成为公民生活的"正能量"。

二 公民生活在时间上的连续性和在空间上的整体性

儿童的生活本来就应当是一个完整的统一体,建构统一的、完整的公民生活是培养公民的前提和基础,让儿童在公共生活中成长、以公民的生活方式进行生活是最好的公民教育。这就要求学校进行整体改造,从而使学生过公民生活。公民生活体现在学校教育的点点滴滴中,学校管理、课堂教学、课外活动等方面都有所展现。要让学生受公民的教育就需要让儿童过公民的生活。因此,除了发挥品德课程在公民教育中的重要作用之外,为学生提供一个民主、公平、自由的成长环境就显得更为重要。促进学校公民生活走向常态需要从根本上重构学校生活,具体来看,应从以下几个方面予以改进。

其一,公民生活在时间上的连续性。公民生活在时间上的连续

---

[1] 高伟:《论中国教育的现代化——基于文化现代化的视角》,《陕西师范大学学报》(哲学社会科学版) 2015 年第 6 期。

[2] 徐复观:《学术与政治之间》,华东师范大学出版社 2009 年版,第 7—8 页。

第五章　建议与策略：实践的选择

性是指儿童从入学到毕业的整个过程都在过公民生活。这就需要学校系统设计各种德育活动，厘清公民生活在不同年龄阶段的不同特点，依据儿童在不同阶段的身心发展特点、道德认知发展水平，采取不同的教育内容、教育方式，以满足儿童发展需要。这里特别需要注意的是，学校公民生活要注重公共精神的培养。我们在前文中已经分析了当前学校公德教育存在的私德化、功利化的问题，这只不过是打着"公德教育"旗号的私德教育、功利教育，最终也无法培养学生的公德意识。出现这些问题的原因在于，学校或教师并没有清晰地认识到公德教育的真正目的在于培养学生的公共精神——"社会成员在公共生活中对人们公共生活及其行为的准则和规范的主观认可并体现于客观行动上的遵守、执行"[1]，而非仅仅为了让儿童不损坏自身生命健康而遵守交通规则、让儿童像爱护自己的家一样爱护学校，这也只能称为"形式化的公德教育"。因此，着手培养儿童的公共精神就成为当务之急。这就需要学校明确公德教育与公共精神培养的关系，应该认识到，公德教育的目的并非为了保全儿童的个人利益或身心健康，而是培养学生的公共精神。换句话说，公德教育是手段，公共精神的培养才是目的所在。否则，公德教育如果仍然停留于私德化、功利化水平，公共精神也就难以养成。

其二，公民生活在空间上的整体性。在校内，营造儿童成长的公共空间。公共精神只有在公共空间之内才能培养，为此，营造儿童成长的公共空间就成为培养公共精神的必要条件。儿童进入学校后，大部分时间都会在班集体中度过，因此，使班级成为一个公共空间会对学生公共精神的培养产生极大的促进作用。比如，通过民主选举的方式产生班干部可以将民主观念深深植入儿童的内心之中；改变班会上教师的"一言堂"，鼓励儿童对班级事务畅所欲言，积极发表自己对班级各项工作的意见和看法，保障每一位儿童参与班级管理的权利。虽然班级可以作为公共空间促进学生公共精

---

[1] 袁祖社：《"公共精神"：培育当代民族精神的核心理论维度》，《北京师范大学学报》（社会科学版）2006年第1期。

神的培养，但是班级作为学校制度生活的组成部分，仍然是在学校以及教师的主导之下，儿童的自主性、独立性无法完全施展，儿童的参与程度也会受到很大的限制。在此情况下，鼓励儿童成立各式各样的学生组织、社团就成为扩展公共空间的有效方式。学校要引导儿童根据自己的兴趣、爱好、特长成立和参与各种社团组织，积极引导儿童成立学生会等各种学生团体，在不违背法律法规和学校规章制度的前提下，以合乎现代公民价值观的要求组织开展活动，实现自治、自管，使其成为公民组织的雏形。最后，学校要建立长效机制、自下而上的沟通与反馈渠道，积极引导儿童参与到学校管理中来，为学校发展建言献策。学校应该在发展过程中始终贯彻自由、民主、平等的理念，从培养公民的角度审视学校的所作所为，比如，尊重差异、平等地对待每一位儿童，推进校长开放日活动，推行儿童自我管理、自我教育，彰显儿童的主体性等，让儿童始终生活在富有公共气息的环境中就是对他们最好的公民教育。

在校外，完善小队活动，推进服务学习，提升公民实践能力。当前学校组织开展的小队活动还存在着盲目、随意、散漫、自由等问题，小队活动的开展深受家长主观性的影响，也在一定程度上流于形式而失去实际意义。以美国为代表的国外发达国家推行的"服务学习"值得我们借鉴。如学者所言："'服务学习'（service - learning）有着学生在教师指导下通过从事社区服务而学习知识和技能、发展多方面能力、养成公民责任感和健全个性的课程与教学取向。"[①]"服务学习"的开展不仅对于提高学生的社区服务意识、增强公民责任感、提升学生的公民实践能力发挥着举足轻重的作用，而且有助于学生学业成绩的提升，有研究显示，"自 20 世纪 80 年代以来，国外尤其是美国积累了大量系统考察服务学习对学生发展的价值的文献，发现服务学习对学生学业成绩、个性及社会性发展、公民责任感、职业意识四个方面产生了显著影响。……服务学习是教授所有学术学科的一条强有力的途径……从社区服务到

---

① 张华:《论"服务学习"》,《教育发展研究》2007 年第 9 期。

第五章 建议与策略：实践的选择

服务学习，非但不会与学术课程形成竞争，反而会使之学得更有效和巩固"[1]。事实上，我们学校中开展的小队活动已经具备了服务学习的雏形，但是还需要进一步改进和完善，小队活动需要教师参与其中。只有家长与儿童参与的小队活动往往受制于家长的主观性，这就需要教师参与到小队活动中来，对其进行系统设计，特别是班主任和品德课教师，明确小队活动的目标，结合儿童的意愿选择恰当的活动主题，做好活动评价。小队活动应当与品德课、学校德育活动结合起来进行，在品德课程标准的统一指导下开展，真正实现学校品德课程的一体化。

上文用了大量的笔墨为推进品德课程实施提出了四点建议，这四点建议并非独立存在，而是相互联系、密不可分的。首先，道德的教育是品德课程有效实施的前提，如果教育中充斥着种种不道德因素，不论品德课程设计得多么完美都无法真正取得理想的效果。只有在此大前提下，我们才能去探讨品德课程实施的改进。其次，儿童本位在品德课程实施过程中应该继续予以坚持，在现实中，儿童的主体性仍然未得到完全彰显，教师（成人）在一定程度上主导着学生的学习过程。再次，制定品德课程方案是具体操作层面的建议，学校中只有形成完整的品德课程体系才能真正实现全员育人，形成育人合力。最后，品德课程的目标是培养公民，实现学校公民生活的改造。这四点建议涵盖了实施的前提、形而上的理念、形而下的具体的操作实施以及培养目标，囊括了品德课程实施的主要方面。

本章主要对上述几章内容进行总结，并针对品德课程实施中的问题提出了几点建议：第一，道德的教育是品德课程有效实施的前提，只有从根本上改善品德课程生存的学校环境，品德课程实施才可能取得理想的成效；第二，倡导儿童本位，彰显儿童的主体性；第三，制定品德课程方案。我们在此处用了大量的篇幅探讨学校品德课程整合问题，因为品德课程实施中呈现的很多问题固然有品德

---

[1] 张华：《论"服务学习"》，《教育发展研究》2007 年第 9 期。

课自身的问题，但更多的是因为学校品德课程的分散带来的各种课程形态之间的隔离。所以，进行品德课程整合是制定学校品德课程方案的关键。在这一部分中，我们还提出了以品德课程标准指导学校德育工作的观点，从而为学校德育工作的开展寻找到了可靠的依据；第四，重构学校生活。只有让学生过公民的生活才能让他们受公民的教育。学校首先要意识到应培养学生的公共精神，当前公德教育存在的问题就在于忽视了公共精神的培养，使公德教育流于私德化、功利化。在此基础上，扩展学校公共空间，鼓励学生成立和参与各种学生组织、社团。此外，还要对小队活动进行改进和完善，使其成为"服务学习"，提升公民实践能力。

第六章　总结与展望

基于生活德育的视角，对立足于回归生活这一基本的前提性的判定和认可，以上几个部分分别从历史、现实、逻辑和具体实践等几个角度廓清了，或者进一步深化了道德教育和生活的关系、为何回归生活、回归生活的现状、呈现出来的理论和现实问题，以及如何面对这些问题、可能的出路和选择、操作层面的建议等。本部分，我们试图从更宏观、更根本、更立体的角度对品德课新课改的未来方向予以进一步的思考和把握，这既是对前面各部分所述观点的进一步总结、明确和提炼，也是对未来方向作更大范围、更深程度的发散和说明。

总体来说，对于未来的方向，本书用文化自觉、重建社会、培养公民、保持定力几个关键词来概括。

第一节　文化自觉

一　文化自觉的必要性

从历史的角度来看，生活德育无论从概念建立、逻辑架构、理论预设还是从现实运作来看都不是自足的，都需要随着时代发展和社会需求不断发展、完善和更新。正如新世纪的生活教育和百年前的生活教育不同一样，每个时期的"生活"都要随着历史的推移而赋予其新的富有时代性的内涵。事实上，随着生活的发展变化和生活德育的实际开展，许多现实的问题日渐浮现出来，回归生活的道德教育仍然面临种种困惑。现实的生活，特别是处于急剧的全球化、社会转型背景下的社会生活，无论在宏观上还是微观上并非路向明确、脉络清晰、秩序井然，而是处于多元、杂乱甚至虚无的状态，回归生活以后的道德选择和道德教育，马上就会碰到价值选择、文化选择的问题，即到底过哪种生活。或者说，脱离生活的、各种神圣的、意识形态化的、概念化的道德教育可能是无效和起到负面效果的，但真正融入生活以后的道德教育也会遇到哪种生活是值得过的问题，以及如何看待各种不同生活之间的不同甚至冲突。但是，具有普适意义的现代性价值观并不能涵盖一切，这其中除了普遍性与特殊性的关系之外，即便是现代性价值观本身，可能也需要随国情和文化背景的不同而作出适当的调适。这样，文化问题就会自然而然凸显出来。因为，如梁漱溟所言，"文化并非别的，乃是人类生活的样法"[1]。如果说在生活德育提出并实施的头几年，文化和价值选择的迫切性问题还并不是特别明显，随着全球化进程的加速、市场经济负面价值的充分展现和生活中各种道德事件、文化事件一次又一次冲击着人们的心灵，那么，人们不禁要问，生活怎么了？就是要儿童回归这样的生活吗？作为一个群体、社会和国家，除了要不断发展、提高物质生活水平之外，是否还要有精神、文化、价值意义上的考量？如果有，这种考量、判断、抉择又是什么呢？一句话，"文化自觉"成为不可回避的重大的时代性课题，也是生活德育所面临的时代性课题。

早在 2003 年，鲁洁就以敏锐的眼光提出了教育中的文化自觉问题。[2] 我们在《道德教育的文化使命》（戚万学等著，教育科学出版社 2010 年版）和《全球化、文化变革与学校道德教育的文化使命》（唐汉卫等著，山东人民出版社 2011 年版）等著作和相关论文中也对道德教育的文化自觉所关涉的一系列问题提出了自己的思考和理解，此处不再详述。这里需要指出的是：一方面，要看到文化自觉，特别是道德教育的文化自觉是一个长期、艰难而复杂的

---

[1] 梁漱溟：《东西文化及其哲学》，商务印书馆 1999 年版，第 60 页。
[2] 鲁洁：《应对全球化：提升文化自觉》，《北京大学教育评论》2003 年第 1 期。

过程，要受到各种因素的影响。在过去的一百年里，由于各种原因这个问题没有得到很好的解决，曾长期受到遮蔽和歪曲。今天，道德教育的文化自觉仍不可能一蹴而就，更不可能靠一两次运动、简单的行政指令等就能解决，应抛弃那种激进主义、理想主义的思维模式。另一方面，也要看到，改革开放以来的现代化实践，特别是现代市场经济的发育，法治意识的提升，由教育普及、网络普及而带来的民众素质的提高等，为真正意义上的文化自觉提供了前所未有的经济基础和历史环境（尽管这种环境仍存在这样和那样的不足）。鉴于道德、道德教育和文化间的根本性、基础性的联系，文化自觉之于道德教育的改革、生活德育显得是那样的必要而迫切，它关乎道德、道德教育的现代转型能否真正取得成功。往大处说，也关系到中国社会现代化的命运——因为它从深层次上标识着现代化的方向。文化自觉既需要理论上的积极探索，也需要实践中的不断尝试。令人欣喜的是，中小学教育实践中的文化意识已逐渐显现，尤其是在道德教育中，经常可以看到一些学校根据自身的实际在有意识地提倡某种文化，表现出了一定的文化选择、反思和创造意识，表现出了一定的文化自知、自信。尽管这种自觉尚显粗浅，有的则是盲目跟风，但毕竟风已吹起，学校发展、教育改革已逐渐从外在的、表面的层面逐渐转向更根本的价值观和文化心理层面。

二 文化自觉应该注意的几个方面

按费孝通的解释，"文化自觉只是指生活在一定文化中的人对其文化有自知之明"[①]，包括了解文化的来龙去脉、文化的嬗变与影响以及对文化的适应与调整等各个方面，可见，文化自觉的内容是十分丰富的。学校道德教育的文化自觉也可以从多个不同的角度、多种层面和多种方式来进行，但笔者以为，基于长期以来学校道德教育偏重政治化、教条化、知识化、一元化的训练，相对漠视

---

① 费孝通：《反思·对话·文化自觉》，《北京大学学报》（哲学社会科学版）1997年第3期。

◈ 小学品德课新课改的回顾与展望 ◈

道德、道德教育理应具备的文化内涵和文化品位，模糊和曲解了道德教育不可回避的文化立场，缺失了人格培养中应有的文化底蕴和富有特色的文化追求，所以，目前学校道德教育的文化自觉迫切需要从以下几个方面来进行：

一是要增强文化意识，具备敏锐的文化观念。即学校道德教育要及时、准确地捕捉文化的发展与变革及其相应的价值观的嬗变对学生生活、社会伦理可能带来的影响，把握道德教育正在面临或即将面临的机遇和挑战，始终以积极、开放和理性的心态思考文化之于道德教育的意义，主动地提出问题、更新观念、改进实践。而不是无视、漠视社会生活和文化风气的变化，一味按照传统的或行政命令机械地进行道德观念的传递和道德行为的训练；也不能干脆关起门来实施所谓的封闭教育、纯而又纯的教育，试图与社会隔绝开来，各行其道；更不能对各种文化现象采取鄙视的、简单对抗的态度，认为社会一无是处，比如，认为"对于新一代人进行道德教育的是电影、电视、广播和出版界；即使这些行当认识到自己的职责——从消极方面说是采用检查的方式，从积极方面说则是通过劝告、建议和树立榜样——其价值是虚假的，标准是低劣的"[①]。这种说法可能有些言过其实，对社会文化的影响应该批判地分析。具体来讲，在多元文化背景下，学校道德教育应该突出的几种文化意识包括文化的反思和批判意识、文化的选择意识、文化的整合意识等。文化的反思和批判意识是指学校道德教育应从教育学的视野出发，结合文化发展和社会发展的实际需要，对各种各样的文化进行独立的思考和盘点，看其是否有利于学生的身心发展，以及如何引入到教育的理论和实践中，排除对文化的一味盲从、无视或者抵制的态度。文化的选择意识是指在多元文化的丛林中，无论是作为宏观的国家和社会层面、中观的地区和学校层面，还是微观的个体层面的道德教育，都不得

---

① ［美］亨利·康马杰：《美国精神》，杨静予等译，光明日报出版社1988年版，第626页。

第六章 总结与展望

不作出适合自己的文化判断、文化选择和取舍。多元文化环境赋予了各个层面和各种范围的道德主体以文化选择的机会和空间,放弃选择或者玩世不恭的后现代式的"怎么都行"都不是自觉自为的学校教育应该持有的健康、理性的态度。文化的整合意识是指多元文化时代的主基调尽管要尊重差异、提倡自主、强调平等,但并不意味着各种文化和各种意义上的道德主体之间没有任何可以分享的价值观,彼此之间只有冲突和分裂,不同文化的价值观、不同的道德主体之间应该寻求理解和共识,寻求统一性。统一与尊重差异并不矛盾。"真正的统一性只能补充而不是损害多样性,因为它发生在一个共处、共享的水平上,在那里整个系统的所有因素都是平等的参与者。"[①] 无论是在任何时代和任何情况下,文化之间的整合和统一都是极为必要的。整合蕴含着不同文化和价值观之间对共性的寻求,蕴含着在一和多之间保持必要的张力,蕴含着多元但并不是无限制地分裂下去。

二是要明了文化立场,以建设性的姿态来处理不同文化价值观之间的关系。置身于多元文化环境中,以什么样的原则、立场和姿态来看待和处理多元文化及其影响同样也是学校教育必须面对的,它不仅直接关系到文化本身的健康发展与繁荣、关系到人与人之间是否能够和谐共处,同样也关系到个体的成长和校园的稳定。所以,学校在开展各项工作时都应有自己明确而稳健的文化立场,并且要把这种文化立场以适当的方式传达给学生,而不能完全放任学生的选择,"如果真理和善真的仅仅是纯粹个人的事情的话,那么,难以看出教师的信仰、许诺和观念在教育中还会起到什么作用"[②]。在国内外的多元文化思潮中,关于如何看待文化之间的关系,出现了一些具有代表性的观点,像"文化冲突论"的观点、"文化相对主义"的观点、"社会达尔文主义"的观

[①] 欧文·拉兹洛:《多种文化的星球——联合国教科文组织国际专家小组的报告》,戴侃、辛未译,社会科学文献出版社2001年版,第2页。

[②] Barral, R. M., *Progressive Neutralism: A Philosophical Aspect of American Education*, Louvain: Nauwelaerts Publishing House, 1970, pp. 32–33.

点，还有我国学者提出的"和而不同"的观点，等等。文化冲突论以美国哈佛大学政治学教授亨廷顿为代表，该观点认为多种文化之间在根本上是不可理解和难以调和的，永远处于互相对立和矛盾冲突中。文化冲突论的背后更多的是"狭隘的民族主义""文化霸权主义""文化优越论"的思想在作祟，其基本精神是与文化多元论本有的追求背道而驰的，而且，按照文化冲突论的内在逻辑，人类最终将永无宁日，甚至不得不兵戎相见。文化相对主义承认文化无优劣之分，一方面承认文化的多样性、多元化，但同时也为那些落后的、反动的、明显与人类的基本价值或底线伦理相违背的文化提供了存续的理论根据，带有不负责任的"什么都行"的特点，最终将导致文化上的虚无主义。社会达尔文主义的观点则认为多元文化之间是类似于生物界的"优胜劣汰"式的生态体系，也遵照并且应该遵照弱肉强食的丛林法则。其可取之处是扬弃了平面化的、本质主义的缺陷，代之以生态的、有机的、整体的和发展观点来看待人类的文化系统，但是忽视了文化现象所特有的人文性和历史性，文化的创造和发展并不是单纯像生物界那样存在一个客观的、自在的逻辑，它同时还是在人的精神和意志支配下的，人不是在文化之外被动地受制于文化的逻辑，同时人还要对文化的发展给予合目的性的干预。"和而不同"是来自儒家的智慧，近年来为我国的学者所提倡和发扬，其基本精神是主张不同的文化与价值观应在保持自己的特色与追求的基础上，以平等的姿态进行对话，求同存异，相互理解、相互借鉴和补充，共同发展，按照费孝通的话说就是，不同文明应"在形成中的多元文化的世界里确立自己的位置，经过自主的适应，和其他文化一起，取长补短，共同建立一个有共同认可的基本秩序和一套各种文化能和平共处，各舒所长，联手发展的共处守则。……'各美其美，美人之美，美美与共，天下大同'"[1]。笔

---

[1] 费孝通：《反思·对话·文化自觉》，《北京大学学报》（哲学社会科学版）1997年第3期。

者认为，既然文化是人为的，文化立场也是我们选择和创造的，那么，并非文化间的关系就是客观的、一成不变的，回顾历史和经验，在全球化、多元文化的背景下，应当抛弃那种文化霸权主义的、虚无主义的、社会达尔文主义的思想，以上种种思想曾经给文化、给整个人类世界带来灾难，不同文化应该在积极对话、寻求共识的基础上和谐相处。所以，笔者赞成和而不同的文化立场。"和"并非简单的划多为一，而是强调的理解与尊重、宽容与共识（比如，底线伦理、普世伦理、全球伦理等层面，或者其他层面的共识），"不同"则凸显个性与差异，两者并不是处于对立的两极。

　　三是要提升道德教育的文化厚度，把握道德价值观背后的文化精神。在多元文化、多种价值观并存且无孔不入的情况下，学校道德教育在指导学生进行道德判断与道德选择时，如果仅限于对规则本身进行讲解、讨论，限于对不同价值观应然要求的字面之义进行分析，而不去挖掘、呈现和梳理这些规则、要求和取向背后所承载的文化背景、文化类型及其所表征的文化精神，那么，这种教育只能是肤浅的、表面的，就不得不通过外在的乃至强硬的手段来对学生进行管理和教育，"教师漂浮在文化的表面，因为他们越是意识到自己的脆弱无力，越是要进行自卫。他们态度强硬。他们被迫在其不再信任的某种权威的临界线上加强法律规章"[①]。或者说，忽视了文化底蕴的道德教育仅仅是知其然而不知其所以然，舍本而逐末，不利于学生成熟、系统的道德人格的培养和自主精神世界的形成，也不利于多元文化通过学校教育这种方式进行弘扬与传承。因此，学校教育应该从各个侧面、各个角度和各种途径在对学生的道德、价值观施加影响时充分注意到这种影响的"文化与历史含量"，通过对文化类型、文化发展的整体而生动的显现、体验来加深学生对某种道德价值观的理解和把握，获得对他者应有的警醒、

[①] ［法］米歇尔·德·塞尔托：《多元文化素养》，李树芬译，天津人民出版社2002年版，第120页。

尊重或宽容，而不是仅为了提高道德教育的趣味性，也"并不仅仅是给无视历史背景的、当今典型的'多元文化'课堂提供'趣味'的"①。最终应该让学生意识到：道德、价值观并不是孤立存在的、可有可无的东西，选择某种道德就意味着选择了一种生活方式；价值观的不同是文化选择、生活方式和生活追求的不同；按照"和而不同"的立场，不同的道德选择之间的求同存异就意味着不同文化、不同生活样式之间的共存共荣，对道德底线、普遍伦理的守护就意味着生活虽然是多样的，人有选择的权利、能力和选择的空间，但是人归根结底还是有限性的存在，人的选择和人的生活并不是毫无边界，可以无所顾忌、为所欲为的。文化，亦即生活样式，对道德、道德教育不仅具有本体性的意义，而且对文化内容、文化精神的把握，对文化氛围和文化情境的体验，以及对文化形态和文化类型的比较等，都对学生的道德发展和道德教育实际开展也同样具有不可估量的工具性价值——让学生在理解、走进、亲自体验和实践某种文化样式、生活类型的过程中去把握、体会道德的真谛，建构自己的人格系统也是其他任何方式不可取代的，乃至可以看成道德教育的根本途径。换句话说，道德教育要想避免空洞与肤浅，避免表面化和形式化，要真正深入学生的灵魂，重构其精神的大厦，那么，就务必让学生在各种文化生活的土壤里自主地生长和历练，在真实的文化环境和空气中全身心地浸润和品位，这样才能孕育出丰满的人格和鲜活的人生。

四是要彰显文化特色，突出学校的文化个性。学校道德教育除了要对文化保持特有的敏感、反思必备的文化立场，增强道德、道德教育的文化意蕴之外，还应当注意要在学校层面上寻求和培育自己的文化特色。这种文化特色既表明了学校内部在尊重学生的多元价值观的前提下对共同的文化理念、文化精神的寻求，是本学校师生的基本共识——作为一个教育的共同体和师生共同生

---

① ［加］大卫·杰弗里·史密斯：《全球化与后现代教育学》，郭洋生译，教育科学出版社2000年版，第90页。

活的场所，共同的价值理念与道德追求是应当存在也必须存在的；同时，也表明了学校与其他学校或者机构相比对个性化的追求。在一元文化至上的时代，学校之间往往同大于异，甚至千篇一律。在多元文化背景下，学校作为一个层面上的"元"，作为大于个体而小于民族、国家的选择和实践的行为主体，也应当体现自己的个性。任何一所学校由于所处的地理位置、文化环境不同，再加上历史传统、服务面向的差异等种种因素，都会从办学理念到学校管理、课程设置，从教育教学实践到校园生活等方面自觉或不自觉地形成自己的一些风格与特点，这些特点应该从教育和文化的角度予以总结与提炼，继承与发扬，逐渐培育出学校自身所特有的文化追求和文化性格，其中核心性的就是价值观方面的要素。这种价值观代表了学校与众不同的精神追求，代表了学校的灵魂和师生共同的意志，是学校的凝聚力、向心力的源泉，也是学校在竞争日益激烈的环境中得以立足的重要原因。学校道德教育要融入到学校全方位的生活中，通过政策制定、教学大纲、学校管理、课程设置等各方面有意识地传承和展示这种文化精神，只有这样，学校才不是可有可无的一般的单纯知识、能力训练的单位，才能有存在的价值和发展的潜力；对个体的发展来说，学校的文化也是一种重要的教育资源，接受一种健康的、独特的文化的沐浴和熏陶，在其一生的成长中都会打下深刻的烙印；对整个学校教育系统来说，只有每一个学校都有自己的文化特色，学校教育才能焕发生命活力。

三 文化"特色"的误区

许多中小学在学校文化建设中都在追求特色，但对特色的理解却缺乏必要的自觉，从而在实践中出现了一些误区："特"就是好，"特"就是不同，"特"可以"专项"建设，"特"一定要看得见、摸得着等。对这些误区的分析和检讨，有助于学校文化建设把握正确的方向。

当前，在国家强调文化自觉、教育走向内涵发展的大背景下，许多学校都认识到了学校文化之于学校发展和师生成长的重要意义,在创设和创建自己的学校文化、凸显自己的文化特色方面下了很大功夫。我们曾到一些中小学就"学校文化特色建设"进行了走访、调研和观察,发现对特色的追求几乎成了大多数中小学的共识,然而究竟如何看待学校文化特色,包括"特"的价值、"特"的含义、"特"的形成、"特"的作用的发挥等,尽管人们的理解和判定千差万别,但还是呈现出了一些具有共性的、迫切需要进一步梳理和澄清的问题。由于对这些问题缺乏必要的理性自觉,从而导致学校文化建设在实践中存在很大的盲目性,要么受制于经验或教条,要么浮于表面、浅尝辄止,有的甚至走向了学校文化建设的反面。由不重视文化特色走向对文化特色的寻求是学校发展的一大历史性转变,固然可喜,但对文化特别是文化特色的理解和实践若偏差过大、误入歧途,那么,其结果则可能是可悲的。在此,我们仅结合自己的观察和理解,就当前中小学学校文化特色建设中存在的一些误区、误读谈谈自己的看法。

(一)误区一:"特"就是好

这牵扯到对"特"的价值的理解,我们想表达的是,"特"未必就是好,"特"仅是一个中性的概念,不能把"特"与"好"之间直接画等号。一方面,从教育学的视野来看,特色本身是手段而不是最终目的。学校文化之所以要形成自己的特色,是基于多种因素,尤其是人的发展、学生的发展的需要来考虑的,而不是为了特色而特色。学生总是生活在具体的丰富的人文环境中的,每个学校也都鉴于其历史、地理和文化因素等有其与众不同的一面,这种差别无论大小,都会成为人的成长的文化底色,把这些底色进一步地挖掘、丰富、彰显,在促进文化的多样性发展的同时,也利用其达成独特人格养成之目的,乃是教育之本义。所以,文化特色的寻求本身绝不是目的,从教育学的角度来看,其本身没有自足的价值。另一方面,任何一个学校的文化特色本身既需要一般意义上的价值的反省,也需要从教育学的立场和角度对其进行检视,从这点来看,特色也未必就是好的,未必就是学校应该提倡的和追求的。说它需要一般意义上的价值的反省，是因为一般来说文化的核心是价值观，展示了人的精神追求，那么，就需要对这种精神追求和价值观进行必要的反省和批判，而不是对既有的、能够称得上是特色的文化不分青红皂白地"拿来就用"，对此毋庸赘述。除此之外，学校文化该提倡哪种特色，还需要从教育学的角度，从现阶段学生身心成长的角度进行反思。前者要保证学校文化特色内在的价值追求是好的，后者则要保证这种价值追求的外在表现方式、载体和对学生的作用机制等是适当的，是适应、适合学生年龄特征和身心发展需要的。

既然"特"并不等于"好"，在学校文化特色的查找、确认过程中，就需要对特色保持理性、平和甚至警醒的心态，提倡反省地看待特色，包括已经形成的特色和将要追求的特色，不能一听说特色就认为是好的，应该提倡的，认为是学校文化建设的最高境界。同时，在实践中也没有必要把特色置于学校文化建设的首要地位，特色只是学校文化建设的一种重要维度或维度之一，除此之外，作为基础教育，学校文化建设作为一个复杂的综合体，不能为了特色而牺牲更基本、更重要、更一般的东西，更不能为了特色而特色。另外，从宽泛的意义上来理解文化，把文化视为人文化成的过程及其结果的话，任何一个个体、学校都生存于现有的文化谱系之中，没有没有文化的教育，也没有没有文化的学校，对生存于其中的文化做出识别、提炼、区分之后，对其在方方面面的独特之处从学校文化建设的角度加以价值判断和教育学意义上的检讨后予以孕育和弘扬，从而逐渐形成和凸显自己的特色。所以，在实际操作中，首先是注重对现有的、浸润其中的文化进行梳理、承续，再注意寻找、升华其可能具有的特色，而不是倒过来，先找一个特色作为最好的甚至唯一的目标不假思索地作为学校文化建设的最高鹄的，舍本逐末。

（二）误区二："特"就是不同

一般来说，特色标志着一种事物不同于另一种事物的地方。《应用汉语词典》对"特色"的解释是："某事物与众不同的色彩、风格等；事物最见长的方面。"① 毫无疑问，前面在冠以"学校文化"，那就是说一所学校的文化与众不同或最见长的地方，具体是哪儿不同或最为突出，可以先存而不论。但是，这里应该引起注意的是，当前学校文化建设所要追求的不同、特色是以"同"和"通"为前提的，换句话说，与起码的"同"和"通"相违背的"特色"是不值得提倡的。所以，不同并不是"特"的全部。

具体而言，所谓以"同"为前提，就是指学校文化建设、特色的寻求应当首先尊重和认可人类文明发展至今的现代文明的价值共识、共同的精神财富和生活经验，不应当游离之外，甚或以对立的姿态而出现。一旦以特色的名义弃几千年来世界文明所共同向往的人间大道、弃人类文明的主脉而另寻歧路，就会对个体成长、文化传承、国家与社会的未来均有害而无利。在此意义上，学校文化建设的首要任务是传承文化的同时发挥文化的育人功能，而传承什么、用什么育人，在全球化、现代化、信息化、多元化的今天，如果基于人类的、历史的宏观视野来看，人类文明的最大公约数、无数次实践所证明的文明共识、价值共识、共同的精神财富是最为重要的。舍此，便无法言及教育、人、国家与社会的现代化，无法言及现代文明。这些"同"，体现在对文化建设来说具有核心意义的价值观上，就是普世价值。当然，普世价值面临众多的警醒和质疑，但以普世价值为主要内涵和指向的人类文明的主脉动、发展趋势是无法阻挡的。在某种意义上，近代以来我国的社会发展就是不断融入世界文明主流的过程，改革开放加速了这一进程，最近公布的社会主义核心价值观又从官方的角度表达了对普世价值的确认。"凡是谈普世价值的人都会受到这种质疑：你的那套普世价值是从西方拿来的，所以只不过是西方价值而已。这种质疑根本用不着认真对付，因为它缺乏起码的逻辑常识。任何一种普世价值，都总得由某种文化来承载；如果仅仅因为它由西方文化承载就否定它有成

---

① 商务印书馆辞书研究中心编：《应用汉语词典》，商务印书馆 2000 年版，第 1229 页。

为普世价值的资格,那就根本不可能有普世价值。这正如那个不吃葡萄、苹果、梨子、香蕉……而要吃抽象的'水果'的病人一样,是吃不到任何真正的水果的。"① 另外,我国的以儒学为主的文化传统虽不能内在地直接生成现代的普世价值,但并不是完全不能与普世价值相容的,恰恰相反,在很多方面可以提供与普世价值相洽的资源与支撑。所以,学校文化特色的建设当以"同"为前提。那些与普世价值相逆的、在某种具体时空所特有的价值追求都应当适当地取舍和过滤,不应大张旗鼓地登上现时代的历史舞台。时下,一些中小学基于自身的地缘、区域文化传统和典型事迹等因素,不假思索和辨别地把红色文化、儒家文化、经典诵读、英雄模范等文化符号直接搬进了学校进行大肆宣扬,作为文化特色进行培育,那些革命战争时期特有的革命伦理与意识形态、封建时代的具有等级专制气息和愚忠愚孝色彩的伦理要求,从根本上与现代普世价值所倡导的自由、民主、平等、人权和法制等不符的价值观念也渗透其中,此种文化特色"特",但背离了人类文明的发展方向和基本的价值要求。

所谓"通",是指学校所倡导的文化特色尽管相异,但是相互之间要能够相互对话,尊重多元,能以平等、宽容、相互借鉴的态度看待其他文化样式、文化选择和文化特色,不能孤芳自赏,自以为是,拒绝和其他文化选择之间的对话。实际上,每一种文化特色除了要接受普世价值、文明共识的洗礼外,其内容和形式本身都需要随着时代的发展而不断自我更新和丰富,或者说,需要对既有的文化特色、文化追求不断进行新的解读和诠释,以使其更符合时代的需要与学校发展的需要,增强其应有的凝聚力、统摄力和适应力。要知道,文化特色建设是为了学校发展和学生成长的大局服务,绝不是为了保住一个没有发展性的所谓的特色不放,故步自封,只顾一点而不计其余。这就需要以开放、包容的心态及时汲取

---

① 邓晓芒:《中国当代的第三次启蒙》,2014年1月,爱思想网(http://www.aisixiang.com/data/71241-2.html)。

新的精神和文化养料。以"孝"文化为例。有的学校基于自身所具有的丰厚的历史和地方文化资源把孝文化作为自己的特色予以提倡，这未尝不可，但这其中需要反思、更新和扩充的就有许多，"同和通"的原则可能就有帮助。就我们所见，有的学校直接进行传统的"原汁原味"的孝的教育——学习《二十四孝》故事、背诵《孝经》等。有的学校则是对孝的文化资源进行再度审视和开发，重新思考现时代的孝究竟意味着什么，对孝的对象、内容和方式都有了新的阐释，以此作为学校文化建设的聚焦点和特色，发挥其应有的引领、统摄作用和教育功能。从传统的孝出发，但又超越了传统的孝，扩充了传统的孝，建构了新的具有鲜明时代感和符合自己学生实际的孝文化。因此，"特"虽贵在不同，但不应是简单的、狭隘的不同，"不同而应相通"，"通"在与时俱进，"通"在与异己必要的相容、相生。

正是基于以上对"同"和"通"的理解，本书在用词和表达上，把文化置于特色之前，即"文化特色"而不是"特色文化"，意味学校文化出特色、有特色，在承认文化共识的前提下逐步形成自己的特色，而不是先固守一个不可更改的"特色"再来进行文化建设——这样有可能走向反现代、反文化、反教育的具有封闭性和排他性的"文化建色"。

（三）误区三："特"可以"专项"建设

一些学校对学校文化特色建设非常重视，把它当成一项专门的、专项的工作来对待，即成立专门机构、由专门人员负责，甚至拨出专项经费、开展专项活动。其用意无可厚非，投入的精力和财力也颇为可观，可以证明其成绩和效果的材料看起来也不少。但细究起来，这种专项建设从表面上看领导重视，行动过程轰轰烈烈，师生和学校收获都很大，但却造成一种异化和隔阂，即将学校文化特色的追求和学校整体的发展、学校整体的生活割裂开来，完全背离了学校文化建设的本意。最真实的结果是：一方面，从开展的专项活动来看，学校文化特色鲜明；另一方面，学校的整体性的精神风貌和生活状态、工作追求又是另外一种样子，呈现出两张皮。好像学校文化特色建设是可以脱离学校生活的有机整体而单独拿出来进行的一个东西，是和学校中的大多数成员无关的事情。这就体现出了那种技术化、简单化的机械的工程思维模式。在这种思维的支配下，以至于有的学校出现了就像盖大楼要找承包商一样，把文化特色建设这个专项工程承包给某个校外机构、公司的做法，希望他们能在短期内把学校文化特色设计好、建设好，学校只要等着要结果或部分参与就可以了，这样既省力又省心。

学校文化特色建设不是具象的学校生活和学校文化特色的简单相加，更不是与大多数人无关的事情，而是学校生活本身就是文化特色建设的载体和全部，学校中的每一个成员都是文化建设的主人，在自己的工作、学习、交往和生活中都应该展示和遵循学校所要弘扬的文化特色和文化精神，学校文化特色建设的最终目的和成果应该是学校生活的方方面面的转变和提升，而不仅仅是拿出来专门支撑学校文化特色的几门课程、几个活动，更不是几个标语、口号或宣传栏，文化特色建设更不能被当成一部分人的专责或承包出去。当然，在具体实践中，只要不是从单独的、割裂的角度来看待和处理学校文化特色建设，不把这些专项活动当成文化特色建设的主要渠道、主要载体和文化建设的全部，而着眼于学校生活整体改进的前提下，可以依托校本课程，开展必要的主题活动等形式来强化、聚焦、集中展示某种特色。这一点是要特别说明的。同时，也不排除学校课程成立专门课题组去分析和研究学校的文化特色究竟何在、如何建设，不排除学校可以借助外力和智慧帮助自己从理性上理清思路，寻找和完善对特色的理解，在原有的基础上帮助自己梳理和提升，但绝不是给"我"一个文化特色，替"我"建设一个特色，由几个人专职负责建设几个有限的特色项目。归根结底，文化特色建设在己不在人，在面不在点，在全体而不在个别人，在过程性的生成而不在运动式的突击。

（四）误区四："特"一定要看得见、摸得着

一些学校在进行文化特色建设时特别注重那些外在的、看得见、摸得着的物化的东西，认为非得有一种物化的、具体的成果才能标识文化特色的存在，标识所取得的进展和成就。所以，资料、图像、环境布置、技能展示等经常成为文化特色的主要载体和对外展示的窗口；而很少涉及学生和老师到底发生了什么变化、学校内在的群体性的意识和追求有什么特征、学校的风气和氛围有什么改善。在实践中，这种重物不重人、重外不重内的做法还是十分常见的，这就造成了文化特色和学校生活另外一种意义上的两张皮现象，即表里不一——外在的、看得见摸得着的各种文化载体比比皆是、特色突出、阳光而又美丽，但在学校运行中真正起作用的可能是与之背道而驰的潜规则、暗逻辑，是另外一种"文化"。这样，文化特色就成了外在的摆设和表演，成了附着于物而不是人身上的东西。时间长了，则必然带来群体性的人格分裂，远离真正的文化和文化建设。这也是在一些学校能够"看到""听到"文化但却感受不到、体验不到、经历不到它所称道的"文化特色"的原因。殊不知，文化的作用在于化人、文化就存在于人和人的生活中，人的变化、人的身心状态和行为的改观才是文化建设的出发点和最终所要达到的目标。而人的变化、群体的共识未必都能看得见摸得着，也未必都要展示给别人看，在很大程度上，学校生活改善本身就是目的，本身就具有自足的、不可替代的价值。以物为依托、以外在的方式来展示和宣传文化成果无论是作为结果还是作为手段尽管有时也是必要的和重要的，但并不是根本，人的内在的精神追求、精神状态最为关键。二者之间的表里、轻重关系应该区分清楚。

分析这种重外不重内的原因，除了认识上的偏差——对文化理解不够深入和到位之外，在实践操作中可能还有非常实际的因素，即外在的、物质性的文化建设较容易，能够立竿见影，而内在的、人的价值取向和工作生活状态的改变要困难得多，甚至会出碰壁和挫折。毕竟学校文化建设不是处于真空中的，是受制于外在的环境、既定的体制、已成惯性和定例的人的各种习惯的。所以，当遇到困难时人们就往往停留在表面而不再深入，出现各种退缩、畏惧心理，即便是延伸到学校的生活，主要还是学校中的"相对弱势"的群体在践行文化，比如主要面向学生、面向部分老师，学生生活中的部分事件体现了文化特色，而另外一些事情的运行逻辑则体现了不同的甚至相反的选择，这种情况可以称为"选择性的文化建设"。由此可见，真正的文化特色作为师生之心系之、情牵之、神往之、行履之的学校之魂，其建设和凝聚不仅需要智慧，还需要勇气和担当，需要持之以恒的行为实践。那种明显的急功近利、浅尝辄止、半途而废的思想和做法是不足取的。也正是由于这个原因，文化建设看起来容易，其实是很困难的一件事情，需要付出大量的努力、长时期的坚守和营造才能有所收获。有些学校经过一年半载的时间、通过几种比较表面的措施，就声称形成了多么浓重的文化特色，其实是不可能的。所以，学校很多，表面看起来有文化和文化特色的也不少，但真正有文化特色的学校实际上并不多见。

以上误区不同程度地存在于当前的中小学学校文化特色建设之中，本书意在指出学校文化特色不是什么，不应该怎么办，同时，也从侧面回答了学校文化特色可以"特"在哪儿、如何"特"、应该注意什么。另外，从另一个角度来讲，对于学校来说，文化建设也不必刻意追求"特"，更不必追求一种人无我有、人有我异的标新立异、技压群雄的轰动效果和宣传效应，这也并非文化建设的本意。任何一个学校，只要经过审慎的思考和选择，确立了明确适当的文化追求，并把这种追求有意识地贯穿于学校管理和生活的方方面面，贯穿于各项制度建设、对各种事件的处理及全员性的日常交往之中，扎扎实实地去行动，那么，学校的文化特色就会"自然呈现"。毕竟，文化是和人、人的生活"二而一"的，只要人的精神有方向、人的生活不停止，不同的人和人的生活当然会展示出不同的文化色彩。

第二节　重建社会

一　为何要重建社会

回归生活的道德教育需要理论和实践中的文化自觉，而对于真正实现文化自觉，尤其重要的一点就是要充分认识到"重建社会"的意义。社会，特别是现代社会，作为政府和市场之外相对独立的、自主的领域，其运行的主导性逻辑不是权力和金钱，而更多的是道德的逻辑、文化的逻辑。在很大程度上，社会、社会生活才是文化的母体、土壤和依托，是个体道德成长和道德教育的不二法门。打个不太恰当的比方，"文化是神，社会是形，文化是用，社会是体"，二者水乳交融，不可分割。什么样的社会支撑什么样的文化，什么样的文化也内在地引领和规范着什么样的社会。社会萎缩、不存在了，文化也就没有了存身之地。传统文化、道德以传统的社会组织和社会形态为依托。以中国传统社会为例，中国的传统社会尽管在不同的历史时期并非一成不变，但是传统社会总的特征还是有的。比如：相对来说独立于皇权之外，以小农经济为基础，以宗法血缘关系为内核，以士绅群体为其社会精神、传统价值体系的主动的担当者和代言人。绵延了数千年的文化传统和伦理诉求正是因为传统社会的存在才得以存在。今天的文化自觉、道德建设与经济发展、政治改进都不无关联，但其直接的作用者、孕育和升华的土壤当然不能主要依赖行政力量、市场法则，当然得以现代社会（具体来说，就是以现代公民社会）的发展、成熟和壮大为载体才能实现。

之所以提出重建社会，原因有二：

一是当前社会生长、发育的空间太小，需要扩大和建设社会领域，真正给各种社会组织以应有的生长空间。近代以来，中国历史发生了"几千年未有之大变局"，小农经济逐渐解体，政治力量和国家管理方式发生变化，现代工业经济、市场经济慢慢登场，原有的家庭结构、社会关系、生活方式、价值追求等也慢慢随着经济生活方式的变化发生变化，这样，传统社会只能走向没落。新中国成立后，党和政府对整个国家采取计划式集中管理模式，意识形态氛围浓厚，民间的自主、自治的力量几乎没有生存空间。"传统的'大政府、小社会'体制的一个重要特点，却是国家权力的充分扩张和民间社会活动空间的尽量压缩，因此在1956年实现社会主义改造，特别是1958年实现'政社合一'的人民公社化以后，除了

◇ 第六章 总结与展望 ◇

独立性岌岌可危的家庭，其他的社群组织都已不复存在。"① 改革开放后，市场逐渐发育，无孔不入，成为了笼罩在社会之上的另一种力量，有时和政府相互结合，金钱和权力的逻辑渗透到方方面面。我们可以看到，各种社会组织要么依赖和从属于政府，成为半官方的组织，要么依赖于市场和企业，成为谋利的组织、市场经济的一个链条，要么同时具备这两个方面的特点，而真正的、相对独立的社会却不多见。从而，寄身于民间、存在于社会组织、社会生活中的文化和道德亦缺失了存身之地。所以，重建社会也就意味着不能再维持一个无所不包的全能政府，也不能处处都将经济利益放在首位，用经济的尺度衡量一切，政府和市场应各自退回到应有的领域，各就其位，各得其所，把属于社会领域的事物、事情、活动等交还给社会。这也是当前、十八大以来新一届政府所大力提倡的。② 在某种意义上，"中国改革所产生的困难就在于改革者总是担心社会力量的兴起，不敢真正赋权于社会，包括媒体和非政府组织"③。

二是中国传统的社会形态需要更新，当前的社会建设不能是再恢复和重建原有的以小农经济、以宗法和血缘关系、以人身依附等为指征的社会，而应该建设以现代公民社会的普遍特征为参照，即以现代大工业经济和市场济为基础，以现代契约关系为核心，以有限政府、法治社会为特征，以自由、民主、公正为价值取向，以中国的历史文化和现代化实践为依托的"中国式"的或中国特色的现代公民社会，这就需要对传统的社会予以本质意义上的审视、更新和重建。现代道德、道德教育所要进行的文化自觉和回归的社会生活，当是以现代公民社会为依托、以公民文化为重要内容、以公民生活为指向的社会生活。

---

① 吴敬琏、马国川：《重启改革议程——中国经济改革二十讲》，生活·读书·新知三联书店 2013 年版，第 309 页。
② 李克强：《市场能办的多放给市场 社会可做好的就交给社会》，2013 年 3 月，人民网（http://leaders.people.com.cn/n/2013/0317/c58278-20816505.html）。
③ 郑永年：《未竟的变革》，浙江人民出版社 2011 年版，第 258 页。

当然，重建社会的意义不止于一个教育、道德教育现代转型和文化自觉的需要，对于一个现代国家的建设、长治久安、繁荣富强来讲，它还有着更加深远广泛和极为重要的意义和价值。但对于道德教育和文化自觉来说，更具体来说，对于品德课新课改的真正理想意义上的实施，确实需要重建一个基于传统而又富有现代性的公民社会，需要在自主的、健全的、充分发展的社会空间内才能真正有所作为。否则，道德教育回归生活便没有"社会生活"的着落，成了一句空话，或者社会生活不是真正的"现代社会生活"，其结果只能造成道德教育的另一种歪曲和异化。

二 建设什么样的公民社会

各个国家和地区、不同历史时期的公民社会既有其共性的一面，但又不完全一致，甚至差异很大，已有的各种各样的公民社会给中国的公民社会建设提供了宝贵的历史经验的同时，昭示着中国公民社会的建设也必须顾及自己的历史和现实。"无论是公民的理论还是实践，都是永远随着特定的经济、社会和政治环境的变化而变化的。可以令人信服地认为，公民概念与制度的正当性，正好有赖于其实际的弹性。"[①] 中国的公民社会、公民身份何去何从，或者说，建设一个什么样的公民社会也是一个值得深思和远虑的问题。公民社会作为相对独立于国家和政府的存在，和政府之间的关系可以大致区分为对抗型和合作型两种。从现代社会治理的角度，一般可以把前者称为消极的公民社会取向，后者则是积极的公民社会取向。基于中国的历史和现状，我们认为，中国的公民社会发展应不同于某些国家和地区的与国家和政府独立、对抗的表现形式，我们应该选择和建设一个积极的、合作型的公民社会。

历史的因素无须赘言，传统社会和国家之间相辅相成的密切关

---

① ［英］德里克·希特：《公民身份——世界史、政治学与教育学中的公民理想》，郭台辉译，吉林出版集团有限责任公司2010年版，第402页。

系人所共知。从现实来看,我国的公民社会一开始就带有国家管控的特点,是政府主导下的公民社会建设。尽管从纵向来看这种管控逐渐走向松动和包容——由被动的管制走向主动的支持和发展,由直接领导和管理走向依法间接行使监管职责,由单向的行政命令走向双向的民主协商。在思想认识上,也经历了重要的变化,由原先一味的警惕、防范走向认识到公民社会在社会治理和国家长治久安上的重要意义。"我们前30年的实践,证明了由权力包打天下行不通。又用了30年,明白了市场也不能包揽一切。在权力和市场之外,还需要一个健全的社会。"① 但实际上,我国的公民社会一直处于政府的管控之下,政府希望这些公民组织能够与政府合作,在公共领域发挥政府不能替代的积极作用,所以,"半官方性"也一直是我国大多数公民组织的显著特征。

建设合作型的公民社会,也是实现善治的切实需要,是世界上绝大部分国家公民社会建设的共同选择。善治,是公共利益最大化的社会治理过程,而要想实现公共领域的全面治理,实现公共利益最大化,单靠政府的力量是远远不够的,仅靠市场也不能解决问题,需要政府、市场、社会的全面有效合作。因此,目前来看,世界各国提倡建设公民社会,其本身不是目的,更不是为了和政府进行对抗,而是为了更好地进行社会治理、为公共领域提供更好的社会服务,在这个过程中,也最大限度地实现每个人的价值。"其实,正如国家没有必要遮掩社会,社会也没有必要对抗国家,二者完全可以相辅相成,共谋国民幸福。"② 从各国的经验来看,包括东亚的韩国、日本,我国的台湾地区,还有欧洲大多数大陆国家,如德国、瑞典、意大利,以及多数拉美国家,均是采取法团主义或者说是合作主义的路径来建立公民社会的。显然,建设合作型的公民社会理应成为我们的未来选择。

那么,如何重建社会?这既需要国家从体制上给社会松绑,给

---

① 清华大学社会学系社会发展研究课题组:《十字路口的选择——重建权力,还是重建社会》,《南方周末》2010年9月16日。
② 刘瑜:《观念的水位》,江苏凤凰文艺出版社2014年版,第174页。

社会以发展、成长、壮大的空间，也需要现代人具有积极主动的社会关怀和参与意识，不断提升自身的公民素质、文化和道德素养，而这种素质恰恰正是在社会参与、社会关怀和社会活动中培养起来的，这也正彰显了生活道德教育的真义。对于道德教育而言，回归社会生活，不是放任自流、积极迎合某些变相、变态的社会生活，而是要以积极主动的姿态、批判反省的眼光、开放包容的心胸去主动地建设社会生活。具体来讲，在生活道德教育的实践中，就要鼓励学生积极参与校内外的各种健康的社会组织和社会生活，需要重新审视学生团体、各种学生自治组织的状态和作用，需要在大力提倡和维护现代公民价值观的基础上鼓励学生进行大胆的开拓与创新，毕竟，中国式的公民社会和文化自觉都是百年来未竟的事业，除了在实践中去探索和创造，别无他路。

第三节　培养公民

不管当下在理论上关于公民社会的言说有何分歧，公民社会在现实中存在什么问题，一个无可争议的事实是：改革开放以来，我国的公民社会在不断成长和发育。中国公民社会的出现，应该说既是符合历史发展方向的必然趋势，也是传统社会向现代社会转型的根本标志。正是这一重大的、带有鲜明的历史转型意义的社会变革应该成为我们思考当下教育，尤其是道德教育改革和发展的基本社会历史前提，新时期的教育实践应该在积极面对和参与这一变革的过程中成为新的社会历史的重要推手，与此同时，也成就中国教育自身的升级换代，成为真正意义上的以公民教育为核心的现代教育。然而，在言及中国的公民社会和公民教育时，就不能一般而论，或者是把西方语境中的公民社会、公民教育概念、理论和实践范式直接引入并奉为经典，因为任何国家和地区的公民社会除了在类的、全球的意义上具有一般性、普遍性、共同性的特征外，还都具有鲜明的历史性、文化性和地区性特点，在尊重共性和历史规律的前提下，中国的公民教育也应当根据紧密结合中国公民社会自身的历史进程和特质,创造性地做出自己的选择,"实现用自己的语言讲述自己的故事,用自己的理论阐释自己的道路"。本书当然无法企及这一宏愿,但却是围绕这一目标而进行的努力。

一 公民社会的迅速发展使公民道德教育成为学校道德教育的当务之急、首要之先

关于公民社会,学界有各种不同的认识和分析角度,本书认可俞可平的提法,倾向于从社会学的角度把它视为现代国家或政府、市场之外的第三个领域,即民间公共领域。"我们把公民社会当作是国家或政府系统,以及市场或企业系统之外的所有民间组织或民间关系的总和,它是官方政治领域和市场经济领域之外的民间公共领域。公民社会的组成要素是各种非政府和非企业的公民组织,包括公民的维权组织、各种行业协会、民间的公益组织、社区组织、利益团体、同人团体、互助组织、兴趣组织和公民的某种自发组合等。由于它既不属于政府部门(第一部门),又不属于市场系统(第二部门),所以人们也把它们看作是介于政府与企业之间的'第三部门'(the third sector)"①。

和西方久远的公民社会历史不同,我国的公民社会在20世纪初期曾有过短暂的发育,新中国成立后,在政府的全能体制和高度的计划经济模式下,公民社会几乎不复存在。得益于改革开放的大环境,在多种因素影响下,近年来,中国公民社会的发展十分迅速。主要表现为:各种类型的公民组织数量激增、力量不断壮大:20世纪80年代后中国的民间组织开始快速增长,1989年,全国性社团骤增至1600个,地方性社团达到20多万个;截至2015年第1季度,我国共拥有各类社会团体31.2万个,民办非企业单位29.7万个,基金会4186个。②还有大量的难以计数

---

① 俞可平:《中国公民社会成长的制度空间和发展方向》,《中国社会科学》2006年第1期。
② 《社会服务统计季报》,2015年4月,民政部门户网站(http://files2.mca.gov.cn/cws/201504/20150429113520825.htm)。

的没有正式注册的各种民间团体和组织（据保守估计，有200多万个民间组织未注册，更不用说各种小型的、零散的、不严密的组织）。公民活动日益频繁：各种公民个体层面、组织层面的活动越来越多，像民间组织的公益活动、关于各种公共议题的讨论、基层自治组织的自治活动，有些公民活动在国家和社会的治理中发挥了重要的作用，比如环保、社会救助等。公民意识日渐高涨：人们越来越认可作为"公民"这一"元身份"或"最大公约数"参与各种公共生活，来共同对话、彼此容纳，"公民身份在实践中存在如此久远的历史，并适合于如此多不同的政治环境，……公民身份是我们的文明为了取得进步而凝聚起来的基本动力之一"[1]。一个介于政府、市场之间的公共领域正在形成，人们越来越表现出了对公共领域、公共事件参与和关注的热情……此外，政府和学界也越来越认识到建设一个积极健康的现代公民社会对于国家治理、社会发展和个体成长的重要性，对公民社会的正面评价和支持也渐成主流。党的十七大报告提出要"重视社会组织建设和管理"，十八大报告则明确指出："激发社会组织活力。正确处理政府和社会关系，加快实施政社分开，推进社会组织明确权责、依法自治、发挥作用。适合由社会组织提供的公共服务和解决的事项，交由社会组织承担。"[2] 这表明社会建设不再是政治经济建设的附属品，而是和政治经济文化建设一起，成为全面推进中国特色社会主义事业的重要组成部分。在具体政策上，2012年广东省率先实现社会组织直接登记制度，为全国的改革提供了宝贵实践经验，进一步彰显了发展公民社会的决心。"中国公民社会的兴起，是中国社会整体进步的重要表现，它不仅有助于推进中国特色的民主政治和政治文明进程，而且也有助于市场经济的健康发展，有助于提高中国共产党的执政

---

[1] ［美］彼得·雷森伯格：《西方公民身份传统——从柏拉图至卢梭》，郭台辉译，吉林出版集团有限责任公司2009年版，第5页。

[2] 《中共中央关于全面深化改革若干重大问题的决定》（2013年11月12日中国共产党第十八届中央委员会第三次全体会议通过），《人民日报》2013年11月16日第001版。

◈ 第六章 总结与展望 ◈

能力,有助于构建一个和谐社会。"① 综上,公民社会的迅速崛起已成为当前我国公民社会成长的一个显著特点,它既是市场经济和中国特色民主政治的必然产物,也是中国真正实现现代化的必然要求。

公民社会的快速发展迫切需要提升公民素养,美国公民教育之父霍瑞斯·曼有句名言:"建共和国易,造就共和国公民难。"造就公民,教育的作用当然无可替代,这也正是公民教育在西方国家长期受到重视的原因。正鉴于此,在面对我国公民社会的迅速成长及其提出的历史性要求时,学校道德教育首要的任务应当是开展以公民道德、公民价值观为核心的公民教育。而现代社会普遍认可的公民价值观——自由、平等、民主、责任等则是现代公民道德教育所要倡导的基本价值,这些内容在社会主义核心价值观中也得到了明确完整的确认和表述。事实上,蔡元培先生早在民国初年就意识到公民教育之于社会转型的重要性,在力推教育改革时,曾把公民道德教育列为五育之首,指出:"当民国成立之始,而教育家欲尽此任务,不外乎五种主义,即军国民教育、实利主义、公民道德、世界观、美育是也。五者以公民道德为中坚,盖世界观及美育皆所以完成道德,而军国民教育及实利主义,则必以道德为根本。"② 由于种种原因,公民道德教育在我国一直未能完全展开,十八大再一次提出把全面提高公民道德素质作为社会主义道德建设的基本任务,"全面提高公民道德素质。这是社会主义道德建设的基本任务"③。这就给公民道德教育提供了强有力的支持,也彰显了公民道德教育的紧迫性和历史使命感。21 世纪以来开展的中小学德育新课程改革也在一定程度上体

---

① 俞可平:《中国公民社会成长的制度空间和发展方向》,《中国社会科学》2006 年第 1 期。
② 蔡元培:《全国临时教育会议开会词》,载高平叔《蔡元培全集》(第二卷),中华书局 1984 年版,第 263 页。
③ 胡锦涛:《坚定不移沿着中国特色社会主义道路前进 为全面建成小康社会而奋斗——在中国共产党第十八次全国代表大会上的报告》,2012 年 11 月,人民网(http://cpc.people.com.cn/18/n/2012/1109/c350821 - 19529916.html)。

现了对公民道德的要求，但时至今日，公民道德教育在实践中仍然未尽人意。"目前我国并没有严格意义上的科学的、系统化的公民教育。虽然教育部颁发的2011年版中小学《品德与生活》《品德与社会》《思想品德》三门国家课程标准中涉及不少公民教育的内容，但这些内容的范围、深度、科学性、系统化程度，离理想的公民教育内容尚有不小的差距。"[1] 另外，公民道德教育在学校道德教育中的优先性，以独立人格、自由、平等、权利、责任为核心的现代性价值观在学校道德教育中的基础性、前提性地位仍然没有被充分认知。许多学校在开展国学教育、多元文化教育、地方文化特色教育时暴露出很大程度的盲目性，缺乏现代公民价值观层面的反省、取舍和解读，往往泥沙俱下，忘记了培养公民才是更重要的时代任务。在这种意义上，公民课可能比《三字经》更重要。"问：公民课比《三字经》重要？答：对。正如比念《可兰经》《圣经》重要一样。"[2]

二 合作型的公民社会取向要求培养公民的合作意识、协商和对话精神

建设合作型的公民社会，就从一个方面对当前的公民道德教育、对公民人格提出了宏观上的、方向性的要求，即新时期的公民不仅要具有独立人格、追求自由平等、具有批判和反省精神，同时，更要具有合作的愿望、意识和能力，具有协商和对话精神。这既是建设合作型公民社会的现实需要，也是个体成长的基本要求，人只有在与他人、与政府的合作中才能更好地改善自己的生活、最大限度地实现自身的价值。实际上，自由和合作并不矛盾：积极的自由总是和高层次的合作相勾连，真正的合作一定是基于自由平等基础上的合作。无可置疑，权利和自由是现代社会中公民之所以为公民的基本标识，"正是这种自由使得公民区别于臣民（subject）。

---

[1] 胡乐乐：《公民教育比国学教育更重要》，《中国青年报》2012年12月3日第2版。
[2] 李泽厚等：《中国哲学如何登场？——李泽厚2011年谈话录》，上海译文出版社2012年版，第150页。

相应地，公民的本质特征就是警惕地捍卫他的权利与自由。道德就在于个体的人的充分发展，而公民身份则为之实现而提供了必要的自由"①。但权利总是和责任联系在一起，自由也不可以滥用，更不是个体的任性，也有指向积极的合作还是指向消极的对抗、分裂之别。同时，合作也不是一方对另一方简单的依附、无原则无底线的附和，而是双方在平等基础上的、在现代契约理念下的积极配合、沟通和协调，共谋公共生活和公共秩序的最优化。所以，培养合作型的人格，倡导协商、对话的价值取向至关重要，它直接关系到公民社会的成败，关系到公民是否能真正成为一个理性的、积极的"好公民"。"事实上，好公民不只是运用他的影响力来追求共通的政治方案，也必须运用一种共通的节制，以克制自己过分的指手画脚的倾向。"②

具体来讲，合作、协商和对话，意味着尊重、理解、耐心、宽容、节制、表达等要素，不仅是一种或一组价值观、态度，也是十分重要的技巧和技能。在现代成熟的公民社会和公民教育中，上述价值观、态度及相关技能已在中小学通过课程设置、学生管理、学校文化等方面得到系统的贯彻，成为公民教育的重要内核。在我国，合作、协商和对话在中小学道德教育、传统文化教育中有所体现，但作为现代公民教育的要件，和自由、平等、公民责任联系在一起，和公共空间与公共领域的维护相关联，进而作为公民道德教育的方向性要求进行系统把握和思考，进而落实于实践还比较少见。

三 我国公民社会的文化传统为公民道德教育提供了重要的"内容选项"

如果说，对以独立人格、自由平等为特质的现代公民道德教育的推崇为学校道德教育指出了根本的方向，对合作、协商、对话精

---

① ［英］德里克·希特：《公民身份——世界史、政治学与教育学中的公民理想》，郭台辉译，吉林出版集团有限责任公司2010年版，第403页。

② 同上书，第288页。

神的强调则是要表明这种独立人格不是用于简单的为我或对抗，而是需要与他人的合作与共存，那么，对我国公民浸润其中的文化传统的关注、对美德的寻求则为公民成为一个有深度、有教养的人提供了必不可少的"内容选项"。

按照自由主义的传统，现代公民和公民道德理论强调个体的自由，认为国家的必要就在于保护这种自由免受伤害，而且从最低纲领出发，认为国家、社会、传统、文化应承担最低的职能，其缺陷是明显的："自由主义理论是最低纲领主义者。它主张，国家的角色就在于保护公民的自由，而只要消除个体之间在市场中的自由交易的障碍，它就能最有效地达此目标。国家的角色是功利主义的，也就是说，是要实现最大多数的最大幸福，但是这种'幸福'只有通过他们个人的财富才能得到最切实、最有效的衡量。由于对边沁、J. S. 穆勒这些作者来说，儿戏与诗章是同样美好的（也就是说，它们是等价的，因为它们都产生快乐），因此对于国家来说，过于关心文化是不明智的。……与此相对立的另一种观点则与古希腊城邦、卢梭和德国教育小说的文化遗产联系在一起。这种传统认为，如果个体要获得人格的自主，美德方面的公民教育是必不可少的。……一个自主的公民会希望成为一个共同体的主动的、复杂的参与者。"[1] 在某种意义上，自由、权利都是对现代公民人格、公民特质的形式意义上的表达，每个公民究竟要运用这种自由和权利成为一个什么样的人、过一种什么样的生活、追问什么样的人生才有意义，虽然个体可以独立选择、与人合作并负责任，但选择从来都不是空穴来风、无中生有，选择本身也需要依托、需要选项，即便是创造，也需要在原有的内容基础上更新和拓展。人总是生活在历史和一定的文化谱系之中，不可能也没有必要剥离了人所处的文化传统，任由公民自由地选择和创造。换句话说，没有超越历史的抽象的自由。这一方面是指，历史为人的自由的运用、选择提供了

---

[1] ［英］恩斯·伊辛、布雷恩·特纳：《公民权研究手册》，王小章译，浙江人民出版社2007年版，第10—11页。

第六章 总结与展望

内容。人总是在历史传统中做出选择,人没法离开自身生于斯长于斯的文化传统,人在精神情感上、生活方式上首先是特定的文化的继承者,任何自由的选择都必然是在自己的文化传统基础上做出的。人无论做出何种选择都会打上自身文化的烙印,人从生下来就与自己的文化融为一体,无法分离。另一方面,历史为人的自由选择提供了必要的条件,同时也提供了一定的规约、限制和边界。从这个意义上,作为现代公民道德教育之核心关注点的自由、权利等固然重要,乃至必须作为首选,但要时刻关注特定国家的历史进程和历史文化传统,只有这样,前者才有实质性的内涵、意义和可能,后者也有了新的历史坐标和方向。所以,世界上任何一个国家的公民生活和公民教育无不打上各个国家的历史和文化烙印。无论从文化遗产的继承、文化传统的延续,还是从公民生活的开展、公民个体内在人格修养的需要来看,文化传统中的传统文化和美德的滋养都是极为必要的。值得注意的有两点:

一是对传统文化和美德的取舍和鉴别。我国的传统文化和传统美德不仅从体量上讲是一个极为复杂、庞大的体系,而且从内在价值取向上看也是千差万别、各有不同的。应该承认,以儒家文化为典型代表的传统文化和美德尽管从学理上、从根本上难以开拓出、自然地生长出现代性价值观,但我国社会的传统美德有许多和现代性价值观并不矛盾,反而能为现代公民道德教育所倡导的价值观提供重要的文化支撑和历史借鉴,像民本、贵生、自强、担当等。有的则可以为现代性价值观的缺陷提供重要的弥补和纠偏,比如和谐、重义、克己等思想。对那些与现代性价值观从根本上相矛盾的、冲突性的部分,有些需要做出新的解释,而有些可能的确需要抛弃。明辨是非、为我所用,应该成为对待传统美德的基本立场。"其中有些是不可调和的,那就应明辨是非,以符合现代生活为准。"[①] 当前对文化复兴的倡导、对传统文化教育的强调固然是好

---

① 李泽厚等:《中国哲学如何登场?——李泽厚2011年谈话录》,上海译文出版社2012年版,第151页。

事,但要在批判、鉴别的意义上予以取舍,使之成为公民意识生长的积极因素,而不是阻碍历史进步的力量。

二是要以包容、开放的态度对待其他文化传统的"美德选项"。对学生进行经过审视的、结合时代要求进行"开新"意义上的传统美德教育并不必然排斥现实生活、开放世界中的其他"美德选项"。这不仅是公民时代、公民道德教育的应有之义——正视和直面世界和我国文化多元的现实,在遵守公共道德和公民精神的前提下尊重个体生活的道德选择,其他文化谱系及其内在的美德要求如同儒家文化一样,无论对公民精神的养成还是个体心性的修养,都未尝不是一种资源、管道和凭借,关键是如何看待和利用这些选项,教育的作用即在于此。而且,以包容、开放、积极对话的态度对待其他事物,特别是其他的文化传统和美德历来也是我国的传统美德所倡导的,这也体现了我国的文化传统:包容、共生、不断吸纳外来文化,和而不同、有容乃大。再进一步讲,这也构成了我国传统文化再生的契机:百年来的中西文化相遇不仅欠缺理性、平和、开放的态度,更欠缺在正确的态度指导下持之以恒的探索和实践——对待自我不是自卑就是自大、对待西方不是抬高就是压制,这也是今天既要反"左"又要反右、重拾文化自觉和文化自信的原因。"如何防止各种极端派的思潮撕裂社会,造成两端对立,避免'不走到绝路绝不回头'的历史陷阱,就成为关系民族命运的大问题。"[1] 在这个意义上,基于现代公民社会、公民教育的视角来思考传统文化和传统美德的传承、审视公民人格的构成,也未尝不是为传统文化的新生,乃至为中国道路和中国解释框架的形成提供必要的探究路径。

四 我国公民社会的初始性、差异性决定了我国公民道德教育的开放性、实践性品格

较之现代西方较为成熟、发达的公民社会,我国的公民社会总

---

[1] 吴敬琏:《"左"的和"右"的极端主义都会带来灾难》,载吴敬琏《直面大转型时代——吴敬琏谈全面深化改革》,生活书店出版有限公司2014年版,第37页。

第六章 总结与展望

体上还是处于初级的、未完成阶段。当然，任何一个国家和地区的公民社会都是处于不断的变化之中，完成总是相对的，但西方的公民社会在历史上形成了一些相对稳定、成熟的传统或范式，比如共和主义的、自由主义的、社群主义的、多元文化的传统或模式。西方历史上的公民身份也可以区分不同的类型："有两种公民身份，……第一种从古希腊的城邦国家时代一直延续到法国大革命；第二种是从法国大革命开始出现，至今仍然存在。"① 由此，不同传统或身份模式下的公民道德和公民道德教育也就有了不同的特点和要求。从宏观上看，雷尔曼认为欧洲历史上的公民教育就形成了超越民族国家的以人文主义为代表的"欧洲教育典范"，"欧洲教育典范确实存在，而且，在其所有组成部分中，欧洲共性比任何一个欧洲国家的个性都更为重要"②。嗣后的变革也是基于既有模式、典范、传统基础上的反思、重建和再出发。

而我国的公民社会在总体上还处于理论上模糊，政策上松动，实践中良莠不齐、千差万别的初始化阶段，远未形成自己的相对成熟、稳定的特色、传统和模式，或者说我们的"范式"还在谋划、设计、探索之中。从现实状态来看，我国公民社会的内部差异性非常明显，城乡之间、地区之间、阶层之间等差异显著。"公民社会的公民意识，在当代中国依然是基于精英阶层。而底层社会的公民意识，往往并未是'权力诉求'而是'利益诉求'，乡镇以下（包括乡镇）的基层社会，弱势群体（如农民等）往往都是利用政治斗争来获取利益。"③ 值得说明的是：我国的公民社会尽管需要理论自觉，需要谋划和设计，但又不是可以订制的、理想蓝本的自动展开；需要借鉴先进，但一定又不是囿于某种特定的概念和西方模

---

① ［美］彼得·雷森伯格：《西方公民身份传统——从柏拉图至卢梭》，郭台辉译，吉林出版集团有限责任公司2009年版，第5页。
② ［德］曼弗德雷·富尔曼：《公民时代的欧洲教育典范》，任革译，人民出版社2013年版，第7页。
③ 刘晨：《当代中国启蒙的三个目的》，2013年1月，共识网（http：//www.21ccom.net/articles/sxwh/shsc/article_ 2013012275611.html）。

式的简单移植；需要基于历史和现实，但也不应该成为对某种教条化的中国特色的偏执。中国公民社会的建设应是基于中国历史进程的不断探索和改进，是与时俱进的开放性的探索和实践过程。《欧洲革命反思录》的英国籍社会学者达伦多夫忠告："政治民主化与制定宪法，六个月足矣；市场经济转型，六年左右；至于公民社会的成熟，至少六十年。"[1] 其中的艰难可以想见，但毕竟公民社会的大门已经打开，在此过程中，我们都不是历史的过客，而是有幸成为历史的见证者。

正是公民社会初始性、未完成性决定了公民道德教育的开放性、实践性品格。开放性，是说当前公民道德教育的理论和实践首先要做的还不是封闭式的自我欣赏，或者由于担心失去自我一味强调中国的不同，而是要积极主动地融入世界，以开放、理性的心态面对人类文明共识和历史发展大势，面对世界各个国家公民道德建设、公民道德教育的智慧和经验，在参与世界文明大合唱的过程中、在积极学习和尝试先进国家公民教育经验的过程中逐渐形成自己的特色，而不是相反。在全球化时代，公民已经不仅仅是一国之公民，而是全球性的存在了，世界在随时向他打开，他已经成为世界的一员，封闭的思维方式已经落伍，只有保持"从世界看中国、从未来看现在"的姿态，才能不断地校准，不断寻找和确认前行的方向。不开放，恰恰是没有自信的表现，我们应该有这个自信。自信来源于几千年的历史经验、来源于中华文明的强大生存能力和独特魅力。历史经验告诉我们：历史上的开放与包容曾造就了中华文明的鼎盛与辉煌，更新了中华文明的版本和范式，封闭与保守只能造成中华文明的不断"死机"，可以说，正是改革开放摁下了中华文明的"重启键"，未来要想真正做到文化复兴，建立中国特色的公民道德和道德教育范式，只有更为开放和包容、吸收一切积极的因素为我所用而别无他法。另外，中华文明的强大生存能力和独特

---

[1] Ralf G. Dahrendorf, *Reflections on the Revolution in Europe: In a Letter Intended to Have Been Sent to a Gentleman in Warsaw*, New York: Random House, 1990, pp. 99–100.

魅力也使得我们在增强公民道德教育的开放性上不用担心失去自我，从人类文明发展的意义上讲，"中国需要世界，世界也需要中国"，中华文明给世界贡献的独特范式，过去、现在、将来都不曾也不会失去其重要的存在价值，从而具有永恒的意义。

开放不仅是对外，同时也包括对内。对内开放，主要是指应该允许和鼓励不同地区在遵守宪法和法律、在倡导社会主义核心价值观的前提下，根据自己的实际情况开展公民道德教育的理论和实践探索，尊重多样性、首创性和实效性，并提倡沟通和对话、达成共识。鉴于中国公民社会内部的高度复杂性、发育程度的参差不齐和面临的问题有所不同，那么，那种试图通过简单的自上而下的行政手段或者推行单一的教育模式来包打天下的做法可能都是行不通的。只有实事求是、在倡导共识的基础上鼓励多元才是正道。对外和对内具有内在的一致性，离开了任何一方，都不可能真正地实现开放，进而不可能实现真正的繁荣，三十年来的改革开放已经充分证实了这一点。经济领域是这样，教育领域也是同样的道理。近年来国家大力推进的综合改革、简政放权、教育国际化和开放化的举措给公民道德教育提供了有利的环境。

实践性，则包含以下几层含义：其一，是指在具体操作中，公民实践和行动是公民道德教育的不二法门，"作为一个公民而发挥作用要求我们投入到一种与私人的、仅仅是对于个人利益的追求相对立的公共实践中去"[1]。其二，是说各个地区、各个层面的公民道德教育的实践一定是本土化的、个性化的和人本化的，是"六经注我"而不是"我注六经"，是解决自己面临的问题，是在一步一步地培养生活中切实需要的公民。实践性，突出了公民道德教育的本土性、在地化和历史性特征，换成一句时髦的口号就是："国际化视野，本土化行动。"其三，实践性，在另一层意义上，是说公民道德教育从宏观上来看，其本身只有在广泛开展公民道德教育的

---

[1] [英]恩斯·伊辛、布雷恩·特纳：《公民权研究手册》，王小章译，浙江人民出版社2007年版，第408页。

实践、在不断地进行探索的条件下才能不断向前发展。因为，目前理论上说不清的问题只有在实践中才能不断明晰，以后究竟会遇到什么问题也只有在实践中才能逐渐显现，中国的公民道德教育究竟该采取什么样的或者会形成什么样的理论和实践范式只有在实践中才能得到说明。在开放性的公民道德教育实践真正展开之前，任何盲目的乐观、过分的担忧都无济于事，说到底，公民道德、公民道德教育发展如何，是否能像西方国家那样形成成熟的范式，是否能跟上公民社会发展的需要和满足新时期公民的需求，尽管客观上与公民社会的发育程度相关，主观上会受制于理论上的自觉程度或上位思考的规限，但归根到底还是要靠公民道德教育自身的实践和历史来回答。

康德曾说："大自然迫使人类去加以解决的最大问题，就是建立起一个普遍法治的公民社会。"[1] 以上从"传统与现代、积极和消极、形式和内容、封闭和开放"等几个方面阐述了中国的公民社会及道德教育的选择。在某种意义上，中国的未来取决于中国公民社会的前途，前途未必一帆风顺，但面向未来的选择和努力至关重要。"公民社会也是一个课堂，是个体责任、社会理性、法治自治的练习场。必须期待这场教育的普及超过革命的教化，中国向现代社会的转型才有可能顺利和成功。"[2] 对于这场教育的普及，我们有信心，我们期待着。

第四节　保持定力

在全面深化改革、教育综合改革走向历史前台的大背景下，反思教育，特别是学校道德教育的定力不无意义。定力，不是盲目地固执不变或简单地与改革唱反调，而是在充分的理性和文化自觉基础上的选择和坚守。具体来说，保持学校道德教育的定力，需要具

---

[1] ［德］康德：《历史理性批判文集》，何兆武译，商务印书馆1990年版，第8页。
[2] 贾西津：《转型成功依赖公民社会成长》，《炎黄春秋》2013年第6期。

有以下几种意识：基本的边界和限度意识，文化方向的选择和价值反思意识，现实的校情和学情意识，专业的路径和方案意识，坚定的使命感和责任意识。

在一个需要变革、崇尚变革、事实上也在不断变革的时代，"变"的合理性、合法性及其迫切性毋庸置疑，与变相关的一系列表达正在成为这个时代的关键词：改革、变革、创新、发展……十八大以来更是把全面深化改革、推进教育综合改革提上了历史日程。的确，教育改革到了一个不得不进行深层次、全方位、立体化调整的时期。"变"固然应当且必须，但对于教育的变革，尤其是学校道德教育来说，在变革中保持基本的定力亦是十分必要的。或者从另外一个角度来看，在教育改革走向纵深、走向更高层次的历史阶段，只有保持基本的定力才能实现更好的变革。习近平总书记在谈到全面深化改革和保持战略定力之间的关系时指出："最根本的是改革创新，最需要的是战略定力。"[①] 教育改革同样也需要处理好改革与定力之间的关系。不去积极适应变革、追求变革的教育固然不是好的教育，但一味追求变革、缺乏基本的定力和坚守的教育也未必就是多么理想，至少在理论上是不值得称道的，与实践也有害无益。在"变"与"不变"的二元张力中，单从任何一个角度去考虑问题可能都有失偏颇。因此，在道德教育改革过程中，就要追问：学校道德教育的定力究竟意味着什么？在变化中有没有应该坚守不易、值得一以贯之的东西？如何才能保证道德教育的定力？……

"定力"原为佛家用语，佛家讲"戒、定、慧"三学。"定"又为佛法之中枢，具有"不动、坚守"之意。在此借用于学校道德教育，是想表达：作为学校层面的道德教育，在追求变革、新颖、特色的潮流中，应当有所坚守、坚持或保持基本的稳定性、独立性与专业性。否则，一味求变的结果可能是迷失方向或丧失应有的面

---

① 2013年12月，习近平总书记在全国政协新年茶话会上指出："迎接挑战，最根本的是改革创新，风云变幻，最需要的是战略定力。"在中央全面深化改革领导小组第十五次会议上又强调，"要增强改革定力，保持改革韧劲，扎扎实实把改革举措落到实处"。

目,要么就是停留在表面的、外围层面的不断翻新花样而没有实质性的进展。从积极的方面讲,保持道德教育的定力,不是盲目地固执不变或简单地与改革唱反调,站在改革的对立面,而是要在充分的理性和文化自觉基础上有所为和有所不为,是理性反思和规划后的选择和坚持。具体来说,就是要清楚道德教育的应为和能为,一个学校的道德教育从哪里来,要到哪里去,以及如何去的路径和规划,并且要有切实按照这种规划坚持走下去的意志力、责任与担当。概言之,学校教育工作者要具备以下几种意识。

一 基本的边界和限度意识

从现实来看,随着社会发展和教育改革的不断深入,国家、公众、社会各界以及家长对教育的期待和要求越来越高,学校道德教育承载的任务越来越多,压力也越来越大,许多新形势、新问题和新观念都要求学校教育作出回应。进课堂、进头脑、进教材的内容也越来越多。无疑,因时而异、顺势而为,道德教育应该积极回应时代需求、反映时代变化,各有关部门结合自己的行业特质对学生提出一些期望、要求、建议也是正常的。但是,从学校教育,特别是道德教育自身工作的开展来看,在回应这些要求、建议时往往混淆了一些基本的边界、夸大了道德教育的作用,从而使道德教育显得无所不包、无所不能。这表现为,人们常常把很多社会问题和社会现象,在根本上不是或不仅仅是社会道德问题的都归结为道德问题,进而试图通过道德建设、通过学校道德教育来解决这些问题。道德教育的作用固然不容否认,但其现实的效能也不是无限的,它仅仅解决了个体的自律自觉和内在认同,并不能替代刚性的法律和规章制度、替代科学合理的体制安排。要保持道德教育的定力,首先要对道德教育的边界和限度,即我是谁、应该做什么和能够做什么有清醒的认识。

事实上,道德、道德教育尽管与各种社会现象、各种教育范畴关系密切,道德几乎无处不在、教育首先意味着道德教育,各种社会问题都能从道德上、教育上寻求一定的关联、解释和支持,但从专业的角度看，许多问题尽管与道德有关，但从根本上讲不是道德的问题，或者说，解决的关键和突破口首先应该是从法律、制度设计、现代生活的规则、现代治理体系着手，而不应该是空喊道德、仅靠道德、归结为人的素质问题。把重心转向道德和人的素质、一味强调道德教育的不力，不仅不利于问题的真正解决，还会发生误导，不利于各项改革事业顺利进行。正如康德所说："良好的国家体制并不能期待于道德，倒是相反地，一个民族良好道德的形成首先就要期待于良好的国家体制。"[①] 社会上一有风吹草动，比如老人跌倒了没人扶、各种社会暴力、校园伤害、企业制假售假、弱势群体的援助等，人们常常就归结为道德问题，进而归结为学校道德教育的不力和无为。作为学校教育工作者，对此也常常莫衷一是、无力分辩或甘愿担责。其实不然，从道德和道德教育上入手解决这些问题，不是没有作用，但可能有些本末倒置，至少是没有抓住问题的关键所在。十八大三中、四中全会报告提出的治理体系和治理能力现代化、依法治国才真正点中了当今社会发展、许多社会问题的要害。所以，不能无限扩大道德教育的作用。当然，这并不是推卸责任，否认道德和道德教育的现实意义，只是说要看到道德、道德教育的边界和限度，不能简单地把道德视为一些社会问题之源、把道德教育视为包治百病的良药，一旦发现不如想象的那样管用，就认为道德教育无能、无力、无效，其实道德和道德教育既非万能亦非无能，只能做它应该做的和能够做的。

道德教育应该做的和能够做的就是指向人的道德成长，成就人的精神和行为的自律、自觉和自为。它一方面不能和刚性的、外在的约束混淆，替代它们发挥作用，同时，和一般的知识、技能、法律、心理健康等方面的发展和教育还是有着质的区别的，并不完全是一回事，此处不再赘述。而在实践中，教育工作者又往往把不同范畴，具有不同性质和特点、规律和机制、价值追求的内容混在了一起，像政治教育、法制教育、心理健康教育等，混淆了它们的区

---

① [德]康德：《历史理性批判文集》，何兆武译，商务印书馆1990年版，第126页。

别，在道德教育的专业水准大大降低的同时，也降低了其他教育范畴应有的专业品质和效果。虽然在课程设置上世界各国往往把道德教育和法治、政治、环境、心理健康等方面的教育放在一起，比如国外的公民教育科、社会科、修身科，我国的品德与生活、品德与社会，现在的道德与法治等，但并不意味着它们彼此可以相互替代，或者都通过道德教育的方式方法来展开其他范畴的教育。作为教育实践工作者，应有基本的理性自觉，知道道德教育的应为和能为，切忌大包大揽。

二 文化方向的选择和价值反思意识

道德教育的定力还来自对大的文化方向和基本的价值判断的把握，这表明"道德教育要到哪里去"，否则，就会陷于盲目和被动、迷失方向和基本的价值尺度。文化方向的选择和基本的价值判断一方面赋予道德教育实际的内容，另一方面对道德教育来说也是不可回避的、前提性的问题。尽管现代社会文化的多元多样、丰富多彩给学校道德教育的文化和价值选择提供了多种可能，给学生自由自主的成长展示了更大的空间，但同时也给个体带来了更多的困惑，给道德教育带来了更多的压力和挑战。比如，如何看待不同文化和价值观之间的关系，如何面对价值相对和虚无的挑战，如何处理不同价值观之间的冲突，学校还有必要提供一致性的价值要求吗？……诸如此类的问题，都要求自觉自为的学校教育表明自己的立场、态度和选择。而不是完全地放任或简单地灌输某种观念，再或是一味强调某种特色和个性，以地方性、个性、特色等为最高目的，从而忽视了文化发展的大方向，忽视了从现代文化文明主流的角度对所提倡的特色和个性做必要的理性反思和价值检视，甚至有时坠入了"反文明"的误区（比如不分青红皂白地盲目地读经、以弘扬传统文化的名义灌输愚忠愚孝等）。这就要求学校道德教育从宏观的文化方向上，要有自己的大格局、大判断、大方向和大思路，以此来检讨、审视并最终确立自己的价值坐标，更好地面对实际道德教育过程中出现的种种问题。

第六章 总结与展望

当前，面对多元开放的社会，对文化的大格局、大方向的把握要注意以下几点：第一，学校道德教育应确立更加开放宽广的视野，民主包容的胸怀，尊重多元和个性，鼓励对话、倡导共识，致力于消除多元文化和价值观之间的隔阂和对抗、对立。第二，要尊重人类文明发展的主流和文化发展的大势，对一些基本的、世界范围内几乎公认的现代性价值观非但不能否认，还要积极提倡，并作为价值反省的基本依据。在我国，社会主义核心价值观就是人类文明成果，特别是现代性价值观的集中表达，符合人类文明发展的大趋势，应该成为社会各界的价值共识，也应该成为学校道德教育的基本的、首要的价值追求。各种各样的价值观在引入学校之先都应该接受社会主义核心价值观的检讨和洗礼，包括传统文化和传统道德在内。[①] 毕竟，在国家、社会和教育现代化过程中，追求现代文明、现代性价值观是第一位的。对于这一点，教育工作者应有高度的觉悟，否则，就会偏离现代性的大方向和世界文明的主流。如果认可社会主义核心价值观标识着现代性价值观和现代性的文化追求，那么，可以说现阶段的学校道德教育仍然担负着现代性人格的启蒙任务。也由此可见，作为教育工作者，其自身的清醒、理性、审慎和稳健是何等的重要，因为"所谓启蒙，首先是先把自己点亮，然后再照亮别人"[②]。第三，前两个方面主要是"从世界看中国、从未来看现在"，在坚持社会主义核心价值观的前提下，维护道德教育的定力，还离不开"从中国看世界、从过去看未来"，即中国的优秀传统文化和传统美德给道德教育的内容、为个体的价值选择、为个人生活层面提供更为具体的、实在的、必要的选项。比较而言，前者提供了社会人、公民、公共生活空间的形式化的品格，后者——传统美德则提供了个体人、个人修养、个人生活空间的文化资源。二者相互弥补和借鉴，是形式和内容、一般和特殊的关系，是现代世界文明和中华传统的接洽在道德教育中的体现。

[①] 教育部提倡的是优秀传统文化和传统美德，表明传统文化、道德要经过价值反省和筛选，才能进入学校，成为教育内容。

[②] 韦森：《大转型——中国改革下一步》，中信出版社2012年版，第335页。

"自由民主,只能给人一个可以追求美好生活的不受外在约束的环境,但本身并不能保证人的生活幸福;……美好生活,还必须有更实质的内容,而这些,正是靠古代的德性和基督教的信仰来填充的。"① 或按李泽厚先生的话说,前者是社会性道德,后者是个体性道德,相辅相成,并不矛盾。所以,坚持社会主义核心价值观和弘扬优秀传统文化、传统美德也应该是相互补充的关系,在世界文明面前,我们应当有充分的文化自信。"要保持对自身文化的自信、耐力、定力"②,且"文化自信,是更基础、更广泛、更深厚的自信"③。其实,仅就核心价值观来看,其中"既有优秀传统文化的基因,又有对现代社会、现代文明的追求和靠拢。'富强、民主、文明、和谐',我们可以看出对现代化的追求,对现代化的认可,对现代化的期待。'自由、平等、公正、法治',这更是相当现代的提法。……'爱国、敬业、诚信、友善',这更多是从个人的层面来说,传统文化美好的东西就比较多"④。

三 现实的校情和学情意识

现实的校情和学情意识是要追问学校道德教育从哪里来,从学校、学生的历史和现实、从当前的问题和需要出发来思考道德教育该做什么和能做什么,这是学校道德教育的起点和出发点。"所谓定力,不是别的,就是他的过去、他的背景,他总是要受过去的背景的决定。"⑤ 从我出发、从当前的实际出发,解决自身的问题、满足自身的需要,才能使得每一个学校的道德教育各有

---

① 吴飞:《现代生活的古代资源》,华东师范大学出版社2015年版,第12页。
② 2014年3月,习近平总书记在柏林会见德国汉学家、孔子学院教师代表和学习汉语的学生代表时指出,"在中外文化沟通交流中,我们要保持对自身文化的自信、耐力、定力"。
③ 习近平:《在庆祝中国共产党成立95周年大会上的讲话》,2016年7月1日,新华社(http://news.xinhuanet.com/politics/2016-07/01/c_1119150660.htm)。
④ 王蒙:《文化自信和文化定力》,《上海文学》2014年第6期。
⑤ 梁漱溟、[美]艾恺:《这个世界会好吗?——梁漱溟晚年口述》,[美]艾恺译,外语教学与研究出版社2010年版,第9页。

各的定力、各有各的不同。

对学校道德教育来说，校情和学情分析一是要注意尽可能做到全面和真实。真实无须多言，校情和学情分析之所以应该全面，是因为影响学生的道德发展、道德成长的因素是多方面的，不是哪一种单一因素在起作用。所以，应对学校、学生的基本情况，特别是与学校的文化和道德氛围、学生道德状况紧密相关的一些事实、事件、环节、因素等尽量梳理清楚，这样有助于从宏观上、总体上对道德发展、道德教育的状态进行把握，而不是就事论事，一叶障目，不见森林。校情分析应该包括：学校的历史和发展脉络、自身的传统和优势、问题和不足、现在面临的机遇和挑战、学校周边的环境和社区状况、家长资源和家校合作、师资队伍状况、学校管理等。在学生方面，了解学生的道德状况、道德问题和道德需要等。二是要对搜集到的信息资料、学校曾经的和现在的各种实然状况进行理性的分析和必要的价值判断，具有明确的问题意识。比如要提炼出来：目前学生的道德状况到底如何？有哪些值得称道之处，又有哪些不足？是什么因素造成了目前的状况？在这些因素之中，哪些是学校道德教育能够重点干预的、可以直接有所作为的，哪些重点是家庭、社区等应该努力的或者需要家庭社区的配合才能更好对学生的道德成长产生影响的？目前的学校道德教育又是怎样开展的？有什么经验，还存在哪些困难和不足？……三是要注意找准切入点和突破口。在对道德发展、道德教育面临的校情和学情进行了全面综合的梳理、分析和把握，找出了面临的种种问题之后，还需要在这些问题、因素之中找到主要矛盾和关键性的问题，或者要找到那些关键性的、主导性的、具有涵盖性和辐射性的问题，让这些因素、问题在纷繁复杂的校情学情中呈现和明晰出来，成为未来学校道德教育改革的切入点和突破口。以切入点为原点，通过对其进一步的梳理、解释和扩展，系统地思考学校道德教育的整体架构，统领学校道德教育各方面问题的解决和整体的推进。

四　专业的路径和方案意识

对我是谁、从哪里来、到哪里去有了基本的明晰和自觉之后，在操作层面上，还需要对如何去、如何实现道德教育的预期目标与理想做出系统的规划和思考，只有这样，道德教育的定力才有切实可行的、工程技术或操作方案层面的依托，即教育工作者还需要专业的路径和方案意识。

一是需要树立大德育观，从文化育人、学科育人、管理育人、活动育人、家校合作等各个方面来综合考虑学校德育，不能一谈到学校德育马上就局限在某个部门、某些人、某些典型的活动、某类课程上思考问题。大德育和前文所述的道德教育的边界意识并不矛盾，前文主要从内涵、内容上讲，道德教育、法律教育、心理健康教育等无论从心理学还是从教育学意义上讲都有不同的侧重和要求，在教育实践中不能完全混为一谈。这里主要从外延、从学校教育工作的各个方面讲，应该注意统一和协调，各方面工作都要考虑它们应该担负的育人责任，明确共同的价值取向，相互配合，避免道德教育的孤立化、形式化。许多学校把德育工作单列，离开学科教学、学校管理、日常生活等单独探讨和实施，好像这些方面与德育无关，至少关系不大，这种视野狭窄的"重视"实际上却导致了道德教育的孤立和弱化，由于没有整体的大德育意识、一盘棋的意识，所以常常造成价值取向上的相互矛盾、冲突和分裂。鉴于学生道德成长的时空特点和多因素性，全员、全程、全方位在道德教育中具有本然的、特殊重要的意义。所以，应该树立大德育观，既要分别考虑各项工作的道德教育价值、意义和育人点，又要注重其内在的整体性、一致性和关联性，从总体上进行系统化、一致化的思考和设计，共同指向学生的道德成长和学校道德教育的目标，形成正向合力，避免各自为政、一盘散沙、相互消解。

二是要有专业的方案意识。所谓专业的方案意识，是指"大德育"的各个方面，都要有明确、专业的实施方案。明确的，区别于模糊、笼统的；专业的，则区别于从经验出发的或想当然的。一些学校的德育方案不够专业，只是简单的平面化的工作计划，而这些计划往往又是年复一年的重复性的工作内容的罗列，其依据何在、效果如何，谁也说不清楚。科学专业的方案是认真思考、研究和规划的结果。在制定方案时，需要注意：第一，要有明确的目标。要在对文化方向的宏观把握和具体的校情学情分析的基础上，结合学校德育工作的突破口或切入点，明确育人点，即到底要培养什么方面的品格或价值观。并且，要把这种目标层层分解至学年、学期、单元甚至具体到每一次活动、每一次课堂、每一个环节或每一种环境创设。德育目标本身的确立就要经过认真的分析、研究，要指向明确，突出重点，切实解决学生存在的问题，不能是笼统的、模糊的、高大上的。第二，在德育内容选择上尽可能和学生的认知水平相接近，就地取材、因地制宜，来源于生活是基本的原则。第三，在实施方式上，避免简单说教、低水平的以外在功利性为导向的手段，无论是注重认知能力培养的讨论辨析、注重情感体验的环境创设，还是综合性的以行动为主的生活实践和活动体验，都要注重学生的参与性、主体性、趣味性和实践性。最后，在制定德育方案时，还要给学生一些反馈和评价，不断地强化所倡导的价值观、巩固在学生身上发生的种种预期的变化，也提醒学生随时意识到自己的不足，这样才能真正发挥方案的作用。在评价方面，提倡尽可能多用形成性的、发展性的、过程性的评价。总之，在方案设计和实施过程中要真正做到一切从学生出发，切实着眼于学生道德的成长和道德问题的解决，从目标到评价要结合不同年龄段的特点，注意把握其准确性、有效性及其内在的连贯性，实行真实有效的道德教育。

五 坚定的使命感和责任意识

方向、方案明确了，学校道德教育的定力还来自坚持不懈地实行。理性、理论的自觉是必要的，但定力如何最终还是要在实际行动中表现出来，体现为坚韧不拔的意志力、一以贯之的行动力。这就要求教育工作者具有坚定的历史使命感、责任感和担当意识。只有这样，才能克服困难，按照预期的目标和方案走下去，以不移之力走好自己的路——不是不变，而是不轻易变、以不变应万变，有了理性的坚守和融通才能更好地应对当前的各种变革。

　　从实践中来看，一些学校的道德教育有了必要的自觉和专业性的规划，甚至也进行了积极的行动和开拓性的实践，但由于种种原因，总是浅尝辄止、半途而废，或者又成了流于形式、做表面文章，最终不能扎扎实实地按照事先的规划进行深入的、专业性的实践和探索。说到底，是不能够坚持。坚持，无疑需要克服困难。困难，一方面来自教育工作者需要不断地自我反思、调整和超越——从经验层面进入到专业领域，本身就需要克服思维和心态上的惰性、惯性，重新调整和确立自己的思维和行动范式，提升价值判断的能力和水平。另一方面还来自各种客观条件的限制（比如师资数量、经费条件、学校周围环境等），特别是对道德教育来说，还会面临各种压力、干扰和诱惑，比如来自政府有关部门的不断变化的要求、社会时尚和潮流的冲击、家长的不同声音、学校内部的各种利益取舍，还有鱼龙混杂的与学校德育有关的各种评比表彰等，这一切，都会不断地冲击、扰乱学校道德教育的方寸和阵脚。这也是导致学校德育像个万金油、百宝箱，随时可以变、什么都能装，最容易变幻无常、捉摸不定的重要原因。客观条件的限制姑且不论，对于各种外在的压力和诱惑，不能一味地"跟着走"、一味地适应和追随，在此，我们提倡任何一个学校的道德教育都应该"自己走"、应该保持自身的独立性和超越性。"戒然后方能定。"这里所谓的戒，即排除诱惑和干扰，不是说要彻底地无视各种外在的变化、刺激和诱惑，而是说不能盲目跟风或随波逐流，应该是"六经注我"，对各种要求和变化经过理性的审视和价值的反省之后回到自身的专业框架内来考虑问题，并不断地丰富、发展、升级自身的规划，而不是把原先的规划、既定的思路和优势弃之不顾或推倒重来。学校道德教育不是做给别人看的表演，是要扎扎实实地针对学生的问题、要培养的价值观，建立起精神和人格的内在的秩序，"我们总是试图在政治、法律和社会等方面为我们所处的外在世界

第六章 总结与展望

带来秩序，而内在我们的是困惑的、不确定的、焦虑的和冲突的。没有内在的秩序，对人类生活的威胁就会一直存在"[1]。可见，克服苦难尽管需要心态、智慧，但更重要的是需要冲破旧有范式和建构新知、拒绝诱惑以固守本真、顶住压力并为我所用、变"跟着走"为"自己走"的意志力。根据教师的职业特性，教育工作者的这种意志力当然不是来源于权力、物质刺激之类的外源性压力，而只能是来自坚定的、实实在在的、内源性的对于成就生命个体、传承文化和推动文明进步的历史使命感和责任感。

此外，超越学校教育，从广义上来讲，由于每一个人都会对他人、对青年学生的价值观产生影响，所以，真正富有使命感和责任感的行动还意味着从自我开始，从每一位关心、支持和参与教育教学工作的一线教育工作者、家长和社会各界人士自身开始。身体力行，用每一个"我"的、每一个"个体生命"的定力，去展示有定力的道德，分享拥有定力的经验和智慧，实施有定力的道德教育、去培养一个个有定力的人。而不是都推及他人，或仅仅停留在意识、语言的层面，一代大儒梁漱溟说："语言的开悟，它还在意识之中，而真的开悟，是让你生命起变化，你的生命根本起变化，这才算。"[2] 道德教育的定力，在思维、在语言、在意识，在于行动和坚持，同时也在于自我生命的维护和展开。

总之，学校道德教育只有保持必要的定力，才能在纷繁复杂的社会环境中保持清醒，在变化万千的时代格局中确认自我，在与校内外多种因素的张力和互动中寻求未来。其实，"定力"的基本意蕴不在于从形式上、表面上坚持什么，而在于学校教育工作者要对道德教育有深入的理解，并付诸持续不断的行动和实践，最终确立起一个学校的道德教育应有的主体性、相对独立性，由盲动变为理性的思考，清楚自己的方向。"怎样才能够坚守自己？不是说一定

---

[1] ［印度］克里希那穆提：《教育就是解放心灵》，张春城、唐超权译，九州出版社2010年版，第122页。

[2] 梁漱溟、［美］艾恺：《这个世界会好吗？——梁漱溟晚年口述》，［美］艾恺译，外语教学与研究出版社2010年版，第19页。

要坚持什么式样,那些无所谓。那些搞得半洋不土的,还是从式样上着眼太多……所以不用坚持什么,只要理解得深一些就好。"[①]

　　用几个关键词来概括我们对生活德育的再认识,那就是"历史的角度""文化自觉"和"重建社会"。三者是紧密联系在一起的。历史的角度是强调从更宽广的社会历史环境、从历史发展的角度来看待生活德育的产生和演变,强调从社会的物质生活基础、用动态的观点、用发展的眼光来审视;从历史的观点来看,必然也会得出合乎历史发展和逻辑的结论,即文化自觉与重建社会。文化自觉则是在全球化、在市场经济条件下对未来社会发展方向、对生活德育精神内涵和指向的追问,是生活德育得以进一步拓展、深化的必需,也是未来长期面临的历史任务;重建社会则是文化自觉得以实现的组织依托和必要途径,没有真正意义上的公民社会,文化自觉就只能是在人们脑海中的空想,像幽灵一样在空气中游荡,永远有名无实,因为文化自觉最终是在各种真正意义上的社会活动和社会生活中创造、实现和体现其价值的。

---

① 朱新建:《打回原形》,广西师范大学出版社2015年版,第112页。

附　录

品德课教师访谈提纲

背景问题：

1. 教龄、任教品德课的时间
2. 大学所学专业
3. 目前主要负责的工作：专职还是兼职，担任的其他工作

主要访谈问题：

1. 您如何认识和看待品德课？
2. 您了解课程标准吗？您觉得这门课有哪些突出的特点？
3. 回到学生的生活是品德课新课改的核心理念，您是如何理解这一理念的？在实践中是如何落实的呢？
4. 您觉得品德课在回归学生生活的过程中存在哪些问题？怎么解决？
5. 您觉得怎么上这门课比较好，您是怎么上的呢？能否举一些印象比较深刻的例子？
6. 您是怎么利用教材的？
7. 您觉得品德课的效果怎么样，学生喜欢上品德课吗？能具体谈谈吗？或举个例子。
8. 您如何评价学生在品德课上的表现？（平时与期末）您如何看待这种评价方式？
9. 您在上课的过程中有哪些心得或体会、经验？碰到哪些困

难，您是如何解决的？举个例子。

10. 您觉得品德课在实施过程中还存在哪些问题，品德课如何才能更好地贴近学生、走近学生的生活世界？

班主任访谈提纲

背景问题：

1. 教龄、当班主任的时间
2. 大学所学专业
3. 目前主要负责的工作

主要访谈问题：

1. 您对自己班里的孩子有什么期待，希望他们成为什么样的人？
2. 您比较喜欢什么样的孩子？
3. 您如何看待班级德育工作？
4. 您是如何进行学情分析的？请举例谈谈。
5. 您平时主要通过哪些途径开展班级德育工作？
6. 班会是如何进行的？请举例谈谈。
7. 您班级里的学生有哪些特点？请举例谈谈。
8. 您如何处理发生在学生身上的品德问题？请举例谈谈。
9. 咱们班的小队活动都是怎么开展的？请举例谈谈。
10. 家长是如何参与到班级管理中来的？
11. 您是怎么对学生进行评价的？（平时或期末）
12. 您做班主任这么多年了，积累了不少德育经验，请谈谈您的经验。
13. 您在班级德育工作中遇到了哪些困难，是如何克服的？
14. 您觉得班级德育工作还存在哪些问题？
15. 您对班级德育工作有哪些建议？

大队辅导员访谈提纲

背景问题：

1. 教龄、当辅导员的时间
2. 大学所学专业
3. 目前主要负责的工作

主要访谈问题：

1. 您是如何看待少先队工作的？
2. 在咱们学校，少先队工作是通过哪些方式和途径开展的？
3. 学校都开展了哪些少先队活动？这些活动是如何开展的？请举例谈谈。
4. 您认为少先队工作的效果如何，对学生产生了哪些影响？请结合例子谈谈。
5. 您认为哪些因素在影响或干扰少先队工作的开展？这些因素是如何影响的？请举例谈谈。
6. 您在少先队工作过程中有哪些条件支持？碰到哪些困难？您是如何解决的？
7. 您如何看待辅导员工作与班主任工作的关系？
8. 您认为少先队工作还存在哪些问题？
9. 您对少先队工作有哪些期待和建议？

校长访谈提纲

背景问题：

1. 教龄、当校长的时间
2. 大学所学专业
3. 目前主要负责的工作

主要访谈问题：

1. 您是如何认识和看待学校德育工作的？

2. 学校德育主要通过哪些途径和方式开展？

3. 学校开展了哪些德育活动？这些活动开展的依据是什么？都是如何开展的？请举例谈谈。

4. 您如何看待教学与德育的关系？

5. 您在工作中一定积累了不少经验，请谈谈您在学校德育工作方面的经验。

6. 您在工作中遇到了哪些困难，是如何克服的？请举例谈谈。

7. 您认为哪些因素在影响学校德育工作的开展，是如何影响的？请举例谈谈。

8. 您认为当前学校德育工作还存在哪些问题？

9. 您对学校德育工作有哪些期待和建议？

参考文献

一　中文文献

（一）著作

陈桂生：《学校教育原理》（增订版），华东师范大学出版社 2012 年版。

陈桂生：《中国德育问题》，福建教育出版社 2007 年版。

陈静静等：《跟随佐藤学做教育》，华东师范大学出版社 2015 年版。

陈向明：《质的研究方法与社会科学研究》，教育科学出版社 2000 年版。

陈向明：《质性研究：反思与评论》（第二卷），重庆大学出版社 2010 年版。

陈序经：《中国文化的出路》，岳麓书社 2010 年版。

陈元晖：《老解放区教育简史》，教育科学出版社 1981 年版。

储朝晖：《中国教育六十年纪事与启思（1949—2009）》，山西教育出版社 2013 年版。

褚宏启：《教育政策学》，北京师范大学出版社 2011 年版。

丛立新：《课程论问题》，教育科学出版社 2000 年版。

崔允漷：《课程·良方》，华东师范大学出版社 2007 年版。

邓达等：《学校德育课程的精神视界》，人民出版社 2014 年版。

邓正来：《国家与社会：中国市民社会研究》，北京大学出版社 2008 年版。

丁钢：《声音与经验：教育叙事探究》，教育科学出版社 2008 年版。

丁钢：《中国教育：研究与评论》（第二辑），教育科学出版社 2002 年版。

丁念金：《课程论》，福建教育出版社 2007 年版。

杜时忠、卢旭：《多元化背景下的德育课程建设》，江苏教育出版社 2009 年版。

范兆雄：《课程资源概论》，中国社会科学出版社 2002 年版。

费孝通：《乡土中国》，上海人民出版社 2007 年版。

冯刚、沈壮海：《中华人民共和国学校德育编年史》，中国人民大学出版社 2010 年版。

改革开放以来的教育发展历史性成就和基本经验课题组撰写：《改革开放 30 年中国教育重大历史事件》，教育科学出版社 2008 年版。

甘剑梅：《学校道德生活的现代性问题辨析》，江苏大学出版社 2009 年版。

甘阳：《文明·国家·大学》，生活·读书·新知三联书店 2012 年版。

高德胜：《道德教育的 20 个细节》，华东师范大学出版社 2007 年版。

高德胜：《道德教育的时代遭遇》，教育科学出版社 2008 年版。

高德胜：《道德教育评论 2012：生活德育论的反思与展望》，教育科学出版社 2013 年版。

高德胜：《生活德育论》，人民出版社 2005 年版。

高德胜：《时代精神与道德教育》，教育科学出版社 2013 年版。

高奇：《新中国教育历程》，河北教育出版社 1996 年版。

高谦民：《中国小学思想品德教学史》，山东教育出版社 1995 年版。

高峡：《义务教育品德与社会课程标准（2011 年版）解读》，高等教育出版社 2012 年版。

郭元祥：《生活与教育——回归生活世界的基础教育论纲》，华中师范大学出版社 2002 年版。

郝文武：《教育学人讲演录》（第一卷），北京师范大学出版社 2013 年版。

胡斌武：《社会转型期学校德育的现代化》，中央编译出版社 2006 年版。

胡厚福：《德育学原理》，北京师范大学出版社 1997 年版。

胡晓风等编：《陶行知教育文集》，四川教育出版社 2005 年版。

黄甫全：《现代课程与教学论学程》，人民教育出版社 2006 年版。

黄书光：《变革与创新：中国中小学德育演进的文化审视》，山东教育出版社 2007 年版。

黄向阳：《德育原理》，华东师范大学出版社 2000 年版。

黄政杰：《多元社会课程取向》，台北：师大书苑 1995 年版。

教育部基础教育司、教育部师范教育司组织编写：《课程资源的开发与利用》，高等教育出版社 2004 年版。

教育部师范教育司组织编写：《教师专业化的理论与实践》，人民教育出版社 2003 年版。

金生鈜：《保卫教育的公共性》，福建教育出版社 2008 年版。

金生鈜：《规训与教化》，教育科学出版社 2004 年版。

金耀基：《从传统到现代》，法律出版社 2010 年版。

靳玉乐：《探寻课程世界的意义：课程理论的建构与课程实践的慎思》，北京师范大学出版社 2014 年版。

靳玉乐：《新课程改革的理念与创新》，人民教育出版社 2003 年版。

瞿葆奎：《教育学文集·课程与教材》，人民教育出版社 1993 年版。

柯政：《理解困境：课程改革实施行为的新制度主义分析》，教育科学出版社 2011 年版。

劳凯声：《中国教育改革 30 年：政策与法律卷》，北京师范大学出版社 2009 年版。

李臣之等：《西方课程思潮研究》，人民教育出版社 2012 年版。

李定仁、徐继存：《课程论研究二十年（1979—1999）》，人民教育出版社 2004 年版。

李菲：《学校德育的意义关怀研究》，教育科学出版社 2009 年版。

李季湄、张华：《义务教育品德与生活课程标准（2011 年版）解读》，高等教育出版社 2012 年版。

李喜英：《中国道德教育的现代转型与重构》，安徽人民出版社2007年版。

李小红：《教师与课程：创生的视角》，广西师范大学出版社2009年版。

李泽厚：《中国现代思想史论》，生活·读书·新知三联书店2008年版。

李志强：《走进生活的道德教育：杜威道德教育思想研究》，中国社会科学出版社2009年版。

李稚勇：《社会科教育概论》，高等教育出版社2005年版。

联合国教科文组织国际教育发展委员会编著：《学会生存：教育世界的今天和明天》，教育科学出版社1996年版。

梁漱溟：《东西文化及其哲学》，商务印书馆1999年版。

梁漱溟：《中国文化要义》，上海人民出版社2011年版。

刘济良：《德育原理》，高等教育出版社2010年版。

刘永富：《价值哲学的新视野》，中国社会科学出版社2002年版。

刘瑜：《观念的水位》，浙江大学出版社2013年版。

刘云杉：《学校生活社会学》，南京师范大学出版社2000年版。

鲁洁：《当代德育基本理论探讨》，江苏教育出版社2010年版。

鲁洁：《回望八十年：鲁洁教育口述史》，教育科学出版社2014年版。

鲁迅：《鲁迅全集》（第一卷），人民文学出版社1973年版。

陆有铨：《教育是合作的艺术》，北京大学出版社2012年版。

陆有铨：《躁动的百年：20世纪的教育历程》，北京大学出版社2012年版。

吕达：《中国近代课程史论》，人民教育出版社1994年版。

马国川：《中国在历史的转折点：当代十贤访谈录》，中信出版社2013年版。

戚万学：《冲突与整合：20世纪西方道德教育理论》，山东教育出版社1995年版。

戚万学、唐汉卫：《现代道德教育专题研究》，教育科学出版社2005年版。

戚万学、唐汉卫：《学校德育原理》，北京师范大学出版社 2012 年版。

齐学红：《在生活化的旗帜下：学校道德教育改革的社会学研究》，广西师范大学出版社 2011 年版。

齐学红：《走在回家的路上：学校生活中的个人知识》，北京师范大学出版社 2005 年版。

钱理群：《中国教育的血肉人生》，漓江出版社 2012 年版。

秦永芳：《现代德育课程资源开发论》，广西人民出版社 2008 年版。

全国十二所重点师范大学联合编写：《课程论》，教育科学出版社 2007 年版。

佘双好：《现代德育课程论》，中国社会科学出版社 2003 年版。

施良方：《课程理论：课程的基础、原理与问题》，教育科学出版社 1996 年版。

孙绵涛：《教育政策学》，中国人民大学出版社 2010 年版。

孙少平：《新中国德育 50 年》，福建教育出版社 2002 年版。

檀传宝：《德育原理》，北京师范大学出版社 2006 年版。

唐汉卫、戚万学：《现代学校道德教育的问题与思索》，山东教育出版社 2008 年版。

唐汉卫：《生活道德教育论》，教育科学出版社 2005 年版。

陶行知：《中国教育改造》，商务印书馆 2014 年版。

汪霞：《课程理论与课程改革》，安徽教育出版社 2007 年版。

汪霞：《课程研究：现代与后现代》，上海科技教育出版社 2003 年版。

王本陆：《中国教育改革 30 年：课程与教学卷》，北京师范大学出版社 2009 年版。

王鉴：《课程论热点问题研究》，广西师范大学出版社 2008 年版。

王枬等：《教师印迹：课堂生活的叙事研究》，教育科学出版社 2008 年版。

韦森：《大转型：中国改革下一步》，中信出版社 2012 年版。

魏贤超：《德育课程论》，黑龙江教育出版社 2004 年版。

吴铎：《德育课程与教学论》，浙江教育出版社2003年版。

吴飞：《现代生活的古代资源》，华东师范大学出版社2015年版。

吴敬琏、马国川：《重启改革议程——中国经济改革二十讲》，生活·读书·新知三联书店2013年版。

吴康宁：《教育改革的"中国问题"》，南京师范大学出版社2015年版。

吴永军：《课程社会学》，南京师范大学出版社1999年版。

肖雪慧：《公民社会的诞生》，上海三联书店2004年版。

谢明：《政策透视——政策分析的理论与实践》，中国人民大学出版社2004年版。

徐复观：《学术与政治之间》，华东师范大学出版社2009年版。

薛晓阳：《学校道德生活的教育叙事》，江苏大学出版社2009年版。

易连云：《德育课程论：理念与文化》，人民教育出版社2011年版。

易连云：《面向学校德育的言说》，人民出版社2015年版。

于述胜等：《中国教育三十年：1978—2008》，四川教育出版社2008年版。

于述胜：《中国现代教育学术史论》，中国社会科学出版社2012年版。

余英时：《现代儒学论》，上海人民出版社2010年版。

袁贵仁：《价值观的理论与实践：价值观若干问题的思考》，北京师范大学出版社2006年版。

袁贵仁：《价值学引论》，北京师范大学出版社1991年版。

袁振国：《教育改革论》，江苏教育出版社1992年版。

翟楠、薛晓阳：《小学思想品德课程60年：1949—2009》，江苏大学出版社2011年版。

张华：《经验课程论》，上海教育出版社2000年版。

张华：《课程与教学论》，上海教育出版社2000年版。

张晓东：《德育政策论》，人民教育出版社2011年版。

张艳红：《德育资源论》，中国社会科学出版社2013年版。

赵汀阳：《论可能生活》，中国人民大学出版社2010年版。

赵祥麟、王承绪:《杜威教育论著选》,华东师范大学出版社 1981
年版。
赵祥麟、王承绪:《杜威教育名篇》,教育科学出版社 2006 年版。
赵亚夫、高峡:《〈品德与社会〉教学基本概念解读》,教育科学出
版社 2007 年版。
赵亚夫:《学会行动:社会科课程公民教育的理论与实践》,高等
教育出版社 2004 年版。
郑永年:《未竟的变革》,浙江人民出版社 2011 年版。
钟启泉、崔允漷:《新课程的理念与创新》,高等教育出版社 2003
年版。
钟启泉等:《基础教育课程改革纲要(试行)解读》,华东师范大
学出版社 2001 年版。
钟启泉:《教育的发现——钟启泉教育思想访谈录》,中国人民大学
出版社 2009 年版。
钟启泉:《课程设计基础》,山东教育出版社 2001 年版。
周晓静:《课程德育论》,人民教育出版社 2010 年版。
朱慕菊:《走进新课程——与课程实施者对话》,北京师范大学出版
社 2002 年版。
朱小蔓:《教育的问题与挑战:思想的回应》,南京师范大学出版
社 2000 年版。
朱小蔓、金生鈜:《道德教育评论 2006》,教育科学出版社 2007
年版。
朱新建:《打回原形》,广西师范大学出版社 2015 年版。
朱永新、马国川:《重启教育改革:中国教育改革十八讲》,生
活·读书·新知三联书店 2014 年版。

(二)译著

[奥]伊万·伊利奇:《非学校化社会》,吴康宁译,台北:桂冠图
书股份有限公司 1994 年版。
[澳]W. F. 康纳尔:《二十世纪世界教育史》,孟湘砥等译,湖南

教育出版社 1991 年版。

［澳］马什：《理解课程的关键概念：第 3 版》，徐佳、吴刚平译，教育科学出版社 2009 年版。

［德］爱因斯坦：《爱因斯坦文集》（第三卷），许良英等编译，商务印书馆 1979 年版。

［德］福禄培尔：《人的教育》，孙祖复译，人民教育出版社 2001 年版。

［德］赫尔巴特：《赫尔巴特教育论著精选》，李其龙等译，浙江教育出版社 2011 年版。

［德］卡尔·曼海姆：《意识形态与乌托邦》，黎鸣、李书崇译，商务印书馆 2000 年版。

［德］康德：《道德形而上学奠基》，杨云飞译，人民出版社 2013 年版。

［德］康德：《历史理性批判文集》，何兆武译，商务印书馆 1990 年版。

［德］康德：《论教育学（附系科之争）》，赵鹏等译，上海人民出版社 2005 年版。

［德］康德：《实践理性批判》，邓晓芒译，人民出版社 2003 年版。

［德］雅斯贝尔斯：《什么是教育》，邹进译，生活·读书·新知三联书店 1991 年版。

［法］卢梭：《爱弥儿》，李平沤译，商务印书馆 1978 年版。

［法］马里坦：《教育在十字路口》，高旭平译，首都师范大学出版社 2010 年版。

［古希腊］亚里士多德：《尼各马可伦理学》，廖申白译，商务印书馆 2003 年版。

［古希腊］亚里士多德：《政治学》，吴寿彭译，商务印书馆 1965 年版。

［加］克里夫·贝克：《优化学校教育——一种价值的观点》，戚万学等译，华东师范大学出版社 2003 年版。

［加］莱文：《教育改革——从启动到成果》，项贤明等译，教育科

学出版社 2004 年版。

[加] 马克斯·范梅南:《教学机智——教育智慧的意蕴》,李树英译,教育科学出版社 2001 年版。

[加] 迈克尔·富兰:《变革的力量:深度变革》,中央教育科学研究所、加拿大多伦多国际学院组织编译,教育科学出版社 2004 年版。

[加] 迈克尔·富兰:《变革的力量:续集》,中央教育科学研究所、加拿大多伦多国际学院组织编译,教育科学出版社 2004 年版。

[加] 迈克尔·富兰:《教育变革新意义》,赵中建、陈霞、李敏译,教育科学出版社 2005 年版。

[加] 史密斯:《全球化与后现代教育学》,郭洋生译,教育科学出版社 2000 年版。

[加] 许美德:《中国大学 1895—1995:一个文化冲突的世纪》,许洁英译,教育科学出版社 2000 年版。

[美] 阿伦特:《过去与未来之间》,王寅丽等译,译林出版社 2011 年版。

[美] 艾伦·C. 奥恩斯坦、弗朗西斯·P. 汉金斯:《课程:基础、原理和问题》,柯森译,江苏教育出版社 2002 年版。

[美] 彼得·雷森伯格:《西方公民身份传统——从柏拉图至卢梭》,郭台辉译,吉林出版集团有限责任公司 2009 年版。

[美] 波尔·达林:《教育改革的限度》,刘承辉译,重庆出版社 1991 年版。

[美] 波格丹等:《教育研究方法:定性的视角》(第四版),钟周等译,中国人民大学出版社 2008 年版。

[美] 博林、瑞安:《在学校中培养品德:品德教育实践导引》,王婷译,教育科学出版社 2012 年版。

[美] 戴克·F. 沃克、乔纳森·F. 索尔蒂斯:《课程与目标》,向蓓莉、王纡、莫蕾钰译,教育科学出版社 2009 年版。

[美] 丹尼尔·坦纳、劳雷尔·坦纳:《学校课程史》,崔允漷等

339

译，教育科学出版社2006年版。

[美]杜威：《杜威五大讲演》，张恒编，金城出版社2010年版。

[美]杜威：《民主主义与教育》，王承绪译，人民教育出版社2001年版。

[美]杜威：《我们怎样思维·经验与教育》，姜文闵译，人民教育出版社2004年版。

[美]杜威：《学校与社会·明日之学校》，赵祥麟、任钟印、吴志宏译，人民教育出版社2004年版。

[美]多尔、[澳]高夫：《课程愿景》，张文军等译，教育科学出版社2004年版。

[美]多尔：《后现代课程观》，王红宇译，教育科学出版社2000年版。

[美]厄内斯特·波伊尔：《基础学校——一个学习化的社区大家庭》，王晓平等译，人民教育出版社1998年版。

[美]古德莱得等：《提升教师的教育境界：教学的道德尺度》，汪菊译，教育科学出版社2012年版。

[美]古德莱得：《一个称作学校的地方》，苏智欣等译，华东师范大学出版社2014年版。

[美]吉诺特：《老师怎样和学生说话》，冯杨等译，海南出版社2003年版。

[美]杰克森：《什么是教育》，吴春雷、马林梅译，安徽人民出版社2012年版。

[美]柯尔伯格：《道德教育的哲学》，魏贤超等译，浙江教育出版社2000年版。

[美]科瑞恩·格莱斯：《质性研究方法导论》（第四版），王中会、李芳英译，中国人民大学出版社2013年版。

[美]拉瑞·P.纳希：《道德领域中的教育》，刘春琼等译，黑龙江人民出版社2003年版。

[美]劳伦斯·马奇、布伦达·麦克伊沃：《怎样做文献综述——六步走向成功》，陈静、肖思汉译，上海教育出版社2011年版。

［美］罗伯特·纳什：《德性的探询：关于品德教育的道德对话》，李菲译，教育科学出版社 2007 年版。

［美］麦金太尔：《追寻美德》，宋继杰译，译林出版社 2011 年版。

［美］麦瑞尔姆：《质化方法在教育研究中的应用：个案研究的扩展》，于泽元译，重庆出版社 2008 年版。

［美］内尔·诺丁斯：《当学校改革走入误区》，侯晶晶译，教育科学出版社 2013 年版。

［美］内尔·诺丁斯：《关心：伦理和道德教育的女性路径》，武云斐译，北京大学出版社 2014 年版。

［美］内尔·诺丁斯：《批判性课程：学校应该教授哪些知识》，李树培译，教育科学出版社 2012 年版。

［美］内尔·诺丁斯：《幸福与教育》，龙宝新译，教育科学出版社 2009 年版。

［美］内尔·诺丁斯：《学会关心：教育的另一种模式》，于天龙译，教育科学出版社 2003 年版。

［美］尼布尔：《道德的人与不道德的社会》，蒋庆等译，贵州人民出版社 2009 年版。

［美］派纳等：《理解课程：历史与当代课程话语研究导论》，张华等译，教育科学出版社 2003 年版。

［美］琼·F. 古德曼、霍华德·莱斯尼克：《道德教育：一种以教师为中心的取向》，杨韶刚等译，江苏教育出版社 2006 年版。

［美］瑞安、博林：《在学校中培养品德：将德育引入生活的实践策略》，苏静译，教育科学出版社 2010 年版。

［美］泰勒：《课程与教学的基本原理》，罗康、张阅译，中国轻工业出版社 2008 年版。

［美］维尔斯马、于尔斯：《教育研究方法导论：第 9 版》，袁振国主译，教育科学出版社 2010 年版。

［美］沃尔特·C. 帕克：《美国小学社会与公民教育》（第十二版），谢竹艳译，江苏教育出版社 2006 年版。

［美］小威廉姆·E. 多尔：《后现代课程观》，王红宇译，教育科

学出版社2000年版。

［日］佐藤学：《教师的挑战》，钟启泉译，华东师范大学出版社2012年版。

［日］佐藤学：《静悄悄的革命：课堂改变，学校就会改变》，李季湄译，教育科学出版社2014年版。

［日］佐藤学：《课程与教师》，钟启泉译，教育科学出版社2003年版。

［日］佐藤学：《学校的挑战：创建学习共同体》，钟启泉译，华东师范大学出版社2010年版。

［苏］苏霍姆林斯基：《公民的诞生》，黄之瑞等译，教育科学出版社2002年版。

［苏］苏霍姆林斯基：《帕夫雷什中学》，赵玮等译，教育科学出版社1983年版。

［苏］苏霍姆林斯基：《苏霍姆林斯基选集》（第三卷），教育科学出版社2001年版。

［西］萨瓦特尔：《教育的价值》，李丽、孙颖屏译，北京大学出版社2012年版。

［以色列］A. 莱维：《教育大百科全书·课程》，西南师范大学出版社2011年版。

［印度］克里希那穆提：《教育就是解放心灵》，张春城、唐超权译，九州出版社2010年版。

［英］保尔·汤普逊：《过去的声音——口述史》，覃方明等译，辽宁教育出版社2000年版。

［英］怀特海：《教育的目的》，庄莲平等译，文汇出版社2012年版。

［英］麦克·扬：《未来的课程》，谢维和、王晓阳译，华东师范大学出版社2003年版。

［英］梅因：《古代法》，沈景一译，商务印书馆1959年版。

［英］乔伊·帕尔默：《教育究竟是什么？100位思想家论教育》，任钟印、诸惠芳译，北京大学出版社2008年版。

［英］汤因比：《展望二十一世纪》，荀春生译，国际文化出版公司1985年版。

［英］特纳：《仪式过程：结构与反结构》，黄剑波、柳博赟译，中国人民大学出版社2006年版。

（三）期刊论文

班建武：《品德课程应是学校德育工作的主渠道》，《中国教育学刊》2015年第1期。

蔡秀梅：《学校道德教育的道德性审视》，《教育科学研究》2011年第8期。

蔡秀梅：《学校道德教育的有限、有效与有道德》，《教育科学研究》2013年第10期。

陈光全、杜时忠：《德育课程改革十年：反思与前瞻》，《课程·教材·教法》2012年第5期。

陈善卿：《陶行知的德育理论实质上是生活德育论》，《道德与文明》2002年第4期。

陈文海：《可能生活：德育回归生活世界的或然向度》，《教育学术月刊》2012年第6期。

陈向明：《从"范式"的视角看质的研究之定位》，《教育研究》2008年第5期。

陈向明：《从一个到全体——质的研究结果的推论问题》，《教育研究与实验》2000年第2期。

陈向明：《王小刚为什么不上学了——一位辍学生的个案调查》，《教育研究与实验》1996年第1期。

陈向明：《文化主位的限度与研究结果的"真实"》，《社会学研究》2001年第2期。

陈向明：《质性研究的新发展及其对社会科学研究的意义》，《教育研究与实验》2008年第2期。

陈晔、艾尔肯·努拉合曼：《中日小学〈品德与社会〉教材的比较与分析》，《现代中小学教育》2007年第11期。

陈佑清：《课程即发展资源——对课程本质理解的一个新视角》，《课程·教材·教法》2003年第11期。

陈月茹：《教科书应该是权威吗》，《教育研究》2009年第7期。

程红艳：《当前学校德育理论研究之反思与展望》，《教育研究与实验》2016年第1期。

程天君、吴康宁：《当前教育学研究的三个悖论》，《教育研究》2006年第8期。

程伟：《处理好品德课改革的若干关系》，《中国德育》2015年第7期。

程伟、唐汉卫：《关于生活德育资源开发的思考》，《当代教育科学》2012年第10期。

程伟：《"听话教育"的批判性反思》，《中国教育学刊》2016年第11期。

程振禄：《品德与社会课堂教学需要转变的五个理念》，《课程·教材·教法》2013年第6期。

池昌斌：《课改十年：困惑与无奈》，《中小学德育》2011年第2期。

崔允漷：《课程实施的新取向：基于课程标准的教学》，《教育研究》2009年第1期。

崔允漷、夏雪梅：《论互动视野下的教师课程实施：基于40年文献的建构》，《全球教育展望》2013年第10期。

董美英、金林祥：《中国传统生活德育的五个基本实践理路》，《现代大学教育》2014年第2期。

窦桂梅：《清华附小：围绕课程变革进行组织整合》，《中小学管理》2013年第9期。

杜时忠：《当前学校德育面临的十大矛盾》，《当代教育论坛》2004年第12期。

杜时忠、黄恒忠：《学校德育体系建设论纲》，《中小学德育》2013年第10期。

杜时忠：《论德育走向》，《教育研究》2012年第2期。

杜时忠:《生活德育论的贡献与局限》,《教育研究与实验》2012 年第 3 期。

杜时忠、王金涛:《德育的逻辑》,《中小学德育》2011 年第 2 期。

杜时忠:《以道德的教育培养道德的人》,《教育科学研究》2014 年第 8 期。

段兆兵:《课程资源的内涵与有效开发》,《课程·教材·教法》2003 年第 3 期。

冯建军:《"德育与生活"关系之再思考——兼论"德育就是生活德育"》,《华中师范大学学报》(人文社会科学版)2012 年第 4 期。

冯建军:《实践人:生活德育的人性之基》,《高等教育研究》2010 年第 4 期。

冯建军:《向着人的解放迈进——改革开放 30 年我国教育价值取向的回顾》,《高等教育研究》2009 年第 1 期。

冯文全:《德育创新不能背离教育的历史逻辑和德育的基本原理——与高德胜教授商榷》,《教育研究》2011 年第 12 期。

冯文全:《关于"生活德育"的反思与重构》,《教育研究》2009 年第 11 期。

冯向东:《高等教育研究中的"范式"与"视角"辨析》,《北京大学教育评论》2006 年第 3 期。

傅维利:《我国学校公德教育的现实路径》,《教育研究》2015 年第 12 期。

傅维利:《真实的道德冲突与学生的道德成长》,《教育研究》2005 年第 3 期。

高德胜:《生活德育简论》,《教育研究与实验》2002 年第 3 期。

高德胜:《生活德育:境遇、主题与未来》,《教育研究与实验》2012 年第 3 期。

高德胜:《生活德育与德育课程的创新》,《中小学德育》2011 年第 2 期。

高德胜:《为生活德育论辩护——与冯文全教授商榷》,《教育研究》2010 年第 9 期。

高德胜:《学校德育的范式转换》,《教育研究与实验》2004 年第 2 期。

高伟:《论中国教育的现代化——基于文化现代化的视角》,《陕西师范大学学报》(哲学社会科学版)2015 年第 6 期。

高峡:《品德与社会课程标准修订要点简述》,《基础教育课程》2012 年第 1 期。

郭元祥:《课程理解的转向:从"作为事实"到"作为实践"——兼论课程研究中的思维方式》,《课程·教材·教法》2008 年第 1 期。

韩红升:《劳动:开启德育回归生活世界之门》,《教育研究》2008 年第 11 期。

韩雪:《90 年代美国社会科课程的发展态势》,《比较教育研究》2001 年第 8 期。

侯龙龙:《质的研究还是新闻采访——同陈向明博士等商榷》,《社会学研究》2001 年第 1 期。

胡金木:《关于生活德育的学理澄清与实践反观——兼论鲁洁先生的德育思想及实践》,《全球教育展望》2010 年第 11 期。

胡乐乐、肖川:《再论课程的定义与内涵:从词源考古到现代释义》,《教育学报》2009 年第 2 期。

扈中平、刘朝晖:《对道德的核心和道德教育的重新思考》,《华东师范大学学报》(教育科学版)2001 年第 2 期。

黄甫全:《大课程论初探——兼论课程(论)与教学(论)的关系》,《课程·教材·教法》2000 年第 5 期。

黄晓玲:《课程资源:界定·特点·状态·类型》,《中国教育学刊》2004 年第 4 期。

贾西津:《转型成功依赖公民社会成长》,《炎黄春秋》2013 年第 6 期。

姜勇:《实践取向的课程实施刍议》,《比较教育研究》2002 年第 6 期。

金生鈜：《国民抑或公民：教育中的人如何命名》，《高等教育研究》2014 年第 5 期。

靳玉乐：《多元文化背景中基础教育课程改革的基本思路》，《教育研究》2003 年第 12 期。

鞠文灿：《公民意识教育：现代中小学德育的基石》，《中小学德育》2011 年第 5 期。

李长伟：《道德要求的转向：从无条件到有条件——兼论学校道德教育文本与实践的不谐》，《基础教育》2012 年第 2 期。

李红、黄海平：《对道德教育回归生活世界时代意义的理性审视》，《学术论坛》2007 年第 2 期。

李季湄、张华：《调整充实完善提高——品德与生活课程标准修订说明》，《基础教育课程》2012 年第 1 期。

李家成：《当代中国学校教育价值取向：概念与研究定位》，《宁波大学学报》（教育科学版）2003 年第 5 期。

李家成：《"学校教育价值取向"研究的反思》，《南京师大学报》（社会科学版）2003 年第 5 期。

李戬：《学校道德教育的窘境与突围》，《中国教育学刊》2010 年第 4 期。

李莉：《〈品德与生活〉教科书的特征分析与问题研究》，《课程·教材·教法》2011 年第 8 期。

李莉：《新课标"品德与生活"教材比较》，《思想理论教育》2011 年第 18 期。

李敏：《积聚小学品德课教师专业发展的力量》，《中国教育学刊》2012 年第 8 期。

李明铭：《关怀取向：课程实施的一种新视角》，《教育理论与实践》2012 年第 25 期。

李乃涛：《论中小学德育活动"娱乐化"的原因与对策》，《课程·教材·教法》2014 年第 6 期。

李西顺：《当前我国学校德育改革：四大挑战及其应对》，《教育发展研究》2015 年第 8 期。

李西顺：《"课程创生取向"刍议》，《教育导刊》2011年第6期。

李小红：《教师课程创生的合理性辩护》，《教师教育研究》2006年第1期。

李小红：《教师课程创生的缘起、涵义与价值》，《教师教育研究》2005年第4期。

李泽厚、刘再复：《关于教育的两次对话》，《东吴学术》2010年第3期。

李镇西：《什么是好的德育？》，《人民教育》2013年第21期。

廖其发：《论我国教育改革与研究的价值取向》，《西南大学学报》（社会科学版）2011年第1期。

凌宗伟：《什么是好的德育》，《人民教育》2015年第2期。

刘长海、王红霞：《民主生活共同体是进行道德教育的最有效方式——来自杜威思想的启示》，《教育科学研究》2014年第8期。

刘超良：《生活德育探问》，《教育理论与实践》2003年第24期。

刘生全：《课程改革的合理性取向分析》，《教育研究》2008年第4期。

刘志山、胡跃娜：《道德教育贴近生活的发展路向》，《教育科学研究》2010年第4期。

龙宝新：《我国公立中学德育工作面临的新危机——基于对陕西省16所公立中学德育工作的实地调查》，《中国教育学刊》2011年第4期。

卢旭：《学校德育的三大深层矛盾》，《中小学德育》2013年第10期。

鲁洁：《边缘化　外在化　知识化——道德教育的现代综合症》，《教育研究》2005年第12期。

鲁洁：《道德教育：一种超越》，《中国教育学刊》1994年第6期。

鲁洁：《回归生活——"品德与生活""品德与社会"课程与教材探寻》，《课程·教材·教法》2003年第9期。

鲁洁：《教材应是能够与儿童对话的文本》，《河南教育》2004年第6期。

鲁洁：《行走在意义世界中——小学德育课堂巡视》，《课程·教材·教法》2006年第10期。

鲁洁：《应对全球化：提升文化自觉》，《北京大学教育评论》2003年第1期。

鲁洁：《再论"品德与生活"、"品德与社会"向生活世界的回归》，《教育研究与实验》2004年第4期。

吕丽艳：《经验论与唯理论：生活德育的哲学之争——由鲁洁先生"自我质疑"而来的启发》，《教育理论与实践》2011年第19期。

罗明星：《道德教育的教育视野与道德视野》，《江汉论坛》2013年第8期。

潘跃玲：《儿童教育误区的反思及其重构》，《中国教育学刊》2015年第7期。

戚万学：《多元文化背景中道德教育的文化自觉》，《人民教育》2011年第22期。

戚万学：《活动道德教育模式的理论构想》，《教育研究》1999年第6期。

戚万学：《活动课程：道德教育的主导性课程》，《课程·教材·教法》2003年第8期。

戚万学：《中国公民社会的成长和公民道德教育的使命》，《教育研究》2015年第11期。

钱扑、辛敏芳：《中美社会科教材比较研究——以美国〈学校与家庭〉和中国〈品德与社会〉为例》，《全球教育展望》2009年第6期。

钱欣睿：《儿童成人化——学校道德教育的时代遭遇》，《中小学德育》2011年第5期。

容中逵、刘要悟：《论新基础教育课程改革的价值取向问题》，《现代教育论丛》2004年第5期。

邵广侠：《生活德育实施中存在的问题及成因分析》，《教学与管理》2007年第18期。

沈嘉祺、徐娜：《中美小学社会科教科书价值取向比较研究——以人教版〈品德与社会〉和哈特·米福林版〈社会学科〉为例》，《外国中小学教育》2011年第8期。

沈建民：《教师课程创生"三状态"的哲学思考》，《教育发展研究》2014年第2期。

沈建民：《试论教师课程创生的"能量系统"的建构及操作策略》，《教育理论与实践》2013年第22期。

孙彩平：《道德教育回归生活的文化意涵》，《中小学德育》2013年第2期。

孙彩平：《小学德育教材中儿童德育境遇的转变及其伦理困境》，《华中师范大学学报》（人文社会科学版）2016年第3期。

孙彩平、赵伟黎：《在"过好自己的生活"之后——深化小学德育课程与教材改革的新思路》，《华东师范大学学报》（教育科学版）2016年第1期。

孙彩平：《知识·道德·生活——道德教育的知识论基础》，《教育研究与实验》2012年第3期。

孙民：《桃李如何遍天下 芬芳应该满校园——例谈十年课改对小学德育带来的新变化》，《中小学德育》2011年第2期。

谭金蓉：《论德育转型的学理基础》，《西南民族大学学报》（人文社科版）2006年第8期。

檀传宝、班建武：《实然与应然：德育回归生活世界的两个向度》，《教育研究与实验》2007年第2期。

檀传宝：《当前公民教育应当关切的三个重要命题》，《人民教育》2007年第15—16期。

檀传宝：《德育教材编写应当恪守的基本原则》，《课程·教材·教法》2014年第6期。

檀传宝：《德育实践的三大形态及其教育意蕴》，《中小学德育》2014年第10期。

檀传宝：《德育形态的历史演进与现实价值》，《教育研究》2014年第6期。

檀传宝：《高低与远近——对于"德育回归生活"的思考》，《人民教育》2005 年第 11 期。

檀传宝：《论"公民"概念的特殊性与普适性——兼论公民教育概念的基本内涵》，《教育研究》2010 年第 5 期。

唐爱民：《真实的道德生活与德育课程生活资源的开发》，《课程·教材·教法》2007 年第 5 期。

唐汉卫：《从我国公民社会的特点看学校道德教育的选择》，《教育研究》2015 年第 11 期。

唐汉卫：《道德教育的生活目的论》，《思想理论教育》2005 年第 10 期。

唐汉卫：《对生活道德教育的几点追问》，《全球教育展望》2004 年第 8 期。

唐汉卫：《论教育改革的逻辑》，《教育研究》2011 年第 10 期。

唐汉卫：《生活：道德教育的根本途径》，《华中师范大学学报》（人文社会科学版）2005 年第 6 期。

唐汉卫：《生活道德教育的回归与重建》，《教育发展研究》2013 年第 20 期。

唐汉卫：《学校文化特色建设的几个误区》，《教育研究与实验》2014 年第 5 期。

唐小俊：《空间社会学：透视学校"生活德育"的新视角》，《教育学术月刊》2009 年第 12 期。

陶元红：《品德与社会课教学的实施探讨》，《课程·教材·教法》2003 年第 9 期。

汪丁丁：《教育的问题》，《读书》2007 年第 11 期。

汪基德、席琴：《教育学中概念泛化的趋势、危害及原因》，《教育研究与实验》2003 年第 3 期。

汪霞：《课程实施：一个值得关注的问题》，《教育科学研究》2003 年第 3 期。

王慧颖、冯建军：《论鲁洁先生的生活论德育思想》，《中小学德育》2012 年第 6 期。

王建军：《筏喻的课程观：课程概念的演变与趋向》，《华东师范大学学报》（教育科学版）2009年第1期。

王晓丽：《生活德育的兴起、局限和超越》，《教育研究与实验》2012年第2期。

韦冬余：《创生取向课程实施的特点探析》，《现代中小学教育》2009年第10期。

魏峰、张乐天：《新时期我国教育政策的价值取向》，《教育理论与实践》2010年第13期。

吴刚：《奔走在迷津中的课程改革》，《北京大学教育评论》2013年第4期。

吴刚平：《课程资源的开发与利用》，《全球教育展望》2001年第8期。

吴刚平：《课程资源的理论构想》，《教育研究》2001年第9期。

吴慧珠：《新中国小学德育课程的演变》，《课程·教材·教法》2006年第2期。

吴康宁：《改革·综合·教育领域——简析教育领域综合改革之要义》，《教育研究》2014年第1期。

吴康宁：《关于教育领域综合改革评价问题的若干思考》，《中国教育学刊》2014年第3期。

吴康宁：《教会选择：面向21世纪的我国学校道德教育的必由之路——基于社会学的反思》，《华东师范大学学报》（教育科学版）1999年第3期。

吴康宁：《教育之真谛：保持必要的张力》，《教育科学论坛》2007年第2期。

吴康宁：《理解"深化教育领域综合改革"》，《清华大学教育研究》2013年第1期。

吴康宁：《深化教育改革需实现的三个重要转变》，《南京师大学报》（社会科学版）2013年第3期。

吴康宁：《为什么学校会对学生的发展不负责》，《教育研究》2007年第12期。

吴康宁：《无条件的道德要求与有条件的道德行为——学校道德教

育的一种内在紧张》,《教育理论与实践》2006 年第 17 期。

吴康宁:《"有意义的"教育思想从何而来——由教育学界"尊奉"西方话语的现象引发的思考》,《教育研究》2004 年第 5 期。

吴康宁:《中国大陆小学"品德"教学大纲的社会学研究——兼与台湾小学"道德"课程标准相比较》,《南京师大学报》(社会科学版)2001 年第 3 期。

吴康宁:《中国教育改革为什么会这么难》,《华东师范大学学报》(教育科学版)2010 年第 4 期。

吴永军:《正确认识新课程改革的理论基础及其价值取向》,《教育科学研究》2010 年第 8 期。

徐永初、信力建、郑杰:《学校文化问答录》,《全球教育展望》2004 年第 3 期。

颜莹:《谁来教品德课程——小学品德课程教师专业发展目标探析》,《思想理论教育》2007 年第 22 期。

颜莹:《"为首"与边缘的冲撞——小学品德课程教师专业发展问题透视》,《思想理论教育》2008 年第 8 期。

颜莹:《校园中角色模糊的边缘人(一)——小学品德课程教师专业发展现状调查》,《思想理论教育》2008 年第 2 期。

杨今宁:《品德与生活(社会)课程教学策略探讨》,《教育理论与实践》2011 年第 11 期。

杨金华:《生活德育论的理论隐忧与现实困境——对近年来"生活德育热"的冷思考》,《高等教育研究》2015 年第 8 期。

杨明全:《课程实施的学理分析:内涵、本质与取向》,《全球教育展望》2001 年第 1 期。

杨志成、柏维春:《21 世纪以来中国教育政策价值问题研究综述》,《现代教育管理》2013 年第 11 期。

叶飞:《道德生活的"四重"建构——论生活德育的生活根基的拓展》,《江苏高教》2013 年第 4 期。

衣俊卿:《理性向生活世界的回归——20 世纪哲学的一个重要转向》,《中国社会科学》1994 年第 2 期。

易连云、李琰：《试析德育回归生活的价值选择》，《中国教育学刊》2013年第5期。

尹弘飚、靳玉乐：《课程实施的策略与模式》，《比较教育研究》2003年第2期。

尹弘飚、李子建：《再论课程实施取向》，《高等教育研究》2005年第1期。

尹伟：《竞争性道德教育及其超越》，《高等教育研究》2015年第6期。

余娟、郭元祥：《教师的课程创生：意蕴与条件》，《教育发展研究》2009年第12期。

余清臣：《学校文化的载体：仪式建设》，《教育科学研究》2005年第8期。

俞可平：《中国公民社会成长的制度空间和发展方向》，《中国社会科学》2006年第1期。

俞晓婷、高德胜：《生活德育：理论成就与实践贡献》，《中国德育》2015年第10期。

喻学林：《论学校的道德要求与社会不道德现象之间的冲突》，《中小学德育》2013年第10期。

袁宗金：《"好孩子"：一个需要反思的道德取向》，《学前教育研究》2012年第1期。

岳伟：《关照学生的现实生活：学校德育的合理选择》，《教学与管理》2007年第20期。

张典兵：《学校德育课程实施的价值取向及影响因素》，《教育导刊》2015年第6期。

张华：《核心素养与我国基础教育课程改革"再出发"》，《华东师范大学学报》（教育科学版）2016年第1期。

张华：《论"服务学习"》，《教育发展研究》2007年第9期。

张华：《论课程领导》，《教育发展研究》2014年第2期。

张建桥：《关于"德育回归生活世界"的再思考》，《教育理论与实践》2013年第34期。

张立昌、南纪稳：《"走出个案"：含义、逻辑和策略》，《教育研究》2015 年第 12 期。

张茂聪：《〈品德与社会〉教科书比较分析及思考》，《教育科学研究》2012 年第 7 期。

张茂聪：《品德与社会教科书编写的理念与核心要素》，《课程·教材·教法》2012 年第 6 期。

张茂聪：《品德与社会课程资源的开发和利用》，《课程·教材·教法》2006 年第 3 期。

张雯闻、贾娜尔：《为什么质性研究不是新闻采访——兼论教育与社会科学的方法学基础》，《教育学术月刊》2015 年第 8 期。

张艳红：《隐性德育课程资源的开发与利用》，《教育理论与实践》2011 年第 4 期。

张扬生、朱纷：《论素质教育政策的价值取向与制度创新》，《江苏教育研究》2009 年第 10 期。

张忠华、耿云云：《实践性：生活德育的本质特征与根本途径》，《教育导刊》2009 年第 8 期。

张忠华、李明睿：《生活德育：我们研究了什么》，《现代大学教育》2009 年第 4 期。

赵阿华：《生活德育模式的理论与实践探微》，《学术论坛》2007 年第 2 期。

赵琼、滕飞：《从知性转向生活：道德教育的价值回归》，《辽宁教育研究》2006 年第 3 期。

钟晓琳、朱小蔓：《德育的知识化与德育的生活化：困境及其"精神性"问题》，《课程·教材·教法》2012 年第 5 期。

周文叶：《共同的核心　明确的高期望——美国 CCSS 对我国基础教育质量标准研制的启示》，《教育发展研究》2012 年第 24 期。

朱华：《基于生活的生命型德育教师角色诠释》，《湖南科技大学学报》（社会科学版）2009 年第 1 期。

朱水萍：《课程资源开发的认识误区及变革策略》，《教育理论与实践》2006 年第 4 期。

朱小蔓、刘次林：《转型时期的中国学校德育》，《上海师范大学学报》（哲学社会科学版）2009年第6期。

朱小蔓、王平：《德育漫谈：理论与实践的新拓展与新生长（上）》，《中国德育》2015年第10期。

庄永敏：《生活视界的学校德育探讨》，《中南民族大学学报》（人文社会科学版）2006年第2期。

邹太龙、易连云：《德育的理想与理想的德育》，《中小学德育》2014年第10期。

邹晓东、吕旭峰：《论陶行知对杜威生活教育思想之超越——道德教育回归生活世界的理性反思》，《大学教育科学》2009年第6期。

（四）学位论文

陈霞：《基于课程标准的教育改革———美国的行动与启示》，博士学位论文，华东师范大学，2004年。

高金锋：《反思与抉择——中国基础教育改革价值取向探讨》，博士学位论文，华东师范大学，2012年。

贾晓琳：《普通高中选修课程实施的个案研究》，博士学位论文，东北师范大学，2014年。

蒋永贵：《初中科学新课程实施的现状、影响因素及环境研究》，博士学位论文，上海师范大学，2008年。

解月光：《普通高中技术课程实施个案研究——学校水平的特征与归因》，博士学位论文，东北师范大学，2007年。

李洪修：《学校课程实施的组织社会学分析——以吉林省B学校为例》，博士学位论文，东北师范大学，2010年。

李水霞：《新课程下小学科学课程实施个案研究》，博士学位论文，东北师范大学，2014年。

李伟言：《当代中国德育价值取向转型的理论研究》，博士学位论文，东北师范大学，2005年。

刘洁璇：《小学品德课程价值生成研究——一种语用学的视域》，博士学位论文，南京师范大学，2011年。

彭泽平：《改革开放以来我国基础教育课程改革评析》，博士学位论文，华东师范大学，2004年。

钱旭升：《信息技术课程实施的价值取向研究》，博士学位论文，西南大学，2008年。

孙峰：《当代中国德育价值观的变革》，博士学位论文，陕西师范大学，2010年。

向海英：《学前教育课程创生研究》，博士学位论文，山东师范大学，2010年。

薛忠祥：《当代中国教育的应有价值取向研究》，博士学位论文，山东师范大学，2009年。

张二庆：《初中科学课程实施的个案研究——新课改中科学课程实施的特征与影响因素》，博士学位论文，东北师范大学，2014年。

张红：《新中国基础教育课程政策的价值取向研究》，博士学位论文，东北师范大学，2008年。

张晓东：《改革开放以来我国中小学德育政策分析》，博士学位论文，南京师范大学，2007年。

（五）报纸

鲍东明：《让我们了解一个真实的德育》，《中国教育报》2002年2月24日第004版。

池昌斌：《品德课改怎样走得更稳更远》，《中国教育报》2011年7月15日第006版。

崔秀梅：《课程整合：给学校课程做做减法》，《中国教育报》2013年6月12日第009版。

胡金波：《中小学德育的现实路径——对提高学校德育水平落实立德树人根本任务的思考》，《中国教育报》2013年9月20日第006版。

李益众：《德育活动应精细化》，《中国教育报》2014年7月8日第

004 版。

石中英:《改革关涉现代教育体系的重构》,《光明日报》2013 年 11 月 25 日第 016 版。

陶功财:《"公开课"为何成了"表演课"》,《光明日报》2010 年 12 月 20 日第 002 版。

夏祖瑞、陈科澜:《中小学德育课程:步履蹒跚》,《中国教育报》2005 年 9 月 2 日第 005 版。

萧辉、石明磊:《博士逃离科研教中学遭质疑》,《新京报》2012 年 11 月 23 日第 A12 版。

张贺:《作文为啥不写真话》,《人民日报》2014 年 12 月 11 日第 019 版。

(六)电子资源

教育部:《关于印发〈基础教育课程改革纲要(试行)〉的通知》,2001 年 6 月,教育部网(http://www.gov.cn/gongbao/content/2002/content_61386.htm)。

李克强:《市场能办的多放给市场 社会可做好的就交给社会》,2013 年 3 月,人民网(http://leaders.people.com.cn/n/2013/0317/c58278-20816505.html)。

王贵成:《中国学生写作文为何不说人话》,2014 年 11 月,腾讯教育(http://edu.qq.com/a/20141109/01301.htm)。

习近平:《在庆祝中国共产党成立 95 周年大会上的讲话》,2016 年 7 月,新华社(http://news.xinhuanet.com/politics/2016-07/01/c_1119150660.htm)。

(七)工具书

顾明远:《教育大辞典》,上海教育出版社 1998 年版。

江山野:《简明教育百科全书·课程》,教育科学出版社 1991 年版。

教育部:《义务教育品德与社会课程标准(2011 年版)》,北京师范大学出版社 2012 年版。

二 英文文献

(一) 著作

Barral, R. M., *Progressive Neutralism: A Philosophical Aspect of American Education*, Louvain: Nauwelaerts Publishing House, 1970.

Delli Carpini, M. X. and S. Keeter, *What Americans Know About Politics and Why It Matters*, New Haven and London: Yale University Press, 1996.

Dye, T. R., *Politics in America (4th ed)*, Upper Saddle River, NJ: Prentice - Hall, 2001.

Flyvbjerg, B., *Making Social Science Matter: Why Social Inquiry Fails and How it Can Succeed Again*, Cambridge: Cambridge University Press, 2001.

Matthew B. Miles, *Qualitative data analysis: An expanded sourcebook*, Thousand Oaks: Sage, 1994.

National Council for the Social Studies (NCSS), *The College, Career, and Civic Life (C3) Framework for Social Studies State Standards: Guidance for Enhancing the Rigor of K - 12 Civics, Economics, Geography, and History*, Silver Spring, MD: NCSS, 2013.

National Council for the Social Studies, *Curriculum Standards for Social Studies: Expectations for Excellence*, Maryland: NCSS, 1994.

Ralf G. Dahrendorf, *Reflections on the Revolution in Europe: In a Letter Intended to Have Been Sent to a Gentleman in Warsaw*, New York: Random House, 1990.

Rooze, G. E., Foerster, L. M., *Teaching elementary social studies: A new perspective*, Columbus, OH: Charles E. Merrill Publishing Company, 1972.

Ross, E. W., *The Social Studies Curriculum: Purposes, Problems, and Possibilities*, New York: State University of New York, 1997.

Snyder, J., Bolin, F., Zumwalt, K., *Curriculum Implementation*, in

Jackson, P. W. , Handbook of Research on Curriculum, New York: Macmillan Publishing Company, 1993.

Stake, R. E. , *The Art of Case Study Research*, Thousand Oaks: Sage, 1995.

Walter C. Parker, *Social Studies in Elementary Education (14th Edition)*, London: Pearson Education Limited, 2011.

Walter C. Parker, *Social Studies in Elementary Education*, Seattle: University of Washington, 2008.

（二）期刊

Andrea S. Libresco, "Elementary Social Studies in 2005: Danger or Opportunity? A Response to Jeff Passe", *The Social Studies*, Vol. 97, No. 5, September/October 2006.

Firestone, W. A. , "Alternative Arguments for Generalizing from Data as Applied to Qualitative Research", *Educational Research*, Vol. 22, No. 4, May 1993.

Fitchett, P. , Heafner, T. , "A National Perspective on the Effects of High-Stakes Testing and Standardization on Elementary Social Studies Marginalization", *Theory and Research in Social Education*, Vol. 38, No. 1, Winter 2010.

Griffin, S. , "Re-Establishing Social Studies as a Core Subject: An Interview with Susan Griffin", *Social Education*, Vol. 78, No. 4, September 2014.

Heafner, T. , Fitchett, P. , "National Trends in Elementary Instruction: Exploring the Role of Social Studies Curricula", *The Social Studies*, Vol. 103, No. 2, March 2012.

后　　记

本书系全国教育科学"十二五"规划国家一般课题《品德课新课改十年的回顾与展望——基于生活德育的视角》（课题批准号：BEA120029）的研究成果，由我和山东女子学院程伟博士合作完成。在课题研究过程中，许多领导、师长和朋友提供了莫大的支持，值此付梓之际，心中充满了感激之情。

全国教育科学规划办为本课题研究提供了重要的资助。在课题开题和研究进程中，数次咨询戚万学教授、檀传宝教授、唐爱民教授等一些专家学者，深受教益。调研学校的领导和老师为资料收集提供了具体的支持。中国社会科学出版社的刘艳编辑不厌其烦地修改书稿，其敬业精神令人感动。华东师大文科院、教育学部和教育学系的领导为书稿顺利完成提供了良好的工作条件和科研环境。在此一并致谢！

新世纪开始的这场品德课新课改在我国课改历史上具有里程碑式的意义，对十余年的新课改从总体上进行把握，不仅仅是一种总结和回顾，更是进一步的反思、追问和展望，期盼品德课新课改能够在专业的道路上越走越远，为新时代新人格的塑造贡献力量。

唐汉卫于华东师大

2019 年 1 月